温涛　李军　主编

金融学

JIN RONG XUE

编　委　会

主　编：温　涛（西南大学）
李　军（西南财经大学）
副主编：邹新阳（西南大学）
袁洪斌（重庆邮电大学）
编　者：熊德平（宁波大学）
李　敬（重庆大学）
邓　莉（重庆工商大学）
胡士华（西南大学）
吴　娟（西南大学）
杨　斌（西南大学）

前 言 QIAN YAN

金融作为现代经济的核心，在各国经济发展中发挥了重要的枢纽作用和"推动力"作用。伴随着世界经济一体化发展，金融内在于经济的深度和广度日趋明显，金融在经济发展中的"推动力"作用逐渐演变为金融的主动性和先导性作用，具体表现为"润滑剂→助推器→安全阀"。没有金融的持续稳健发展与支持，经济可持续发展就会受阻。

为了实现金融可持续发展和金融与经济的协调发展，有必要系统全面地掌握金融的基本规律和发展逻辑。以金融企业为例，负债经营是各金融企业最显著的特征。为维持金融企业的持续经营和债务清偿能力，客观要求其经营资本必须实现良性循环和最大化增值。没有金融资本的良性循环和增值，金融企业就不可能健康成长。相反，伴随的只是金融风险的累积和金融企业的破产；当金融风险积累到一定程度并以金融危机的方式爆发出来，就会引发严重的经济危机与政治危机。因此，只有掌握了金融发展的经验理论和客观规律，才能有效地预见和控制风险因素，实现金融体系的健康发展。

本书立足于全面介绍金融的基础性知识，适合于金融专业本科学生作为入门的金融学课程教科书，也适合于非金融专业的学生用于全面了解金融学的知识体系，同样适合作为自学的入门教材。本书兼顾金融学科知识更新、学科前沿进展和教学对象的接受能力，为提高学生的理论思维和创新能力做了一些有益尝试。全书内容共 12 章，包括：金融服务中的货币、金融服务中的信用、货币需求理论、货币供给理论、货币均衡理论、通货膨胀与通货紧缩理论、货币政策理论、金融系统组织理论、金融市场及其运行、国际金融的运作机理、金融风险理论及其应用、金融发展理论等内容。各章附有复习思考题和参考书目，并配有课件、试题库、教学案例等教学资源。

本书的写作得到西南大学、重庆大学、重庆邮电大学、重庆师范大学、重庆工商大学、西南财经大学、宁波大学等单位的大力支持。特别是宁波大学熊德平教授、重庆大学李敬研究员不计名分帮助编写了金融服务中的信用、货币需求理论等内容。本书具体分工：导言，西南大学温涛；第 1 章金融服务中的货币，重庆师范大学翟琼；第 2 章金融服务中的信用，宁波大学熊德平；第 3 章货币需求理论，重庆大学李敬、西南大学胡士华；第 4 章货币供给理论，西南财经大学李军；第 5 章货币均衡理论，西南财经大学李军；第 6 章通货膨胀与通货紧缩理论，西南大学邹新阳；第 7 章货币政策理论，重庆师范大学翟琼；第 8 章金融系统组织理论，重庆邮电大学袁洪斌；第 9 章金融市场及其运行，重庆工商大学邓莉、西南大学吴娟；第 10 章国际金融的运作机理，西南大学邹新阳；第 11 章金融风险理论及其应用，西南大学温涛；第 12 章金融发展理论，西南大学温涛、杨斌。其他参与编写、修改和整理的人员包括：西南大学金融学硕士研究生刘姝伶、董文杰、兰明英、郑亚秋和白继山。

编　者

2009.5.1

目录 MU LU

导 言

1991年，邓小平同志在视察上海时指出："金融很重要，是现代经济的核心。金融搞活了，一招棋活，全盘皆活。"这一命题从资源配置、宏观经济调节和产业特性等多视角强调了金融在现代经济中的重要性。

0.1 金融的内涵及特征

0.1.1 金融的内涵

本书以金融学为研究学科，故本书的第一个任务就是帮助你在理论上了解金融的概念。什么是金融，理论界尚未能达成一致，而是一个概念的丛林。其原因在于金融是动态发展的，人们在看待金融这一事物时的角度存在巨大差异等，故人们还未能给金融一个十分确切的、放之四海而皆准、适应于不同时代和经济体的概念。金融的概念当然对于本书的主题而言是一个值得说明的问题。在此笔者想引用著名经济学家沃尔特·奥肯的观点："在建立一幅经济世界的科学图像方面，定义扮演着重要的角色。"以此说明金融定义对金融学者研究的重要性。本书以金融的发展来介绍几种较具代表性的金融定义的观点。

1. 金融是指货币资金的融通

《辞海》对"金融"的释义为："货币资金的融通。一般指与货币流通和银行信用有关的一切活动，主要通过银行的各种业务来实现。如货币的发行、流通和回笼，存款的吸收和提取，贷款的发放和收回，国内外汇兑的往来以及资本主义制度下贴现市场和证券市场的活动等，均属于金融的范畴。"就国内理论界来看，早期的金融学教材和工具书中，金融经常被定义为银根或资金融通。这一定义在金融发展的早期阶段是合适的，因为早期的金融主要充当了融通资金的功能，而投资、避险等功能还未能得以体现。

2. 金融是货币流通和信用活动以及与之相关的经济活动的总称

《中国金融百科全书》对金融的定义指出了金融也包括信用活动。黄达和曾康林对金融的定义分为宽泛和狭窄概念，其宽泛的概念认为，金融即凡是涉及货币，又涉及信用，以及货币与信用结合为一体的形式生成、运作的所有交易行为的集合；从另一个角度看，即凡是涉及货币供给、银行与非银行信用，以及证券交易为操作特征的投资、商业保险以及类似形式进行运作的所有交易行为的集合。把货币流通和信用活动包含在金融定义内，强调金融是货币资金的融通，有其合理性的一面，但也有局限性：一是缩小了融资主体，二是把金融的功能限于调剂货币资金的余缺，三是淡化了市场的作用，特别是淡化了利息的作用。

3. 现代金融是以货币或货币索取权形式存在的资产的流通

曾康霖在《信用论》中强调金融是市场行为，是人们资产的变换，是以利息为尺度与义务的承诺。他认为这样定义有别于商品流通，商品流通是两个不同的使用价值的交换，金融是一种货币变成另外一种货币，或一种货币索取权变成另外一种货币索取权。交换的着眼点在于价值而不是使用价值，其价值都要以货币来计量，其增值情况都要以利息为尺度。进入市场的主体既有企业又有个人，还有政府，其活动目的绝不仅是调剂货币资金的余缺，而是为了求得资产的流动性、安全性和赢利性的最佳组合。这样的定义突显了现代金融的投资功能，无疑比一般的认识前进了一步。

4. 金融是研究人们在不确定的环境中如何进行资源的时间配置

Zvi Bodie 和 Robert C. Merton 在其《金融学》一书中，对金融进行了纵向考察：求得金融资产在时间上的最佳组合，预期价值的实现。博迪认为，资源的金融配置与资源的其他配置比较起来有两个特点：一是不确定性；二是成本收益比较的时间序列即不同时间的分布。宋逢明在《金融经济学导论》中指出金融是在时间和风险两个维度上优化地配置资源。显然，这样的定义主要侧重于微观角度来界定的，强调了金融跨时间配置资源的功能，认为金融的特征是要在不确定状态中进行决策。

5. 金融是资本市场的运营，资本资产的供给与定价

《新帕尔格雷夫经济大辞典》对 finance 的解释指出："金融"的基本内容包括五个方面：有效率的市场，风险与收益，替代与套利，期权定价，公司金融。但"金融"概念的中心点是资本市场的运营、资本资产的供给与定价。这样的定义扬弃了货币和信用，舍掉了金融宏观管理与政策，它意味着金融独立于货币与信用之外的范畴，其涵盖的不是政府行为活动，而是储蓄者投资者的行为活动。这样的定义与以资金运作为核心内容的金融活动在西方国家地位的提高有关系。

6. 金融是按照一定标准划分的同一属性的部门或企业，是一个集合体

曾康霖认为金融业是按照一定标准划分的同一属性的部门和企业，是国民经济中的产业。金融学也就要研究这一产业的内部结构、发展趋势以及与其他产业的关系等。他把金融业作为独立的产业的角度来理解金融业是社会经济中的先导产业、风险产业和知识密集型产业，并能对经济社会产生正负效应。

本书在吸收上述众多观点后认为：金融学是研究和介绍关于货币、信用、银行和金融市场等金融理论及其运行规律的一门新兴的金融科学。它是经济学原理在金融领域的延伸和扩展。金融理论应该包括货币理论、中介理论、风险理论和发展理论四大板块。本书主要安排如下：先就金融作为信用活动的货币理论方面予以介绍（1～7 章），由此对中介理论（8～10 章）加以分析，随后就金融风险理论（11 章）给出分析，最后结合我国的金融改革和发展谈金融发展理论（12 章）。

0.1.2 金融的特征

1. 自愿性

经济体系中的储蓄通过金融活动转成了生产能力。这种转换把零星的、闲散的或暂

时不用的居民收入结余、企业的折旧资金、退休基金或其他基金以及政府拥有的暂时不用的各项基金或财政结余转换成生产基金。供资方和筹资方为了不同的目的实现交易，在金融活动的作用下，社会资源的合理使用是在各自追求自己的利益、在自愿的基础上实现的。

2.调节性

通过货币资金的融通，可以使社会上的资金在投资、生产、消费之间合理地进行流动和分配，调节一定时期社会上的货币流量。在资金的融通中，金融工具的交易，客观上有助于将资源从低效部门转移到高效部门，从而实现稀缺资源的合理配置和有效利用。在经济金融化的时代里，金融资产成为社会财富的重要存在形式，金融资产价格的波动，改变了社会财富的存量分配，即实现了社会财富的再分配。

3.融资性

在现代经济中，各个经济单位会经常出现收支不平衡的情况，这种收支不平衡的情况为各单位之间进行资金融通提供了客观可能。如果各经济单位之间无融资关系，每一个单位只能量入为出。当储蓄不足时，尽管有收益率极高的投资项目，也只能坐失良机；有盈余资金，没有合适项目，只能退而求其次。而信用制度的建立，能有效地利用社会资源，促进社会经济的发展。

4.信用交易

信用是金融的基础，金融最能体现信用的原则与特性。在发达的商品经济中，信用已与货币流通融为一体。金融的信用关系主要表现为资金盈余者通过让渡资金使用权来获得收益，在风险性、安全性和赢利性三者间选择个人最佳结合点，金融是以价值流通和价值增值为目的。

5.风险性

由于金融是一种信用关系，而信用关系涉及最基本的债权债务关系和偿付时间间隔要素，由于各种事先无法预料的不确定因素带来的影响，使得资金经营者的实际收益与预期收益发生一定的偏差，必然带有风险特征，故金融以风险管理为核心。

6.货币形态

金融活动是以货币与货币之间的交易为对象，外汇汇兑在不同货币之间进行，远期利率和远期汇率是跨期的货币间进行，而其他经济活动都是货币与物，或物与物之间进行。

0.2 金融与经济的关系

古典经济学家的“货币面纱论”认为金融与经济之间没有因果关系，金融变量对实体经济的影响只是“面纱”作用，经济增长完全由实物部门决定，金融发展的水平是经济增长的结果，金融的任务就是使自身不断地发展以满足经济实物部门的需要与发展。古典经济学认为经济决定金融，尤其是经济结构决定金融结构，然而，忽略了金融发展对经济增长的能动性。

现代经济学则认为金融与经济之间存在显著的关系，这种关系既包括金融发展促进经济增长与发展，也包括金融发展对经济增长与发展的阻碍两个方面：

金融发展与经济增长之间的正面联系，约瑟夫·熊彼特（Joseph. A. Schunpeter，1912）在《经济发展理论》进行了较为系统的理论阐述。哈罗德（R. F. Harrod）、多马（E. Domar）和索洛（R. M. Solow）等人在实证研究的基础上强调了资本、储蓄等金融相关因素对经济增长的正面作用。20 世纪 50 年代，随着发展经济学的兴起，约翰·G·格利和爱德华·S·肖（1955）、休·帕特里克（1966）从实证角度探讨了发展中国家金融与经济的关系。戈德史密斯（1969）对长达百余年的金融发展史及当代几十个国家的金融结构现象的开拓性统计研究，初步证实了这一正向作用关系的存在。[①] 金和莱文（King & Levine）（1993）对金融和经济发展的相关性，尤其是因果关系的研究，开启了金融与经济增长之间关系的现代研究之路。

此后，国内外经济学、金融学大量的实证研究进一步证明了金融发展在促进经济增长方面发挥了重要作用，如 Patrick（1996）、Levine（1997 & 2002）、宾国强（1999）、谈儒勇（1999）、韩廷春（2001）等。这些研究根据实证得出的金融发展与经济增长之间的因果关系，认为金融发展是经济增长的一个必要条件，良好的金融系统和金融体制利于资本的积累和资源的优化配置，便于资金的融通和储蓄向投资的转化，从而对经济增长起促进作用。

然而，随着对金融研究的发展，金融发展对经济增长的约束作用也在研究中被逐步证实了。加尔布雷斯（1952）指出，信用制度“可以成为经济进步的工具，也能成为经济停滞和衰退的工具”[②]。麦金农和肖也提出了著名的“金融抑制论”和“金融深化论”。他们认为大多数发展中国家的金融制度与经济发展之间处于一种相互制约的恶性循环状态。而 Kaminsky、Reinhart（1999），圭索、萨皮恩扎和 Zingales（2002），切托雷利（Cetorelli，2002），Zingales（2004）等研究表明，在肯定金融对经济的积极影响的同时，必须高度关注金融发展对经济发展的负面影响。

本书在充分吸收经济与金融关系的理论基础上，从哲学的角度分析认为金融和经济的关系为：经济决定金融，金融反作用于经济。

1. 经济决定金融

从经济与金融的关系来看，首先表现为经济是金融活动的母体和基础，因为只有经济发展到一定程度才会产生金融。因此，经济的发展状况对金融起着决定作用。主要表现在：

（1）经济决定金融的发展规模

一般而言，经济发展水平越高，金融业就相应越发达，规模也就越大，在社会经济生活中的作用与影响也就越大。从横向来看，世界上以 GDP 衡量的发达国家美国、日本、德国、英国的金融业也相当发达。

（2）经济决定金融发展结构

金融结构是指构成金融总体（或总量）的各个组成部分的规模、运作、组成与配合的状态。金融结构在一定程度上反映着金融与经济发展的层次和经济金融化的深度。金

① 雷蒙德·W·戈德史密斯.《金融结构与金融发展》.上海三联书店，上海人民出版社，1994 年

② 张杰.《中国农村金融制度：结构、变迁与政策》.中国人民大学出版社，2003 年

融结构主要可以从金融资产组成结构、货币结构和融资结构三个方面体现。

第一，就金融资产结构而言，随着经济发展水平的提高，财富积累越多，对金融资产的需求也就越旺盛，金融资产越多样化。

第二，随着经济发展水平的提高，经济逐渐呈现货币化趋势。以我国经济金融发展水平为例，改革以来，中国货币总量增长很快，M_2 的增长快于 M_1，而 M_1 的增长又快于 M_0 的增长。同时货币结构也发生了变化，M_0 占广义货币 M_2 的比重呈逐年下降趋势；M_1 占广义货币 M_2 的比重也呈逐年下降趋势。

第三，融资结构随经济发展而变化。当经济水平较低时，市场条件不健全，依靠金融中介融通资金；经济水平越发达，资本化水平也就越高，外源融资比率也就越高。

此外，从横向来看，发达国家由于证券市场历史较长、发展充分，证券化率整体上要高于发展中国家。2005 年底，美国股市市值是 GDP 总量的 130%，日本、韩国等则为 100%，而发展中国家一般维持在 50%左右。

2.金融反作用于经济

经济决定金融，但决不能认为金融是被动的反映，它对经济有重要的影响，并对经济的发展起着巨大的积极促进和制约作用。金融对经济的积极作用主要体现在以下方面：

(1)优化资源配置，提高经济发展效率

金融作为资金运动的信用中介，最基本的特征和作用就是采用还本付息的方式聚集资金、分配资金，调节各经济主体之间的资金余缺，以促进社会资源的优化配置。现实经济中，资金供求双方由于存在信息不对称的现象，在融资数量和期限上的不匹配增加了融资的困难，降低了投融资的效率。金融机构通过资产负债业务满足不同数量和期限的筹资者的资金需求；金融市场通过多样化的金融工具和集中交易机制，同时满足各种投资者和筹资者在时间、空间、数量、品质、风险、价格等方面的不同要求。金融机构和金融市场不仅促进了资金融通，而且减少了交易成本，降低了风险，促进储蓄最大限度地转化为投资，提高了资源使用效率，促进了经济增长。

(2)调节社会总供需，稳定经济发展

金融对经济总供需的调剂作用表现在金融市场和金融机构两个方面：

金融市场具有调剂直接融资活动中的投资者的投资行为，通过特有的引导资本形成及合理配置的机制对宏观经济活动产生影响；此外，金融市场的存在及发展为政府对宏观经济活动的间接调控创造条件。政府可以通过金融市场实施货币政策，如存款准备金、再贴现、公开市场操作等。

金融机构对总供需的调剂作用主要表现在间接融资活动中。首先，金融机构信贷量信息可以作为政府调剂社会总供需的参考信息；其次，政府可以通过金融机构的信贷传导机制实行调剂政策。

(3)提供价格信息

金融领域的价格信息，如利率、汇率、股市行情、债券行情等，对于投资决策、经营决策的重要性不言而喻。金融市场有个最重要的功能就是发现价格，通过市场的调整，使得价格趋于价值，而不背离太远。金融市场历来被称为国民经济的“晴雨表”。

另一方面，金融的无序发展和过度投机也会积累一定的风险，给经济带来负面的作用，具体表现为：

①金融活动中的不确定性令金融风险客观存在

在经济生活中只要存在不确定性，风险就存在。金融业是高负债经营的产业，自有资金所占比重小，资金来源主要依靠将其对零散储户的流动性负债转化为对借款人的非流动性债权来实现。但这有两个前提条件：一是储蓄者对金融机构有信心；二是金融机构对借款人的筛选和监督高效准确。由于不能确定这两个条件能否满足，金融风险就客观存在。一方面，由于市场信息不对称性和市场经济主体对客观认识的有限性，即使银行经营稳健，储户能认识到全体不挤兑更利于集体利益，但在面临"囚徒困境"时仍可能为降低预期风险而参与挤兑；另一方面，由于市场经济主体存在机会主义倾向，金融机构管理者趋于采用高风险、高收益的投机策略，以致金融资产质量下降。同时贷款者也可能采用不正当手段，如欺骗、违背合约以及钻制度的空子来不合理占用资金，致使金融机构对借款人的监督有限。

②金融对经济运行的广泛渗透性、扩散性使金融风险具有很强的传染性

首先，金融机构作为储蓄和投资的信用中介组织，它的经营失策必将连锁造成众多储蓄者和投资者蒙受损失；其次，银行创造存款货币、扩张信用的功能也令金融风险具有数倍扩散的效应；再者，银行同业支付清算系统把所有银行联在一起，任一银行的支付困难都可能酿成全系统的流动性风险；最后，信息不对称会使某一金融机构的困难被误认为全金融业的危机，从而引发恐慌。金融的这些特殊性令其风险相对其他行业而言具有快速、面广的特点，使局部性金融困难能快速演变成全局性金融动荡甚至经济危机。

③金融资产的高度流动性、金融风险的隐蔽性以及金融危机的突发性令金融风险易于剧变成金融危机并严重危害经济

全球经济金融一体化、国际金融市场的迅猛发展以及科技进步令各地区金融资源融合和互动的规模加大、速度加快，一国或一地区的金融风险能很快传染到别国或别的地区。与此同时，信用存在有借有还、借新还旧、贷款还息等特点，以及银行垄断或政府干预等外在因素又很容易将其掩盖，使其得不到及时解决并日益严重。当这种金融风险渐进累积到一定程度爆发时就已演变成金融危机，并加剧对经济和社会的破坏。

0.3 金融学的结构

金融学是经济学原理在金融领域的延伸和扩展，属部门经济学。而经济的研究分为微观和宏观两个部分，金融学也分为微观金融和宏观金融两个部分。其中，微观金融(Micro-finance)指金融市场主体(投资者、融资者；政府、机构和个人)个体的投资融资行为及其金融资产的价格决定等微观层次的金融活动。宏观金融(Macro-finance)指金融系统各构成部分作为整体的行为及其相互影响以及金融与经济的相互作用。

0.3.1 宏、微观金融

微观金融分析和宏观金融分析分别从个体和整体的角度研究金融运行规律。

1.微观金融学

主要考虑金融现象的微观基础，是一种价格理论，研究如何在不确定情况下通过金融市场对资源进行跨期最优配置。微观金融学研究的主要内容大体包括：

(1)金融市场

金融市场主要研究借贷资金的集中和分配。包括对资金供需形成的市场"价格"——利率的定价;货币市场、资本市场;初级、次级市场和场外市场;直接融资市场、间接融资市场;现货市场、期货市场和期权市场;金融市场的功能、经济效率和作用及其发展趋势。

(2)金融中介分析

金融中介分析主要研究金融中介机构的组织、管理和经营。包括对金融机构的职能和作用及其存在形态的演进趋势的分析;金融机构的组织形式、经济效率、混业与分业、金融机构的脆弱性、风险转移和控制等。图 0-1 是金融机构的分类:

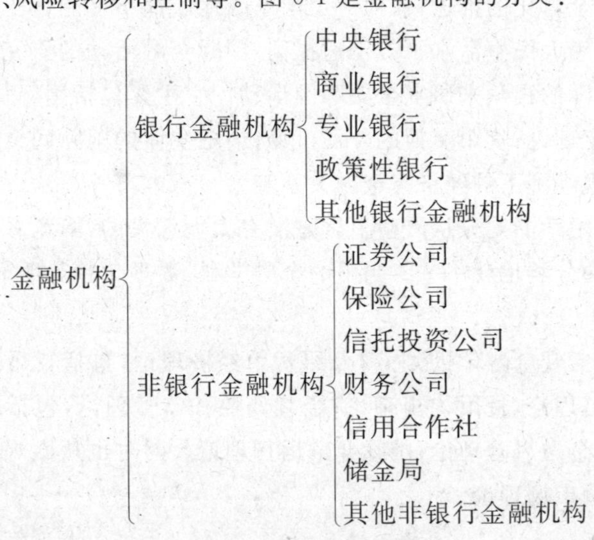

图 0-1　金融机构分类

(3)金融决策分析

金融决策分析主要研究金融主体投融资决策行为及其规律,服务于决策的金融理论由一系列概念和定量模型组成。这样的金融决策理论是个人理财、公司金融乃至一切有理财要求的部门所共同需要的。该领域的分支学科包括金融市场学、证券投资学、公司财务学、金融工程学、金融风险管理、金融资产定价等。

近几十年该领域的研究得到十分迅速的发展,并取得了许多优异的成就,获得了多次诺贝尔经济学奖。例如,1990 年获得诺贝尔经济学奖的马科维茨的资产组合理论、夏普的资本资产定价模型、莫迪里安尼-米勒定理(MM 定理),1997 年获得诺贝尔经济学奖的布莱克·斯科尔斯·莫顿的期权定价公式等,在推动金融理论研究和金融市场发展方面做出了重要的贡献。

2. 宏观金融学

宏观金融分析从整体角度讨论在一个以货币为媒介的市场经济中,如何获高就业、低通货膨胀、国际收支平衡和经济增长。宏观金融学的研究内容大体包括:

(1)货币经济

货币理论是伴随金融产生而产生的,货币金融理论的研究历史悠久,从某种意义上讲,宏观金融学就是货币经济学。回顾货币经济学的发展历程可以发现,货币理论主要研究货币形态的演进、职能和货币制度的安排、信用制度的产生与发展和货币的供求理论及其均衡的实现。

(2)金融宏观调控与监管

金融宏观调控与监管理论是1929年经济萧条下，国际社会不再信任亚当·斯密“看不见的手”能自动调节经济的失衡问题，而约翰梅纳德·凯恩斯的宏观调控理论逐渐成为主流理论的背景下应运而生的。金融调控与监管理论包括通货膨胀和紧缩理论；货币政策工具、传导机制和目标；金融监管体制；混业与分业；金融创新与监管的协调；金融发展和经济发展的关系等。

(3)国际金融

随着经济金融全球化的推进，任何一个国家或地区都不可能在一个封闭的环境里求得经济的高速发展和人民生活水平的迅速提高，国际金融活动的研究成为必然。国际金融体系主要是从国际的视角来研究金融跨国活动。它主要包括国际货币制度；货币间的价格，即汇率的决定理论；货币交换的外汇市场；金融主体的国际间金融活动引起的国际收支变化；开放宏观经济下的经济与金融关系等。

当然上述的金融学的划分从严格上讲是没有太大意义的，毕竟看待问题的角度和研究风格不同，金融的分类也就不一。当下的金融学科，数理化趋势明显，宏观金融和微观金融的结合相当密切。

本书主要按照宏观金融学的划分，介绍货币经济理论，包括货币的简介，信用制度，货币需求，货币供给理论，货币均衡理论；金融调控和监管理论，包括通货膨胀和紧缩理论，货币政策理论，金融风险理论；国际金融运行理论。同时也从微观金融的角度分析了金融中介理论，金融市场理论。

0.3.2 为什么学习金融学

从最宽泛的意义上说，金融学的研究对象是金融体系的运行及其与实际经济之间的关系。其中最重要的研究对象是作为金融体系血液的货币和作为金融体系主动脉的银行。

1.为什么要研究货币

(1)货币数量影响就业和产出

无论是凯恩斯学派还是货币学派都承认货币对经济的非中性。凯恩斯学派认为货币主要影响名义利率，在既定的物价水平下，得到实际收益率，而实际收益率的差异引起经济周期的变化，从而影响产出和就业水平。货币学派认为货币数量可以直接通过影响收入水平而影响产出和就业。

(2)货币数量影响通货膨胀

货币数量从理论角度分析可以分为货币需求数量和货币供给数量。货币需求数量的增加将使得市场利率上升，而要保持实际利率的不变，则物价水平相对上升；反之，物价水平将下降。货币供给数量的变化也将影响通货膨胀，货币供给数量增加，则利率下降，从而使得物价水平下降；反之，物价水平上升。

(3)货币数量影响金融市场

货币数量的变化主要通过影响利率，使得不同的金融资产的收益率变化不同，从而使得投资者进行不同金融资产组合的选择。

(4)货币政策是国家实施宏观调控的两大基本手段之一

1995年《中国人民银行法》的颁布,规定了中央银行承担宏观金融调控的职能,在金融运行中中央银行处于货币控制的中枢,中央银行制定货币政策,实施金融调控,维护金融稳定。

2.为什么要研究银行

(1)银行在资金分配方面有着支配性影响

银行在资金分配中的影响可以用银行贷款占非金融企业外部资金的比重来体现,图0-2表示美国1970～1985年非金融企业外部资金的构成情况。

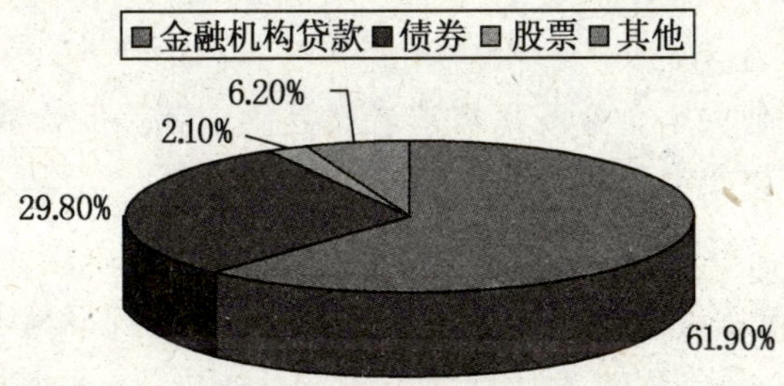

图0-2 美国1970～1985年非金融企业外部资金

根据上图可知,美国1970～1985年期间,银行贷款占有绝对的比重。表0-1展示的是我国银行贷款占总金融资产的比重的情况。很显然,尽管随经济的发展,贷款比重有下降趋势,但银行贷款仍是我国金融资产中的主要部分。

表0-1 2003～2007年我国银行贷款占总金融资产的比重

年份	2003	2004	2005	2006	2007
银行贷款(亿元)	190 110.3	220 512.4	194 690.4	289 729.4	384 768.4
占总金融资产比重	88.14%	89.89%	75.61%	62.20%	48.78%

(2)银行的行为会影响到货币的总量

银行的行为可分为商业银行的行为和中央银行的行为。商业银行的行为主要体现为多倍存款创造的能力,商业银行通过公众在银行体系的借贷行为使得原始存款放大,派生出多倍存款,从而完成货币的供给过程。中央银行的行为主要表现为控制货币原始供应量的能力。中央银行可以通过一般性货币政策工具,如法定准备金率、再贷款和贴现利率、公开市场操作,结合选择性货币政策对基础货币进行控制,以提供社会货币供需平衡的货币供应量。

(3)银行为整个经济提供支付网络

银行作为资金的盈余者和赤字者的资金衔接中介,可以为整个国民经济提供支付网络。中央银行创造了货币,而商业银行通过支票结算、存款准备金操作放大了货币供给倍数,为整个国民经济体系提供了强大的支付网络。

(4)银行是金融机构创新的发动机

金融机构的创新是以提高经济运行的效率为目的的，而金融机构创新的过程同时是一个风险积聚的过程。银行可以通过信息中介收集不同投资者的个人金融服务需求，通过信息甄别和规模效应等银行制度设计上的特有功能，催化金融机构的创新。

0.4 金融学的研究方法

由于金融学分为宏观金融学和微观金融学两个部分，而宏观金融和微观金融研究的视角不同，则研究的方法也不一样。

微观金融学，就其发展历史而言，它针对一个不确定环境的研究体系，关键在于如何为资产定价。微观金融学的分析不同于经济学的供需分析，主要呈现以下两个特点：

1. 交易主体

在金融市场上，任何一个企业既是需求者又是供应者。也就是说，在一个完美的金融市场，金融主体既可以买又可以卖。

2. 金融产品的同质性

金融产品的实质都可以归结于收益性、流动性和安全性的组合，即收益风险特征。如五年前存款、一年期存款、股票、债券等都是由这三性的一个组合形成的产品。

这两个特性决定了金融产品在供给上是充分竞争，需求上是完全可以替代的。故在一个充分发达的市场上，金融市场均衡只有在两条水平线重合的时候才会均衡。一旦这两条曲线相离，价格就会出现偏离，市场就会出现套利，而套利又迅速使两条曲线重合。在众多的金融学理论模型中，主要包括两种分析方法：其一是均衡分析方法，如典型的CCAPM模型、ICAPM模型等；其二则是无套利分析方法，其经典运用包括MM定理、APT理论和期权定价理论等。

(1)均衡分析法

从金融均衡分析法来看，金融市场的均衡分析有均衡分析法的三个共性：

第一，从市场投资主体的效用最大化出发，在一定约束条件(收入预算约束)下获得均衡状态的资产价格，在这里价格是最终的输出变量(Outputs)。

第二，绝对定价法。其核心在于理解和度量那些导致金融资产(商品)价格变化的各种经济因素，用以解释资产价格的形成和变化过程，其优点是比较直观，也便于理解。股票和债券定价大多采用此方法。

第三，偏纯理性描述，实际运用困难。绝对定价法有两个缺点：一是金融工具(特别是股票)未来的现金流难以确定；二是恰当的贴现率难以确定。它既取决于金融工具风险的大小，还取决于人们的风险偏好，而后者是很难衡量的。这两点使得金融均衡分析在实际操作中使用困难。实际上，夏普的CAPM、罗斯的APT等重要的资产定价理论都是为了确定恰当的贴现率。

然而，金融均衡分析方法又有特性的一面。由于金融市场的供需都可视为是无限的，数量一价格机制就无法发挥作用。金融均衡分析方法采用的是风险一收益互动机制，以马科维茨为代表的资产组合选择理论为代表。

(2)无套利分析法

无套利分析方法将市场价格作为输入变量，以“相对定价”为核心，寻求各种近似替代品价格之间的合理联系，通过对“无套利”目标的追求确定合理的市场价格。无套利分析最初是由莫迪格亚尼(Modigliani)和米勒(Miller)提出的，后在衍生产品定价中得到广泛应用。例如 Black 和 Scholes 基于此分析方法推导出了著名的适用于一般衍生证券价格的 Black-Scholes 微分方程，为后来脍炙人口的风险中性定价原理、等价鞅测度理论的发展奠定了基础。

相较微观金融学而言，宏观金融学的研究方法则更多地侧重从整体的视角分析经济社会的金融现象。主要研究方法有：

①实证分析与规范分析

实证分析指对经济现象、经济行为或经济活动及其发展趋势进行客观分析，得出规律性结论，而规范分析是以价值判断为基础，提出分析和处理问题的标准，作为决策的前提和制定政策的依据。宏观金融活动的分析要结合实证分析和规范分析进行研究，进而做出金融决策和评价。

②计量经济模型分析

计量经济模型分析是以一定的经济理论和现实数据资料为依据，运用数理统计方法，建立实际问题的数学模型，并据以定量分析经济运行过程，验证并发展经济理论，评价经济政策和决策，预测经济活动的未来发展。因为宏观金融活动中，某一金融活动结果同时受多种因素影响时，便可以采用计量经济模型分析对金融活动的影响因素作出分析，以便做出更好的金融预测。

③案例分析

案例分析以对具体事实为前提，通过透彻观察个别的事物，深入剖析某一方面，研究其内在结构及其与外部环境的关系，运用具体的事实证实或证伪某一理论。案例分析在宏观金融学的研究中尤为广泛，案例分析可以分析金融活动的决策过程、决策思想等，以更好地理解金融活动。

第1章　金融服务中的货币

内容提要　货币自诞生以来，形式随着人类社会经济发展从低级到高级的演变，经历了实物货币、代用货币、信用货币、电子货币四个阶段。无论是家庭、个人、企业、机关、团体、政府，还是国际交往，处处发生着货币的收支。生活中无处不在的货币，是金融理论研究的核心和基础。本章首先介绍货币的产生过程和货币的内涵，然后在此基础上分析货币在经济中的作用，最后使用时间价值这一概念，将货币的抽象概念运用到实际生活中，深化对货币的理解。

1.1　货币的产生

货币是商品生产和商品交换发展的必然产物，是商品经济内在矛盾发展的必然结果。原始社会后期，由于社会生产力的发展，产品在满足生产者自身的需要后有了一些剩余。于是，在原始公社之间出现了最初的实物交换。随着生产的进一步发展，商品交换逐渐变成经常的行为，交换数量日益增多，范围也日益扩大。但是，直接的物物交换中常会出现商品转让的困难，因为被交换商品必须对双方都具有使用价值，并且商品价值必须等量。而物物交换不可能永远同时满足这两个条件，必然要求有一个一般等价物作为交换的媒介。最初充当一般等价物的商品是不固定的，它只在狭小的范围内暂时地交替地由这种或那种商品承担，当一般等价物逐渐固定在特定种类的商品上时，就形成了货币。

货币自形成以后，随着人类社会经济的发展，货币的形式也不断发展，出现了各种各样的货币。

1.1.1　货币的发展过程

从货币的形式上看，迄今为止，大致经历了“实物货币——代用货币——信用货币——电子货币”四个阶段。从总的趋势看，随着商品生产流通的发展和经济发展程度的提高，货币形式从低级向高级发展演变。

1. 实物货币

所谓实物货币就是以自然界存在的某种物品或人们生产的某种物品来充当货币。在人类发展历史上，贝壳、布帛、牛羊等都曾充当过货币。

实物货币作为商品的价值和作为交换媒介的价值完全相等。金币是最典型的例子：如果将一枚金币熔化铸成金块在黄金市场上出售，金块的价值应等于金币的面值。

随着金属冶炼技术的出现与发展，世界各地的实物货币最后广泛采用了金属货币的形式，即以某种金属为材料铸成一定形状的货币。金属货币所具有的价值稳定、易于分割、便于储藏等优点，非其他类型的实物货币能比拟。金、银、铜、铁都曾是普遍使用的币材。

2.代用货币

一般来说，代用货币主要是指政府或银行发行的、代替金属货币执行流通手段和支付手段职能的银行券或纸质货币。代用货币的价值等于所代表的贵金属的价值，可以自由地与面值相等的金属货币兑换。

3.信用货币

信用货币是由国家法律规定强制流通的、不以任何贵金属为基础的、独立发挥货币职能的货币。目前世界各国发行的货币，基本都属于信用货币。信用货币本身的价值远远低于面值，而且与贵金属完全脱钩，不再直接代表任何贵金属。信用货币是货币形式进一步发展的产物，是金属货币制度崩溃的直接结果。信用货币由一国政府或金融管理当局发行，根据经济发展的需要控制发行量。

从理论上说，信用货币作为一般的交换媒介必须满足两个条件：(1)货币发行的立法保障；(2)人们对该货币持有信心。当一国出现政局动荡、战争或恶性通货膨胀、经济危机时，该国货币的价值和地位就会动摇，社会公众会争相抛出手中的货币，转而兑换成实物或其他国家币值稳定的货币。

4.电子货币

电子货币源于电子信用的发展，是以商用电子机具和各类交易卡为媒介，以电子计算机技术和现代通信技术为手段，以电子数据进行资金传输和存贮的信用货币。电子货币是现代经济高度发展、金融业技术创新和电子通讯技术飞速发展的结果。电子货币与纸币等货币形式相比，具有保存成本低，流通费用低，标准化成本低，使用成本低等优势，进一步降低了货币支付的交易费用。

目前的电子货币主要有银行卡和网上电子货币两种。就银行卡而言，社会公众使用银行卡可以免去现金的保管、清点、携带和寄送等不便，同时使用银行卡购物付款、提现、存款、转账，都比使用现金方便快捷、安全高效。

然而，电子货币若完全取代纸币、成为一种占主导地位的支付手段，必须具备一定的前提条件。例如：改变社会公众的货币使用习惯，建成遍布街头巷尾的电子支付网络，掌握控制和防范包括网络金融犯罪、电子病毒传播、电力意外中断等各种风险的有效手段。当这些条件不充分具备时，电子货币只能作为一种辅助性的支付手段起作用。

战俘营里的货币

二战期间，在纳粹的战俘营中流通着一种特殊的商品货币——香烟。当时的红十字会设法向战俘营提供各种人道主义物品，如食品、衣服、香烟等。由于数量有限，这些物品只能根据某种平均主义的原则在战俘之间进行分配，而无法估计到每个战俘的特定偏好。但是战俘之间的偏好显然会有所不同，有人喜欢巧克力，有人喜欢奶酪，还有人更青睐香烟。因此战俘们时常进行物品交换。

但是即便是在战俘营这样一个狭小的范围内，物物交换也非常不便，因为它要求交换双方恰巧都想要对方的东西。为了使交换能够更加顺利地进行，需要有一种充当交换媒介的商品。那么，在战俘中究竟哪一种物品适合做交易媒介呢？许多战俘不约而同地选择香烟来扮演这一角色。战俘们用香烟来进行计价和交易,如一根香肠值10根香烟,一件衬衣值80根香烟,替别人洗一件衣服则可换得两根香烟等。找到了香烟这样一种记账单位和交换媒介之后,战俘之间的交换就方便多了。

香烟之所以称为战俘营中流行的“货币”,是和它自身的特点分不开的。它容易标准化,而且具有可分性,同时也不易变质。这些正是和作为“货币”的要求相一致的。虽然不是所有的战俘都吸烟,但是,只要香烟成了一种通用的交换媒介,用它可以换得自己想要的东西,自己不吸烟又有什么关系呢?

1.1.2 货币的本质

马克思的劳动价值论中指出:“货币是充当一般等价物的特殊商品。其本质是一般等价物,表现形式是货币是特殊商品。”从货币的产生可以看出,货币是商品交换发展到一定阶段的产物。货币的本质就是一般等价物,货币是作为一般等价物的特殊商品。具体含义如下:

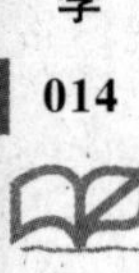

1.货币具有普通商品的属性

货币首先是商品,它与其他商品一样,是人类劳动的产物,是价值和使用价值的统一体。在马克思对货币起源的分析中,货币的前身就是普通商品,它是在交换过程中逐渐演变成一般等价物。任何在商品交换中充当货币的东西,首先它们是商品,都具有价值和使用价值。没有这种与普通商品的共性,货币就不具备与商品进行交换的基础。

2.货币与普通商品有本质区别

货币是商品,但又不是普通商品,而是特殊商品。其特殊性并不在价值方面,而在使用价值方面。黄金被固定地充当一般等价物,其使用价值便“二重化”了,它既具有自然属性所决定的特定的使用价值,如用于装饰、制作器皿等,又具有以其社会属性所决定的充当一般等价物和交换手段的作用。

货币在充当一般等价物时,有两个基本特征:第一,货币能够表现一切商品的价值。第二,货币对一切商品具有直接交换的能力。由于货币是价值和社会财富的一般代表,谁占有了货币,就等于占有了价值和财富,在实际交换中货币作为一般的交换手段,其交换能力是超越使用价值特殊性限制的,具有直接交换性质。一般等价物是商品交换赋予货币的属性,与货币材料是否有价值和使用价值没有关系,普通商品的意义在于通过交换满足人们生产或生活方面的特殊需要,而货币的意义则在于充当表现一切商品价值的材料、充当一般的交换手段,为商品交换服务。这就是货币与普通商品的本质区别。可见,考察货币的本质,应把其质的规定和存在形式区别开来。无论货币由什么来充当,它作为一般等价物的本性决不会改变,否则就不能称其为货币。

3.关于货币本质的其他观点

古典学派的观点:(1)货币金属论:货币是一种商品,其自身必须有价值,其实际价值是由货币金属的价值所决定的,只有金银才是货币。代表人物:威廉·配第、大卫·李嘉图、亚当·斯密。(2)货币名目论:货币是一个观念的计量单位,是计算商品价值的比例名称。代表观点:巴本的货币国定论、贝克莱的货币计算比价论、斯图亚特的劳动价值论和克拉普的货币支付手段论。(3)货币职能论:货币是交易媒介、计量标准、价值储藏手段、延期支付工具。

1.2 货币的内涵

货币作为一个重要的范畴，如何界定货币，由于时代背景不同，由于观察的角度不同，侧重于理论分析与解决处理实际问题的需要不同等，在文献中的答案都不相同。国内一般认为货币就是固定地充当一般等价物的特殊商品。

1.2.1 货币量的规定性

随着货币与经济关系日益密切，客观上要求政府对现金的发行以及信用的扩张加以控制，使货币的供给适应经济发展的需要，避免产生经济波动和危机。因而，货币供应量的概念以及对货币供应量层次的划分也就应运而生。

1.货币量层次划分的含义

所谓货币量层次划分，即把流通中的货币量主要按照其流动性的大小进行组合排列，分成若干层次并用符号代表的一种方法。目的是为了把握流通中各类货币的特定性质、运动规律以及它们在整个货币体系中的地位，进而探索货币流通和商品流通在结构上的依存关系和适应程度，以便中央银行拟订有效的货币政策。货币发展历史的进程证明，货币概念的确定会增强中央银行宏观控制的有效性。

货币量层次的划分是按照货币流动性的强弱，从外延上确定各个层次的货币所包括的具体内容或范围。货币量层次划分，是为了把握流通中各类货币特定性质、运动规律以及它们在整个货币体系中的地位，进而探索货币流通和商品流通在结构上的依存关系和适应程度，以便中央银行进行宏观经济监测和货币政策操作。由于从 20 世纪 70 年代开始，货币供应量逐渐取代利率而成为一些国家货币政策的中介目标，因此，对货币供应量内容的约定则是货币政策执行的前提。货币当局要明确到底货币量包括哪些层次，需要控制哪一层次货币以及这一层次货币与其他层次货币的界限何在，如果没有明确层次划分，货币政策的有效性就很难实现。

2.货币量层次划分的依据

关于货币量层次划分方法，各国方式不同，就是同一国家在不同时期其划分方法也不一样。我国学术界关于货币量层次的划分也不统一，多数学者主张按货币流动性划分，也有学者主张以货币周转速度划分和以货币变现率划分。目前，普遍接受的划分依据是按照货币的流动性——指某种金融资产转化为现金或现实购买力的能力。

按流动性划分具有比较明显的优点：一是能准确地把握流通中货币的各种具体形态的运动特性或活跃程度上的区别；二是在掌握变现能力的基础上，把握其变现成本、自身价格的稳定性和可预测性；三是中央银行在分析经济动态变化的基础上，加强对某一层次货币的控制能力。

一项资产的流动性一般是从三个方面来考察：(1)变现难易；(2)变现成本；(3)价格的稳定性和可预测性。如果出售价格与购买时相比有了很大变化，即使能够以很低的交易成本很快变现的资产也不会认为流动性很强。

3.货币量层次划分的比较

(1)我国现行的货币层次

为有效地实施金融宏观调控，合理地制定和选择货币政策中介目标，通过运用各类货币政策工具，促进和保证"保持货币稳定，并以此促进经济增长"这一货币政策最终目标的实现，中国人民银行决定把货币供应量作为我国货币政策中介目标之一，并以货币的流动性为标准将我国的货币层次具体划分为：

M_0＝流通现金

M_1＝可开支票的存款＋M_0

M_2＝城乡居民储蓄存款＋企业存款中具有定期性质的存款＋信托类存款＋其他存款＋M_1

M_3＝M_2＋金融债券＋商业票据＋大额可转让定期存单

其中，M_1 和 M_2 分别又被称为狭义货币供给量和广义货币供给量。

(2)美国现行的货币量层次

M_1＝现金(流通于财政部、联邦储备银行和横跨州内机构以外的硬币和纸币)＋活期存款(银行的无息支票账户)＋其他支票存款(可转让提款单账户(NOW)、超级可转让提款单账户(SuperNOW)、自动转账账户(ATS账户)、信用协会股金提款账户等)＋旅行支票

M_2＝M_1＋由商业银行发行隔夜回购协议(RP)＋隔夜欧洲美元存款＋货币市场互助基金股份(MMMF)＋在所有存款机构的储蓄和货币市场存款账户(MMDA，是存款机构的计息账户，每月开出的支票数额有限制)＋在所有机构的小额定期存款(发行的定期存款面额在100 000美元以下)

M_3＝M_2＋所有存款机构的大额定期存款(发行的定期存款面额在100 000美元以上)＋定期回购协议和定期欧洲美元＋货币市场互助基金股份(机构)

M_4＝M_3＋短期财政部证券＋商业票据＋储蓄债券＋银行承兑票据

应该指出的是，和我们习惯的叫法不同，美国的活期存款是可以开支票的，因而是一种支票存款，不是我们所讲的活期储蓄存款；而美国的储蓄存款则专指活期储蓄存款，不包括定期存款。

(3)国际货币基金组织的划分

M_0＝流通于银行体系之外的现金

M_1＝M_0＋活期存款

M_2＝M_1＋储蓄存款＋定期存款＋政府债券(长期国债＋短期国库券)

因此，我们可以看出世界各国在货币层次划分的具体实践上不是统一的。从横向看，各国金融结构和金融发展水平参差不齐，各国对货币层次的划分并无统一的界定；从纵向看，自20世纪70年代以来，广泛的金融创新创造了许多新型的资产，这些资产不仅具有较高的收益性，也具有很好的流动性。加之，随着交易技术和交易制度的发展，各种金融工具之间流动性的差异在逐步缩小，同一个国家对货币层次的划分也随着金融创新而不断地完善。

1.2.2 货币的流量与存量

所有绝对数量在经济分析中都可以区分为存量和流量两类，而存量和流量之间又是可以相互转化的，即存量的变化是流量，而流量的累计又是存量。如果加入时间维数，那

么这两者之不同就在于，存量单位（如资本）是某个时点的测量值与时间的流逝 T 无关，而流量单位（如收入）则必与某一预先定义的时间区间相对应，有时间单位 $1/T$。

货币存量，又称货币供应量，指经济社会中一定时点上存在的货币的数值。在不兑现信用货币流通条件下，通常包括两个部分：非银行部门所持有的中央银行的负债凭证，简称现金（通货）；非银行部门所持有的商业银行的负债凭证，简称存款货币。货币存量是一个静态的货币概念，它所描述的是某一时点上货币数量的横断面。

货币供应量是以美国经济学家弗里德曼为代表的现代货币主义者所推崇的货币政策中介目标。他们认为货币供应量是经济过程的内生变量，其变动是由商品生产和交易内在因素决定的，同时对经济过程有直接的反作用，又便于中央银行进行直接控制。

货币流量，由美国经济学家 M. A. 柯普兰在《美国货币流量研究》(1952)一书中首先提出，后被美国联邦储备委员会采用。它是指经济社会中一定时期内发生的货币的变动数值，表示货币在一定时期内的支出或流动数量，即货币存量与单位货币参加交易次数的乘积。例如，截至某年某月，货币存量为 200 亿元，其中，每一货币在一年内平均参加交易次数为 4 次，那么，该年内的货币流量就是 800 亿元。因此，在一个给定的考察期内，货币流量等于货币存量与货币流通速度的乘积。货币流量是一个动态的货币概念，它所描述的是某一时期内货币数量的纵断面。

表 1-1　2008 年中国货币供应量情况

月　份	2008 年各月余额（亿元）			比去年同期增长（%）		
	M_0	M_1	M_2	M_0	M_1	M_2
1	36 673.0	154 873.0	417 846.0	18.9	31.2	20.7
2	32 454.0	150 178.0	421 038.0	17.5	6.0	19.2
3	30 433.0	150 867.0	423 055.0	16.3	11.1	18.3
4	30 789.9	151 681.4	423 054.5	16.9	10.7	19.1
5	30 169.0	153 344.8	436 221.6	18.1	12.9	17.9
6	30 181.3	154 820.2	443 141.0	17.4	12.3	14.2
7	30 687.2	154 992.4	446 362.2	16.4	12.3	14.0
8	30 852.0	156 890.0	448 847.0	16.0	10.9	11.5
9	31 724.9	155 749.0	452 898.7	15.3	9.3	9.4
10	31 232.0	157 108.3	453 147.3	15.0	10.3	8.8
11	31 607.0	157 827.0	458 645.0	14.8	9.0	6.8
12	34 219.0	166 217.1	475 166.6	17.8	12.7	9.1

资料来源：《中国经济统计快报 200901》。

1.2.3　货币的职能

在任何经济社会中，货币不论是黄金、白银，还是贝壳、石子、纸片，都具有三个基本职能：交易媒介、价值标准和价值贮藏。在这三种职能中，交易媒介和价值标准是货币的基本职能，是一种东西能作为货币所必需的基本条件。而价值贮藏职能是从这两个基本职能延伸出来的，因而是货币的次要或引申职能。正是货币的交易媒介职能，才把货币同诸如股票、债券或房屋之类的资产区分开来。

1. 交易媒介

在现代经济社会所有的市场交易中，几乎都离不开货币。利用货币作为交易媒介，省去商品和劳务交易所需的大量时间，从而极大地提高了经济效率。货币降低了交易成本，它像润滑剂一样，能使经济更加迅速地运行，并由此鼓励了专业化和劳动分工。作为一种有效发挥货币职能的商品，货币必须符合一些要求：

第一、它必须易于标准化，使得人们能够很简单地确认和比较价值；

第二、它必须被广泛接受；

第三、它必须能够被分割，以满足小额交易；

第四、它必须易于携带；

第五、它不会很快变质。

孔方兄、阿堵物

旧时文人墨客自命清高，视钱为世间最不堪之俗物，提及便觉玷污了自己的清名，因此便用代名词称呼，如“孔方兄”。一提孔方兄，大部分人都能心领神会，雅俗共赏。

西晋王衍，字夷甫，以君子自居，一向对钱十分不齿。无论在怎样的场合，如何避无可避，王衍都绝口不提一个钱字。一天，王衍的妻子想试探王衍的虚实。趁他熟睡之际，让仆人绕着王衍的睡榻堆一大圈钱，心想王衍要起床必然会唤人把钱搬走，不然就下不了床，而他一开口就一定得说这个钱字。不料，翌日王衍醒来后见到床边的钱妨碍他行动，便叫来仆人，说“举却阿堵物”。从此，“阿堵物”就成了钱的另一个别名。

《世说新语·规箴》：夷甫晨起，见钱阂行，呼婢曰：“举却阿堵物。”

2. 价值标准

货币的第二个基本职能是作为价值标准，也就是说，人们在经济社会中用货币来对各种各样的商品和劳务进行计值。用货币来计量商品和劳务的价值，如同我们用重量单位（磅、千克、克等）称重，用长度单位（千米、米、英寸等）测距一样。

商品形形色色，质量各异，单位不一。如果经济中没有货币，商品与劳务的交易是通过物物交换方式直接发生的，那么一种商品的价值就要通过它所交换得到的另一种商品的数量相对地表示出来，即要用这两种商品之间的交换比来表示。摆脱这一困境的办法是把货币引入经济社会，用货币作为统一的价值尺度，来计量各种商品的价格，每种商品的价格都用它所能换得的货币数量加以表示，于是一种商品只需一种价格。

另外，正是由于货币作为统一的价值尺度的职能，才使会计核算成为可能。例如一个家庭的产出品有 1 000 千克大米、2 头猪和 10 只羊，买进品包括 2 袋肥料、1 辆摩托车。如果没有货币这个统一的价值标准，就无法知道家庭的收入和支出谁多谁少。正是有了货币作为统一的价值标准，才能对一切类型的收入和支出进行比较，进而发展成为现代社会中的会计核算。

把会计核算扩大到一个国家的范围，就出现了国民经济核算。这也就是说，只有有了货币作为价值标准，才能对它们进行统计和计算，并且可以建立起宏观经济指标体系。有了宏观经济指标体系，经济学家才能对宏观经济情况进行研究。

3. 价值贮藏

货币具有价值贮藏职能，这是从货币的交易媒介职能延伸而来的。货币作为交换媒介。使得商品与劳务的“物一物”直接交换方式变成为“物一货币一物”的间接交换方式，人们把手中的商品换成货币,由于还可用这些货币继续去换任何商品,货币被贮藏起来了,等到需要其他商品的时候,再用这些货币去换商品。因此,货币具有把价值贮藏起来的职能。

4. 支付手段

当货币作为价值的独立形态进行单方面转移时,执行着支付手段职能。如货币用于清偿债务,支付赋税、租金、工资等所执行的职能。由于商品经济的不断发展,商品生产和商品消费在时空上出现了差异,这就产生了商品使用价值的让渡与商品价值的实现在时间上分离的客观必然性。某些商品生产者在需要购买时没有货币,只有到将来某一时间才能有支付能力。同时,某些商品生产者又急需出售其商品,于是就产生了赊销赊购。这种赊账买卖的商业信用就是货币支付手段产生的起源。

与流通手段相比较,货币执行支付手段职能有以下特点:(1)作为流通手段的货币,是商品交换的媒介物,而作为支付手段的货币,则是补足交换的一个环节;(2)流通手段只服务于商品流通,而支付手段除了服务于商品流通外,还服务于其他经济行为;(3)就媒介商品流通而言,二者虽都是一般的购买手段,但流通手段职能是即期购买,支付手段职能是跨期购买;(4)流通手段是在不存在债权债务关系的条件下发挥作用,而支付手段是在存在债权债务关系的条件下发挥的作用;(5)货币赊销的发展,使商品生产者之间形成了一个很长的支付链条,一旦某个商品生产者不能按期还债,就会引起连锁反应,严重时会引起大批企业破产。所以,支付手段职能的出现与扩展为经济危机由可能性变为现实性创造了客观条件。

在我国,人民币执行支付手段职能,在范畴和数量上都大大超过了货币作为流通手段的职能。人民币的支付手段职能,绝大部分是通过银行的非现金结算实现的,表现为存款货币的流通是以银行为中心的货币循环。这种循环既反映了银行与各单位信用关系的消长,同时也反映一些单位利用银行的贷款或者存款来向另一些单位购买商品或者劳务及货币发挥支付手段职能。所以,存款货币的流通具有二重性,它既是货币流通的过程又是信用活动的过程。现实生活中,这两个过程优势交织在一起,发挥支付手段职能的货币同发挥流通手段职能的货币一样,也是处在流通过程的现实的货币,所谓流通中的货币指的就是这两者的总体。

5. 世界货币

随着国际贸易的发展,货币超越国家,在世界市场上发挥一般等价物的作用时,执行着世界货币职能。按照马克思对典型金本位条件下世界货币的科学论述,货币充当世界货币,就必须脱掉自己原有的"民族服装",还原成金银本来面目。马克思指出:"货币一越出国内流通领域,便失去了在这一领域内获得的价格标准、铸币和价值符号等地方形式,又恢复原来的贵金属块的形式。"

随着经济的全球化、一体化过程,世界货币流通领域出现了很多新的现象。许多国家的货币,如美元、德国马克、瑞士法郎、日元等。在国际间发挥着作为国际货币的三种效能,即支付手段、购买手段和财富转移的作用。我国人民币具有一定的稳定性,在一定范畴内已作为对外支付的工具,并在1996年底实现了经常项目下的可兑换。与此同时,黄金依然没有完全退出历史舞台,它依然是国际货币间最后的支付手段、购买手段和社会财富的保藏和转移形式。

1.3 货币在经济中的作用

在商品经济条件下,货币始终贯穿于社会再生产的各个环节。货币不仅对经济发生重大影响,甚至可以改变经济的运行过程。同时,货币还与经济中的其他变量互相影响,紧密相关,从而成为经济中最重要的内在变量,对经济发挥重要的作用。

1.3.1 货币在经济生活中的作用

1.货币是市场交换的工具

市场经济活动的实质就是交换。如果没有交换,生产和消费活动就无法进行,经济运行就会中断。初始的交换是直接的物物交换。直接物物交换要求交换双方都要同时需要对方的商品,并在交换数量和比例上达成协议,交换才能成功,这就是所谓的"需求的双重巧合"、"时间的双重巧合"。否则双方都需要经过一系列复杂的交换才能换到双方所需要的商品,如果换不到,交换就不成功。直接物物交换会耗费巨大的人力和物力,延长交易的时间,从而增大交易成本,阻碍商品经济的发展。货币是在产品或要素的交易中被普遍接受的交易媒介,因此,货币作为市场交换的工具,就能克服物物交换条件下交换的缺陷,从而使要素供给者、消费者以及生产者之间的交易活动得以顺利进行。这就大大降低了市场交易成本,提高了市场交易活动效率,促进了经济的发展。

2.货币是生产的第一推动力

商品经济中,人们要从事商品生产,必须持有货币才能取得生产资料和劳动力,并且要用货币不断购买,才能使生产过程不间断地继续下去。如果没有货币的有效投入和运行,企业根本无法开始生产。因此,货币作为生产的第一推动力,使生产得以顺利进行,并推动经济不断向前发展。

3.货币是主要的经济核算工具

货币具有价值尺度职能,可以用作比较、衡量各种商品和劳务价值量的统一外在尺度,因而国民经济统计指标和经济杠杆,都直接或间接地与货币有关。如价格、成本、利润等重要的微观经济指标,国民生产总值、国际收支、进出口额、总供给和总需求、投资、消费、储蓄等宏观经济指标以及税率、利率、汇率等重要经济杠杆,都是由货币来表现与计算的。宏观经济指标是微观核算的工具,微观经济核算又是宏观经济核算的基础。微观经济核算以单位货币为计量基础,从投入与产出等方面反映企业的生产效果和经济效益,有利于经营者对生产过程进行监管,在经营过程及时做出正确的决策。货币在建立宏观经济指标及其核算中的作用更是不容忽视。货币把千千万万不同质的商品和劳务转化为可以总括和比较的经济指标,用来表明经济发展的总规模、发展水平和速度,从而能预测经济发展趋势,有利于宏观决策者及时发现经济中存在的问题,采取各种政策措施进行宏观调控,使国民经济的发展尽量避免大的经济波动。

4.货币积累是扩大再生产的条件

积累是社会扩大再生产的主要动力源泉。就一个社会来讲,扩大再生产包含着外延扩大再生产和内涵扩大再生产两种。货币作为企业生产活动的第一推动力,不仅外延扩大再生产要增加预付的货币资本，即使是内涵扩大再生产，要提高企业生产技术，改善生产要素质量，提高企业劳动生产率，一般也要增加预付货币资本。而货币只有积累到一定数量，才能进行扩大再生产。一定时期的净产值或新增加的价值，都是以货币来表示和计量的，它是该时期中政府、企业、个人的净货币收入。这部分收入可以用于当期消费，也可以用于投资，用于投资则表示积累增加，社会再生产过程扩大。货币虽然不是现实再生产的要素，只是使劳动力与生产资料两大生产要素相结合的媒介，但任何新的生产过程都以预付货币资本为起点，因此，货币积累是扩大再生产的条件。

1.3.2 货币在市场运行中的作用

货币的存在是发挥市场功能的条件。在商品经济条件下市场这只“无形的手”具有两个方面的功能：一方面，从宏观层面看，它可以优化资源配置，促进经济均衡发展；另一方面，从微观层面看，它可以促进企业提高劳动生产率和经济效益。要使市场具备这两个方面的功能，必须以存在货币为条件。

社会平均生产耗费决定商品的价值量，商品要求等价交换，这是价值规律的核心内容。价值规律是商品经济的基本规律，只有价格经常背离价值，围绕价值上下波动，价值规律才能发生作用。而价格是商品价值的货币表现，没有货币就没有价格，就不能发挥价值规律的作用。

社会分工要求经济均衡发展，并要求资源分配到有利于经济发展的部门(即优化资源配置)。在商品经济条件下，要靠市场机制和价值规律的作用来发挥这一功能。商品价值不是由个别生产单位的生产耗费决定的，而是由生产这种商品的整个部门的平均生产耗费所决定的，因此，单位生产耗费就可以高于、低于或者等于部门的平均生产耗费。当单位生产耗费高于部门平均生产耗费时，这个企业生产这种产品就会无利可图，甚至亏损。当单位生产耗费低于部门平均生产耗费时，这个企业就有利可图。企业为了追逐利润最大化，它必须使企业生产耗费降低到部门平均生产耗费水平下，要做到这一点，它必须不断提高劳动生产率，改善经营管理，提高经济效益，力求向社会提供价廉物美的商品。

在商品经济条件下，商品供应与需求不均衡是经常出现的。一种商品供过于求，其价格就会下跌，这就意味着此时社会实际分配给该部门的生产要素多于应该分配给这个部门的生产要素；另一种商品求过于供，其价格就会上涨，这就意味着此时社会实际分配给该部门的生产要素少于应该分配给这个部门的生产要素。这时，人们可以利用利润、收入等指标反映市场供应状况，并利用价格、利率、信誉等与货币直接有关的经济杠杆调剂资金余缺，引导资源重新配置，把生产要素由利润低甚至亏损的部门转向利润高的部门，从而优化了资源配置，促进了经济均衡发展。

1.3.3 货币在宏观调控中的作用

货币是实现宏观经济调控的工具。在一国国民经济活动中，政府主要利用财政政策和货币政策等经济手段来间接地调控经济，以实现宏观经济的均衡。宏观调控是指国家依据客观经济规律的要求，为了实现一定的经济发展目标和战略任务，运用各种手段对国民经济的发展方向、规模、速度和比例进行调节，以正确处理各方面的利益关系。宏观调控目标：保持社会总供给与总需求的基本平衡；保持国民经济的适度增长率；合理调整产业结构；保持物价总水平的基本稳定；实现劳动力的充分就业；公平的收入分配；国际收支平衡。

无论是财政政策还是货币政策，都是以货币为基本工具的。财政政策中的收入和支出工具要以货币数量来表示，货币政策的任何一种工具使用也都离不开货币计量。另外，考核宏观经济政策的效果所使用的各种指标也是利用货币来进行的。财政政策与货币政策作为宏观调控的经济手段，通过各自的传导机制及政策工具来调节社会供需平衡，进而影响经济运行。货币是实现宏观经济调控的工具，在宏观经济调控中发挥的重要作用及具体体现，会在学习财政政策和货币政策时详细了解。

货币作用具有二重性。在商品经济条件下，货币的作用是二重的：一方面，像上面所说的那样，它促进了商品经济的发展；另一方面，它也存在消极作用。主要表现为：(1)货币的存在使经济危机具有可能性。在直接物物交换的条件下，商品换商品，在同一时间和空间范围内，两名商品交换者既是卖者也是买者，卖与买紧密结合在一起。货币出现之后，使商品卖与买分裂为两个独立的行为，而每一个商品的形态变化又与其他商品的形态变化交织在一起。卖之后不一定马上买，甲不买，乙就不能卖。货币作为支付手段，使债权债务链条更为复杂。所以马克思说："可以有货币流通，而不发生危机，但是没有货币流通，却不会发生危机。"(《马克思恩格斯全集》第13卷，人民出版社1962年版第87页。)(2)货币在促进商品经济发展同时，会促使两极分化。市场竞争，优胜劣汰，这是商品经济的一条基本规律，商品经济的自发发展，会形成两极分化，使货币财富集中在少数人手中，信用制度的发展促进了资本集中。

欧元的诞生对欧洲的作用

作为1991年12月欧盟《马斯特里赫特条约》的一部分，欧洲经济委员会提出了在1999年启动欧洲单一货币的计划。1999年1月欧盟15个国家(现在欧盟的成员国共有27个)中的11个按计划启动了新的统一货币，它们包括：奥地利、比利时、芬兰、法国、德国、意大利、爱尔兰、卢森堡、荷兰、葡萄牙和西班牙(现在增加了希腊、斯洛文尼亚、塞浦路斯、马耳他和斯洛伐克五国)。丹麦、瑞典和英国选择了在最初不加入统一的货币体系，而当时希腊是因为没有达到《马斯特里赫特条约》规定的要求(比如财政赤字低于GDP的3%，政府未偿债务总额低于GDP的60%)。

自1999年1月1日启动开始，加入货币联盟国家的货币与欧元的汇率固定不变，欧元成为计量单位。欧洲中央银行从各国中央银行手中收走了制定货币政策的权利，各成员国都开始发行欧元债券。到2002年初欧元纸币和硬币开始流通，到2002年6月各国原有货币彻底退出流通，欧元成为各成员国的唯一货币。

从经济利益角度欧元给欧洲带来的作用：

(1)增强自身经济实力，提高竞争力。未来欧元区在国内生产总值和对外贸易总额两个方面都将高于美国和日本。欧元启动以后，统一货币与统一市场的共同促进无疑会带来新的经济增长，使得欧盟在与美国和日本等经济强国的竞争中处于有利地位。

(2)减少内部矛盾，防范和化解金融风险。经济竞争日益全球化、地区化、集团化的大趋势中，统一货币是最有力的武器之一。欧盟是当今世界一体化程度最高的区域集团，但对国内市场动荡的冲击仍然缺乏抵御能力。1995年的墨西哥比索危机、1996年的日元危机，都一度导致欧盟经济增长滑坡、出口下降、就业减少。事实证明，欧盟浮动汇率机制下各自为政的多国货币币值"软硬"不一，利率的差别、汇率的变动等因素都引发过欧盟内部金融秩序的混乱。欧元作为单一货币正式使用后，上述问题将自然会大大得到缓解。伦敦摩根史坦利经济学家费尔斯指出，EMU的计划具持久性，在亚洲金融危机中已经体现出这套体系的优势，以往欧洲地区是无法安然度过这类风暴的侵袭的。

(3)简化流通手续，降低成本。欧元的使用，不仅简化了手续、节省了时间、加快了商品与资金流通的速度，而且还会减少近300亿美元的兑换和佣金损失，使欧盟企业无形中降低了成本，增强了竞争实力。随着欧元地位的上升和欧洲资本市场的发展，成员国的资金成本也会下降，有利于投资和经济增长。

(4)增加社会消费，刺激企业投资。在欧盟内部尽管统一大市场已经建立，但由于多种货币的存在，使得同样的资源、商品、服务在不同的国家表现出不同的价格。这种现象如长期存在下去，将扭曲各国的产业结构和投资结构，不利于大市场的合理发展。如果实施单一货币，由欧洲中央银行(ECB)制定和实施统一的货币政策，各国的物价、利率、投资利益将逐步缩小差别或趋于一致，形成物价和利率水平的总体下降，居民社会消费扩大，企业投资环境改善，最终有利于欧盟总体经济的良性发展。

1.4 货币制度规定

货币制度又称货币本位制度，简称币制，是一个国家或地区为了保证本国货币流通的正常与稳定，对货币流通的有关各种因素的法律规定的总和。完善的货币制度能够保证货币和货币流通的稳定，保障货币正常发挥各项职能。依据货币制度作用的范围不同，货币制度包括国家货币制度、国际货币制度和区域性货币制度；根据货币的不同特性，货币制度分为金属货币制度和不兑现的信用货币制度。它主要包括货币金属或币材、货币单位、货币的铸造、发行和流通程序，以及准备制度。

从已有文字记载，可以发现，各个国家在货币问题方面都制定了种种法令，这些法令反映了国家在不同程度、从不同的角度对货币所进行的控制，其意图总是在于建立能够符合自己政策目标的货币制度。一般说来，有秩序的、稳定的，从而能为发展商品经济提供有利客观条件的货币制度，是共同追求的目标。控制货币制度日益成为建立宏观调控系统的重要内容，以便有效地利用货币来实现经济发展的目标。

1.4.1 货币制度的要素

货币制度是随着商品经济的发展而逐步产生和发展的，到近代形成比较规范的制度，其基本构成要素包括：

1.货币材料与货币单位

(1)货币材料的确定

世界上许多国家曾经长期以金属作为货币材料，确定用什么金属作为货币材料就成为建立货币制度的首要步骤。具体选择什么金属做货币材料受到客观经济发展条件以及资源禀赋的制约。

国家规定哪种或哪几种商品(可能是金属，也可能是非金属)为币材，实际上都是对已经形成的客观现实从法律上加以肯定。主观地把现实生活中起不了币材作用的商品硬性规定为币材，或硬不准许现实生活中正在起着币材作用的商品发挥货币的作用，不仅行不通，而且还会造成混乱。

在很长的历史时期中，往往有两三种币材并行流通。反映在法令上，也往往是对几种币材同时予以承认。就中国来看，从先秦直到清代，铜一直是官方肯定的币材，但先是贝，后是金，然后是帛，再后是白银，与铜并行流通并大都为官方所认定。比照习惯的称谓，也可叫做铜贝本位、铜金本位、铜帛本位、铜银本位等。有时是三种币材同时存在，如宋代的银、铜、铁的并行流通，不过铜、铁各有自己的主要流通地区。在西欧，则有很长一段金、银并行流通的时期。当政府明确金、银都是法定币材时，称之为金银复本位制。单由黄金垄断流通，在先进工业化国家的历史也不长。最早是英国，也是直到 1816 年才正式宣布实行金本位。

19 世纪末 20 世纪初，世界主要工业化国家普遍实现了金本位制。然而好景不长，到 20 世纪 30 年代，实际均转化为不兑现的货币制度。到 20 世纪 70 年代之后，各国的法令中都去掉了以任何商品充当币材的规定。这就是说，在过去货币制度中最重要的一个构成因素——币材消失了。这对 19 世纪的人们，简直是不可思议的，但却是事实。目前的货币制度似乎可比照地称之为不兑现本位，不过这类表述没有什么意义。曾有一种百物本位说，但没有得到广泛的认可。

(2)货币单位的确定

货币单位的确定包括两个方面:货币单位的名称和货币单位的“值”。关于货币单位名称的演变在前面已经了解了，最早与货币商品的自然单位和重量单位相一致，后来由于种种不同原因，日益与自然单位、重量单位脱离。有的是保持原名，内容发生变化；有的则完全摆脱原名，重立新名。法律规定的名称，通常都是以习惯形成的名称为基础。

按照国际惯例，一国货币单位的名称往往就是该国货币的名称；几个国家同用一个货币单位名称，则在前面加上国家名号。如 France，音译法郎，是很多国家采用的货币单位名称，前面加上国名，就是各国的货币名称。法国法郎是法国的货币名称，瑞士法郎是瑞士的货币名称等等。再如 dollar，意译为元，也是很多国家货币的名称。加以国名，美元就是美国的货币名称，加元就是加拿大的货币名称，等等。Lira，音译为里拉，是意大利货币单位的名称，也是货币的名称，没有其他国家采用同名单位，则不冠国名。中国有些特殊，货币的名称是人民币，货币单位的名称是“元”，两者不一致。外国人搞不清，往往按照他们的习惯，把中国的货币叫做“中国元”。

货币单位的确定更重要的是确定币值。当铸币流通时，就是确定单位所包含的货币金属重量和成色。在中国的历史上，秦王朝统一中国之后，铸“半两”铜币。不久，伴随着战乱，钱币流通也陷于极度的紊乱。汉王朝，为了整顿钱币的流通、曾不断调整钱币的重量。几经反复，将近百年，才在轻重适度的重五铢的“五铢”钱上稳定下来。只是取得了理想的重量和成色的标准，这种五铢钱才能流通七百年。唐的开元通宝名义上比五铢钱轻一半。但汉的斤两轻，唐的斤两重，实际重量相差无几。这个重量相差无几的开元通宝铜钱又流通了一千多年。清末开始铸银元时曾铸一两重的银元。但当时在流通中占统治地位的是在世界上已经流通很久的轻重适度的约重 0.72 两的银元。所以一两的银元无法流通，不得不停铸，而改按通行规格铸造。

只有当流通中不兑现的货币尚未与黄金脱离直接联系的情况下，需要确定本国货币单位的含金量，或确定本国货币与世界上占主导地位的货币如美元的固定比价。当黄金在世界范围内非货币化之后，则是如何维持符合自身利益的本国货币与外国货币的比价，即汇率。这可能要求波动幅度不超过一定范围，也可能要求自己的币值偏低，或可能要求自己的币值偏高。因此,当币材的构成要素消失之后,货币单位的确定则成为货币制度中的核心构成要素。

2.通货的铸造、发行与流通

(1)本位币和辅币

所谓本位币(standard money)是指用法定货币金属按照国家规定的规格经国家造币厂铸成的铸币,也称之为主币。本位币是一国流通中的基本通货。其面值与实际金属价值是一致的,是足值货币,具有无限法偿能力。允许本位币自由铸造和熔化的国家,对于流通中磨损超过重量公差的本位币,不准投入流通使用,但可以向政府指定的机构兑换新币,即超差兑换。现在流通中完全不兑现的钞票,也称之为本位币,其含义也不过是用以表示它是国家承认的、标准的通货。本位币的最小规格是一个货币单位。如有些国家的银铸币全部是1元,有些国家的银铸币最小规格的面值为5个、10个,甚至100个货币单位。

所谓辅币一般用贱金属铸造,其所包含的实际价值低于名义价值。国家以法令形式规定在一定限额内,辅币仅具有限法偿性,但可以与主币自由兑换。辅币不能自由铸造,只准国家铸造,其铸币收入是国家财政收入的重要来源。辅币通常供日常零星交易与找零之用。辅币(fractional money)的面值多是本位币的1/10、1/100,其名称则各国不同。如美元的辅币面值为1%,名称为“分”;英镑的辅币面值也为1%,名称为“便士”。中国在金属货币流通时一直未形成规范的辅币制度。当铜钱与银两流通时,铜钱可解决小额支付问题,但银两与铜钱并无固定比价,而是根据金属银与铜的市场价格变化而变化。清末曾铸铜元(圆形无孔),试图建立辅币制,但未成功。1935年法币改革后,确定辅币为“角”、“分”。但在通货膨胀局面下,未起作用。

当代纸币制度下,主币与辅币通常都是由贱金属铸造,都非足值货币。因此,现在的铸币更多的是具有象征意义,即标示国家的名称或体现国家的权威。

(2)银行券和纸币

银行券和纸币是贵金属储量以及相应的金银货币不能满足商品经济发展扩大的需要而出现的产物。银行券是由银行发行、以商业信用为基础的信用货币。早期银行券流通的前提和背景是持券人可随时向发行银行兑换金属货币。经历1929~1933年世界范围的经济危机之后,西方各国中央银行发行的银行券停止兑现,其流通已不再依靠银行信用,而是依靠国家政权的强制力量,从而使银行券转化为纸币。

3.准备金制度

(1)准备金制度分别有两种情况:一种是在金属货币与银行券同时流通条件下,为了避免银行券过多发行、保证银行券信誉,发行机构按照银行券的实际规模保持一定数量的黄金;另一种情况是纸币流通条件下,发行纸币的金融机构(中央银行或者商业银行)维持一定规模的黄金。发行货币机构按照一定要求与规则持有黄金就是黄金储备制度,是货币制度的一项重要内容,也是一国货币稳定的基础。多数国家的黄金储备都集中由中央银行或国家财政部管理。

(2)在金属货币流通的条件下,黄金储备主要有三项用途:第一,作为国际支付手段的准备金,也就是作为世界货币的准备金;第二,作为时而扩大时而收缩的国内金属流通的准备金;第三,作为支付存款和兑换银行券的准备金。在当代世界各国已无金属货币流通的情况下，纸币不再兑换黄金，黄金准备的后两项用途已经消失，但黄金作为国际支付的准备金这一作用仍继续存在，各国也都储备一定量的黄金作为准备。

(3)各国中央银行为了保证有充足的国际支付手段，除了持有黄金之外，还可以选择储备外汇资产，具体选择何种外汇资产，既取决于该外汇资产所对应的外国货币作为国际支付手段的可接受性，也要考虑国际金融市场上的汇率变动以及各种不确定性因素。由于面临汇率风险，中央银行外汇储备应考虑持有适当的外汇资产组合而不是单一外汇资产。

1.4.2 货币制度的演变

纵观世界各国货币制度的演变过程，主要分为金融货币制度和不兑现的信用货币制度，其中金融货币制度又大体上经历了银本位制、金银复本位制和金本位制等几种类型。其中金银本位制又先后经历了平行本位制、双本位制和跛行本位制；金本位制也先后经历了金币本位制、金块本位制和金汇兑本位制三种类型。货币制度的演变过程如下图所示：

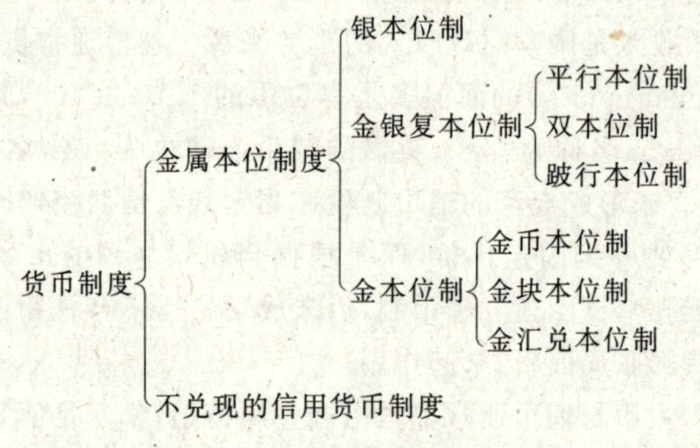

图 1-1 货币制度的演变

1. 金属本位制度

(1)银本位制

银本位制是以一定量的白银来表示和计算货币单位价值的货币制度。按照兑换白银的形式，银本位制也可分为银币本位、银块本位和银汇兑本位。然而实际上只有银币本位被一些主要的国家所采用。因此，实际上的银本位制只有银币本位一种。

在银币本位制度下，发行并流通于市场的货币是银币，单位货币规定为一定数量、一定成色的白银。公众可以自由申请用白银铸造银币，也可自由地将银币熔化，币制中规定的其他货币可以自由地与银币平价兑换，白银与银币可以自由输出与输入，而且银币具有无限的法偿能力。这些自由的存在，同样是银币本位的基本精神。也正是由于存在着这些自由，银币本位制度能像金币本位一样对经济起到自动调节的功能。

在货币制度的发展历史上，银本位制曾占有重要地位。但随着经济的发展，交易数量不断增大，体大值小的白银便满足不了交易的需要，于是在 19 世纪初期欧洲各主要国家(法国、意大利、比利时、瑞士等)就纷纷把银本位制改为复本位制。到了 20 世纪 30 年代以后，银本位制便几乎绝迹。

(2)复本位制

复本位制是指同时以黄金和白银为币材，铸造两种货币同时流通使用的货币制度，即金币与银币同时并行的制度。这种本位制度随着时间的演变,先后经历了三种不同形式。

第一、平行本位制。平行本位制的特点是:①金币和银币都是一国的本位货币;②二者均具有无限的法偿资格;③二者均可自由铸造和熔化;④金币与银币之间的交换比率完全由金币的市场价格决定,由经济力量调整,不为任何人为力量所管制。平行本位制的缺点:金币与银币之间的交换比率随金币市场价格的变化而变化。于是在国际贸易中,如果各国之间的金银币比价不同,那么金币就会流向金价较高的国家,而使该国逐渐变为金本位制国家;白银则流向银价较高的国家,而使该国逐渐变为银本位制国家,这就足以使平行本位制解体。

第二、双本位制。双本位制的特点是:①金币和银币都是一国的本位货币;②二者均具有无限的法偿资格;③二者均可自由铸造和熔化;④但金币与银币之间的交换比率是以法律形式予以规定的。因此,这种本位制是金币与银币这两种本位货币依照法定交换比率同时流通的货币制度,政府对一个单位的本位金币的含金量和一个单位的本位银币的含银量都做出了确定的规定。

双本位制的矫制作用:实行双本位制,可以使金银的市场比价与金银的法定比价保持一致,从而稳定货币单位的价值标准,并使国与国之间的汇率保持稳定。例如,假定金银的法定比价为1∶10,而市场比价为1∶12。这说明黄金的市场价格高于其法定价格,白银的市场价格低于其法定价格。因此人们会把金币熔化为黄金,按照市场比价1∶12来交换白银;再把白银铸成银币,按照金币与银币的法定比价1∶10来交换金币。转手之间,1单位金币变成1.2个单位的金币,赚取了0.2个单位的金币。这种赚钱动机的驱动,让人们不断地把金币熔化为黄金,把白银铸造为银币,致使流通中金币数量不断减少,市场上黄金数量不断增加;而流通中的银币数量不断增加,市场上白银数量不断减少。市场上黄金数量的增加使黄金的市场价格下降,白银数量的减少又使白银的市场价格上涨。如果黄金与白银的价格变化使得黄金的市场价格低于其法定价格,与之相应,白银的市场价格就高于其法定价格,那么又会出现相反的情况:把银币熔化为白银去换黄金,然后把黄金铸造成金币去换银币,于是市场上白银数量增加,白银市价下降,而市场上黄金数量减少,黄金市价上涨。总之,只要黄金市价高于其法定价格(相应地,白银市价低于其法定价格),在人们谋求利益的动机驱动下,黄金市价就要下降,白银市价就会上升;只要黄金市价低于其法定价格(相应地,白银市价高于其法定价格),黄金市价则会上升,而白银市价会下降。可见,只要黄金和白银的市价不等于法定价格,那么市价就会不断向法定价格靠近,直到市价与法定价格达到一致为止。这就是复本位制的矫制作用。

劣币驱逐良币现象:从以上分析可以看出,在双本位制度中,当黄金与白银的法定比价与市场比价不一致时,市价比法定价格高的金属货币在流通中的数量会逐渐减少,而市价比法定价格低的金属货币在流通中的数量会不断增加。这就是劣币驱逐良币的现象,这里劣币是指复本位制中市价比法定价格低的金属货币,良币是指复本位制中市价比法定价格高的金属货币。最早发现这个现象的人是英国财政家Thomas Gresham(托马斯·格莱欣,1519～1579),因而后人也称这个现象为“格莱欣定律”或“格莱欣法则”(Gresham's Law)。

双本位制的矫制作用产生效果的前提是，市场上金银的供求变动不能太大，而且各国的法定比价要相一致。然而实际上由于金银矿的不断发现和开采，造成世界市场上金银的供求变动很大，并且各国的法定比价彼此不同，这就导致双本位制的矫制作用失效。加上格莱欣定律的作用，使复本位制变成时而是金本位、时而是银本位的“交替本位制”。

1870年以后世界白银产量大幅增加，使得白银市场价格下降，低于法定价格，从而导致银币成为劣币。有些国家就干脆停止了银币的铸造，致使双本位制演变成为跛行本位制。

第三、跛行本位制。所谓跛行本位制，是指：①金币和银币都是一国的本位货币；②二者均具有无限的法偿资格；③但只有金币可以自由铸造，银币不得自由铸造；④金币与银币之间的比价由政府以法律形式加以规定。复本位制中金币与银币犹如两条腿，但现在取消了银币的自由铸造，这就好像缺了一条腿，故使复本位制变成为跛行本位制。跛行本位制的出现，主要是由于19世纪70年代世界银价的暴跌。为了维持银本位货币的地位和金银之间的法定比价，法国和美国决定停止银币的自由铸造，由复本位制改为跛行本位制。

(3)金本位制

金本位制是以一定量的黄金来表示和计算货币单位价值的货币制度。按照兑换黄金的形式，金本位制分为金币本位、金块本位和金汇兑本位。

第一、金币本位。金币本位是早期的金本位制度。在这一制度下，发行并流通于市场的货币是金币，单位货币规定为一定数量、一定成色的黄金。公众可以自由申请用黄金铸造金币，也可自由地将金币熔化，币制中规定的其他货币可以自由地与金币平价兑换，黄金与金币可以自由输出与输入，而且金币具有无限的法偿能力。这些自由的存在，是金币本位的基本精神。

金币的“自由铸造”和“自由熔化”，使得金本位货币与其所含的一定量的黄金的价值保持了等值关系，从而起到了对一国的物价水平与国际收支进行自动调节的作用，维持了物价稳定和国际收支平衡。先看物价水平。在金币本位制度下，当物价水平上涨时，单位货币所能购买到的商品数量减少了，单位货币所能买到的黄金数量也就减少了，这表明币值下跌，黄金价格上涨。此时人们就会将金币熔化成为黄金出售，于是流通中的金币数量减少，物价水平相应地就降低下来，币值回升以致与黄金平价。相反，当物价水平下跌时，币值上升，民间又会将黄金铸造成为金币，造成流通中的金币数量增加，物价水平上涨和币值的下跌，最终达到金币与黄金平价。再看国际收支。当一国的国际收支出现逆差时，说明该国的出口小于进口，造成金币流向国外，从而减少了国内的金币数量，造成国内物价水平下降。而物价水平的下降就会使进口减少，出口增加，从而使国际收支逆差得到调节并逐渐消失。相反，当出现国际收支顺差时，出口大于进口，金币从国外流入国内，导致国内金币数量增加，物价上涨。而物价上涨又会使出口减少，进口增加，从而使国际收支顺差得到调整并逐渐消失。总之，金币本位制度具有维持物价稳定和国际收支平衡的作用。这正是主张实行金币本位制度的主要理论依据。

黄金与金币的“自由输出、输入”，使得金本位货币的对外汇率保持了稳定。在国际金本位下，汇率是以各国货币的含金量为基础的。比如1914年以前，一英镑含金113.006厘，一美元含金23.22厘，于是英镑对美元的基本汇率为：一英镑等于4.866美元。但是，实际汇率是由外汇供求决定的，不一定与基本汇率相一致。一旦实际汇率发生变动，偏离了基本汇率，那么通过黄金的输出与输入，便可对汇率进行自动调节，使实际汇率偏离基本汇率的程度不会超过输出或输入黄金所需的费用，从而维持了汇率的稳定。比如在纽约与伦敦之间输送一英镑黄金需花费二美分(即0.02美元)，那么在纽约，英镑的实际汇率应不会超过4.886美元，否则，美国债务人与其高价买进英镑来清偿债务，不如直接向伦敦输出黄金(即把黄金从纽约运往伦敦)以清偿债务。这种汇率上涨的限度，称为黄金输出点。同时，纽约的英镑汇率也不应低于4.846美元，否则，英国债务人与其低价出售英镑，不如直接从伦敦输入黄金(即把黄金从伦敦运往纽约)来清偿债务。这种实际汇率下跌的限度，称为黄金输入点。正是由于黄金和金币可以自由输出与输入，才使得金本位货币的对外汇率得以稳定。

第二、金块本位。金块本位是第一次世界大战以后的产物，主要是由于战后的黄金供给不足，但又要维持金本位制，而出现了这种有效利用黄金的方式。在金块本位制度下，本位货币虽然仍以一定量的黄金作为其单位货币的价值标准，但黄金要由政府集中储存，不再铸造金币流通于市场，而使用政府或中央银行发行的纸币。这种纸币不能随便兑现黄金，只能在一定数额以上才能兑换金块，以供输出的需要。关于兑换金块的用途，有些国家不加限制，有些国家则加以限制。由于金币停止流通，且黄金由政府集中储存，兑换又有数额限制，从而减少了黄金向国外的流出，保护了本国的国际支付能力，同时又加强了货币当局管理货币的力量。

第三、金汇兑本位。金汇兑本位实际上是一种虚金本位。它虽然规定金币为本位货币，但却不铸造和流通金币，而发行和流通纸币，并将本国货币与另一金本位国家的货币保持固定的比价关系。在纸币的发行上，还要以存入本国或外国的中央银行的黄金及外汇作为发行准备，以供国际支付中的兑换之用。在兑换时，或者给以黄金，或者给以外汇，公众无权选择。一般来说，本国货币不能直接兑换黄金，只有先兑换成外汇，然后才能用外汇在国外兑换黄金。金汇兑本位制比金块本位制更能节省黄金，但金汇兑本位制对经济的自动调节作用较小，必须通过较大程度的人为管理才能促进国际收支及国内货币供应量的平衡。德国在1924年实行金汇兑本位，但才实行了不到几年，人们对黄金就产生了恐慌感，于是不得不于1931年又取消了金汇兑本位，而对外汇实行严格管理。

2.不兑现的信用货币制度

不兑现的信用货币制度，又称纸币本位制，是以不兑现的纸币作为本位货币的货币制度。不兑现的信用货币制度是20世纪30年代以来世界各国相继采用的现代货币本位制度，其特点是:(1)以政府或中央银行发行的纸币为本位货币;(2)本位货币不与任何金属保持等值关系。

纸币只是一个货币符号，其本身无价值，不论纸币发行数量有多少，纸币所代表的价值量只能是流通中货币需要量所代表的价值量。当纸币的发行量超过流通对货币的需要的数量时，就会导致物价上涨、纸币贬值，从而出现通货膨胀。

不兑换信用货币制度，一方面克服了金本位制度使货币数量严格受到黄金数量的限制的缺陷，货币供给具有较大弹性，可以根据经济发展的需要调整货币供应量;另一方面，这种货币制度又对国家干预经济、控制纸币的发行量、保持货币流通的正常稳定提出了新的要求。

中国的货币制度

由于众所周知的历史原因，我国的货币有人民币、台币、港币、澳元四种，但大陆地区的法定货币仅为人民币。人民币制度的内容主要包括人民币的单位、发行、流通、黄金外汇储备、汇率以及保护国家货币的规定等。人民币具有无限法偿的能力。人民币的单位为元，辅币单位为角、分。人民币的发行权属于国家，人民币的发行坚持集中统一与经济发行两个原则。中国人民银行集中掌管和统一调度金银储备和外汇储备，是中国大陆唯一的货币发行机关。

1.5 货币的时间价值

货币的时间价值是现代财务管理的基础观念之一，因其非常重要并且涉及所有理财活动，有人称之为理财的"第一原则"。

1.5.1 货币时间价值的表现

货币的时间价值，是指货币经历一定时间的投资和再投资所增加的价值，也称为资金的时间价值。货币的时间价值可以简单地理解为：今年的1元钱比明年的1元钱更具价值。

从不同的角度出发，资金的时间价值被认为有两个来源：首先，资金的时间价值来源于生产过程。资金只有被投入到实际生产过程中、参与生产资本的运动才会发生增值。其次，资金时间价值的存在是由于资金使用的机会成本。从投资者或资金持有者的角度来说，在一定的期限内，资金最低限度可以按照无风险利率实现增值，即银行存款利率。因此真实的资金额至少等于期初本金加上期间的利息额。

货币时间价值是长期投资决策必须考虑的客观经济范畴，它所揭示的是在一定时空条件下运动中货币具有增值性的规律。在理解货币时间价值时，我们要注意两点：

第一，货币时间价值是在没有风险和没有通货膨胀条件下的社会平均资金利润率，如果货币面临着通货膨胀等市场风险，还需考虑风险溢价问题。

第二，不同时点单位货币的价值不等，不同时点的货币收支需首先换算到相同的时点才能进行分析和比较。

1.5.2 货币时间价值的计算

一般货币是以利率来表示货币的时间价值。利率就是借款者为了获得资金的使用权，而向贷款者支付的价格。以实际价值为标准，利率分为名义利率与实际利率。按照利息的计算的方法，利率分为单利和复利。

1. 名义利率与实际利率

名义利率与实际利率是按利率水平是否剔除通货膨胀因素来划分的。名义利率是指没有剔除通货膨胀因素的利率，实际利率则是指剔除通货膨胀因素的利率。所以，实际利率又可理解为是在物价不变，货币购买力也不变的条件下的利率。实际利率为：

$r=(1+i)\div(1+P)-1$ 或 $r=i-P$

r 代表实际利率，i 代表名义利率，P 代表通货膨胀率，前一种计算方式比较精确，多用于核算实际成本和实际收益；后一种计算方式比较直观，多用于估算成本、收益及理论阐述中。除了通货膨胀外，利息所得税对名义利率的实际价值也会产生影响。如果以 t 代表利息税税率，i 代表名义利率，P 代表通货膨胀率，则税后实际利率为：

税后实际利率 $= i \times (1-t) - P$

这种利息所得税对税后实际利率的影响叫达比效应，因为加州大学洛杉矶分校的达比教授首先发现了这一问题，因此而得名。

从金融学上来说，名义利率是银行挂牌标明的名义价格，是银行客户直接接触、显而易见、非常明确和具体的价格。它衡量的是，银行客户在存款时拿到手中的利息，以及在贷款时支付给银行的利息。实际利率则是银行客户实际享受到的全部收益或付出的全部成本。当名义利率减去名义 CPI 后为负值时，实际利率就变成了负利率。国家频繁加息的原因之一，就是减少由于 CPI 上涨造成的银行客户实际利率降低的影响。当然，影响实际利率的因素远不止这些。只有了解这些因素，才能了解自己存款的实际价值变化，才能做出正确的理财决策。

如果银行的存款利率为 10%，当前的物价上涨率为 10%，那么存款的实际利率就是 0。如果物价上涨率超过了名义利率，那么实际利率就为负。反之，若物价水平下跌，实际利率就会高于名义利率。实际利率、名义利率与物价上涨率之间的关系也称为费雪效应。

2. 单利与复利

单利和复利是按照计息方式划分的。单利是指按照不变的原始借（贷）款金额或初始本金计算利息，当期利息不计入下一期本金；复利则将当期产生的利息计入下一期的本金，即将当期的本息之和作为下一期的本金，每一期的本金额都在滚动，俗称“利滚利”。

假如银行按单利计算利息，现在存 1 000 元的 5 年期定期存款，年利率是 2.88%，5 年的利息总和就是 1 144 元（1 000×2.88%×5）。

若银行采用复利计算利息，年利率仍为 2.88%，则复利计息的五年期存款的本金和利息变化如表 1-2 所示。

表 1-2　复利计算

时同	年初本金	年利率	本年所得利息	年末本息和
第一年	1 000	2.88%	28.81	1 028.80
第二年	1 028.8	2.88%	29.63	1 058.43
第三年	1 058.43	2.88%	30.48	1 088.91
第四年	1 088.91	2.88%	31.36	1 120.27
第五年	1 120.27	2.88%	32.26	1 152.53

显然，按照复利计息，五年之后的本息和为 1 152.53 元，比单利计息方式多 8.53 元。

3. 时间价值计算

货币时间价值计算的四大基本要素：现值（P）或终值（F）、利率（i）、期限（t）和计息方式。其中，现值是使用某种利率将未来某一时刻的一定的价值量折算到当前时刻得到的价值；终值是将当前时刻的一定的价值量按照某个利率计算到未来某一时刻的本息之和。

设定以下符号：P 表示本金或现值，i 表示利率，I 代表利息，F 表示到期的本息之和或终值，t 代表到期期限，则单利计息和复利计息的终值、现值计算公式分别为：

(1)单利终值：$F=P+P\times i\times t=P\times(1+i\times t)$

(2)复利终值：$F=P\times(1+i)^t$

(3)单利现值：$P=F/(1+i\times t)$

(4)复利现值：$P=F/(1+i)^{-t}$

假如印第安人懂得投资

科学泰斗爱因斯坦曾经说：复利是世界第八大奇观。复利的含义是，随着投资时间的延长，投资回报率就会以几何级数增长。因此，不同投资品种之间复利收益率虽然有时只差0.001，但是经过一段较长的时间，投资工具最终收益的差距却可能高达数倍。下面一则小故事就是利用了复利理论讨论“假如印第安人懂得投资”的趣味话题。

公元1626年，荷属美洲新尼德兰省总督 Peter Minuit 花了大约24美元的珠子和饰物从印第安人手中买下了现在的曼哈顿岛地区。到公元2000年，估计曼哈顿岛价值2.5万亿美元。假如当时的印第安人懂得投资，使24美元能够达到平均7%的年复合收益率，那么，到375年后的2000年，他们可买回曼哈顿岛。

24(美元)$\times(1+7\%)^{375}=2.5068$(万亿美元)

[重要概念]

货币　价值尺度　价值贮藏　支付手段　世界货币　国际货币制度体系　布雷顿森林体系　货币的时间价值　M_0、M_1、M_2　单利　复利

[复习与思考]

1. 马克思是如何分析货币起源的？
2. 中国人民银行把货币划分为哪些层次？
3. 如何理解货币的流量和存量？
4. 货币在经济中有哪些作用？
5. 货币制度的基本要素有哪些？
6. 什么是劣币驱逐良币？请思考生活中类似的现象。

第2章　金融服务中的信用

内容提要　信用，有广义和狭义两种。广义的信用是承诺一方履行和实现自身承诺的行为；其实质就是通过接受对方承诺并提供和履行自己的承诺，以消除各方对未来的不确定性，形成稳定的预期，从而实现自身利益的最大化。狭义的信用是指借贷方之间的债权债务关系。经济意义上的信用是以偿还和支付利息为条件的借贷活动；其实质就是以偿还和支付利息为条件的财产使用权的暂时让渡。本章首先介绍信用的内涵及功能，在此基础上，对信用工具与金融资产进行阐述，最后进一步深化对信用制度及其建设的理解。

2.1　信用的内涵及功能

"信用"同货币、价值、金融等基本概念一样，是一个古老而常新的经济范畴，在金融学中属于只能不断地被理解、认识和领悟，而不能得到彻底解决的学科"基本问题"。无论从历史还是逻辑的角度看，理解"信用"的基本内涵都不仅是理解由商品、货币通往现代金融关系的桥梁，而且更是理解现代金融运行实质内容的钥匙。理解金融服务中的信用必须全面、正确地掌握广义和狭义的信用概念、基本内涵及其经济功能，熟悉金融服务中的信用工具与金融资产，理解现代信用制度的本质及其形成与发展规律，明确信用制度建设的基本思路。从而加深对现代金融的本质、功能及其运行规律的认识。

2.1.1　信用的基本内涵

信用的概念和内涵无非是信用活动的事实及其属性在人们观念上的集中反映。"信用"一词我国古已有之。其义：一为"信任使用"，如《史记·陈涉世家》："陈王以朱房为中正，胡武为司过，陈王信用之"；二为"得到信任"，如《左传·宣公十二年》："其君能下人，必能信用其民矣"。现代汉语中的"信用"不仅包括了古汉语的词义，而且还包含了"价值运动的特殊形式"这一经济学含义。《辞海》从广义上把"信用"解释为："信任使用"；"遵守诺言，实践成约，从而取得别人对他的信任"和"价值运动的特殊形式"三种含义。《中国大百科全书》(经济卷Ⅲ，中国大百科全书出版社，1998)则从狭义上把"信用"解释为："即借贷活动。以偿还为条件的价值运动特殊形式。在商品交换和货币流通存在的条件下，债权人以有条件让渡的形式贷出货币或赊销商品，债务人则按约定的日期偿还借款或偿付贷款，并支付利息。"

英语中与"信用"可比拟的词汇是"Credit"，其源于拉丁语中的"Gredo"，意思是"我相信(I believe)"。《朗文当代英语词典》(1987)从广义上对"Credit"列出了八种名词解释和两种动词解释。其中与汉语广义上的"信用"最接近的有"信仰或相信某事物的正当合理性”,“在还债或处理货币事务中受信任的品质”,“购买商品及服务后一段时间内偿付的制度”。(《大英百科全书》,卷Ⅴ,台湾中华书局,1988)从狭义上将“Credit”解释为“指一方(债权人或贷款人)供应货币、商品、服务或有价证券,而另一方(债务人或借款人)在承诺的将来时间偿还的交易行为。”可见,从中外对“信用”的实际使用来看,“信用”一词的概念和内涵有广义和狭义之分,二者内涵密切相联,理解现代金融服务中的信用必须从广义和狭义上全面把握信用的基本内涵。

广义上的信用是包含信任、信义、信心、信誉等含义在内,涉及社会伦理、法律制度和经济活动的一个多层次、多侧面、多形式,且不断发展变化的概念。在表象上是指参与社会和经济活动的当事人之间建立起来的以诚实守信为道德基础的践约行为,所体现的是一种处理人际关系的普遍的道德准则。在本质上是指建立在心理上的信任和安全感基础上,通过人与人之间的交易行为而结成的,具有时间间隔和法律上“债”的特征的契约关系,是一种以社会价值心理为基础的,反映一定社会生产关系的契约形式或制度安排。

准确地把握广义信用内涵,必须注意信用活动的以下几个要素:

首先,信用作为人类个体心理现象的一种行为反映,因交易双方的信息不对称而引起,其产生基础是交易双方在掌握足够信息前提下,结成的心理学意义上的信任和安全感。这是信用最原始意义的特征。

其次,信用是维持人与人之间交易活动的一种契约关系,是人类个体集成人类社会的必要条件。根据信用关系的缔约基础,信用可分为“特殊主义信用”和“普遍主义信用”。前者指建立在对特定交易者或交易物人格化信任基础上的信用。由于建立信任的前提——信息,一般是通过血缘、亲缘、情缘、地缘、业缘等特定关系获得的。所以,这种信用通常只发生在某一特定的狭小范围,可以主要依靠伦理道德等非正式制度来保障。后者指独立于交易者或交易物身份特殊关系的,建立在对非特定交易者或交易物信任基础上的信用。由于建立信任的前提——信息,一般是在外在力量有效的监督、强制与激励约束下获得的。所以,这种信用通常可以在一个较广泛的范围发生,其范围大小受制于外在力量监督、强制和激励约束的有效性,必须主要依靠法律规章和政策等正式制度来保障。现代信用更多的是普遍主义信用。

第三,信用是具有时间间隔特征,即信用是同预期相联系,具有未来性的一种契约关系。如果交易行为和后果的发生不存在时间间隔,则信任和以此为基础的信用就失去存在的必要。信用实质上就是为了防范交易行为和后果发生的时间间隔里出现行为空白,为减少不确定性,限制机会主义,降低交易成本,交易双方达成的一种合约。

第四,信用是采取保留所有权让渡使用权,通过要约和承诺,而产生法律意义上“债”的一种契约关系。信用中所涉及的“债”不只限于一般意义上的借贷关系,只要有要约和承诺两个要素,信用意义的“债”即发生了。信用中债权人只能依据“债”的内容向特定的债务人主张自己的权利,除非经过约定(如背书),不能向任何第三方请求履行权利。

第五,信用是一种制度,而且是一个正式制度和非正式制度的混合体。信用活动只有在一定的监督、强制与激励约束下才能有效进行。信用作为一种践约行为不仅要受到文化、道德等非正式制度的约束,而且必须受到国家法律法规和政策等正式制度的约束。信用作为一种制度既要有法律法规和政策的强制维护,又必须有文化、道德等非强制性力量的支持。

信用作为一个制度范畴，是克服信息不对称、防范机会主义行为即欺诈性地追求自利行为、减少交易费用的一种制度安排。对它的本质应从以下几个方面认识：

第一，道德是信用的核心和灵魂。信用本质上是人与人之间的一种承诺关系，是人们信守承诺不予改变的行为选择，也是人们利用承诺来进行交易的社会活动方式。作为一种承诺关系，信用的实质和核心是诚实，信用是诚实道德在人们交往中的重要体现。

第二，产权是信用的基本前提。作为通过承诺来实现交易关系的行为方式，信用是建立在一定的产权界定和有效保护基础上的。只有明晰了产权界定，才能明确交易主体之间权责利关系，才能确定谁来做出承诺，谁对承诺负责，谁应该获得承诺的利益，只有这样才会形成人们讲信用的激励和约束机制。否则，信用就难以维持。同样，如果产权得不到清晰界定和有效保护，人们可以通过侵害他人的权益来获取利益，具有机会主义行为倾向的人就不会守信用，而采取巧取豪夺的方式去谋取利益。

第三，法律是信用的重要保障。在市场交易中，信用关系是一种基于双方承诺的契约关系，由于存在信息不对称和利益冲突，只有在一个公正的第三方的监督约束下，双方的信用契约关系才能得到有效维持和实现，而在现代社会中，法律及其实施机制就是公正的第三方机制。同时，法律是一种强制性的约束机制，可以弥补道德约束机制的不足。对于那些缺乏道德意识、不讲信用者，只有通过法律的强制性约束，才能促使其遵守契约，承担责任。信用的维持既要靠道德，也要靠法律，只有将道德的内在约束和法律的外在强制约束结合起来，才能形成一个全面和有效的信用约束机制，保障信用健全发展。

狭义上的信用是体现一定社会生产关系的借贷行为，一般来说就是指商品买卖中的延期付款或货币借贷。在表象上是一种以商品或货币为对象的，以到期还本付息为条件的借贷行为，所体现的是一种契约关系。在本质上是一种债权债务关系，是以偿还为条件的价值运动的特殊形式。其特殊性表现为价值单方面暂时让渡或转移，到期偿还，不改变所有权；收取利息，实现价值增值。

现代市场经济条件下所指的信用，更多地是指狭义的信用，是指在市场交易活动中，交易双方所实行的以契约为基础，以货币资金为对象的承诺、借贷和履约的行为。这里的交易双方即信用关系双方（也称借贷关系双方），一般称借出方即贷方为授信人，贷入方即借方为受信人。

在借贷活动中，授信人和受信人双方根据各自的利益要求，授信人通常是为了收回本金和获得利息，受信人通常是为了获得自己所缺乏的经营资本，按照事先约定的条件、范围、时间进行货币资金借贷，这种行为就是信用活动。

信用活动的特点是：贷款者将资金贷给借款者，约期归还，到期后除归还本金外，还需付息。在这种信用活动中，授信人在贷出资金的同时获得了要求借款人按期还本付息的权利即债权，而成为债权人。借款人则承担了按期还本付息的义务即债务，而成为债务人。如果双方都能够按照契约履行自己的承诺，那么他们的行为过程就是履行信用即守信，否则就是失信。

因此，现代意义的狭义信用，是指在商品交换或其他经济活动中，授信人在充分信任受信人能够实现其承诺的基础上，用契约关系向受信人放贷并保障自己所贷的本金能够回流和增值的价值运动的一种特殊形式。

准确地把握狭义信用内涵，必须注意信用活动的以下几个要素：

首先,必须具备信用关系即借贷关系双方当事人。"信用"是对他人而言的,不存在自己对自己的"信用",故信用一经产生就是个关系问题。信用关系双方当事人必须是具有不同经济利益的产权主体。信用活动中商品赊销或货币贷出,只有双方同时存在,才能发生借贷行为,结成债权债务关系,信用活动才能发生。

其次,必须具有信用活动的交易对象,即一定的价值标的物也称价值物,这种价值物可以是商品也可以是货币资金。信用活动发生时授信人提供一定量的价值物给受信人,经过一定时间,受信人按约定将一定量的价值物归还并加付一定量的利息。没有一定数量的价值物信用活动难以发生。

第三,必须有一定的期限规定。信用活动中授信人不仅要将一定的价值物单方让渡或转移给受信人,而且还要给受信人使用价值物的一定期限,同样,受信人必须在规定期限按约定还本付息。没有一定的期限规定信用活动难以发生。

第四,必须有某种契约形式。信用是一种契约关系,必然通过某种契约形式表现出来。契约是两个自愿交换产权的主体所达成的合意,包括正式的成文的和非正式的不成文的契约形式。信用活动中要约和承诺都是通过一定契约形式体现的,契约是信用关系的载体,没有契约难以结成和维系信用关系。当然,有契约并不意味着失信行为就可以因此而消除了。因为一旦失信的收益大于成本时,契约就不再是信用活动的可靠保证。

第五,信用关系天然具有风险性。信用双方当事人作为"经济人"的机会主义倾向、契约的不完备性和信用活动中的时间间隔使得交易双方都面临不确定性,决定了信用关系天然具有风险。当授信人授信失当或受信人回避偿付责任或失去偿付能力,而且防范信用风险的制度成本大于收益时,信用风险的发生就不可避免。

信用作为一个经济范畴,是以偿还和付息为条件的价值单方面运动。对它的本质应从以下几个方面认识:

第一,信用不是一般的借贷行为,而是以偿还和支付利息为条件的借贷行为。

第二,信用不是一般的价值运动,而是价值运动的一种特殊形式。价值运动的形式有多种,而信用是通过一系列的借贷→偿还→付息过程实现的。信用的价值单方面转移同传统的对等转移形成鲜明对照。

第三,信用不是一般的交换关系,而是一种债权债务关系,是债权债务关系的统一。

第四,信用不是孤立的交易活动,而是与商品货币经济紧密相连的经济范畴。不同社会的信用反映了不同社会的经济关系。

信用作为以按期还本付息为条件的单方价值转移,结成信用关系过程中债权人必须对债务人有信心,即信任债务人有按约定的时间还本付息的能力和意愿。同样债务人必须向债权人提供足够的信息以取得信任,得以授信。为此,信用交易中必须对债务人的信用要素做出界定,并依此进行信用评估。

一般信用评估中常用品德(Character)、能力(Capacity)和资本(Capital),简称信用要素的3C原则来判断对债务人的信任。品德主要是指偿债的决心,主要通过包括优良习惯、社交活动、生活形态和政治与社会地位以及个人和家庭声誉等过去的道德记录来反映。能力则是指对所借商品或货币使用的有效性,主要通过年龄、商业经验、教育程度、团队精神、社会关系和智慧等反映。资本指债务人所有资金的价值、性质、多少及其稳定性与变现能力,主要通过现有资本、职业与预计未来收入等反映。

1910 年美国费城中央银行司库波士特(William Post)在 3C 原则的基础上增加了附带担保品(Collateral),即可以用以减轻授信风险及损失的容易出售的抵押资产,形成了信用要素的 4C 原则。随后,银行家基氏(Edward Gee)又增加了企业条件(Condition of business),形成了信用要素的 5C 原则。企业条件是企业外围因素,范围大至政局变动、社会环境、经济周期、经济景气、就业状况、国民收入,小至行业趋势、生活方式、工作方式、劳资关系。

美国银行放款及信用调查人员协会又将品德及能力合并为人的要素(Personal Factor/Management Factor),将资本及抵押品合并为财务要素(Financial Factor),将企业条件称为经济要素(Economic Factor),从而形成了信用要素的 3F 原则。

1955 年德拉克(Milton Drake)的《银行家如何管理信用风险》一文将人的要素称为管理要素(Management Factor),认为管理、财务要素属于内部要素(Internal of Factor),经济要素属于外部要素(External Factor),从而形成了信用要素的 2F 原则,并认为管理要素最值得重视,其中品德要素中最重要的是诚信,尤其是在经营困难时对偿还债务的诚意与意愿。

此外,还有人提出了信用要素的 5P 原则,包括:债务人因素(Personal Factor),即信誉、人格和守信程度;债务用途因素(Purpose Factor),即用于增强经济活动能力的积极意义;偿还财源因素(Payment Factor),即偿还资金的来源与最佳偿还时机;债权保障因素(Protect Factor),即预计还款财源及收回放款的保障措施;债务人前景因素(Perspective Factor)即债权人授信后的报酬与风险。

2.1.2 信用的产生与发展

信用是商品或货币的借贷行为,属于商品货币关系的经济范畴。信用的产生、存在和发展与商品货币关系密切相联。商品货币关系的发展,特别是货币作为支付手段职能的发展是信用存在的根本原因。信用最早产生于商品流通。

信用产生和发展的基本前提和必要条件是具有不同经济利益的产权主体的存在,信用本质上就是一个产权主体为了追求自身的经济利益而和另一个产权主体进行的一种交易关系。没有产权就无所谓借贷,没有对自身经济利益的追求也就不需要借贷,自然也就不存在信用。

信用产生和发展的充分条件是商品、货币、资源和经营能力在时间、空间、不同产权主体间分布的不对称。这种分布的不对称具体表现为,一些市场交易者需要出售商品换取货币,一些市场交易者则需要购买商品,但缺少货币,另一些市场交易者不仅有暂时闲置的货币,而且不需即时购买商品,但又希望实现货币增值;一些市场交易者拥有货币资源,也愿意实现增值,但不具备经营能力,而另一些市场交易者则具有经营能力,但不拥有经营所必需的货币资金等资源。这种不对称分布的存在,就产生了商品的赊购和赊销,以及相应的货币借贷,商品买卖关系就转化为债权债务关系,信用由此产生了。

除此之外,商品生产经营者的产销条件、产销周期、运输距离各不相同,这就必然出现商品交换在时间、空间要求上的不一致性,从而造成商品交割和货币结算的分离,赊购赊销形式必然不断发展,从而使货币职能超出流通领域发展为支付手段。此时,作为与货币支付手段相联系的信用关系,日益表现为脱离了商品赊购赊销的货币借贷。

信用的产生和发展是与商品交换的产生和发展相伴相随的。基于血缘,并逐渐扩展到熟人、朋友(即信息对称程度高的特殊交易者)相互信任基础上的特殊主义信用协助了最早期的商品交换,使人类告别了自给自足,走向商品经济早期的信用经济,即物物交换意义上的信用经济——物物交换经济。交换带来的好处又诱使人们进一步扩大交换领域,这必然使交换一方面面临更多的不确定性,需要得到更高级的信用支持,另一方面又面临交换双方信息不对称程度加大,信用降低的矛盾。为此,信用的基础首先从对信息对称程度高的特殊交易者信任扩大到对交易对象即交易物的信任,并进一步扩展到对交换媒介即作为流通手段的货币的普遍信任,进而又扩展到对达成交易的契约以及保证这些契约得到有效执行的制度及其执行机构的信任。与此同时,对交换中信用活动的监督与约束也从信用关系双方的自我约束和相互监督与约束,发展为包括国家、社会公众、舆论等在内的多方监督与约束,其中国家具有最终强制的作用。此时,信用便发展成为一种制度化产物。在制度及多方力量的监督与约束之下,信用主体对信用的连续履行逐渐形成了自身的信誉,信誉又增进了其他信用主体对其的信任,使信用进一步提高,也使得信誉成为信用的激励力量。建立信任所必须的信息获得也从依靠交易者或交易物身份的特定关系,逐渐被制度和外在力量的监督、强制与信誉的激励约束所代替。这样,信用便从特殊主义发展为普遍主义。

当人们对货币的普遍主义信用取代了对特定交易者的特殊主义信用后,交易的范围从狭小的领域扩大到整个社会,物物交换意义上的信用经济发展为货币意义上信用经济——货币经济。货币的出现不仅为普通的商品交换提供了一种行之有效的衡量手段,而且,使借贷活动得以更加简化,产生了以货币为借贷对象的信用活动。因为,商品和货币在时间和空间上分布的不对称,必然导致包括赊购和赊销在内的赊账发生。赊账意味着授信人对受信人未来付款或付货的承诺给予信任,即出现了最早的信用。赊账使得物流和货币流由无信用中介的直接交易,转而被通过信用中介的间接交易所取代。

再后来,信用超出了商品买卖的范围,作为支付手段的货币(信用货币)本身也加入了交易过程,便出现了货币借贷活动。贷款意味着债权人给予债务人未来还款付息的承诺以信任。现在通行的纸币(信用货币)本身,也是在这种信用关系的基础上产生的。所以说,现代金融业是信用关系发展的产物。信用的发展大大降低了交易成本,扩大了市场规模。

信用活动在资本主义时代自然成了资本家扩大再生产的主要手段,成为服务于资本形成与资本积累的关键力量。继而使信用从实现交易的手段异化为交易目的本身,出现了作为商品存在的信用,即金融市场上的各种以信用为基础的金融产品,货币意义上的信用经济演化为金融意义上的信用经济——金融经济。因此,信用是伴随商品交换、货币流通、资本形成和资本积累的发展而发展,并普遍存在于商品经济发展各个阶段的经济范畴。

从史料记载看,信用在历史上长期以实物借贷和货币借贷两种形式共存。但实物借贷要早于货币借贷,因为最初的商品交换是物物交换,物物交换在时间和空间发生分离,商品价值的实现后于商品价值的让渡,买卖双方约定在未来的某个时间清偿货款,这就出现了赊销,即最早的信用关系,随后才是货币介入信用关系使信用的范围和规模不断扩大。

现代信用的形式则更为复杂和多样。从人类社会发展的历史进程来看，信用产生于原始社会末期，伴随着私有财产特别是私有制的出现而出现，随着商品交换的发展而发展，人类社会进入商品经济，尤其是进入市场经济以来，信用有效地促进了资本的形成与积累，推动了社会化大生产的发展和市场经济的深化，信用自身也从实现交易的手段，逐渐异化为交易目的本身，从而出现了作为商品存在的信用，使信用成为一种资源、资产，并演化为一种制度、文化。

信用的产生与发展可以从不同角度，依据不同标准划分为不同阶段。

传统的政治经济学认为信用是一定社会生产关系的体现，其划分方法是把信用的产生与发展，按所处的社会经济制度，划分为奴隶社会和封建社会的高利贷信用、资本主义信用和社会主义信用。从阶级分析的角度揭示信用的不同性质。

现代金融学根据信用与商品经济发展关系，把信用的产生和发展划分为物物交换经济阶段的信用、货币经济阶段的信用和金融经济阶段的信用。

(1)物物交换经济阶段的信用是一种依靠对交易者或交易物身份的特殊关系获得建立相互信任的足够信息，继而建立相互信任基础上的信用，是基于特定交易者或交易物在一个相对狭小范围存在的特殊主义信用，其表现形式是商品借贷。虽然其是不具备现代信用特征的低层次的信用，但它同样不可或缺，并时至今日仍在发挥重要作用。

(2)货币经济阶段的信用是指物物交换经济阶段信用在货币职能从流通手段发展为支付手段，并成为主要信用形式之后，经济货币化的产物，是一种普遍主义的信用，其主要形式是货币借贷。

(3)金融经济阶段的信用是指信用从交易的实现手段异化为交易目的本身后，信用制度化、经济金融化的产物。

信用的产生与发展还可以根据其约束机制的发展分为道德化信用、商业化信用和证券化信用。

(1)道德化信用是主要依靠信用关系双方当事人内在道德的自我约束，实现双方监督的信用，一般是和特殊主义信用相对应的信用发展阶段。信用的原始涵义就是这种道德化的信用，我国民间信用活动很多还处于这一阶段。

(2)商业化信用是在一定的制度约束和体制保证下，依靠征信公司等市场化的信用收集、整理、利用、提供、维护和管理等专业化的信用组织，将信用记录作为信息商品进入市场，进行交换、买卖的信用发展阶段。现代市场经济中，不仅个人、企业的信用被商业化，而且金融机构信用也被商业化了，对银行的信用评级就是银行信用商业化的产物。

(3)证券化信用是指通过以支付一定利息为条件，向社会公众出售证券来筹集资金的方式，使原来只能发生在少数人之间的特殊主义信用扩大到社会大众的普遍主义信用发展阶段。其实质是通过市场方法，将信用的担保从个人机构转变为制度。

商业化和证券化信用都是法制化信用，即主要依靠国家法律法规的约束、监督与强制的信用，一般是和普遍主义信用相对应的。

2.1.3 信用的经济功能

信用基本功能是调剂社会资源和提供、创造流通手段与支付手段。信用从根本上讲是一种以借贷形式出现的调剂，信用关系的存在解决了商品、货币以及以货币为主要形式的资源占有和经营能力在具有不同经济利益的产权主体之间分布不对称以及在时间和空间分布上的不平衡的矛盾，实现了资源的充分利用和有效配置。另一方面，信用调剂还具有创造流通手段与支付手段的功能，现代的纸币或电子货币本身就是一种信用货币，包括银行活期存款在内的各种层次的货币也是通过信用的方式被创造出来。

当信用的基本功能延伸到宏观经济，即从宏观领域考察信用时，信用具有以下功能：

首先，信用可以扩大生产规模，促进生产社会化。社会化大生产是规模化大生产，规模化大生产一方面必须解决生产的集中性与货币资金的分散性的矛盾；另一方面又必须解决不同产权主体在追求经济利益过程中遇到的以货币为主要特征的资源占有和经营能力不对称的矛盾。信用产生之后，规模化生产的矛盾就迎刃而解。

其次，信用可以扩大消费规模，增进社会总福利。信用不仅发生在生产领域，而且也可以发生在消费领域，对消费者而言其收入和消费支出并不是在任何时间总是平衡的，消费者可以凭借信用使现在的消费和未来的消费相交换，克服消费和收入在时间分布上的不平衡，使社会总福利水平提高。现实生活中的分期付款就是信用促进消费的形式。

第三，信用可以促进资本积聚，推动经济金融化。现代经济是大规模经济，必须拥有大量资本方可运行。现代企业筹集资本的方法主要是靠发行股票和债券使资本得以积聚，资本积聚一方面需要信用支持，另一方面发达的信用体系又加快了金融市场的发展，使经济不断朝金融化方向发展。

第四，信用可以促进经济增长，增加就业机会。信用扩大生产、扩大消费、促进资本积聚的功能必然带来国民收入水平的提高，增加就业机会。

第五，信用可以调控经济运行，保持经济稳定。中央银行可以通过信用的扩张或收缩来调节消费和储蓄的比例或储蓄和投资之间的转化，从而实现调控宏观经济的目的。

2.2 信用工具与金融资产

2.2.1 信用工具涵义与构成

(1)信用工具的涵义

信用作为一个经济范畴，是信用活动中要约、承诺与践约等事实，及其作为一种契约关系的本质属性，在人们观念上的集中反映和抽象概括。这种观念上的信用在现实生活中虽然无所不在，但却无影无踪，必须借助于各种具体的形式才能体现出来。信用也正是通过这些形式而发挥其功能的。广义上讲，这些具体的形式便是信用工具。信用工具的涵义总是伴随着信用形式的发展而不断深化的。最原始的信用形式是通过口头的要约和承诺来进行的，即借贷关系只要通过口头的承认就可以发生了。显然这种信用必须是特殊主义的，即只能建立在双方较熟悉，借贷规模较小，而且空间距离较近，时间间隔较短的一个特殊领域内。因为只有这样才能获取建立信任所必须的信息，并实施有效的监督与约束。随着交易的扩大，这种口头信用形式难以适应需要，人们便通过书面证明来确认双方的信用关系。

最原始的书面证明是由卖方在账簿上记人信用交易的金额，并无其他书面凭证，即“记账”的信用形成。严格意义上这些都不称为信用工具。进一步发展便是以书面借贷合同的形式来确认借贷关系。法律对借贷合同所记载的包括借贷金额、利息、归还时间和方式等要素在内借贷关系的约束和保护，使这些借贷合同具有了明显的可转让属性。这一属性使债权人和债务人能更方便地选择债权、债务，使自己的现时支出和未来支出分布更加合理。为了进一步满足这种要求，人们不断地开发出更加简洁和规范信用形式，同时，法律对这些信用形式的约束和保护也进一步提高，使其转让更加方便、灵活，从而出现了流动性更高的信用形式，其中信用货币便是最典型的代表。

狭义上所谓信用工具就是信用交易中用来载明债权债务关系的合约，其本质是信用活动中契约关系的形式化体现，一般表现为一定形式的契约证书。进一步还包括在此基础上，衍生出的管理其风险的信用形式即衍生信用工具。

信用工具作为体现信用活动中契约关系的契约形式，一般说来，必须包括五种要素：(1)债务人，包括反映其身份的基本属性；(2)面值，包括面值币种和金额；(3)期限，即债权债务关系持续的时间，规定了到期日，即债务人必须向债权人偿还本金付息的最后日期；(4)利率，即债权人获得的收益水平；(5)利息的支付方式。

(2)信用工具的特征

信用工具具有流动性、安全性和收益性三种特征。流动性是指信用工具被人们普遍接受的特性，一般根据信用工具转变为现金的能力来衡量。一般地，流动性与债务人的信誉、到期期限相关。债务人的信誉越高，信用工具的转让就越容易；期限越长，面临的不确定性越高，信用工具的接受度就越差。事实上，只有纸币、支票和银行活期存款才是具有完全流动性的信用工具，其他信用工具都只具有有限的流动性，转换成现金时需要支付一定的成本。

安全性也称风险性，是指信用工具的本金遭受损失的可能性。一般来说，安全性与偿还期成反比，与流动性成正比。影响信用工具安全性的风险有两类：一是违约风险，即债务人不能按照约定还本付息的风险。违约风险主要取决于债务人偿还债务的能力和意愿两个方面。一般来说违约风险与债务人的财富、收入、信誉、成就和社会地位有关。二是市场风险，信用工具的价格与市场利率成反比，市场利率上升将导致信用工具市场价格下跌。

收益性是指信用工具能定期或不定期给持有人带来收益的特性。其收益一般为利息或红利。收益性一般用收益率来表示。收益率是指持有信用工具所得到的收益与获得该信用工具所支付的本金之比。一般可分为持有期收益率和到期收益率。前者是持有某种信用工具期间所得到的收益率。后者是指持有某种信用工具到期时为止所得到的收益率。

信用工具收益的计算

如果某甲 2001 年 3 月 20 日用 1 000 元购买了 10 张面值 100 元，票面年利率为 10%，每年付息一次，期限为三年的债券。但他在 2002 年的 3 月 21 日将该 10 张债券以 1 050 元价格转让给某乙。那么在甲的这一年持有期内获得的总收益是 100 元利息和 50 元的价格差。其持有期收益率为：(100 元＋50 元)/1000 元＝15%。如果假设持有信用工具的时间为从 t 到 $t+1$，在此期间，信用工具的价格从 P_t 变为 P_{t+1}，C 为此间获得的票面利息或股息，RET 为持有期收益率，则更一般的表示形式为：$RET=(C+P_{t+1}-P_t)/P_t=C/P_t+(P_{t+1}-P_t)/P_t=i_c+g$。因此，持有期收益率分解为当期收益率 i 和资本利得率 g，即信用资产价格差额与购买价格之比。但是如果甲没有卖出，而是一直持有到 2004 年 3 月 20

日，那就只能得到300元的利息收入。其年平均到期收益率为10%。而某乙如果从2002年3月21日购得后就一直持有到2004年3月20日，则到期只能获得200元是利息收入，其平均年到期收益率只有(200/1050)/2=9.525%。

此外，收益率还有名义收益率和实际收益率之分。前者是没有考虑通货膨胀在内的由所得到的总的账面收益与实际支出本金之比计算得到的收益率。后者则是在前者的基础上扣除通货膨胀率后的结果。如果通货膨胀率为正则实际收益率小于名义收益率，反之，则高于名义收益率。以上计算的就为名义收益率。如果2001年3月20日到2002年3月20日之间的通货膨胀率为-1%，则实际收益率为16%。名义收益率一般和偿还期、风险性成正比，与流动性成反比。如果 r_r 表示实际收益率，r_n 为名义收益率，p 为通货膨胀率，则 $r_r=r_n-p$，这三者之间的关系也称"费雪效应"。除通货膨胀外，由于利息所得税是以名义利息为基础征收的，所以所得税也对实际收益率产生影响。如果税率为 r_a 则税后实际收益率 $r_{ar}=r_n(1-r_a)-p$。这种利息所得税对实际收益率的影响也称"达比效应"。

(3)信用工具的类型

信用工具的类型多种多样，依据不同的标准有不同的分类。例如：根据发行单位的不同，可以分为：(1)商业信用工具，例如各种商业票据等；(2)银行信用工具，如银行券和银行票据等；(3)政府信用工具，包括中央政府和各级地方政府融通资金所使用的各种信用工具，如国库券、政府贷款等，要注意的是政府信用概念比国家信用概念更加清晰，范围也更加宽泛；(4)融资信用工具，如企业债券、股票；(5)民间信用工具，一般指所有非正规金融机构发行的信用工具。

根据流动性大小分为完全流动性的信用工具和有限流动性的信用工具。前者就是指现代的信用货币。除此以外的都是有限流动性信用工具。包括存款凭证、商业票据、股票、债券等等。需要说明的是信用工具的流动性并不等同于可以流通，信用工具在本质上都具有可转让的属性，但实际是否可以流通则取决于相关法律的规定，一般而言普通存款和银行发放的贷款合同是不能转让和交易的。但现代发达的金融系统中也出现了将银行原来非标准化的贷款合同进行重新集合，然后细化为标准化的、具有相同金额、相同期限和相同收益的可以在二级市场上流通的金融工具的证券化现象。这一金融创新为银行进行流动性管理提供了一条很好的渠道和机制。

根据期限长短划分为长期信用工具和短期信用工具。长期和短期通常以一年为标准来区分。前者包括股票和一年以上的各种债券和票据，其极端形式是股票和无须还本的永久性公债。长期信用工具的交易形成了资本市场。后者包括各种支票、本票、汇票、短期存款、信用卡等期限在一年以下的信用凭证。其极端形式是银行活期存款。也有人把银行券和由债权人自由决定期限的信用工具，如：定活两便存款以及一些民间借贷凭证称为不定期信用工具。短期信用工具的交易形成了短期信用市场也称货币市场。

根据基本职能划分为原生信用工具和衍生信用工具。前者也称基础性信用工具，其主要职能是促进储蓄向投资的转化或作为债权债务关系的凭证，如股票、债券、存款、贷款等。后者则是在此基础上派生出来的，其功能不在于调剂资金余缺和直接促进储蓄向投资转化，而是管理原生信用工具的相关风险，如：期货、期权等。

根据权益属性划分为权益性信用工具和债务性信用工具，也有人将前者称为股权型或资本型信用工具，将后者称为债权型信用工具。前者就是股票，后者是各种债券和存款、贷款、票据等等。

2.2.2 几种典型的信用工具

信用工具也称金融工具，因经济发展对金融的需求而产生，其形式和种类十分复杂和多样，并始终处于不断发展和创新之中，尤其是现代衍生信用工具的发展十分迅速。这里主要介绍股票、债券和票据三种最为常用的信用工具。

1.股票

(1)股票的基本概念:股票是由股份有限公司为筹集资本向投资者发行的所有权凭证。股票所代表的所有权是一种综合权利，如参加股东大会、投票表决、参与公司的重大决策、收取股息或分享红利等。股票的持有者为股东。股东所拥有的所有权份额大小，取决于其持有的股票数量占公司总股本的比重。股票是最典型的长期信用工具。认购股票就是向股份有限公司投资，股票持有者可以按公司章程领取股息和分享经营红利，并可按法律和公司章程规定行使与所持股份额相应的所有者权利。

股票作为一种所有权凭证，有固定的格式和内容。最初的股票证书是纸化印刷方式的纸面凭证。随着现代电子技术的发展，电子股票应运而生，又称为无纸化股票。电子股票没有纸面凭证，股东持有股东账户卡，通过电脑终端查询购买的股票品种和数量。目前，我国上海交易所和深圳交易所上市的股票基本都采取这种方式。

(2)股票的特性:股票除具有一般信用工具所具有的特征外，还具有以下特性:

①股票具有无限期性，即在公司存续期间，投资者只要购买了公司的股票就意味着对公司的永久性投资，只能按一定的价格向第三方转让，但不能退股。因此，发行股票筹措到的资金在公司存续期间是公司稳定的自有资本，发行股票是股份公司筹措资金的主要手段。

②股票持有者的收益来自于股息和公司经营的红利以及股票买卖的价差。股票收益率的高低一方面取决于公司经营，一方面取决于股票市场价格的变化。

③股票持有者具有参与公司决策的所有者权利和义务。根据《公司法》和《证券法》规定，股东有权出席股东大会，选举董事会和参与公司的经营决策。但一般情况下，小股东更多的是关注股票市场价格的涨跌，从中获得价差。

④股票可以根据公司发展要求，在不改变股东持股份额和资本总量的前提下，由董事会决定对股份进行拆细或合并。一般拆细主要是由于单位股票价格过高影响销售，采取分割股份降低单位股票价格、增加股份总量。合并则是相反的做法，一般在公司资本减少或希望通过减少股票数量提高股价时采用。

(3)股票的基本类型:股票的种类很多，名称也各异，所代表的股东地位和权利也不尽相同。一般可分为如下主要类别:

①按股东权益分为普通股和优先股。普通股是指着股东享有不加以特别限制的平等权利，并可随公司利润的大小而分得相应股息的股票。普通股代表了对公司资产的剩余索取权，在公司终止时，其所有者在公司清偿所有其他债务后，才有权按股份额获得相应比例的剩余资产。普通股构成公司资本的基础，是发行量最大，最为重要的股票。目前在上海和深圳证券交易所上市交易的股票，都是普通股。

普通股股东按其所持有股份比例享有以下基本权利：(1)公司决策参与权。普通股股东有权参与股东大会，并有建议权、表决权和选举权，也可以委托他人代表其行使其股东权利。(2)利润分配权。普通股股东有权从公司利润分配中得到股息。普通股的股息是不固定的，由公司赢利状况及其分配政策决定。普通股股东必须在优先股股东取得固定股息之后才有权享受股息分配权。(3)优先认股权。如果公司需要扩张而增发普通股股票时，现有普通股股东有权按其持股比例，以低于市价的某一特定价格优先购买一定数量的新发行股票，从而保持其对企业所有权的原有比例。(4)剩余资产分配权。当公司破产或清算时，若公司的资产在偿还欠债后还有剩余，其剩余部分按先优先股股东、后普通股股东的顺序进行分配。

优先股是公司在筹集资金时，给予投资者某些优先权的股票，其优先权一般主要表现在：(1)优先股有固定的股息，不随公司业绩好坏而波动，并可以先于普通股股东领取股息；(2)当公司破产进行财产清算时，优先股股东对公司剩余财产有先于普通股股东的要求权。但优先股一般不参加公司的红利分配，持股人亦无表决权，不能借助表决权参加公司的经营管理。因此，优先股与普通股相比较，虽然收益和决策参与权有限，但风险较小。优先股一般在票面上要注明"优先股"字样。具有的优先条件由公司章程加以明确说明。一些国家的公司法规定，优先股只能在公司增募新股或清理债务等特殊情况下才能发行，到目前为止，我国还没有发行过优先股。

②我国按持有者的身份分为国家股、法人股、社会公众股和外资股。国家股是由代表政府利益的机构以国有资产投入公司而持有的股票或股份，也称国有股。法人股是由企业法人或具有法人资格的事业单位和社会团体以其依法可支配的资产向公司非上市流通股权部分投资所持有的股票或股份。法人根据股票认购对象可进一步分为境内发起法人股、外资法人股和募集法人股三个部分。国有股和法人股目前还不能自由上市交易。其股东转让股权，必须在法律许可的范围内，经证券主管部门批准，与合格的机构投资者签订转让协议，一次性完成大宗股权的转移。社会公众股则是指社会个人或公司职工以个人合法财产投资所持有的股票。其中本公司职工在公司公开向社会发行的股票时按发行价格所购买的股票称为公司职工股票。按照《股票发行和交易管理暂行条例》规定，公司职工股的股本数额不得超过拟向社会公众发行股本总额的10%，在本公司股票上市6个月后，即可安排上市流通。此外还要注意公司职工股和内部职工股是两个完全不同的概念。在我国进行股份制试点初期，出现了一批不向社会公开发行的股票，只对法人和公司内部职工募集股份的股份有限公司也称为定向募集公司，内部职工作为投资者所持有的公司发行的股份被称为内部职工股。1993年，国务院正式发文明确规定停止内部职工股的审批和发行。外资股指外国和我国港、澳、台地区投资者向公司购买的人民币特种股票或以购买人民币特种股票而持有的股份。根据发行和交易的范围，目前我国的股票还可分为A股、B股、H股、N股和S股。A股的正式名称是人民币普通股票，是由我国境内的公司发行，供境内机构、组织或个人(不含台、港、澳投资者)以人民币认购并在境内(上海和深圳证券交易所)交易的普通股股票。B股的正式名称是人民币特种股票，是由我国境内的公司发行，供境外或在中国香港、澳门及台湾地区的自然人、法人或其他组织以及定居在国外的中国公民和中国证监会规定的其他投资人，以人民币标明面值，以外币认购和买卖，在境内证券交易所(上海和深圳证券交易所)上市交易的

普通股票。H股、N股和S股分别是由我国大陆公司在内地注册，分别在香港、美国纽约和新加坡证券交易所上市和交易，以港元、美元和新加坡元标明面值和交易的股票，其名称是用上市地英文名称的第一个字母表示的。

③根据股票业绩分为绩优股和垃圾股。绩优股是业绩优良公司的股票。国内投资者衡量绩优股的主要指标是每股税后利润和净资产收益率。一般而言，每股税后利润在全体上市公司中处于中上地位，公司上市后净资产收益率连续三年显著超过10%的股票就属于绩优股。国外绩优股主要指的是业绩优良且比较稳定，在行业内具有较高的市场占有率、形成了经营规模优势，利润稳步增长，市场知名度很高的大公司股票。绩优股股值相对稳定且呈长期上升趋势，具有较高的投资回报和投资价值。

垃圾股则是指业绩较差的公司的股票。其公司往往由于行业前景不好，或者经营不善等，有的甚至进入亏损行列，使其股票在市场上萎靡不振，股价走低，交投不活跃，年终分红也差。

国外投资者还把那些在其所属行业内占有重要支配性地位、业绩优良、成交活跃、红利优厚的大公司股票称为蓝筹股。"蓝筹"源于西方赌场中蓝色筹码最值钱的意思。

④根据股票的票面是否记载股东姓名而分为记名股票和不记名股票。前者是把股东的姓名和地址记载于股票票面和公司所保存的股东名册的股票。无记名就是不做任何记载的股票。二者除记载上的区别外没有其他差别。

此外，与股票相联系的还有"存托凭证(Depository Receipts，简称DR)"，即在一国证券市场上流通的代表外国公司有价证券的可转让凭证，属公司融资业务范畴的金融衍生工具。因为一些发展中国家为了筹措资金，希望自己国家的公司能到发达国家的资本市场去发行股票。但是，发达国家为了保护本国投资者和股票市场的正常运行，规定外国公司不能直接上市，必须先将股票存托于上市国的一家银行或信托公司，由这种存托机构发行与股票面值相等的DR又称存券收据或存股证，然后再在上市国的股票交易所挂牌交易这种DR。DR解决了不同国家之间证券交易制度、惯例、语言、外汇管理等不尽相同所造成的交易上的困难，是在国际市场上筹资的重要金融工具。面向美国投资者发行并在美国证券市场交易的就叫美国存托凭证(ADR)；面向新加坡投资者发行并在新加坡证券市场交易的存托凭证叫新加坡存托凭证(SDR)；如果发行范围不止一个国家，就叫全球存托凭证(GDR)。GDR与ADR都以美元标价、都以同样标准进行交易和交割，两者股息都以美元支付，而且存托银行提供的服务及有关协议的条款与保证都是一样的，所以一般认为二者是一回事。ADR是全球最著名的DR。

2.债券

(1)债券的基本概念：债券亦称"收益债券"，是筹资者即债务人为筹集资金向投资者即债权人出具的承诺按约定的时间、标准和方式支付利息，到期偿还本金的信用工具，是一种体现债权债务关系凭证即"债"的证明书，对债权人而言是债权凭证，对债务人而言则是债务凭证。但债券不是一般的资金借贷证书，债券是将筹资总额分成许多等额单位，向众多的投资者筹措资金的信用工具。

(2)债券的特点：①债券上载有发行单位、面额、利率、偿还期限和偿还方式等债权债务关系要素，即"债"的内容。债券的发行者为债务人，债券的持有者为债权人，债券人和债务人可以是公司、企业和政府，包括中央政府和地方政府。②债券可以向第三者转让，债权债务的变更和债券转让同时发生，一切以出示和转让债券为前提。

(3)股票的类型：债券的种类繁多，并且随着人们对融资和证券投资的需要不断出现新的债券形式。现代金融市场中，债券的种类可按发行主体、发行区域、发行方式、期限长短、利息支付形式、有无担保和是否记名等分为九大类。

①债券按发行主体的不同，分为政府债券、金融债券和公司债券三大类。

政府债券也称国家债券或公债，是由各级政府及其机构发行的债券总称。其中，由中央政府通常是财政部发行的债券称国债、国库券、库券或中央债，是中央政府以债务人身份，以其税收作为还本付息保证，以取得债务收入来平衡财政预算的一种特殊手段，是国家信用(政府信用或财政信用)的主要形式。

金融债券是由银行或其他非银行金融机构发行的债券。金融债券发行的目的一般是为了筹集长期资金，债券在到期之前一般不能提前兑换，持有者需要资金时可以随时在市场上转让，从而保证了所筹集资金的稳定性，因此，其利率一般也要高于同期银行存款利率。金融债券的资信通常高于其他非金融机构债券，违约风险相对较小，具有较高的安全性。

公司债券也称企业债券，是由非金融性质的公司、企业以本身的经营利润作为还本付息的保证而发行的债券，其发行目的是为了筹集长期建设资金。一般都有特定用途。因此，公司债券风险与企业本身的经营状况直接相关。如果企业发行债券后，经营状况不好，连续出现亏损，可能无力支付投资者本息，投资者就面临着受损失的风险。从这个意义上来说，企业债券是一种风险较大的债券。按有关规定，企业要发行债券必须进行严格的资格审查或要求提供财产抵押，一般是先参加信用评级，级别达到一定标准才可发行，以保护投资者利益。

②债券按发行的区域，可分为国内债券和国际债券。国内债券，就是由本国的发行主体以本国货币为单位在国内金融市场上发行的债券；国际债券则是本国的发行主体到别国或国际金融组织等以外国货币为单位在国际金融市场上发行的债券。

③根据偿还期限的长短，债券可分为短期，中期和长期债券。一般的划分标准是期限在1年以下的为短期债券，期限在10年以上的为长期债券，而期限在1年到10年之间的为中期债券。

④根据利息的不同支付方式，债券一般分为付息债券、贴现债券和普通债券。附息债券是在它的券面上附有各期息票的中长期债券，息票的持有者可按其标明的时间期限到指定的地点按标明的利息额领取利息。息票通常以6个月为一期，由于它在到期时可获取利息收入，息票也是一种有价证券，因此它也可以流通、转让。贴现债券是在发行时按规定的折扣率将债券以低于面值的价格出售，在到期时持有者仍按面额领回本息，其票面价格与发行价之差即为利息；除此之外的就是普通债券，它按不低于面值的价格发行，持券者可按规定分期分批领取利息或到期后一次领回本息。

⑤按照是否公开发行，债券可分为公募债券和私募债券。公募债券是指按法定手续，经证券主管机构批准在市场上公开发行的债券，其发行对象是不限定的。这种债券由于发行对象是广大的投资者，因而要求发行主体必须遵守信息公开制度，向投资者提供多种财务报表和资料，以保护投资者利益，防止欺诈行为的发生。私募债券是发行者向与其有特定关系的少数投资者为募集对象而发行的债券。该债券的发行范围很小，其

投资者大多数为银行或保险公司等金融机构，它不采用公开呈报制度，债券的转让也受到一定程度的限制，流动性较差，但其利率水平一般较公募债券要高。

⑥根据其有无抵押担保，可以分为信用债券和担保债券。信用债券亦称无担保债券，是仅凭债券发行者的信用而发行的、没有抵押品作担保的债券。一般政府债券及金融债券都为信用债券。少数信用良好的公司也可发行信用债券，但在发行时须签订信托契约，对发行者的有关行为进行约束限制，由受托的信托投资公司监督执行，以保障投资者的利益。担保债券指以抵押财产为担保而发行的债券。具体包括：以土地、房屋、机器、设备等不动产为抵押担保品而发行的抵押公司债券，以公司的有价证券(股票和其他证券)为担保品而发行的抵押信托债券和由第三者担保偿付本息的承保债券。当债券的发行人在债券到期而不能履行还本付息义务时，债券持有者有权变卖抵押品来清偿抵付或要求担保人承担还本付息的义务。

⑦根据在券面上是否记名的不同情况，可以将债券分为记名债券和无记名债券。记名债券是指在券面上注明债权人姓名，同时在发行公司的账簿上作同样登记的债券。转让记名债券时，除要交付票券外，还要在债券上和在公司账簿上更换债权人姓名。而无记名债券是指券面未注明债权人姓名，也不在公司账簿上登记其姓名的债券。现在市面上流通的一般都是无记名债券。

⑧按发行时间分类，根据债券发行时间的先后，可以分为新发债券和既发债券。新发债券指的是新发行的债券，这种债券都规定有招募日期。既发债券指的是已经发行并交付给投资者的债券。新发债券一经交付便成为既发债券。在证券交易部门既发债券随时都可以购买，其购买价格就是当时的行市价格，且购买者还需支付手续费。

⑨按是否可转换来区分，债券又可分为可转换债券与不可转换债券。可转换债券是能按一定条件转换为其他金融工具的债券，而不可转换债券就是不能转化为其他金融工具的债券。可转换债券一般都是指的可转换公司债券，这种债券的持有者可按一定的条件根据自己的意愿将持有的债券转换成股票。

3. 票据

(1)票据的基本概念：票据是在商品流通过程中，反映债权债务关系的设立、转让和清偿的一种信用工具。是出票人按照法律规定的格式，载明收款人或持票人可于指定日期，不需给出任何代价，而向票据所载明的付款人支取款项，并可以流通转让的书面凭证，即是以无条件支付一定金额为基本效能的有价证券。有的国家亦称之为流通证券或流通票据。依据票据而建立的信用关系是票据关系。

(2)票据的特点：作为信用工具，票据具有以下特点：

①票据是有价证券，即票据是以一定的货币金额来表现价值。其价值随票据的设立而产生，随票据的转让而转让，是形成票据贴现关系的物质基础。

②票据是设权证券，即票据持有者凭票据上所记载的权利内容，来证明其票据权利以取得财产。这种票据权利于票据设立后才产生，设立之前不存在。票据价值随票据的设立而取得，随票据的转移而转让；占有票据即占有票据的价值，离开票据就不能主张自己的权利。

③票据是要式证券，即票据必须有确切的文字并有法定的形式和内容，并按法定程序行使其行为。一般票据要载明名称、金额、收付款机构、支付日期等，否则票据无效。

票据行为一般要按出票须经出票人签章，承兑须经承兑人同意支付并签章，转让须经转让人背书，在票据上签名盖章的人，必须对票据上所载文字负责的手续和程序进行。

④票据是文义证券，即票据关系人的权力和义务须按照票据上记载的文字意义来决定，而不得以票据以外的任何事由来变更。

⑤票据是无因证券，即票据虽然是根据一定的信用行为等原因而产生，它的设立是有因的。但是，票据的流通是不问其产生的原因的，它在流转过程中只要具备票据要式，票据权利人行使权力时无需证明其取得票据的原因，票据债务人无条件支付即可。

⑥票据是流通证券，即票据作为一种债权凭证，与一般的债券不同。一般证券的债权转让，必须通过书面的债权让渡手续，通知债务人后，才能生效。而票据的转让，可以经过背书或不背书；仅交付票据的简易程序而自由转让与流通。一个国家如有健全的票据市场，则持有票据的债权人，可以把票据视同现金，随时能取得融通的便利。

⑦票据是返还证券，即债权人或持有人在受领给付之后，必须将票据交还债务人，使票据关系消失。

(3)票据的功能：票据形式简单明了，流通自由，在经济活动中具有独特的效用。

①支付功能。这是票据最原始的功能，即解决现金支付在手续上的麻烦。使用票据，不仅可以节省现金点数的麻烦和时间，而且十分安全。票据还可以通过背书作多次转让，在市场上成为一种流通的支付工具，减少现金的使用。以票据作为支付工具，代替现金支付，可以达到迅速、准确、安全的目的。

②信用功能。经济活动中，交易并非都是现货交易，很多是必须建立在信用基础之上的交易。这时票据就成为商人信用上利用所不可缺少的工具。例如，甲向乙购买 10 万元的商品，约定于 4 个月后付款，则甲可对乙签发 4 个月后付款的票据，甲对此 10 万元 4 个月后付款的信用，即以此汇票或本票来代替。如果乙在 4 个月到期以前需要用现金，可以把未到期的票据送到银行去贴现而得现金。如果乙在 4 个月到期以前自己要履行债务，也可通过背书而将票据交付他人。背书制度使票据的信用从狭窄的直接交易人之间的信用扩大为社会信用。因此，有学者把票据称为“人的信用证券化”。

③汇兑功能。在经济活动中，交易常常在不同的空间进行，票据可以解决不同空间的现金支付障碍，用以了结相互之间的债权债务。例如，大陆某企业要向香港客户支付货款，大陆企业可将现金交给国内某银行，取得汇票一张，交给香港客户，由其持票向票据指定的香港某银行收款，从而清偿彼此间的债权债务。

④融资功能。即调度资产，主要通过票据贴现来实现。票据贴现是以未到期票据向银行售换现金。银行按市场利率，先行扣除取现日至到期日的利息后再以票面金额付给持票人。银行以贴现方式收下票据，可再向中央银行或其他银行贴现以取得资金，称为“再贴现”。票据贴现，解决了资金流转的困难，使票据持有人的资金从票据形式转变为现金形式，从而加速资金周转，促进经济的发展。

(4)票据的分类：

①依据票据的形式和出票人的不同，票据可以分为汇票、本票、支票三种。

汇票是债权人签发的，命令付款人在指定的到期日无条件向持票人支付确定金额的票据。一般把由银行等金融机构付款的称为银行汇票，相应地由其他企业付款的称为商业汇票；把在见票时或在要求时立即付款的称为即期汇票，把根据已确定的或可以确定的未来日付款的称为定期或远期汇票。

本票是债务人签发的，承诺自己于见票时或指定的到期日无条件支付确定金额给票据持有人即收款人的票据。

支票是付款人签发的，委托办理支票存款业务的银行或其他金融机构于见票时无条件支付确定金额给票据持有人即收款人的票据。支票分现金支票和转账支票，前者只能支取现金不能用于转账，而后者只能转账而不能支取现金。

②依据票据发生的基础分为真实票据和融通票据。前者是指以结清贸易价款而使用的票据，是伴随着商品流通而发生的票据，如商业发票、货运单等都是真实票据。后者也称商业票据，是指不以真实商品交易为基础，而是专为融通资金而发行的票据。这种票据是没有担保，完全以出票人的信誉为基础的，在到期时如果出票人不能偿付，也没有资产作为抵押而赎回本金。

2.2.3 金融资产

金融资产是与实物资产相对应，与信用工具密切相联的金融学概念。所谓资产是一种具有明确归属关系，可以给其所有者带来收益的财产或权利，即机构单位拥有的各种财产和债权。从其形态上可分为有形资产和无形资产，前者是指具有特定物质形态，本身具有内在价值，可以直接带来效用或用于服务的资产即实物资产。如机器设备、原材料、房屋以及各种大宗耐用消费品等。后者是指没有特定的物质形态，本身不具有内在价值，只是保存价值的一种方式或代表对未来一定收益的要求权的资产，如专利权、品牌以及各种以价值形态而存在的资产。金融资产是一种以价值形态而存在的无形资产，其表现形态为一定量的货币或以一定货币额表示的有价证券，如现金、存款、贷款、大额存单、商业票据、债券、股票等等信用工具。与金融资产相比，实物资产的持有一般需要付出保管费、自然消耗以及物理的和精神的折旧等消耗，在货币经济条件下，如存在通货膨胀，则实物资产具有保值功能，但如果是通货紧缩，则实物资产的价格也会随之下跌。此外，实物资产的主要问题是流动性比较差。金融资产中除了股票外，其他金融资产一般并不直接拥有实物资产，但金融资产对实物资产具有一定的依存性，如企业可以通过发行债券等信用工具就可以取得厂房、机器、设备等生产经营所需实物资产，通过对这些实物资产的使用即进行生产活动，将产品销售又可以产生现金流，偿还债务，因此，金融资产的现金流最终产生于使用实物资产的收入。金融资产与信用工具关系密切，信用工具对其持有者即债权人而言就是金融资产，对其发放者即债务人而言就是负债。这里金融资产和负债是对应的一组概念。因此，从信用工具的角度，金融资产也可以概括为一切可以在有组织的金融市场上进行交易、具有现实价格和未来估价，而且具有特定权利归属关系的信用工具的总称。

在 1993 年公布的国民经济核算体系（SNA）中，从统计目的出发对金融资产作了以下分类：(1)货币黄金和特别提款权；(2)通货和存款；(3)股票以外的证券（包括衍生信用工具）；(4)贷款；(5)股票和其他权益；(6)保险专门准备金；(7)其他应收/应付账款。SNA 中的金融资产实际上是按国民经济各个部门的资产负债表记录了整个国民经济所有的金融资产和负债。对每一部门来说，资产负债表显示的是该部门为筹集资金发生的金融负债和该部门已经获得的金融资产，它提供了有关一个部门金融手段运用程度及该

部门在债权、债务关系中所处地位的双重关系。

从信用工具的角度金融资产一般包括以下要素：(1)发售单位，即发行信用工具的银行、非银行金融机构或企业等。(2)价格，即买卖金融资产所融通的资金。价格有票面价格和市场价格之区别，一般是指市场价格。(3)期限，一般要载明固定期限或不定期限或无期限等。(4)收益，除现金外一般要标明是固定收益还是非固定收益。根据信用工具的形态，金融资产一般可分为：(1)货币资产；(2)债权资产；(3)股权资产。货币资产是指持有的现金和银行存款。货币资产的收益稳定而且可以预测，一般不会有资产损失的风险。货币资产中的现金具有最高的流动性，但持有现金不能得到利息，因此货币资产一般更多的是以存款而存在，其流动性比现金略小，但可以获得一定的利息，这种存款货币资产实际上也是债权资产。因此，从严格意义上，货币资产也是债权资产，是广义的债权资产。狭义的债权资产就是指有要求债务人按约定进行固定支付本金和利息的信用工具构成的金融资产。如国家公债、企业债券、银行贷款等都属于狭义上的债权资产。股权资产就是指股票所代表的对公司部分财产所有权和剩余索取权的资产形式。股权资产也称权益型资产或资本型资产。股权资产根据股票的性质具有：(1)期限上的永久性；(2)公司利润分配上的剩余性；(3)清偿上的附属性；(4)权利和责任上的有限性等特点。标准化的债券资产和股权资产都可以在公开市场上流通和转让。随着金融发展和信用工具的创新，一些金融资产可以兼具债权资产和股权资产的属性，如可转换债券就是允许持有人在一定的情况下，将债券转换为股票，使债权变为股权。金融资产有时还可以根据货币化程度的差别划分为货币性资产、准货币性资产和非货币性资产。所谓货币性资产就是可以直接充当交换媒介和支付工具的金融资产，如现金和可开立支票的活期存款。准货币性金融资产是指本身不具备作为支付工具的货币功能，但可以以较低的成本、较少的时间或风险就能转换为货币的信用工具，如各种定期存款、储蓄存款和国库券等。而非货币金融资产就是指那些需要较大成本和较大风险才能转变为货币的金融资产，如长期债券、股票等。这种划分实际上是根据金融资产的流动性来划分的。其意义在于可以分析和判断金融资产中可作为现实周转资金的有多少，可以判断证券市场运行的前景，即信用工具的变现能力。

金融资产的功能是由信用工具的功能决定的。金融资产最首要的和基本的功能就是融资功能，即通过信用工具的买卖使金融资金的转让成为可能。如企业通过发行债券、股票可以融通企业发展所需要的资金，国家通过发行公债可以融通用于平衡财政预算或国家重点工程建设的资金。在此基础上，金融资产具有分散风险的功能。金融资产在融通资金的同时，把风险在资金供求双方进行重新分配，而且可以通过不同的金融资产组合形成各种不同的分配方案，供融资双方进行资产组合选择。如债券由于持有人不承担经营风险，可以取得某种固定的收益，而股票持有人则要承担一定的经营风险，其收益也就具有不固定性。因此，可以通过不同的金融资产组合实现风险与收益之间的均衡选择。在现代经济系统中金融资产还发挥了对经济活动的激励与约束功能。现代经济中大多数企业都实现了所有权与经营权的分离。现代金融也是建立在所有权有经营权相分离的信用制度基础上。所有权和经营权的分离必然在现代企业和金融活动中普遍形成委托—代理关系，委托方和代理方必然要产生某种利益关系，这种利益关系直接关系到委托—代理的效率，关系整个经济系统运转的有效性。因此，解决委托—代理中的激励与约束是现代经济和金融系统运转的关键。金融资产的所有者出于对自身资产及其收益的关心,必然会通过"用手投票"即股东通过行使投票权对公司进行直接的监督,或通过"用脚投票"即通过抛售公司股票表示对公司经营的不满,从而激励和约束公司的经营行为。当然不同的金融资产其激励和约束机制与效能是不同的。

2.3 信用制度及其建设

2.3.1 信用制度的描述

信用制度是指有关信用及信用关系制度安排的总称,即人们在交易过程中达成的用来约束交易过程中人们的信用行为,维护信用关系的一系列行为规则。信用制度是对信用行为的规范,对信用关系的保证,现代意义的信用本身就是制度化的产物。

信用制度包括正式信用制度和非正式信用制度。正式信用制度也称正规信用制度、成文信用制度、强制性制度或正式信用规则、正式信用约束等,是指国家或组织有意识制定的,以文字形式颁布的,在一定时间和空间范围内对信用行为的规范和信用关系的维护具有某种强制力的行为规则。如有关信用征集、信用调查、信用评估、信用保证以及信用活动中的信用工具使用、机构设置、法律责任、监督管理等法律、法规和政策,即一般所说的信用管理制度。

非正式信用制度又称不成文信用制度、非正规信用制度、非强制性信用制度或非正式信用规则、非正式信用约束等,是指人们在长期的信用交易中无意识形成的、具有持久生命力的并构成世代相传渐渐演化的信用文化的一部分,包括有关信用的价值观念、伦理道德、风俗习惯、意识形态等内容。从历史的角度看,在正式信用制度产生之前,非正式信用制度就已经产生、存在并发挥作用。在现代社会,非正式信用制度包含了对正式制度的扩展、细化和限制以及社会公认的信用行为规则和内部实施的信用行为规则,它比正式信用制度更加接近于信用特有的文化内核,集中体现了一个社会特有的信用价值观,而且更容易与现实世界相契合,对人们的行为影响更加直接,是信用制度中的一个最为重要的基础性部分。信用交易的发展首先表现在一定制度约束下,交易双方通过获取对方有效信息而建立的信任交易,这种信任既包括对行为结果会获取预期收益的信心,也包括对交易对方会有助于实现这一预期收益的信任。进一步的发展则表现为交易双方对约束交易行为的信用制度的信任而进行交易。再后来的发展则表现为在制度保证下,基于双方信誉基础上的信任交易。因此,信息、信心、信任和信誉是与信用紧密相联的信用制度概念。

根据新制度经济学关于制度的认识,信用制度的特征可以概括如下:

(1)信用制度是与信用交易有关的人类行为,是人们长期信用交易的选择结果,信用制度是对人们的信用行为产生影响的人工产品,是历史进程中人类信用行为的沉淀物。

(2)信用制度必须借助一定形式来体现,其主要形式是与特定文化模式和社会过程相关的人们习以为常的惯例、习惯或是规则化的行为方式,具有强制性和约束性的规则是信用制度的核心。

(3)信用制度本身是不能独立存在的,必须依托于组织,而且总是和集体行动交织在一起，信用制度是一种自愿或非自愿一致赞同的结果，并通过规则对处于其中的人的信用行为提供奖励或制裁。维护和实施信用制度意味着外在力量的存在。

(4)人与人之间的交易是信用制度分析的基本单位，产权与交易密切相关，自然与信用制度密不可分。

因此，可以认为信用制度是人类在特定产权条件下选择的、与交易有关并借以影响人们信用行为和信用关系的正式和非正式规则的总称。由于制度可以分为对整个人类行为规则具有普遍作用的基础性制度和建立在此基础上的结构性制度。前者如社会主流文化、伦理道德规范和主流价值观以及基本社会制度等，后者如一般的法律、规章、政策以及企业的组织管理制度等。前者总是对后者具有决定作用。二者共同构成了整个社会的制度结构，并对经济成长发挥着重要作用。信用制度交叉包含于基础性制度和结构性制度之中。

信用制度作为一种交易规则是商品经济长期发展的结果，并对商品经济发展起到巨大的促进作用。作为一种制度是基于人的“有限理性”和“信息不对称”、“信息不充分”以及“经济人”的“机会主义倾向”等原因构建起来，用以规范人类交易行为的规则，其最主要的功能是减少经济活动中的不确定性，形成稳定而可靠的交易预期，为人们在广泛的社会分工中的合作提供一个基本框架，从而建立交易的信任关系，减少交易的不确定性和信息收集费用，降低交易成本，促进分工与合作的扩展，对经济增长构成影响。

信用制度对经济增长的影响具有双重作用，从正的效用上讲：(1)信用制度的建立、完善和执行能够规范和约束经济主体的交易行为，便于交易主体间信息传递，从而有利于稳定的市场秩序形成，优化全社会的信用环境。

(2)信用制度的建立和运转可以节约流通费用，加速资金周转，实现利润的平均化。首先，作为信用制度基础的商业信用制度即“从事再生产的资本家相互提供的信用，这是信用制度的基础”(马克思《资本论》第 3 卷，第 542 页)可以加速商品价值的实现过程，减少商品的储存量和保管等费用。其次，作为借贷资本运动形式的银行信用制度，可以使企业间的债权债务通过转账方式进行清算，而不需要现金结算，减少了成本。信用制度保证下的信用工具也节省了流通费用。

(3)信用制度是资金积聚的强大因素，是促进资金集中的强大杠杆，是扩大社会再生产的有力保证。正是因为信用制度的存在和发展，储蓄才能转化为投资，使生产经营者能以超出自身的资金限制来扩大自己企业的规模和再生产，形成较大的经济实力和较高的市场信誉，从而可以进一步获得信用资金的支持来追加投资，形成竞争力。

(4)信用制度是现代公司制度产生和发展的基础。现代公司制度是以股份制为基础建立起来的，而股份公司的建立，股票的发行，所有权和经营权的分离都是以信用制度的存在和发展为前提的。正如马克思所说：“信用制度是资本主义的私人企业逐渐转化为资本主义的股份公司的主要基础”(马克思《资本论》第 3 卷，第 498 页)。

信用制度的作用从负的效应上讲，主要是信用制度会助长过度的投机行为，容易引发信用危机。信用制度是为克服交易双方信息不对称而建立和发展起来的，但信用制度的进一步发展又促进的信用的发展，使所有权和经营权在更大的范围和规模上实现了分离，从而进一步加剧了交易双方的信息不对称，在通过委托—代理关系建立起来的交易过程中，正如马克思所说：“信用又使买和卖的行为可以互相分离较长时间，因而，成为投机的基础”，从而使交易的信任基础变得特别的脆弱。一旦构成信用交易链的信息、信心、信任或信誉等某一个环节出现断裂即出现不讲信用的投机或欺诈行为，信用关系就会破裂，交易难以进行，经济活动陷入停滞，从而引发信用危机。

2.3.2 信用制度的建设

1. 构建信用制度的产权基础

产权是交易的前提，也是信用制度存在和发展的基础，信用制度实质上是产权制度的延伸。我国现实社会经济生活中的信用问题究其根源，一方面，源于“集体利益”名义下，对个体产权的无视和侵害；另一方面，源于“转型”过程中，产权主体多元化带来的国有产权主体虚设，使得侵害国有产权的行为，在现行信用制度下，得到了事实上的鼓励，从而使信用关系弱化、恶化，信用制度约束失效。因此，加强信用制度建设，首先必须构建信用制度的产权基础。具体包括如下内容：(1)将法律对产权的界定和保护，建立在产权主体人格化的基础上。这既是信用制度的经济基础，也是信用制度的法律基础。(2)以产权主体人格化为标准，深化国有产权改革。在“产权平等”的前提下，不断进行所有制结构优化，构建现代公司法人治理结构。(3)按“公开透明、自由选择、自愿交换、产权平等”的原则，构建和市场经济相适应的公平竞争法律体系。要确保不同的产权主体具有平等的市场博弈权利和机会。一方面要防范非公有产权对国有产权侵害，另一方面又要防范国有产权凭借其垄断和意识形态优势，对非国有产权的限制，要防范各种在“集体利益”名义下对个人合法利益的侵占。

2. 完善信用制度的法治体系

我国信用关系弱化，最根本的问题是政府信用弱化。政府信用弱化，在政策上表现为“朝令夕改”，随意性大、透明度低、连续性差；在财政上表现为财政能力与政府职能不对称带来的过高的内外负债、财政风险和国企债务财政化；在行政上表现为好大喜功、弄虚作假、欺上瞒下，乃至贪污腐化。其结果是信用制度中社会成员和组织对政府的信任降低，以政府最终强制力作保证的激励—约束机制被弱化，如不加以控制，最终会导致信用体系崩溃。完善信用制度的法治体系，主要从以下几方面入手：(1)从政府开始加强信用制度建设。具体而言，一是要将法律置于社会公正、公平原则之下，将政府置于法律之下；二是要在可能范围内以法律、法规代替政策的基础上，将政策程序法制化；三是要建立政府退出机制，尽快转变政府职能，实现管理、考核科学化，限制政府对微观经济活动的参与和干预，在处理国有企业和金融机构等不良资产时，应把对契约的尊重和对信用的维护放在首位，按政策性亏损必须由相应财政补足，经营性亏损必须由企业和金融机构承担的原则处理，而不是“核销”、“转股”或“剥离”；四是要完善社会监督机制，积极推行决策民主化、政务公开化、政策透明化；五是要规范公务员尤其是政府官员的行为，以科学的法制化的规划代替的政府官员的随意决策。(2)构建系统化的信用法律法规体系。借鉴国外经验制定《公正信用报告》和相应的个人破产、信用担保制度，组建独立于政府的法治机构，加强法制队伍建设，保持“法治”的完整性、独立性和公正性。(3)要以金融产业为龙头实行行业自律。要建立“诚信为本”的行业自律规范，以法律形式公开承诺，通过媒体跟踪，接受社会和市场的监督。另外，还要注意规范民间信用行为。一方面要认识到民间信用存在的合理性和客观必然性，另一方面，又要看到其失控带来的危害

性。解决民间信用问题的关键是改善金融服务，发挥正规金融的替代作用。要借鉴台湾的成功经验，制定相关的民法条文，将其引导到法制化的自我融资和正式融资轨道上来。

3. 强化信用的激励约束机制

当前我国信用关系弱化的重要原因是：价值观"转型"导致的信用主体自我约束力降低；交易范围扩大导致的信用关系双方约束的强制力缩小；社会流动性加大导致的舆论约束力、社会约束力下降；制度"转型"导致的制度强制力弱化。因此，强化信用的激励和约束的重点是：(1)要在完善"法治体系"的同时，增强法律法规的权威性，加大对"失信"者的惩处力度，增加"失信违约"成本。(2)要树立信用信息是重要资源的观念，依靠现代电子信息手段，建立现代征信制度。(3)要把"诚信"指标作为个人、企业或其他组织和政府参与社会经济活动和考核、评比、晋升获得荣誉的依据，定期开展信用考核，实行信用考核制度化，对特殊行业可以实行一票否决制，使信用成为一种资格；(4)要依法构建政府、行业和社会三方共同组成的信用监管体系，规范资信评估行为，在对评估机构进行有效的政府监督的同时，要引入市场机制促进评估市场发展。

4. 积极发展我国信用管理体系

信用管理体系由政府、行业和社会共同构成。发达国家信用管理的实践证明，发展信用管理体系是促进信用管理科学化、规范化，解决信用信息生产成本高、收益低的有效途径。就我国实际而言，发展信用管理体系：首先，政府要发挥应有的职能。一是制定出相关法律法规，确定政府、行业和社会信用机构的职能范围和管理规范，加大对信用管理机构的监督，建立权威的信用仲裁与发布机构，确保信用信息真实可靠，可以考虑成立信用管理局专司信用管理；二是政府综合部门必须牵头将政府各部门组织起来，形成政府信用信息系统，整合信用信息，并按财政管辖范围把相关企事业单位纳入信用体系；三是要把政府工作人员首先纳入信用管理体系，自觉接受信用监督；四是要自觉接受法律和舆论监督。其次，相关行业、协会要在法律规范下，成立非盈利性的信用管理中介机构，制定本行业的信用规范，开展行业自律，建立行业信用信息披露和信用评级制度，积极开展与国外征信机构、组织之间的合作、交流。再次，是要成立社会化的信用管理行业，这种行业可以分为以产品为主和以服务为主两大分支，前者主要是调查类的企业，对消费者、资产和市场进行调查以及相应的评估评级，后者主要是金融类信用保险，从事保险理赔、电话查询和非金融类的债务追收、信用管理咨询等。其形式既可以是市场化的营利性的企业，也以是非营利性的中介机构。

5. 弘扬全社会的诚信价值观念

从社会价值心理层次看，信用制度是信用关系内化为交易者价值观念的反映。一旦信用观念形成，诚实守信就成为交易者的自觉行为，自我约束和社会约束力量将得到强化，信用的制度成本大为降低。为此，一要把诚实、守信纳入精神文明建设的主体内容，利用以报纸、电视、广播、网络等新闻媒体为主体的各种社会舆论工具，通过及时地、实事求是地宣传报道诚实守信的先进人物、单位和事迹，揭露恶性违约、失信现象，跟踪重大违约失信案件的查处，披露权威信用信息，大力弘扬契约精神、营造诚实、守信的信用文化和道德风尚，强化建立社会舆论的激励与约束力量；二要在科学化、法制化基础上，分区域和行业进行权威性的信用评估、评级，树立正反两个方面的信用典型，并接受舆论的监督，给予不同的授信资格和相应的荣誉与处罚；三要由行业协会牵头，结合行业信用管理，深入开展以诚实、守信为核心的职业道德教育和企业文化建设，形成“以诚信做人，以诚信立业，以诚信为荣，以失信为耻”的“诚信为本”文化；四要从伦理学和金融学两个方面，多层次开展以信用为核心的诚信教育与研究。金融学意义上的教育，可以参照欧洲一些国家的经验，在大学设立专门性的信用管理学院、专业、课程，开展硕士、学士专业教育，同时要积极开展信用职业技术教育和短期培训，尤其是对政府和企业管理者的在职信用教育。伦理学意义上的信用教育则更应该贯穿道德教育全过程。要从理论和应用两个方面，开展信用管理研究，为法律制定、体制构造、政策设计、信用教育和舆论宣传提供理论和实证依据，结合我国实际进行法律制度、政策设计、信用教育的研究。

[重要概念]

信用　股票　债券　汇票　本票　支票　金融资产　信用制度

[复习与思考]

1. 广义信用和狭义信用各自包含的内容是什么？
2. 信用产生与发展的基础是什么？
3. 信用的经济功能主要表现在哪些方面？
4. 信用工具的具体要素包括哪些？
5. 信用工具的功能特征有哪些？
6. 我国信用制度建设的重点内容有哪些方面？

第3章 货币需求理论与模型

内容提要 对货币需求问题的研究，是建立货币理论的起点，这同一般经济理论以消费需求理论为起点一样。货币需求理论是西方经济学家研究得很多、成果也很丰富的一种经济金融理论。在研究的广度和深度上，可能仅次于货币数量论。弗里德曼甚至宣称，货币数量论本身就是一种货币需求理论。这种说法自然有些夸张，但都或多或少反映出货币需求理论的重要性及其内涵的丰富性。本章扼要地对货币需求概念、货币需求的理论模型，以及货币需求量的测定方法等进行梳理和解释，为正确认识和理解货币需求奠定基础。

3.1 货币需求的含义及类型

人们对"货币需求"的理解是多种多样、多角度的。从需求主体方面来看，可以从个人、企业以及国家的角度考察；从问题涉及范围来看，有微观和宏观层次的货币需求；还有从需求动机的视角来研究主观和客观的货币需求。因此，在探讨货币需求问题之前，须首先探讨"货币需求"的含义。

3.1.1 货币需求的含义

西方货币需求理论认为，货币需求(Demand for Money)系指人们在经济活动中所期望持有的货币数量。

我国许多学者认为经济学上的货币需求是一种有效需求，"有效"可理解为获得或持有货币的能力。这些学者主张，货币需求是一种特殊的需求形式，货币是一般财富的代表，对货币占有的意愿(或欲望)比对其他物品的占有意愿(或欲望)要大得多，如无限制条件，这种占有欲望可以是无限的。因此，货币需求应当是需求能力与需求愿望的结合，需求能力是指与占有货币对应的收入、借款或其他形式的来源。需求愿望则指由需求主体经济利益决定的各种动机与行为。这种解释充分考虑了货币需求的微观决定因素，但没有考虑货币需求的宏观决定因素，如国民生产总值、财富总量及制度因素等。

为此，一些学者对此又作了进一步界定。陈观烈认为货币需求是指在一定的经济条件下(如资源约束、经济制度制约等)，整个社会应有多少货币来执行有关的职能。曹龙骐认为，货币需求是指在一定时期内，社会各阶层(个人、企业单位、政府)愿以货币形式持有财产的需要，或社会各阶层对执行流通手段、支付手段和价值贮藏手段的货币需求。

综上所述，货币需求可表述为：货币需求是在一定的时间内，在一定的经济条件下

(如资源约束、经济制度制约等)，探索整个社会需要有多少货币来执行交易媒介、支付手段和价值贮藏等功能。可见，货币需求具有量的特征，即货币需求量，它具体表现为在特定的时间和空间范围内(某国、某年)，社会各个部门(企业、事业单位、政府和个人)货币持有量的总和。据此，正确理解货币需求，需要把握以下几点：

(1)货币需求是一个存量的概念。它主要考察在特定的时点和空间范围内(如某年底、某国)，社会各部门在其拥有的全部资产中愿意以货币形式持有的数量或份额，因而是一个存量的概念。尽管存量的多少与流量的大小、速度相关，但货币需求理论研究的主要是存量问题。

(2)货币需求是有条件限制的，是一种能力与愿望的统一。它以收入或财富的存在为前提，在具备获得或持有货币的能力范围之内愿意持有的货币量。因此，只有同时满足两个基本条件才能形成货币需求：一是必须有能力获得或持有货币；二是必须愿意以货币形式保有其资产。有能力而不愿意不会形成对“货币”的需求，愿意而无能力则只是一种不现实的幻想。

(3)货币需求不仅仅是指对现金的需求，而且包括了对存款货币的需求。因为货币需求是所有商品、劳务的流通以及一切有关货币支付、贮藏所提出的需求，除了现金，存款货币同样能满足这种需求。

(4)货币需求研究的重点是宏观货币需求。因为市场需求是由货币所体现的有现实购买力的需求，对市场总需求的调控就体现为对宏观货币需求的管理。所以对货币需求的管理是宏观调控的重要内容，货币需求研究的重点是宏观层次的需求。

3.1.2 货币需求的类型

货币需求可从不同的角度，分为不同的类型。从需求动机不同，分为主观和客观货币需求；按需求的层次不同分为宏观和微观货币需求；考虑物价因素与否，又可分为名义和真实货币需求。

1. 主观货币需求与客观货币需求

主观货币需求，是指一个人或一个家庭或一个企业单位，在主观上“希望”自己拥有多少货币。这是指一种欲望，一种占有的欲望。如早期货币数量说的主要代表之一，英国经济学家约翰·洛克讲的货币需求就是一种主观的需求。他认为货币能同世上万物相交换，故人们对货币具有无限的需求，永远不会有货币供应大于需求的情况出现。也正因为如此，货币的交换价值才单方面地由货币供给量所决定。

客观货币需求，是指在某一时刻，存在于社会中的货币总量中，个人或单位应该占有多少和可以占有多少；也可以是指一个国家在一定时期内究竟需要多少货币才能够满足商品生产和商品流通的需要。

就理论研究而言，我们应当注意的是客观货币需求。

2. 微观货币需求与宏观货币需求

微观货币需求，是从微观的角度出发，考察微观主体的货币需求行为，即从个人、家庭或企业(统称为“经济单位”)的角度进行考察，研究一个经济单位在既定的收入水平、利率水平和其他经济条件下，持有多少货币量最适合(即机会成本最小、所得收益最大)。相应地，研究微观主体的货币需求的理论被称为“微观货币需求理论”。

宏观货币需求，是从整个国民经济的宏观视角，考察一个国家或地区在一定时期内，为满足经济发展与商品流通所必需的货币量。这种货币量既能够满足经济的均衡发展，又不至于引发通货膨胀。同样地，这种从宏观视角研究货币需求的理论被称为“宏观货币需求理论”。

3. 名义货币需求与真实货币需求

名义货币需求与真实货币需求，是西方经济学家(主要是货币主义学派)在说明货币数量变动对经济活动的影响过程时所使用的一对概念。

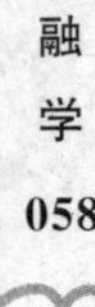

所谓名义货币需求量，是指个人、家庭或企业等经济单位或整个国家在不考虑价格水平变动时的货币持有量，亦即用货币单位(如元、镑、马克等)来表示的货币数量。名义货币需求量直接受制于中央银行的货币供给，故有“名义货币需求量＝名义货币供给量”的等式成立。

所谓真实货币需求量，是指各经济单位所持有的货币量在扣除物价因素之后的余额，亦即用货币所能够购买到的物品及劳务来表示的货币数量。因此，真实的货币需求也称为“真实货币余额”，它实际上是指以实物价值表示的货币需求。

将名义货币需求量(M_d)用某一具有代表性的物价指数(如 GDP 平减指数)进行平减，就可以得到真实的货币需要量(M_d/P)。

3.1.3 货币需求与资金需求

理解货币需求和资金需求的关系，应从货币和资金这两个概念入手。货币，是一般等价物，是为一切商品劳务交换以及相关支付活动服务的价值量。资金，是指在社会再生产过程中不断占用和周转的、有特定目的和用途的、可以增值的一定价值量。从资金的含义看，它与“资本”没有多大差别。

货币和资金的主要区别是：①存在形态不同：货币只能存在于货币形态；而资金不仅存在于货币形态，还可以存在于实物形态；②运动过程不同：作为商品交换的媒介，货币的运动过程是“商品(W)－货币(G)－商品(W)”，而资金的运动过程是“资金(G)－商品(W)…生产(P)…商品(W)－资金(G)”；③需要量的规律不同：货币需要量公式为$M=PT/V$；而资金需要量则等于产品生产总值除以资金周转次数。

两者的联系表现在：①资金的总价值总是以一定的货币量来表现。②资金总有一部分存在于货币形态，即货币资金形态，货币资金具有资金和货币的双重属性，它既是作为资金的货币，又是作为货币的货币。③各种类型的资金和货币在其各自运动中可以转化。④流通中的货币量大部分为资金运动服务，且资金循环的一头一尾都与货币的流通交织在一起。⑤各种类型资金的紧张往往又集中在货币资金上表现出来。

综上所述，货币与资金是既有联系又有区别的两个概念。自然地，货币需求和资金需求也是既联系又区别的，两者的重合只能是一定条件下的重合。

3.2 货币需求理论及模型

3.2.1 货币需求理论的内容

人们为什么需要货币，需要多少货币，人们的货币需求受哪些因素影响等问题，是货币需求理论研究的主要内容。货币需求理论就是研究货币需求的动机、影响因素和数量决定的理论。

货币需求理论的研究范畴有狭义和广义之分。从狭义来看，主要研究人们为什么需要货币(需求动机)，货币需求量受哪些因素的影响，如何测算货币需求量等问题。从广义来看，不仅要研究货币需求理论自身，还要研究货币需求与宏观经济各变量(例如收入、价格、产量)的关系，与社会总需求的关系，以及需求的变动对国民经济的影响等。

关于货币需求动机的研究，比较著名的理论是凯恩斯的货币需求理论。凯恩斯认为，货币需求取决于三种动机：(1)交易动机，指人们需要保留货币在手中，以应付日常生活与企业生产的支出；(2)谨慎动机，指人们需要保留货币在手中，以应付临时的、预料不到的支出；(3)投机动机，指人们需要保持一定的货币在手中，以便抓住有利的时机进行投资或购买。

关于货币需求量决定的研究，货币主义学派代表人物弗里德曼的贡献最大。弗里德曼提出，货币需求同经济变量的联系是稳定的、可预测的，货币需求是经济变量的稳定函数。弗里德曼所指的经济变量，是包括价格、股息、债券利息、永久性收入等在内的能对货币需求产生影响的变量。弗里德曼的观点引发了西方经济学家对货币需求函数[①]和货币需求函数的经济变量的研究。

本节以下内容主要是梳理、介绍几种代表性的货币需求理论。

3.2.2 马克思的货币需求理论

马克思在研究和总结资产阶级古典经济学各派观点的基础上，在《政治经济学批判》和《资本论》等著作中深刻地研究了货币需求问题。马克思的货币需求理论或称货币必要量理论[②]集中表现在他提出的货币流通规律公式中。

马克思首先提出的金属货币流通公式是：商品价格总额/同名货币的流通次数＝执行流通手段职能的货币量。如果用符号表示，金属货币流通公式可表示为：

$$M=PT/V$$

进而，马克思又论述了纸币的流通规律，“纸币的发行限于它象征的代表金(或银)的实际流通的数量”。用符号表示，可将纸币流通公式表示为：

$$PT/V=M=Mp$$

① 货币需求函数(Function of Demand for Money)，指描述货币需求量同有关经济变量相互依存的函数关系的表达式。

② 马克思在提出问题时，有时是问流通中“有”多少货币，有时是问流通中“需要”多少货币，有时是问流通中“可吸收”多少货币。

式中,M 表示金属货币需求量,Mp 表示纸币需求量[①],P 代表商品价格水平,T 代表流通中的商品数量,PT 代表商品价格总额;V 代表货币的流通速度。

公式表明:

(1)P、V、T 都是影响货币需求量的变量。而且货币需要量与商品数量、价格水平进而与商品价格总额成正比,与货币流通速度成反比。无论是金属货币的需求量,还是纸币的需求量都取决于 V、P、T,这三个变量的任何一个发生变化都会引起货币需求量的变化。

(2)马克思的货币流通公式其实是货币需求公式,这两个公式可以用函数形式表示为:$Mp=M=f(V,P,T)$。但马克思的货币需求量是指金属货币、纸币需求量,而且马克思的货币需求公式 $Mp=M=PT/V$,只考虑了商品的买卖即实物商品流通时对货币的需求。

3.2.3 古典经济学派的货币需求理论

古典学派早期关于货币需求的研究,散见于威廉·配第、斯图亚特、亚当·斯密和大卫·李嘉图等的著作中。到了20世纪,欧文·费雪,以及以马歇尔、庇古等代表的剑桥学派对货币需求进行了系统的研究,形成了较为系统的理论,即货币数量论。货币数量论的一般理论为:物价水平的变动与货币数量及其流通速度成正比,而与商品及劳务数量成反比。用函数表示为:$P=f(M,V,T)$。M 为货币数量,V 为货币流通速度,T 为货币所购买的物品及劳务的数量,P 为物价水平。

按照货币数量论的发展脉络,早期的费雪的"现金交易说"和剑桥学派的"现金余额说"被称为"传统货币数量论"。

1. 交易方程式

美国经济学家欧文·费雪在其1911年出版的《货币购买力》一书中,对古典货币数量论观点作了最清晰的表述。费雪十分注重货币的交易媒介功能。费雪认为,人们需要货币并不在于货币本身,而是因为货币可以用来交换商品和劳务以满足人们的欲望,人们手中的货币最终都将用于购买。因此,在一定时期内,社会的货币支出量与商品、劳务的交易量的货币总值一定相等。据此,费雪提出了著名的交易方程式:

$$P=MV/T \text{ 或 } MV=PT$$

式中,M 表示货币的数量;V 表示货币流通速度;P 表示物价水平;T 表示交易总量。

这个方程式首先旨在表示交易两个方面的恒等关系,以及以纸币单位所标示的价格水平 P 的决定因素。依据恒等式,P 的值自然取决于 M、V、T 三个变量。费雪分析,V 是由制度因素决定,而制度因素变化缓慢,因而它可视为常数。T 与产出水平保持一定的比例,大体上也是相对稳定的。因此,只有 P 和 M 的关系最重要,所以 P 的值主要是取决于 M 的变化。

交易方程式虽然说明 M 决定 P,但当把 P 视为给定的价格水平时,这个交易方程式也就成为货币需求的函数:

$$M=1/V \cdot PT$$

---

① M,Mp 均指代表执行流通手段职能的货币需求量。

这一公式表明，在给定的价格水平下，总交易量与所需要的名义货币量具有一定的比例关系，这个比例就是 $1/V$。换言之，要使价格保持给定水平，只有当货币量与总交易量保持一定比例关系才能实现。

2. 剑桥方程式

在费雪发展他的货币数量论观点的同时，英国剑桥大学的一些经济学家，如马歇尔、庇古，以及早期的凯恩斯和罗伯逊等人，也在研究同样的课题，这批剑桥学派经济学家提出了在货币需求理论的研究中具有转折意义的剑桥方程式。所谓有"转折意义"，是因为过去的经济学家主要从整个经济的角度考虑货币数量问题，而剑桥学派则重视微观主体的行为，着眼点是个人对货币持有的需求。

剑桥学派认为，处于经济体系中个人对货币的需求，实质是选择以怎样的方式保有自己的资产问题。当然，他们也考虑经济整体的需求，但在他们看来，这个整体需求是个人需求的总和。剑桥学派的货币需求方程是：

$$M_d = KPY$$

式中，M_d 表示货币需求量；P 表示物价水平；Y 表示总收入；PY 表示名义总收入；K 表示 PY 与 M_d 的比，也就是人们愿意以现金余额方式持有的货币量占名义总收入的比率。由此，剑桥方程式也称为现金余额方程式。

3. 剑桥方程式和交易方程式的联系

剑桥方程式和交易方程式的形式非常相似，如果孤立地把交易方程式与剑桥方程式对比，似乎只需把 K 与 $1/V$ 相互替代即可。但是必须看到，两者解析同一问题的思路是不同的。相对于交易方程式而言，剑桥方程式反映的思路更广，它把货币需求理论的研究推到了高一层次。它们之间的区别有：

(1)对货币需求分析的着眼点不同。现金交易数量说着眼于宏观分析，未考虑微观主体动机的影响；而现金余额数量说则着眼于微观求证，未把宏观经济运行分析纳入经济理论体系中。

(2)对货币需求分析的侧重点不同。现金交易数量说强调货币的交易手段功能，重视货币的流通手段职能；而现金余额数量说则重视货币作为一种资产的功能，强调货币的贮藏手段职能，强调国民收入的作用。

(3)货币需求的联系量不同。现金交易数量说把货币需求与支出流量联系在一起，重视货币支出的数量和速度，但未提到决定货币流通速度的原因；现金余额数量说则把货币需求与以货币形式保有的资产联系起来，试图找出决定货币流通速度的原因，并注意到了这个速度与人们手中应保有的资产存量的因果关系，重视这个存量占收入的比例，从而得出了商品价格水平与现金余额之间的关系式。因此，从理论上说，后者说明了短期内物价水平变动的主要原因，是比现金交易数量说更有效的工具。

(4)货币需求的决定因素不同。现金交易数量说虽是用货币数量的变动来解释价格，但反过来，也可在商品交易量和货币流通速度给定的情况下，推出一定价格水平下的货币需求量；而现金余额数量说则是从持有货币的边际收益与边际成本相比较的角度来决定货币需求量，考虑的因素相对多些。与现金交易数量说相比，增加了一些实际因素。

3.2.4 凯恩斯的货币需求理论

约翰·梅纳德·凯恩斯是著名的英国经济学家，是宏观经济学的创始人。凯恩斯早期是剑桥学派的一员，1936年他的《就业、利息和货币通论》一书出版，标志着独树一帜学说的形成，也由此逐步形成了他的货币需求理论。凯恩斯的货币需求理论也被称为新古典货币需求理论。

凯恩斯对货币需求理论的贡献是他关于货币需求动机的剖析，并把利率因素引入了货币需求函数。他沿着剑桥学派的思路，从人们持有货币的需求出发加以论证，把人们需求货币的动机归结为交易动机、预防动机和投机动机三个方面。

(1)交易动机，是指个人或企业为了应付日常交易需要而产生的持有货币需要。它决定人们进行交易持有多少货币。个人保存货币量的多少直接与货币收入的多少及货币收支时间的长短有关。企业持有货币是为满足业务上的从支出到收入这一段时间所需的货币，它取决于企业当期生产规模的大小及生产周期的长短。可见，交易动机是建立在确认货币流通媒介职能基础上的货币需求论，在这点上与过去的货币需求理论是一脉相承的。影响交易需求的因素，包括收入规模、收入与支出的时间特征、支出习惯、金融制度、预期因素等。这些影响因素中，除了收入因素外，其他因素可视为在短期内不变的常量，因此，凯恩斯将交易需求看作是收入的函数。

(2)谨慎动机，又称预防动机，指为应付可能遇到的意外支出等而持有货币的动机。它的产生主要因为未来收入和支出的不确定性，为了防止未来收入减少或支出增加这种意外变化而保留一部分货币以备不测。可见，货币需求的预防性动机和交易性动机都与收入有关。不过与收支时差产生的交易性动机货币需求不同的是，预防性动机的货币需求主要是因为收入和支出的不确定性。所以，就实质来说，预防动机和交易动机可以归入一个范围之内，两者所引起的货币需求都是收入的函数。在实践中，由这两种动机形成的货币余额是难以截然分开的。

(3)投机动机，是指愿意持有货币以供投机之用。投机动机的货币需求取决于三个因素，即当前市场利率、投机者正常利率水平的目标值以及投机者对利率变化趋势的预期。其中第三个因素依赖于前两个因素，所以投机动机的货币需求实际上取决于当前市场利率水平与投机者对正常利率目标的取值之差。从总体分析，如果当前市场利率水平较低，那么预期利率上升的投机者就会越多，从而以货币形式持有其财富的投机者也就越多，货币的投机性需求就越大；反之亦然。所以，货币的投机性需求是当前利率水平的递减函数。这是凯恩斯作出同古典学派不同并运用规范化的分析建立起的函数方程式，这也是他对货币理论的发展做出的重大贡献之所在。

综上，凯恩斯的货币需求函数如下：

$$M=M_1+M_2=L_1(y)+L_2(r)$$

式中，M_1 表示交易动机和预防动机引起的货币需求，它是 y 的函数；M_2 表示投机动机的货币需求，是 r 的函数；L 是作为“流动性偏好”函数的代号，货币最具有流动性，所以流动性偏好函数也就相当于货币需求函数。

3.2.5 凯恩斯货币需求理论的发展

凯恩斯后继者从两个方面推进了凯恩斯的货币需求理论：

(1)交易性动机和预防性动机货币需求模型

凯恩斯的后继者认为，出于交易动机和预防动机持有的货币，其中一部分也会用来购买可以带来收益的资产，如债券等。因此，交易动机和预防动机引起的货币需求同样也是利息率的函数。著名的交易性动机和预防性动机货币需求模型有“平方根定律”和“立方根定律”。

平方根定律，是指由鲍莫尔(Baumol)和托宾(Tobin)等人发展了凯恩斯的交易性货币需求理论而建立起来的有关交易性货币需求理论模型。鲍莫尔认为，理性经济人都是以最大化其收益为目标，由于持有现金不会给货币持有者带来收益，且在货币收入的取得与支出之间有时间间隔，所以应将现金转化为生息资产，以赚取超过变现成本的利益收益。具体分析时假定：

①在每一期的开始，个体的收入为 Y，并到本期末被均匀地花完；

②只有现金和债券两种资产可选择，前者名义回报率为 0，后者收益率为 r；

③个体每次购买或变现债券时需支付固定手续费 k，每次购买或变现金额为 M，如果 C 为总交易成本，则有：

$$C=\frac{kY}{M}+\frac{Mr}{2}$$

为总成本 C 最小化，上式对 B 求导，有：

$$\frac{\partial C}{\partial M}=-\frac{kY}{M^2}+\frac{r}{2}=0$$

求解上式可得最优的现金“存货”水平：

$$M=\sqrt{\frac{2kY}{r}}$$

令 $K=\sqrt{2k}$，得：$M=KY^{\frac{1}{2}}r^{-\frac{1}{2}}$

上述方程说明交易的货币需求是 Y 的函数，这是正相关。但由于有可能不必自始至终全部以无收益的货币形态保存，所以有规模节约的特点，因而指数为 0.5。有多少已有收益的资产形态保存取决于对利率变动的预期，这是负相关的。同时还必须考虑到保存有收益资产的交易成本，其变动幅度将小于利率的变动，因而指数为−0.5。

立方根定律，是米勒与奥尔(Miller and Orr，1966)在考虑了收入和支出在时间上的不确定性后，分析了谨慎性动机的货币需求不仅是收入的函数，而且也是利率的函数所得出的法则。他们认为，影响预防性货币需求的因素有三个：第一，非流动性成本，是指因低估在某一时期现金支付的需要而产生的后果；第二，持有预防性现金余额的机会成本；第三，收入和支出的平均变化情况。他们得出的预防性货币现金余额为：

$$M=\sqrt[3]{\frac{3b\sigma^2}{4r}}$$

式中 b：资产变现的固定费用，σ^2：为净支出的方差，r：为利率，σ^2 表示收入与支出差额的波动性，因此 M 与收入仍然是相关的。

(2)抗风险性货币需求模型

凯恩斯的后继者提出，凯恩斯在论证个人持有货币的投机动机时，认为投资者会依据其对利率变动的预期在货币与债券之间进行选择，这种分析不尽符合现实。他们认为，在现实生活中，投资者通常不会简单地进行非此即彼的选择，而是全面权衡得失，调整两者持有的比例，况且可供选择的也并不限于货币、债券两者。于是，凯恩斯的后继者发展了多样化资产组合选择理论，他们仍然假设社会财富只有货币和债券两种形式，但微观主体在进行选择时，不是像凯恩斯所说的——要么持有货币，要么持有债券，而是在大多数情况下既持有货币，又持有债券。微观主体将持有债券能够获得的利息收入与债券跌价的风险进行权衡，决定持有货币和债券的最佳比例关系。

总之，凯恩斯的后继者们认为，三种货币需求动机引起的对货币余额的需求都会受到收入和利率两个因素的影响。于是，凯恩斯学派的货币需求理论可被表达成货币需求函数：

$$L=f(Y,r)$$

3.2.6 货币主义的货币需求理论

现代货币主义也叫货币学派，它是以对抗凯恩斯的革命面目出现的。当凯恩斯的理论风行整个西方世界时，货币主义正悄然兴起。到 20 世纪 70 年代，货币主义的理论与政策主张已发展为一个完整的体系。货币主义的代表人物是美国芝加哥大学教授弗里德曼，货币主义的货币数量学说也被称为"现代货币数量论"。

货币主义对货币需求的分析同样以微观主体行为作为出发点，吸收了包括凯恩斯在内的经济学家对货币需求理论的推进成果，对影响货币需求量的各种因索进行了深入的分析，在此基础上建立了独具特色的货币需求函数：

$$\frac{M}{P}=f(Y,W;r_m,r_b,r_e,\frac{1}{p}\cdot\frac{d_p}{d_t};U)$$

弗里德曼的货币需求函数中的各个变量以及它们对货币需求的意义如下：

(1)M 为个人财富持有者保有的货币量，即名义货币需求量；

(2)P 为一般物价水平；M/P 为个人财富持有者保有的货币所能支配的实物量；

(3)Y 作为收入，这里不是指当期收入，而是按不变价格计算的实际收入，也可理解为预期的平均长期收入，是相对稳定的持久性收入。弗里德曼从自己的实证研究得出的结论是：持久性收入对货币需求具有重要作用。由于持久性收入较之当期收入被动幅度小得多，所以货币存量与持久性收入的比值(也可称为货币流通速度)是相对稳定的，所以货币需求也是稳定的，货币需求不会随着产业周期的波动有较大的变动。

(4)W 为物质财富(非人力财富)占个人总财富的比率，它与货币需求负相关，这是货币主义所列出的独特变量，但并未得到进一步论证。

(5)r_m 为预期的货币名义收益率，这一概念在凯恩斯那里是没有的，因为凯恩斯那里的货币指的是 M_1，即现钞和业务经营上的活期支票存款，而当时在英国，业务经营上的活期支票存款是无息的，所以 M_1 的货币收益率可视为零。而弗里德曼所讲的货币已扩展到 M_2，M_2 中很多形态的存款货币则是有息的。所以 r_m 变量纳入其函数式，说明货币主义在考察货币的口径已大于过去各学派对货币考察的口径。

(6)r_b 和 r_e 分别为固定收益的债券收益率和非固定收益的证券(股票)收益率。弗里德曼认为，一个人可以有几种形式的财富持有，不仅是货币，还有债券、股票和实物等。持有的货币机会成本就由相对于货币的各种资产的预期报酬率决定，并由相对于货币的债券和股权的预期报酬率来表示。当它们增大时，持有货币的机会成本增大，对货币的需求就会减少。

(7)$\frac{1}{p}\cdot\frac{d_p}{d_t}$为预期的物价变动率，即实物资产的名义报酬率，它属于机会成本变量，将它明确列入函数式，与强调通货膨胀的发生有关。

(8)U为收入以外的可以影响货币效用的其他因素。

上述个人财富持有者的货币需求函数中，只需排除W就成为企业的货币需求函数。

弗里德曼还认为，如果略去Y、W在分配上的影响，则上式就能应用于全社会，即令M代表社会货币需求总量，Y代表按不变价格计算的国民收入，W为以财产形式所表示的总财富的那一部分。进一步地，若将上式中括号内的除收入之外的其他决定因素用符号K表示，即是剑桥方程式(或余额方程式)和费雪方程式：

$$M/P=KY \text{ 或 } M=KPY \text{ 或 } MV=PY$$

其中，$V=l/K$，意即货币需求函数是货币流通函数的倒数。

3.3 货币需求的测量

货币需求量的实际测算，在国内外都还是一个需要进一步探索研究的疑难课题，还没有一个公认的理想方法。货币需求量的影响因素比较复杂，只能选择其中几个决定性的因素，或从不同的侧面进行测算。然而，货币需求量的测算只要求近似值，或者是一个区间值就具有实际价值。

我国的货币需求量的测算方法属于传统的测算方法，最初主要运用经验估计法，后来有的学者主张用多种方法进行货币需求量的测算，通过相互比较分析，选择其中比较理想的数据。目前我国还没有形成一个特别完整的货币需求量测算方法。西方经济学者在数学方法的研究上比较深入，特别是借助于经济计量方法进行测算，颇有参考价值。

3.3.1 传统货币需求量的测算方法

1."1∶8"经验数据法

"1∶8"的含义就是：每8元零售商品供应需要1元货币实现其流通。符合这个标准，说明货币流通正常；不符合这个标准，如"1∶7"、"1∶6"等，则说明货币供给超过了需求。

"经验数据法"是我国20世纪60年代银行工作的指南，其原理是研究当前和过去货币供应量是否合适，作为研究未来年度经济金融情况、货币供应量多少的参考。方法是通过了解经济现状，找出过去货币流通量与社会商品零售额的正常比例，再研究未来时期经济发生变化的差距，确定货币供应量的调整值。

依据马克思的货币流通公式：$M=PT/V$。PT是可知的，为求M只需求出V即可。为了求得货币流通速度V，运用倒推法，选取正常年份的货币流通量(实际上是现金流通量)和商品劳务总量，根据$V=PT/M$求出货币流通速度V。最后，将求出的正常货币流通速度V代入货币流通公式，即可计算出目标期的货币需要量。假设某一正常年份的PT为800亿、M为100亿，那么V就等于8。

"1∶8"经验数据用于分析我国20世纪60、70年代的货币流通状况起到一定的作用，简便易行。问题在于，"1∶8"经验数据只有在当时经济体制运作机制以及相应的政策法规高度稳定的严格约束条件下才能起作用。随着我国改革开放的不断深化，各种相关因素的变化，这一经验数据也逐渐失去其实用价值和应有的意义。

2. 定额法

定额法是指中央银行确定一个货币供应量增长的绝对额指标，作为计划期的货币供应依据，货币调节的任务就是努力使货币供应增量不突破这个指标。这也是我国实际工作中一直沿用的传统方法，只是在1986年以前，我国的货币供应量仅指现金流通量，并且不使用“货币供应量”这一国际通用术语，而用“货币发行量”来代替。如1984年，我国现金发行计划为80亿元，1985年为150亿元，1986年为180亿元等。确定这个定额的一般方法是编制计划期的现金收支计划表，即计划期货币发行定额＝计划期现金支出（投放）总额－计划期现金收入（回笼）总额。现金支出包括工资支出、农副产品采购支出、财政信用现金支出、各类管理费支出等项目，现金收入包括商品销售收入、信用收入、无偿征缴收入等项目。一般说来，制定这个定额指标的依据是国民经济发展计划，因而它有一定的科学性。但从我国30多年的实践来看，执行结果并不很理想，计划指标很少能严格控制住。

3. 增长率计算法

增长率计算法类似于西方经济学家提出的挂钩法，可以使用一个简明易解的公式表示为：

$$\dot{M}=\dot{Y}+\dot{P}$$

式中，$\dot{Y}$表示经济增长率；$\dot{P}$表示物价的预期或计划的上涨率；$\dot{M}$表示名义的货币需求增长率。

3.3.2 现代货币需求量的测算方法

1. 权变法

凯恩斯学派的经济学家认为，国民经济具有内在的不稳定性，它必然经历各个较长阶段的失业和停滞，同各个阶段的急剧扩张和通货膨胀之间的波动，即“经济周期理论”。因此，要保持国民经济的稳定，必须同时使用财政政策与货币政策。凯恩斯学派主张采取所谓的“补偿性财政”政策和“相机抉择”的货币政策。其中，“相机抉择”的货币政策的具体内容是，在经济萧条、失业率上升时期，采取宽松的货币政策（增强货币供给，降低利息率）；而在经济过热、通货膨胀到了不能容忍的程度时，就采取紧缩的货币政策（减少货币供应，提高利息率）。凯恩斯学派提出的这种依经济周期变动确定货币供应量的方法被称为“权变法”，也称之为“逆风向而行”的货币政策。

西方国家政府依据权变法确定最适合的货币需要量，确实使经济比较顺利地走出了大危机的低谷并赢得了较快的增长。然而，随着经济的复苏，通货膨胀却一路扶摇直上，从一位数攀升到两位数，同时周期性的经济危机仍然不断发生，以至于20世纪60年代末期以后，各国经济相继出现前所未有的“滞胀”局面。于是，凯恩斯主义备受责难，面临严重危机，以弗里德曼为代表人物的现代货币主义趁机崛起，之后，风靡西方30多年的相机抉择的货币政策逐渐被冷落。

2. 规则法

“规则法”是现代货币主义提出的政策主张，系指只要货币管理当局按照一个固定的比率供应货币，就可以保持经济的稳定。现代货币主义以反凯恩斯主义为己任，认为在所有经济变量中，“货币最重要”，因此，他们在经济政策上不同意把财政政策放到货币政策前面，让货币政策屈居第二；在具体的货币政策问题上，亦反对凯恩斯主义的“相机抉择”主张，建议按照一定的规则行事。货币主义竭力主张“立法机关制定规则，指令货币管理当局使货币数量按照具体的比例增长。”①

货币主义认为，按规则行事，不仅可以克服权变法的缺陷，同时还可以促进经济的稳定和具有自动刺激经济恢复的功能。如在经济高涨或需求太旺之时，固定的货币供应量的增长率处于货币需求量增长率之下，这就使货币供应具有自动收敛经济过分膨胀的能力；在经济萧条或需求不足时，固定的货币供应量增长率处于货币需求量增长率之上，这就使货币供应具有促进经济增长的能力。

货币主义认为，货币规则应包括以下两个主要内容：

(1)确定货币的定义。这派学者比较一致地认为，要采用广义的 M_2 货币量(通货＋活期存款＋定期存款＋储蓄存款)。不过，也有些学者同时认为，使用狭义的 M_1 货币量(通货＋活期存款)也足以表现出“规则”。

(2)要选择一个合适的货币增长百分比。对这个问题，这派学者没有一致的见解，说法各异，甚至同一位学者观点前后也不完全一致。弗里德曼以“最适货币量”为题进行了长期的研究。他在 1960 年发表的《货币稳定方案》一文中认为，就美国过去 90 年的情况而言，货币量的每年增长率以稍高于 4%比率比较合适，在这 4%中，3%的增长率相当于产量的增长率，余下的 1%则相当于公众随着实际收入的增加所欲保留的货币量的增加。也就是说，美国长期平均的经济增长率为 3%，货币供应量增长率也应为 3%。除此之外，还要考虑货币流通速度变化的需要。而按照他们的研究结果，货币流通速度每年正常递减 1%，故货币供应量增长率在 4%的水平才能达到 GNP 年平均增长 3%的需要。

(3)三项挂钩法

三项挂钩法提出货币需要量应当与经济增长、物价变动和货币流通速度三者挂钩，货币需求公式可表示如下：

$$RM_D=\frac{(1+R_E)(1+R_P)}{1\pm R_V}-1$$

式中，RM_D 代表货币需求量增长率，R_E 代表经济增长率，R_P 代表物价变动率，R_V 代表货币流通速度变化率。

(4)单项挂钩法

还有学者提出对货币需求量增长率只与经济增长率一个指标挂钩，使二者之间保持一定的幅度差，这被称为单项挂钩法。即：

$$RM_s=\alpha R_E$$

式中，RM_s 货币需求增长率，R_E 代表经济增长率，α 代表货币供给系数。

(5)对数模型

随着实证经济学和计量经济学的发展，货币需求的经验研究开始在货币分析中占据起来越重要的地位。美国中央银行根据普林斯顿大学教授戈德菲尔德(Stephen Goldfeld)的研究成果提出了一个计量模型，受到了人们的普遍关注。这一模型如下：

---

① 米尔顿·弗里德曼.《资本主义与自由》.商务印书馆，1986 年版，第 53 页

$$\lg(\frac{M_d}{P})=\alpha_0+\alpha_1\lg(\frac{M_s}{P})+\alpha_2\lg(\frac{GNP}{P})+\alpha_3\lg(R)+\alpha_4\lg(r)$$

其中，$\frac{M_d}{P}$表示实际货币需求量；$\frac{M_s}{P}$表示上一期已知的实际货币供应量；$\frac{GNP}{P}$表示实际国民生产总值；R 表示联邦基金等短期利率的综合；r 表示定期存款及长期债券等长期利率的综合。

为了增强货币的需求函数的稳定性，对模型作了部分的调整（检验数据主要是针对战后的美国），这一调整后的模型曾被认为是非常有用的：

$$\ln m_t=b_0+b_1\ln y_t+b_2\ln r_t+b_3\ln m_{t-1}+b_4\pi_t+\mu_t$$

这里，m_t 是真实的货币余额，r_t 表示一个或几个利率，y_t 是交易变量，$\pi_t=\ln(\frac{P_t}{P_{t-1}})$ 是与物价指数 P_t 相联系的通货膨胀率。把 π_t 包含进上式中，当 $b_4=0$ 时，意味着就是真实的部分调整模型；当 $b_4=-b_3$ 时，就是名义的部分调整模型。尽管不是完全合适，上式还是通过一个等式进行估计的一般方法。

3.3.3 货币需求理论的实证研究

实证分析的目的：实证分析又称经验分析，货币需求的经验分析乃是根据一定经济分析理论，对以往较长时期内的有关资料进行统计分析，以确定货币需求与各有关变量的数量关系，从而检验各种货币需求理论的正确性。总体而言，货币需求实证分析重点在于解决以下三个问题：

第一，货币需求的稳定性问题。

在当代西方经济学中，凯恩斯主义认为货币需求是一种潜在的不稳定经济因素之一，而现代货币主义则认为货币需求是最稳定的经济因素之一。现代货币主义的论点对于其政策主张是至关重要的，若能证明货币需求是一些主要变量的稳定的函数，则能证明货币政策的效果是可预测的，货币政策也就能成为经济运行的有效手段；若货币需求是不稳定的，则货币政策效应也是不稳定的，就需其他稳定经济的工具相助，故凯恩斯主义认为财政政策是比货币政策更可靠的稳定经济的有力政策工具。可以说，货币需求的稳定性问题是现代货币主义与凯恩斯主义理论及政策分歧的主要方面。

第二，货币需求是否为利率的函数。

凯恩斯强调货币供给是利率的函数，货币政策的传导机制是利率，利率是决定货币需求的重要因素；而相对应的现代货币主义则认为“货币最重要”，货币政策操作的传导机制是货币量，控制货币量就能调整经济运行，单一的货币政策操作就能解决一切经济问题。若根据统计方法，能确定解释货币需求是否为利率的函数，则也就能解决货币政策的传导机制问题。

第三，货币政策的利率弹性问题。

现代货币主义认为货币需求的利率弹性很小，而凯恩斯主义则认为货币需求的利率弹性很大。若前者的论点正确，则中央银行就可以通过控制货币供给量来直接控制货币收入、就业与价格水平；但若后者论点正确，则货币政策往往因其不能有效地改变利率而不能对实物经济部门产生较大影响。

典型的实证分析围绕上述三个问题，人们对货币需求问题进行了广泛的实证分析。

在学术文献中,具有典型意义的主要有以下五种:拉托纳分析、布朗芬布伦纳与迈耶的分析、弗里德曼的分析、布伦纳和梅尔泽的分析、莱德勒的分析等①。对货币需求分析的实证对象,主要是美国的货币需求②,国内学者也开始研究中国的货币需求③。

实证分析的结论归结如下:

第一,现代货币需求理论已由抽象的经济理论发展为直接或间接地为制定货币政策服务的理论。传统货币数量理论并无明确的政策含义,而凯恩斯以后的西方货币需求理论无一不具有鲜明的政策主张。自此以来,货币需求理论的经验分析固然增强了货币需求理论的实用价值,但无疑地也妨碍了理论的深入与进一步发展。

第二,西方货币需求理论已经由定性分析发展为定性与定量分析相结合而以定量分析为主的分析。无论是货币需求的理论模型还是货币需求的经验认证均属于后一种分析。从理论上讲,定性与定量相结合的经验分析有助于经济理论与经济分析方法的发展,若过分强调货币需求的定量分析,甚至将定量分析置于至高无上的地位,则可能会使货币需求的理论分析走上歧途,原因在于经济分析的最基本任务是找出各种经济变量之间的因果联系而非其间的数量关系。

第三,凯恩斯以后的货币需求理论在基本理论上并无重大突破。弗里德曼的理论在本质上只是重述了传统货币数量理论,现代货币需求的数量模型分析充其量也只是对凯恩斯货币理论的补充。由此而得现代货币需求理论恰如其他经济理论一样可作为凯恩斯学派与货币学派之分。

第四,现代货币需求的基本特征就是重视货币需求变动对经济运行的影响。无论是凯恩斯的经济理论还是弗里德曼的经济理论均证明了此种观点。事实上,这不仅是当代货币需求理论的基本特征,也是当代整个货币经济理论的基本特征。

[重要概念]

货币需求　货币需求理论　宏观货币需求　微观货币需求　现金交易说　现金余额说　现代货币数量论　流动性偏好理论　平方根定律　立方根定律

[复习与思考]

1. 试述传统货币数量说中现金交易数量说与现金余额数量说的主要内容与区别。
2. 简述凯恩斯流动性偏好理论所述的货币需求的构成。
3. 试述凯恩斯货币理论的几个主要发展。
4. 试分析凯恩斯宏观经济模型对利率变量的依赖性。
5. 试比较传统货币数量论与现代货币数量论的异同点。
6. 试述弗里德曼货币需求函数的构成及其与古典的货币数量说和凯恩斯货币需求的不同之处。

---

① 盛松成等.《现代货币经济学》.中国金融出版社,1992年版,第93～108页

② 胡庆康,张卫东编著.《货币银行学》.上海人民出版社,2003年版,第62～64页

③ 蒋万进,陶晓峰著.《中国货币经济理论与实证》.中国金融出版社,1996年版,第103～104页

第4章 货币供给理论

内容提要 货币需求理论和供给理论是货币金融学的基石，货币的需求和供给的相互作用决定了均衡的货币数量和价格水平，进而影响到名义利率、投资和产出等变量。货币供给理论研究一国的货币如何供给、货币总量怎么形成、货币管理当局如何控制，即探讨货币供应量的形成机制、运行机制和调控机制等问题。货币供给理论是货币理论的重要组成部分，也是中央银行制定和执行货币政策的依据。

本章首先讨论货币供给的基本概念，然后介绍西方经典的货币供给理论和模型，最后着重从一般意义上说明货币供给的运行机理。

4.1 货币供给概述

4.1.1 货币供给的内涵

货币供给，是指一国或一地区在某一时点的货币存量，由金融体系供给的存款货币和现金货币两个部分构成。完整理解货币供给的内涵，需要注意以下几个方面：

(1)货币供给是一个存量概念，若用名义单位衡量，即是名义货币余额的人民币或其他本币表示的总量，若用实际价值衡量，就是一定时点的购买力总量。

(2)货币供给是"普遍被社会接受为支付手段的政治债务"，是一定时点上在银行系统资产负债表上反映的银行系统的负债总额。具体地说，存款货币是商业银行的负债，现金货币是中央银行的负债。

中国货币政策执行报告

2009年3月末，广义货币供应量M_2余额为53.1万亿元，同比增长25.5%，增速比上年同期高9.3个百分点，比上年末高7.7个百分点。狭义货币供应量M_1余额为17.7万亿元，同比增长17.0%，增速比上年同期低1.2个百分点，比上年末高8.0个百分点。流通中现金M_0余额为3.4万亿元，同比增长10.9%，增速比上年同期低0.3个百分点。第一季度现金净回笼785亿元，同比多回笼473亿元。

第一季度，广义货币供应量M_2增速呈持续上升态势，主要是由于同期贷款快速增长。其中，狭义货币供应量增速逐月明显加快，3月末增速已恢复到2008年6月前的水平，比上月提高6.4个百分点，反映出近期各项宏观政策提振作用初步显现，经济活跃度有所提高。

摘自2009年第1季度《中国货币政策执行报告》，中国人民银行货币政策分析小组，2009年5月6日。

4.1.2 货币供给的内生性与外生性

货币供给的内生性与外生性，是指货币供给量是由谁来控制的，货币数量的多少和增减变化受哪些因素的影响。如果货币供给量的多少及变化由经济体制内在地决定，受“看不见的手”的支配，那么，货币供给就是内生的；反之，如果货币供给量由中央银行自己决定，中央银行想扩张就扩张，想收缩就收缩，货币供给完全由“看得见的手”操纵，那么货币供给便是外生的。

讨论货币供给的性质非常必要，货币供给的性质直接关系到一个重要问题的回答，即货币供给量究竟可不可控、货币政策究竟是有效还是无效？学者们基于不同的货币金融环境和判断准则对货币供给的性质持三种观点：外生性、内生性和内外共生性。例如：弗里德曼、米尔斯和伍德等人认为，固定汇率制下，一国的货币数量是内生的，而在浮动汇率制度下，货币供给则是外生的。

货币供给量是由中央银行的货币政策决定的外生变量，还是由经济内在因素决定的内生变量？单纯地从理论上进行推论，应该是随着货币供给口径的扩大，随着货币乘数的日趋复杂，货币供给量逐渐地由外生变量演变为内生变量。因为随着货币外延的扩展，越来越多的信用工具被纳入货币范畴，中央银行对货币的控制能力必然会减弱；复杂乘数模型中囊括了越来越多的影响因素，这些因素中，有中央银行可以控制的变量，也有由其他金融机构、企业和个人的行为决定的变量，中央银行并不能完全决定货币乘数的大小。目前比较一致的观点认为，货币供给兼具内生性和外生性，即决定货币供给量的因素既有经济因素，也有政策因素，决定货币供给量的部门既有金融体系，也有非金融体系，既有中央银行、商业银行，也有政府、企业和个人。

4.2 货币供给理论及模型

4.2.1 货币供给理论的内容

货币供给理论，是指研究货币供给量的形成机制、运行机制和调控机制的理论，它所研究的问题主要包括货币的涵盖范围、货币的供给方式、影响货币供给量的因素以及货币管理当局对货币量的控制等。

货币供给理论的研究相对于货币需求理论而言比较滞后。一方面的原因是，在实物货币和金属货币流通的时代，由于贮藏货币的“蓄水池”作用，流通中的货币量过多或过少的情况一般不会发生，流通中的货币量的形成与调节是一个自发的过程，人们无需花过多的精力去研究货币供给和调控问题。另一方面原因是，20 世纪 60 年代以前，以凯恩斯为代表的西方经济学者通常把货币供给量当作中央银行可以绝对控制的外生变量，即使在西方国家实行部分存款准备金制度以后，至多也只把存款准备金数量和存款准备金率作为货币供给量的限制因素，形成单纯的货币乘数理论。

当纸币流通完全取代金属货币流通、中央银行制度诞生并且中央银行垄断货币发行权之后，中央银行面临着发行多少货币适宜以及根据经济发展形势调节货币量的问题，这就迫使人们开始关注并深入研究货币供给理论。

4.2.2 货币供给理论的模型

货币供给理论的思想渊源是18世纪约翰·劳(John Law)提出的信用创造学说。信用创造说的基本观点是:银行的功能在于为社会创造信用,银行能够通过发放贷款创造存款。信用创造说揭示的货币派生机制,为货币供给理论的产生建立了基础。20世纪20年代,货币供给理论作为一个比较完整的理论体系出现,标志是C. A. 菲利普斯的《银行信用》一书问世。菲利普斯第一次使用了"原始存款"和"派生存款"的概念,为现代货币供给理论提供了理论雏形。

继菲利普斯之后,货币供给理论经历了一段沉寂的时期。从20世纪50年代开始,货币供给理论逐渐受到重视,并取得了长足发展。J. E. 米德、弗里德曼、施瓦茨、卡甘、布兰纳、梅兹、泰根和史密斯等人都在货币供给理论方面有较深的造诣,并提出了自己的货币供给理论模型。

以下首先介绍货币供给理论的基本模型,然后分别介绍菲利普斯、史密斯等人的货币供给理论和模型。

1. 货币供给理论的一般模型

西方经济学家的货币供给理论和货币供给模型相互之间都不尽相同,有些差别还比较大,但是目前已经形成一个基本模型:

$$M_s = mB$$

式中,M_s为一定时期的货币供给量,m为货币乘数(Monetary Multiplier),B为基础货币(Monetary Base),货币供给量是货币乘数和基础货币两个因素共同作用而成。

基础货币亦称"货币基数"、"强力货币"或"高能货币"(High-Powered Money)。很多西方学者认为,High-Powered Money是Monetary Base的更确切的称呼。

杰丽·M·罗斯伯里在《银行金融辞典》中说,基础货币是"由银行、社会公众持有基金以及会员银行在各家联邦储备银行的存款所组成的货币量。通常用强力货币作为对潜在货币创造起引导作用的银行储备和现金来计量。强力货币每周发行一次,这个周的循环期是星期四到下星期三。"

朱利安·沃姆斯利在《国际金融辞典》中说,强力货币是流通中的现金总量(钞票与硬币之和)加上商业银行持有的在中央银行的法定储备与超额储备,更精确的定义因国家不同而异,有时它也被称作基础货币。控制强力货币就意味着控制货币供给。

基础货币具有如下四个显著特点:①它是中央银行的负债;②它的流通性很强,持有者能够自主运用,是所有货币中最活跃的部分;③它运动的结果能够产生出数倍于初始规模的货币;④中央银行能够控制它,并且通过对它的控制来控制货币供给量。其中,基础货币的本质特征是第二、第三两点。

关于基础货币的量的规定性,根据大多数西方学者的著述与解释,基础货币一般都包括现金和商业银行在中央银行的存款两大部分。对于现金,计算口径略有差别,有的是指整个银行体系以外社会公众持有的现金,有的则指中央银行体系以外社会公众与商业银行持有的现金。对于商业银行在中央银行的存款,有些人认为仅指商业银行上缴的法定存款准备金(Required Reserves),而另一些人则将法定储备与超额储备(Excess Reserves)一并包括在内。根据学者们的不同意见,我们可以把基础货币的计算口径由窄到宽排列如下：

(1)基础货币＝商业银行的准备金

(2)基础货币＝社会公众手持现金＋商业银行的法定储备

(3)基础货币＝社会公众手持现金＋商业银行的库存现金＋法定储备

(4)基础货币＝社会公众手持现金＋商业银行的库存现金＋法定储备＋超额储备

货币乘数这一概念来源于凯恩斯的“投资乘数”，它也被称为“货币扩张系数”、“货币创造乘数”、“信用的扩张倍数”、“存款的扩张倍数”、“货币增值率”等，是指银行系统通过一定量的基础货币运用之后所创造的货币供给量与基础货币的比值。例如，若某一时点上的基础货币为1亿个单位，而货币供给总量为3亿个单位；或者某一时期的基础货币增加1亿个单位导致货币供给总量增加3亿个单位，就可以说货币乘数为3。

在基础货币一定的条件下，货币乘数决定了货币供给的总量。货币乘数越大，则货币供给量越多；反之亦然。因此，货币乘数是除了基础货币之外，决定货币供给量的又一个重要的甚至是更为关键的因素。与基础货币不同的是，货币乘数并不是一个外生变量，决定货币乘数的大部分因素都不决定于货币当局的行为，而是决定于商业银行和社会大众的行为。可以说，货币供给的内生性主要表现在货币乘数的内生性上。货币供给之所以是一个内生变量，主要是因为货币当局不能对货币乘数实施直接的或完全的控制。

2.菲利普斯的货币乘数理论

菲利普斯的货币乘数理论可以说是西方经济学家最早对货币乘数的阐述。1921年，菲利普斯出版了《银行信用》一书，在此书中，菲利普斯最先使用“原始存款”和“派生存款”这对概念。他说，原始存款是现金通货或其他银行的支票和汇票容易兑换现金的等价物存入银行而形成的存款；派生存款则是接受银行放款和票据贴现的顾客，将其资金转入在自己的存折上，或是转入新成立的银行的存款。菲利普斯假设，银行不持有超额准备金，公众也不持有通货或定期存款，只持有活期存款。于是，当银行的准备金增加时，银行就会增加贷款，从而增加活期存款。最后，银行存款总额要大于所增加的准备金若干倍。这个倍数即为货币乘数，用公式表示为 $m=1/r$，r 为法定存款准备金率。菲利普斯的货币乘数理论又常被称为教科书式的乘数理论。

假设中央银行规定的法定存款准备金比率为20%，银行体系中的甲银行接受了客户存入的10 000元现金(即原始存款)。该银行根据假定的法定存款准备金比率提取准备金2 000元，并将剩余准备金8 000元全部用于发放贷款。这样，甲银行的资产负债表就发生了如表4-1所示的变化。

表4-1 甲银行的资产负债表 单位：元

资产		负债	
准备金	＋2 000	存款	＋10 000
贷款	＋8 000		
总额	＋10 000	总额	＋10 000

当甲银行贷出8 000元后，取得贷款的客户将这笔款项用于支付，然后收款人又把这笔款项全部存入另一家开户银行——乙银行。乙银行取得了8 000元存款，并且在不留

超额准备金的假设下，根据中央银行规定的法定存款准备金比率提取准备金 1 600 元，然后将剩下的 6 400 元用于发放贷款。于是，乙银行的资产负债表就发生了如表 4-2 所示的变化。

表 4-2　乙银行的资产负债表　　　　**单位:元**

资产		负债	
准备金	＋1 600	存款	＋8 000
贷款	＋64 000		
总额	＋8 000	总额	＋8 000

同样，乙银行提供的 6 400 元贷款，也将被借款人用于支付给其他银行，例如丙银行的客户，从而使丙银行也取得存款 6 400 元。丙银行也同样按照中央银行规定的法定存款准备金比率 20％提取准备金 1 280 元，并将余下的 5 120 元用于放贷。这样，丙银行的资产负债表就发生了如表 4-3 所示的变化。

表 4-3　丙银行的资产负债表　　　　**单位:元**

资产		负债	
准备金	＋1 280	存款	＋6 400
贷款	＋5 120		
总额	＋6 400	总额	＋6 400

至此，银行存款已由 10 000 元增加到 24 400 元。其中，甲银行的 10 000 元存款是原始存款，而乙银行的 8 000 元存款和丙银行的 6 400 元存款都是派生存款。乙银行的 8 000元存款是由甲银行的贷款所引起的，而丙银行的 6 400 元存款又是由乙银行的贷款所引起的。

从理论上说，存款扩张将一直进行到全部原始存款都已成为整个银行体系的存款准备金、任何一家银行都已没有任何剩余准备金可用于贷款为止。事实上，银行体系创造的派生存款序列是一个递减的等比数列，即：10 000、8 000、6 400、6 400×(1－20％)……

如以 D 表示存款总额，R 表示商业银行的原始存款，r 表示中央银行所规定的法定存款准备金比率，q 表示派生存款序列的公比，$q=1-r$，则：

$$D=\lim_{n\to\infty}\frac{R(1-q^n)}{1-q}=R\cdot\frac{1}{r}$$

当 $R=10\,000$ 元，$r=20\%$时，$D=\frac{R}{r}=\frac{10\,000}{20\%}=50\,000$ 元

最终，原始存款总额由 10 000 元经过货币乘数 $m=\frac{1}{r}$的作用倍增到 50 000 元。

3. 萨缪尔森的货币乘数理论

萨缪尔森依据现实情况发展了菲利普斯的简单乘数模型。在菲利普斯的模型中有两个不能忽视的假定前提，即假定商业银行不保留超额准备金和假定存款不漏出银行领域。然而在现实生活中，这两个假定是不切实际的，商业银行一般都会因各种原因而保留一定的超额准备金，公众也会不时地从银行提现，使存款不断漏出银行系统，这两部分如同法定存款准备金一样因退出了存款货币的派生过程影响着存款货币的扩张效果。

萨缪尔森将这两个因素考虑在内，在菲利普斯简单货币乘数模型的基础上提出了较为符合实际的复杂乘数模型：

$$m=\frac{1}{r+e+c}$$

式中，e 表示超额准备金率，即商业银行保留的超过法定准备金的准备金与存款货币的比率；c 表示现金漏损率，即公众在整个存款派生过程中所提取的现金总额与存款货币的比率。

可见，萨缪尔森与菲利普斯的货币乘数模型是一脉相承的。

4. 米德的货币供给模型

英国经济学家米德在经济学中的主要研究对象是国际经济学，米德与伯特尔·奥林同获 1977 年度诺贝尔经济学奖。米德的货币供应理论主要反映在他 1952 年发表的《货币数量与银行制度》一文中。米德在该文中阐述了在三种不同类型的银行制度下货币数量如何决定的问题。三种不同的银行制度类型为：①中央银行发行纸币，金币不流通；②中央银行的纸币发行及存款负债的黄金准备比率相等；③中央银行的纸币发行量等于其黄金存量加一定的信用发行量，并且使其发行量不进入流通的部分与其对会员银行的存款负债维持一定的比例。

(1)第一种银行制度下——没有金币流通，中央银行垄断发行银行券——货币供给量的决定公式：

假定中央银行对其所发行的银行券（即现金通货）及其对银行存款的负债分别以 $r\%$ 和 $m\%$ 的黄金做准备；商业银行对其存款负债 D 有 $n\%$ 的准备金，其中的 $p\%$ 是以在中央银行存款的形态持有，其余以银行券的形态持有；货币供应量 M 等于银行存款负债 D 加上公众所持有的银行券 N_2。符号约定如下：

G＝中央银行持有的黄金

N＝通货发行量

N_2＝公众所持有的银行券

$N_1=(N-N_2)$＝商业银行持有的银行券

B＝中央银行对商业银行的存款负债

q＝公众持有的银行券占货币供应量 M 的比例

则有：

$G=rN+mB$

$N=N_1+N_2$

$nD=N_1+B$

$B=p(N_1+B)$

$M=N_2+D$

$N_2=qM$

整理得到货币供给方程式为：

$$M=\frac{G}{n(1-q)[r-p(r-m)]+rq}$$

(2)第二种银行制度下——中央银行对其所有负债保持相同比例的黄金准备——货币供给量的决定公式：

在这种银行制度下，由于$r=m$，记$r^*=m=r$，于是：

$$M=\frac{G}{r^*(n+q-nq)}$$

(3)第三种银行制度下——中央银行的纸币发行量等于其黄金存量加一定的信用发行量，并且使其纸币发行量中不进入流通的部分与其对会员银行的存款负债维持一定的比例——货币供给量的决定公式：

若以K代表信用发行量，k代表银行部门内不进入流通的银行券与中央银行对其会员银行的存款负债之间的比例，则有

$$M=\frac{G+K}{n(1-q)[r-p(r-k)]+q}$$

米德强调中央银行黄金量变化对货币供给的影响，这与当时金本位制还没有完全崩溃有关。以后的货币供给模型以基础货币的概念代替米德模型中的G或$G+K$，反映了货币制度的变化，尽管模型形式不同，但内容基本相同。

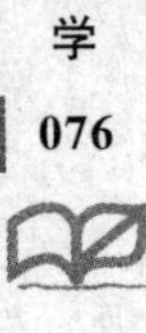

米德没有对以上三个等式从理论上作进一步分析，也没有深入分析公众和银行行为对货币供给的具体影响，这是米德理论的主要缺陷。但米德货币供给模型是货币供给模型的先驱，正是在深入分析这些微观主体对货币供给的具体影响的过程中，诞生了以弗里德曼、施瓦茨和卡甘为代表的更加精巧、完善的货币供给理论模型。

5. 丁伯根的货币供给理论

简·丁伯根(Jan Tinbergen)1903年出生于荷兰海牙，1929年获莱顿大学物理学博士学位。1933年起，任荷兰经济学院教授。丁伯根主要从事于把统计应用于动态经济理论的分析，他在这个领域中的先驱著作是美国周期波动的经济计量分析。丁伯根关于经济计量学方面的贡献对以后方法论的发展有很大的作用。为此，1969年丁伯根和拉格拉·弗里希教授一同获得首届诺贝尔经济学奖。

丁伯根在研究1921～1932年美国的经济循环时，推导出了一个货币供应方程式。资产方包括联储所持有的政府债券p，黄金存量G及对商业银行的资金融通(商业银行的借入款)B；负债方包括银行存款R及通货发行C。前者可分为法定准备金R_R和超额准备金R_E，后者可分为银行库存现金C_v及银行体系以外各部门所持有的通货C_0。由于资产＝负债，故有：

$$R_B-R_E=R_R+C_0+C_v-(G+p) \tag{1}$$

式中，(R_B-R_E)表示商业银行对联储的净负债，相反(R_E-R_B)为商业银行的自由储备。

丁伯根认为，银行存款D的供给决定于短期利率r_s，而商业银行对短期利率的决定则视其对联储的净负债而定。商业银行的净负债金额愈大，r_s愈高；反之则愈低。其关系如下：

$$r_s=f(R_B-R_E) \tag{2}$$

丁伯根根据1921～1932年美国的实际资料得到下式：

$$r_s=4(R_B-R_E) \tag{3}$$

上式表明，商业银行的净负债每增加2.5亿美元，就会将其利率提高一个百分点。

公式(1)中的法定准备金R_R必定与存款总额D及存款准备率U有如下关系：

$$R_R=uD \tag{4}$$

根据(3)式和(4)式，可将(1)式转换为：

$$D=\frac{r_s}{4u}\cdot\frac{1}{u}[C_0+C_v-(G+p)] \tag{5}$$

由于货币供应量 M 系由 G 及 D 之和组成，故可得货币供应方程式如下：

$$M=\frac{r_s}{4u}\cdot\frac{1}{u}[(1-u)C_0+C_v-(G+p)] \tag{6}$$

从(6)式可以看出，决定货币供应量的主要因素不外乎是中央银行可以操作的存款准备金率 u，黄金存量 G 及政府债券持有量 p；商业银行可以操作的对中央银行的净负值 (R_B-R_E) 及库存现金 C_v；以及一般公众愿意持有的通货量 C_0。一般说来，对于 r_s、C_0 和 C_v，中央银行仍有一定的主动影响力，故中央银行的公开市场操作及法定存款准备金率政策具有最大的支配力。

6. 弗里德曼和施瓦茨的货币供给理论

货币学派的主要代表人物弗里德曼与施瓦茨在《1867～1960年的美国货币史》一书中提出了其著名的货币供给方程式。他们认为，在当时的美国货币体制下，决定货币供给的主要因素有三个：基础货币、存款准备金比率、存款通货比率。

弗里德曼与施瓦茨的货币供应模型的主要特点是，把包括商业银行定期存款在内的广义货币与三项近似决定因素——强力货币(H)、存款准备金比率(D/R)以及存款通货比率(D/C)写成等式关系。这三个因素分别反映着社会三个不同部门的行为：强力货币反映货币当局的行为，由货币管理当局控制；存款准备金比率代表商业银行的行为，主要由商业银行决定；存款通货比率则显示社会公众的行为，主要由社会公众决定。他们认为，这三个因素为"货币存量的大致的决定因素"。三者的背后又都有若干个其他因素做最终决定者，形成一个相互钳制的连环约束。约定：

M_s＝货币供应量

C＝现金发行量

D＝银行的存款负债

H＝强力货币

R＝银行的存款准备金

则有如下推导：

$M_s=C+D$

$H=C+R$

$$\frac{M_s}{H}=\frac{C+D}{C+H}=\frac{(C+D)\frac{D}{RC}}{(C+H)\frac{D}{RC}}=\frac{\frac{DC+D^2}{RC}}{\frac{DC+DR}{RC}}=\frac{\frac{D}{R}+\frac{D^2}{RC}}{\frac{D}{R}+\frac{D}{C}}=\frac{\frac{D}{R}(1+\frac{D}{C})}{\frac{D}{R}+\frac{D}{C}}$$

即

$$M_s=H\cdot\frac{\frac{D}{R}(1+\frac{D}{C})}{\frac{D}{R}+\frac{D}{C}}$$

这个货币供应模型由两大部分构成，H 为强力货币，$\frac{\frac{D}{R}(1+\frac{D}{C})}{\frac{D}{R}+\frac{D}{C}}$ 为货币乘数。显然，

货币乘数受存款准备金率(D/R)和存款通货比率(D/C)两个因素的影响。换言之,M_s 是由 H、D/R、D/C 三个因素共同决定,实际上是中央银行、商业银行系统与社会公众三部门共同行动的结果——货币管理当局决定强力货币的多少,商业银行获得强力货币之后增加法定存款准备金及它所希望的超额准备金,社会公众则从强力货币中吸取现金以满足他们对货币的需要。

弗里德曼和施瓦茨还根据他们提出的模型讨论了货币供应量的理论决定过程。货币存量中央银行决定基础货币,银行系统决定存款准备金比率 D/R,社会公众决定存款通货比率 D/C。那么,在这三个部门中,哪一个部门的作用更大呢?对此,弗里德曼和施瓦茨进行了实证分析,他们在考察美国 1881～1960 年的货币供应量变动时发现,货币供应量的变动,86%由基础货币的变动引起,D/R 和 D/C 的变动只分别占到 9%和 3%。因此,他们认为,基础货币的变化是广义货币供给量长期性变化的主要原因。那么,货币供给量实质上是由中央银行决定的外生变量。强调货币供给的"外生性"与"可控性",又进而为弗里德曼强调货币政策的有效性提供了重要的理论依据。

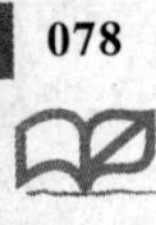

弗里德曼、施瓦茨的分析无论是在理论上还是在方法上都对现代货币供给理论产生了重要影响。但是,也有批评者认为,他们所提出的方程最大的缺陷在于忽视了 D/R、D/C 两项因素对货币乘数值的影响,D/R、D/C 同在乘数项的分子和分母,当 D、R、C 等因素变动时,货币乘数的变动方向难以辨认,从而难以判断货币供给的规模是扩张还是收缩。正是为了弥补这一缺陷,1965 年,P. 卡甘提出了他的货币供给模型。

7. 卡甘的货币供给模型

美国经济学家卡甘在其《1875～1960 年货币存量变动的决定与影响》一文中对弗里德曼和施瓦茨的货币供给方程式进行了一定的修正,提出了自己的货币供给方程式:

$$M=\frac{H}{\frac{C}{M}+\frac{R}{D}-\frac{C}{M}\times\frac{R}{D}}$$

在此方程式中,卡甘以准备金存款比率 R/D 代替弗里德曼－施瓦茨方程中的存款准备金比率 D/R,以通货比率即通货占货币存量的比率 C/M 代替存款通货比率 D/C。这样,卡甘认为,该乘数具有较稳定的规律可循。在货币乘数的分母中,根据定义,C/M 和 R/D 都小于 1,因而 $C/M\times R/D$ 必然总是小于 C/M 和 R/D 的任何一项。因此,若假定 C/M 和 R/D 不变,则基础货币数量的增减变化会直接影响货币供给量的增减变化;反之,若基础货币数量不变,则 C/M 与 R/D 的提高或降低必然带来货币紧缩或货币扩张的结果。这样,卡甘的方程式明确表明:货币供给量的变动与基础货币成正比,与通货比率、准备金存款比率成反比。

卡甘认为,引入通货比率与准备金存款比率更能反映实际情况。他利用这一方程式分析了美国 1875～1955 年货币供给量的变化,得出的结论是:货币存量的长期增长主要依靠追加基础货币,只有很小比例(1/10)的增长是由 C/M 与 R/D 的下降引起的。他还详细考察了货币供给量增长率或下降率的周期性变化同商业循环的周期性之间的相关性,以及政府通过改变基础货币等手段来干预经济的必要性。总之,卡甘的分析被认为是对美国历史上货币供应量决定因素的最全面、最深入、也最具权威性的分析。

8. 乔顿的货币供给模型

美国经济学家乔顿在其1969年10月发表的论文《决定货币存量的各个要素》中，发展了弗里德曼—施瓦茨和卡甘的分析，提出了一个更为复杂的货币供给理论决定模型。乔顿认为，在考察货币供应量的决定时，应当考虑现行银行管理体制对不同地区、不同性质的银行以及不同种类的存款采用差别性存款准备金率的因素。他指出，差别性存款准备金率的存在，使各银行存款总额的消长及银行存款结构的变化都呈现复杂的情况，这将影响各银行的准备金、放款与投资，使银行信用趋于扩张或收缩，导致派生存款的变动而使货币存量发生变动。于是，乔顿将通货比率 R、定期存款比率 t（商业银行对社会公众的定期存款负债与商业银行对社会公众的活期存款负债之比）、政府存款比率 d（商业银行对政府部门的存款负债对商业银行对社会公众的活期存款负债之比）及银行存款准备金率 r（乔顿将商业银行的全部存款分为私人活期存款、私人定期存款和政府存款，r 代表各种存款的加权平均准备金率）等参数引入货币供应方程式：

$$M = B \times \frac{1+R}{r(1+t+d)+R}$$

在这个方程式中，货币乘数是 r、t、d 的递减函数，这意味着商业银行各种存款的平均准备金率、定期存款比率和政府存款比率的变化将对货币乘数产生相反的影响。可见，在乔顿的货币供应方程式中，存款结构的变化对货币供应量的决定有着重要的影响，这是卡甘与弗里德曼—施瓦茨的货币供应方程式中所忽略的因素。

9. 贝尔格的货币供给模型

美国经济学家A.贝尔格在乔顿的货币供给方程式的基础上提出了更复杂、更精密的货币供给理论模型。贝尔格的货币供给方程式为：

$$M = B^a \times \frac{1+R}{(r-b)(1+t+d)+R}$$

式中的 R、r、t 和 d 与乔顿方程式中的含义相同，B^a 为“净来源基数”，即从基础货币中减去商业银行向中央银行的贴现和借款后的余额，实际上就是银行系统的非借入准备金与公众所持有的通货之和；b 为商业银行的借入准备金，即商业银行向中央银行的贴现借款与其存款总额之比，这个因素是贝尔格引入模型中的。贝尔格认为，之所以要引入 b，是因为在乔顿模型中没有考虑到商业银行向中央银行的借入准备金，因而不能接近实际的货币供给过程；同理，基础货币 B 也应该变为“净来源基数”。

贝尔格运用数学中的弹性分析和偏导数分析，检验了 r、t、d、b、R 五个因素对货币乘数的影响。他认为，商业银行存款准备金率、通货比率和定期存款比率的变化均会引起货币乘数相反方向的变化，而借入准备率变化则会引起货币乘数相同方向的变化。显然，贝尔格货币供给模型中涉及的经济变量和因素比乔顿多，因而，一般认为，贝尔格的货币供给模型更接近实际的货币供给过程。

10. 温特劳布的货币供给模型

美国经济学家温特劳布提出的货币供给理论模型与贝尔格的不同，他考虑了商业银行愿意持有的超额存款准备金比率。温特劳布认为，在其他条件不变时，这个比率的大小对货币供应量的大小有着直接的关系。温特劳布的方程式表示为：

$$M=B\times\frac{1+R}{(r+e)(1+t)+R}$$

在此方程中,货币乘数的大小取决于法定存款准备金率 r、超额准备金率 e、定期存款比率 t 和通货比率 R 等四个因素。与贝尔格的方程式相比较,温特劳布的货币乘数中多了一个 e,却少了 b 和 d。

11. 泰根的货币供给模型

美国经济学家 R. L. 泰根在其《美国的货币需求与供给函数:某些结构估算》一文中独辟蹊径,从货币供求两个方面研究货币供给的决定问题。泰根认为,之前的货币供给模型都失于简单化,现实中的货币供给量决非单独由货币供给方决定,还应该包括需求方。泰根的货币供应方程式可以表述为:

$$M=\frac{1}{g}\times[R^{*}-R^{f(r,r^{d})}-t\times T(r,r_{t},Y)-(1-g)\times N(r,r_{t},Y)]$$

式中,M 为货币供给量;R^{*} 为中央银行接受的实际准备金来源;R^{f} 为商业银行的自由准备金;g 为活期存款的法定准备金率;r 为市场利率;r^{d} 为再贴现率;t 为定期存款的法定准备率;T 为商业银行的定期存款;r_{t} 为定期存款利率;Y 为国民收入;N 为非银行社会公众对通货和活期存款的需求。

从该方程式可以看出,决定货币供应量的主要因素包括:基础货币、商业银行的自由准备金、定期存款准备金、公众对通货和活期存款的需求等。其中,商业银行的自由准备金是市场利率和再贴现率的二元函数:在市场利率不变时,商业银行的自由准备金随再贴现率的上升而增加;在再贴现率不变时,商业银行的自由准备金随市场利率的上升而减少。社会公众对通货和活期存款的需求取决于短期市场利率、定期存款利率和国民收入三个因素:在其他条件不变时,社会公众对通货和活期存款的需求随市场利率的上升、定期存款利率的上升而减少,随国民收入的增加而增加。可见,除了中央银行可以控制的基础货币 R^{*} 和活期存款、定期存款的法定准备金率 g、t 以外,还有许多其他因素影响货币供给。

归根结底,泰根方程式表明,货币供给量是由货币供给方(中央银行和商业银行)与货币需求方(社会公众),根据国民收入状况和市场利率水平及利率结构共同决定的。因而,货币供给量不是一个能由中央银行绝对控制的外生变量。

12. 史密斯的货币供给模型

美国经济学家 W. L. 史密斯从货币与其他资产的替代性角度对泰根的货币供给方程式进行了深化。史密斯的模型中加入了泰根模型中所没有的财富因素 K。史密斯的货币供给方程式可以表示为:

$$M=\frac{1}{g}\times[R^{*}-R^{f(r,r^{d})}-t\times T(r,r_{t},\overline{Y},\overline{K})]$$

该方程式表明,货币供应量取决于四个因素:总准备金 R^{*}、活期存款法定准备金率 g、商业银行自由准备金 R^{f}、定期存款准备金 $t\times T(r,r_{t},Y,K)$。其中,R^{*} 和 g 可以由中央银行控制;自由准备金受市场利率和再贴现率的影响;定期存款准备金则取决于市场利率、定期存款利率、国民收入和财富量。从短期看,可以假定国民收入和财富量不会发生变化，故用$\overline{Y}$和$\overline{K}$表示。市场利率在很大程度上影响着商业银行愿意保留的自由准备金及社会公众愿意持有的定期存款，而定期存款利率和再贴现率也会随着市场利率的变化而变化。可见，市场利率的变化在货币供应量的变动中具有重要意义，它综合反映了金融资产供求状况的变动。史密斯模型也说明了货币以外的金融资产，即非货币金融资产的供求变动在货币供给量的决定因素中具有重要的地位。

4.3 货币供给的运行机理

4.3.1 货币供给的形成机理

货币供给的形成与商业银行的存款派生过程是“一体两面”。根据货币供给量的一般定义，货币供给量由公众持有的通货和银行的活期存款构成，而公众持有的通货又包含在基础货币的定义中。因此，货币乘数创造出的数倍于基础货币的货币供给量中——剔除公众持有的通货——“净增加”的货币供给量都是商业银行以派生存款形式创造的活期存款。可以说，没有商业银行的存款派生机制，就没有货币供给量的数倍增加，商业银行的存款派生机制是货币乘数机制的基础。

另一方面，货币供给是中央银行、商业银行和社会公众共同行为的结果，货币供给的形成不完全等同于存款货币的派生过程。在存款派生模型中，中央银行的角色仅仅是设定了法定存款准备金率，而在货币供给的形成过程中，另一个非常重要的因素——基础货币的投放规模也是由中央银行决定。因此，为科学说明货币供给的形成机理，必须同时考察中央银行、社会公众和商业银行的行为影响和作用。

(1)货币供给的前提条件

部分准备金制度和非现金结算制度是商业银行信用创造的基础，也是商业银行创造派生存款的前提。

(2)货币供给的形成过程

我们假设中央银行规定的法定存款准备金比率为r，商业银行自主的超额准备金比率为e，公众意愿将比率为c的货币以现金的形式持有，即通货存款比率是c。此外，暂不考虑公众持有定期存款的情况。

假设中央银行通过公开市场业务向社会公众购买证券而投放现金货币B，即基础货币增加B。社会公众出于流动性的需要保留现金cB后，将剩余现金$(1-c)B$存入商业银行。银行接受了公众存入的现金后，以准备金率$(r+e)$提取存款准备金$(1-c)B(r+e)$，然后将剩余$(1-c)B(1-r-e)$全部发放贷款。

商业银行发放贷款后，取得贷款的客户将这笔款项用于支付，收款人仍按照比率c保留一部分现金，再把剩余款项$(1-c)^2B(1-r-e)$存入商业银行系统。商业银行提取准备金$(1-c)^2B(1-r-e)(r+e)$后，再次将剩下的$(1-c)^2B(1-r-e)^2$用于发放贷款。

“存款－贷款－存款”的派生过程无限地继续下去，直到最后任何一家银行都已没有任何剩余准备金可用于贷款为止。完整货币供给的创造过程如表4-4所示。

表 4-4　货币供给的形成过程

	现金	活期存款	准备金	贷款
0	B	—	—	—
1	cB	$(1-c)B$	$(1-c)B(r+e)$	$(1-c)B(1-r-e)$
2	$c(1-c)B(1-r-e)$	$(1-c)^2B(1-r-e)$	$(1-c)^2B(1-r-e)(r+e)$	$(1-c)^2B(1-r-e)^2$
3	$c(1-c)^2B(1-r-e)^2$	$(1-c)^3B(1-r-e)^2$	$(1-c)^3B(1-r-e)^2(r+e)$	$(1-c)^3B(1-r-e)^3$
…	…	…	…	…
n	$c(1-c)^{n-1}B(1-r-e)^{n-1}$	$(1-c)^nB(1-r-e)^{n-1}$	$(1-c)^nB(1-r-e)^{n-1}(r+e)$	$(1-c)^nB(1-r-e)^n$
…	…	…	…	…
总额	$\sum_{n=1}^{\infty}cB(1-c)^{n-1}(1-r-e)^{n-1}$	$\sum_{n=1}^{\infty}B(1-c)^n(1-r-e)^{n-1}$	$\sum_{n=1}^{\infty}B(r+e)(1-c)^n(1-r-e)^{n-1}$	$\sum_{n=1}^{\infty}B(1-c)^n(1-r-e)^n$

通过观察可知，表格中的各列都是等比数列，且公比均为$[(1-c)\times(1-r-e)]$，因此可以根据等比数列的求和公式整理表格中现金、活期存款和准备金总额的表达式。由于通货比率、法定存款准备金率和超额准备金率都小于1，所以数列的公比$(1-c)\times(1-r-e)$也小于1，则：

公众持有的现金通货总额C：

$$C=\sum_{n=1}^{\infty}cB(1-c)^{n-1}(1-r-e)^{n-1}=\frac{cB}{1-(1-c)(1-r-e)}$$

商业银行准备金总额B：

$$R=\sum_{n=1}^{\infty}B(r+e)(1-c)^n(1-r-e)^{n-1}=\frac{(r+e)B(1-c)}{1-(1-c)(1-r-e)}$$

活期存款总额D：

$$D=\sum_{n=1}^{\infty}B(1-c)^n(1-r-e)^{n-1}=\frac{(1-c)B}{1-(1-c)(1-r-e)}$$

我们可以容易地验证出，公众持有的现金通货总额与商业银行的准备金总额之和正好等于中央银行最初发放的基础货币金额B：

$$\begin{aligned}C+R&=\frac{cB}{1-(1-c)(1-r-e)}+\frac{(r+e)B(1-c)}{1-(1-c)(1-r-e)}\\&=B\times\frac{c+(r+e)(1-c)}{1-(1-c)(1-r-e)}\\&=B\end{aligned}$$

而货币乘数H，根据公式$m=\frac{M}{B}$可得：

$$\begin{aligned}m&=\frac{M}{B}=\frac{C+D}{B}=\frac{c}{1-(1-c)(1-r-e)}+\frac{(1-c)}{1-(1-c)(1-r-e)}\\&=\frac{1}{1-(1-c)(1-r-e)}=\frac{1}{r+e+c-c(r+e)}\end{aligned}$$

通过总结货币供给的形成过程以及考察货币乘数的形式，我们可以确定以下结论：

第一，基础货币完全是中央银行的负债，始终反映在中央银行的资产负债表上，中央银行基本可以控制基础货币投放的规模，或至少可以比较可靠地掌握基础货币的变化情况。

第二，中央银行投放基础货币之后，依据一定基础货币最终形成多少倍的货币供给量，是由中央银行、商业银行和社会公众共同决定的，中央银行决定法定准备金率、商业银行决定是否保留超额准备金，公众选择将多大比率的货币以现金的形式持有。

具体地，可以展开如下的讨论：

当商业银行不保留超额准备金、公众也不保留现金（即没有现金漏损），即 $e=0, c=0$ 时，货币乘数为：

$H=\frac{1}{r}$，即是菲利普斯的简单货币乘数模型或教科书式的货币乘数模型。

当商业银行不保留超额准备金、但公众以一定的比率持有现金货币，即 $e=0, c\neq 0$ 时，货币乘数为：

$H=\frac{1}{r+c-c\times r}$，即是卡甘的货币供给模型。

当商业银行保留超额准备金，公众也以一定的比率持有现金货币，即 $e\neq 0, c\neq 0$，但忽略二阶项（由于 $c<1, r<1, e<1, c(r+e)\approx 0$），则货币乘数为：

$H=\frac{1}{r+e+c}$，即得到萨缪尔森的货币供给模型。

因此，货币乘数的大小取决于中央银行、商业银行和社会公众的共同行为。

第三，之所以将商业银行的准备金和社会公众持有的现金之和称为基础货币，尤其是将不能派生货币的现金也计入基础货币，原因一方面是中央银行出于控制货币供给量的便利，即无论活期存款派生的过程多么复杂，但基础货币的规模却基本由中央银行掌控，因此控制了基础货币就等于抓住了纲而有条不紊。另一方面的原因是，如果公众改变了对现金货币的偏好，将现金货币存入银行或取出银行活期存款，或中央银行调整了法定准备金率，或商业银行调整了自主超额准备金，都会立刻显著地改变货币乘数的大小和货币供给量的规模。因此，从这个意义上讲，基础货币，包括现金，确实是“强力货币”。

4.3.2 货币供给的运行机制

货币供给由现金和活期存款构成，讨论货币供给的运行机制需要从现金和活期存款两个方面考察。

1. 现金的运行机制

在绝大多数国家或地区，发行现金通货（包括硬币）的权力都由中央银行或相似的货币管理当局垄断，因此现金一定是中央银行的负债，现金投放的源头也必然是中央银行。中央银行可以通过公开市场业务将现金投放到社会，也可以通过再贴现和再贷款的方式将现金货币先注入商业银行系统，然后再数倍放大投入到社会，或中央银行通过购买政府债券为政府财政赤字提供资金支持而投放包括现金形式的基础货币。

现金经中央银行投放后，一部分货币发挥流通手段和支付手段的职能服务于商品经济的循环过程，另一部分被公众出于流动性或预防性动机以现金的形式持有，还有一部分现金通过各种渠道进入商业银行系统，通过商业银行的存款创造功能而产生数倍的活期存款形式的货币供给量。现金的运行机制可以用图 4-1 表示。综观现金的运行机制，它具有如下三大特点：

(1)现金主要在银行之外流通，进入银行体系后或走出银行体系之前，现金尽管仍然以现金形态存在，但都不是流通的。

(2)如果银行体系既不增加现金投入，也不组织现金回笼，那么无论现金如何流通，它只会发生持有人结构上的变化，而不会有数量上的增加。

(3)现金流通一般主要对应于小宗商品的交易，并且现金的使用程度与一个国家和地区的金融业发达水平和支付习惯有关。

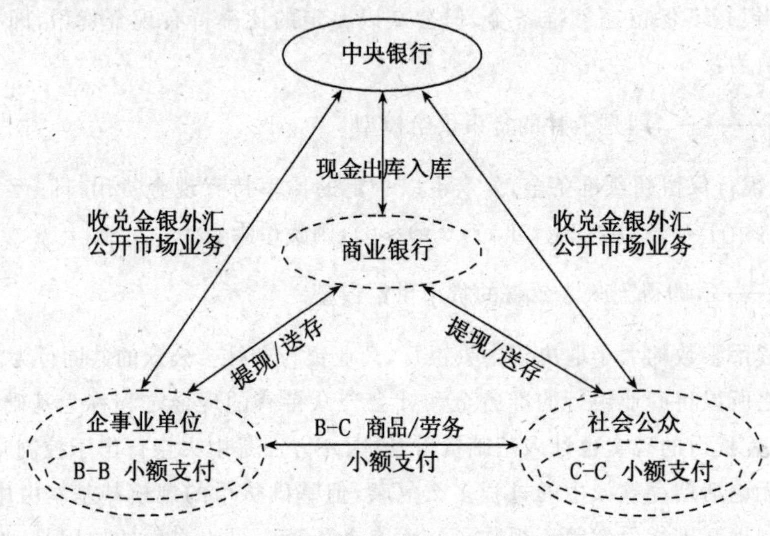

图 4-1 现金运行示意图

2.活期存款的运行机制

根据前面几节的介绍，在部分准备金制度和现金结算制度的条件下，商业银行系统能够依据一定原始存款创造出数倍于原始存款规模的派生存款。同时，当银行客户提出现金降低了原始存款的数量或中央银行提高了法定存款准备金率导致商业银行的准备金不足时，商业银行的派生存款的规模也会数倍地缩减。

根据菲利普斯最早提出的原始存款和派生存款的简单乘数模型，决定存款扩张倍数的参数仅是法定存款准备金率。然而，后来的更加符合现实的货币供给理论模型则说明，现金漏损率(即社会公众要保持一定比率的现金货币)、超额准备金率和定期存款准备金都会对派生存款的创造产生影响。

以定期存款准备金为例。现实中的社会公众既会持有活期存款，也会持有定期存款。然而，由于定期存款没有包含在狭义的“货币供给”的定义当中，因此，定期存款必然要“挤出”一定的活期存款。当社会公众的活期存款被转入定期存款时，银行对定期存款也要按照一定的法定准备金率提留准备金，银行按照定期存款准备金率提取的准备金是用于支持定期存款所需的，尽管仍是银行的准备金的一部分，但它却不能去支持活期存款的进一步创造。

因此，固定存款准备金虽然不会导致银行持有的准备金额有所下降，但这种变动会

对活期存款乘数 K 产生影响，这种影响可视为活期存款的法定存款准备金率的进一步提高。综合考虑了超额准备金率、现金漏损率和定期存款准备金的存款乘数模型如下：

$$K=\frac{1}{r+c+e+r_t\times t}$$

其中，r 为活期存款法定准备金率，c 为现金漏损率或通货比率，即现金于活期存款的数量比例，e 为活期存款的超额准备金率，r_t 为定期存款的法定准备金率，t 为定期存款总额与活期存款总额之比。

4.3.3 货币供给的调控机制

(1)调控主体

整个货币供给量调控机制的主体有三个：一是中央银行；二是商业银行；三是非银行经济部门。我们可以用图 4-2 表示如下。

图 4-2　货币供给调控机制的主体

根据图 4-2，我们可以看出，在货币供给的调控机制中，中央银行居于主导地位，中央银行供给商业银行基础货币的多少，决定了整个调控机制运行的规模。同时，中央银行通过规定存款准备金率，并以最后贷款者的身份规定再贴现率、再贷款利率而影响货币乘数，最终调控货币供给规模。其次，商业银行是货币调控机制的核心环节，中央银行将基础货币贷给商业银行后，通过商业银行系统内的存款乘数机制创造出多倍于原始货币的派生存款货币，并以直接贷款者的身份提供给非银行经济部门。最后，货币供给调控的最终目的是为了向非银行经济部门供给适量的货币，非银行经济部门的货币需求意愿和金融行为能够影响整个货币供给量调控机制运行。

(2)调控模式

货币供给宏观调控模式，是指中央银行在对宏观经济的调控中，必须具有明确的最终目标(如经济增长、国际收支平衡、降低失业率、稳定物价等)，采取有效的政策工具(如公开市场业务、再贴现、存款准备金等)，选择具体的调控对象(或中间目标，即联系最终目标和政策工具之间的金融目标，如货币供给量、利率水平等)，运用合适的调控形式(如通过金融市场、计划手段、法律手段等)。政策目标、政策工具、调控对象和调控形式之间的密切联系和相关作用组成一个完整的调控系统。货币供给宏观调控的一般模式如图 4-3 所示。

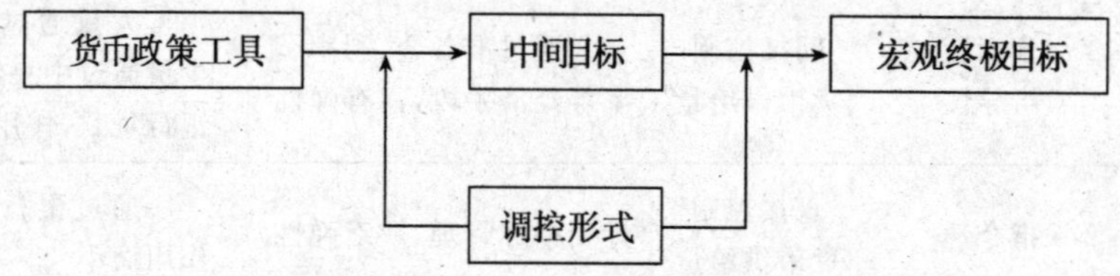

图 4-3　货币供给的一般型调控模式

然而，就货币供给宏观调控模式的具体内容和特点而言，不同的国家具有不同类型的货币调控模式。比较起来，货币供给宏观调控模式主要有以下三种：

①直接型　前苏联、东欧一些国家以及我国在1979年以前均采用直接型模式，这种模式是与高度集中的经济模式相适应的。它的主要缺点：一是信贷计划从属于实物分配计划，钱随物走，实际上是一种物资和资金的计划分配体制；二是信贷杠杆无法有效地调节经济，不能充分发挥经济杠杆的作用；三是管理办法僵死，在实践中会造成经济的波动和决策的失误，而在解决问题的过程中又容易出现“一刀切”等弊病。随着我国改革开放政策的实施，这种直接型调控模式越来越不适应市场经济发展的要求。

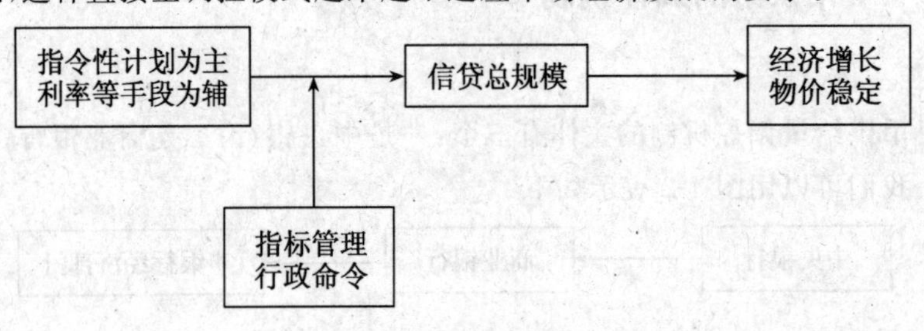

图4-4　货币供给的直接型调控模式

②间接型　西方资本主义国家从20世纪50年代开始大多采用这种模式。图4-5为美国的间接型模式。这种方式主要运用市场机制来调控经济，在正常情况下，中间目标（主要是货币供给量）作为货币政策工具和宏观终极目标的中间环节，起到了抑制经济波动的缓冲作用。

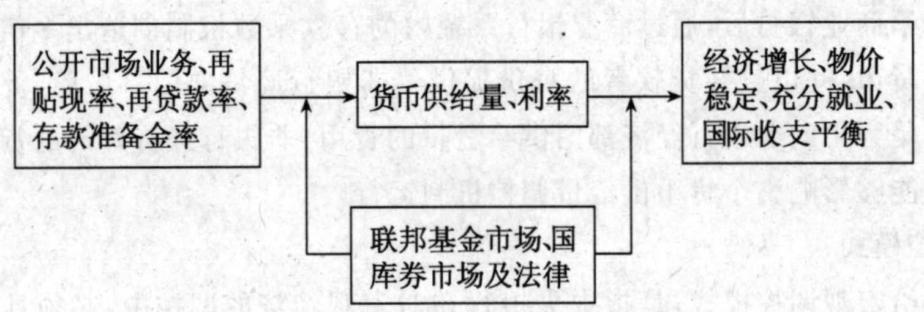

图4-5　货币供给的间接型调控模式

直接型和间接型的货币供给宏观调控模式之间的差异如表4-5所示，两者在终极目标确定、中间目标、货币政策手段、调控形式等方面存在明显的差异。

表4-5　两种类型货币供给宏观调控模式比较

调控模式	终极目标确定	中间目标	货币政策手段	调控形式
间接型	预测性 指导性	间接控制 货币供给量	通过准备金、利率、汇率等经济手段，富有弹性	大量通过金融市场，少量通过中央银行对商业银行贷款，作用面大
直接型	指令性	直接控制 货币供给量	计划指标管理，缺乏弹性	通过银行纵向管理，作用面小

③过渡型　过渡型是由直接型向间接型过渡的调控模式，一般是发展中国家或转轨国

家采用这种模式。还有一些国家，虽是市场经济国家，但因为市场经济发展水平低，金融市场不发达，加上有财政、外汇赤字和严重的通货膨胀等，仍有必要采取一些直接控制手段。

(3)调控因素

货币供给量调控机制的基本因素有三个，即基础货币、货币乘数和货币供给量。如图4-6所示。在中央银行体制下，中央银行提供的基础货币为商业银行所持有，通过整个商业银行系统的存款创造机制产生倍数放大效应，将一元钱的中央银行负债变成了数倍的商业银行负债。商业银行系统形成的倍增的活期存款负债与中央银行提供的、但在商业银行系统存款派生过程中漏损的现金一起，构成了整个货币供给量，提供给非银行经济部门。

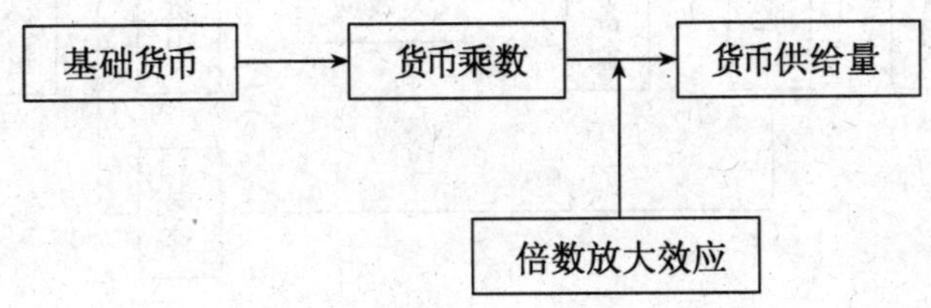

图4-6　货币供给调控的基本因素

从以上分析可以看出，整个货币供给量是基础货币与信贷扩张能力的乘积。基础货币是货币供给量的前提条件，要控制货币供给量，必须把基础货币限制在合适的额度内；准备金的大小是商业银行系统内信贷扩张能力的制约条件。显然，在货币供给量调控机制中，决不可忽视"基础货币－货币乘数－货币供给量"这三个基本因素的重要作用。

除了三个基本因素外，还有一些重要的金融变量影响商业银行的存款倍数放大效应。这些金融变量具体包括：现金漏损比率、法定存款比率、超额准备金比率、定期存款比率、财政性存款比率等，这些因素共同作用于倍数放大效应。如图4-7所示。

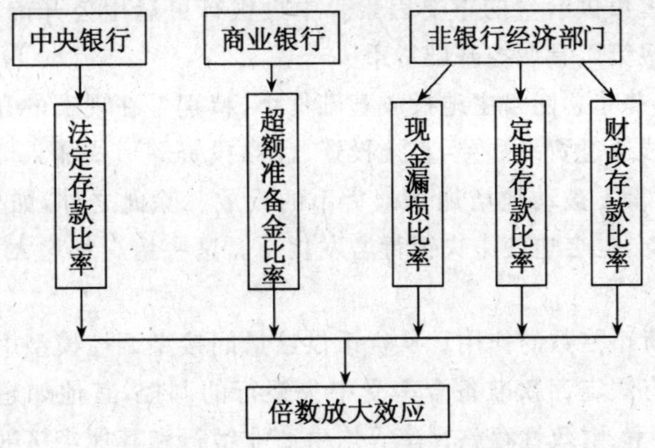

图4-7　货币供给调控的若干影响变量

以上金融变量中，直接受制于中央银行行为的是法定存款比率；直接受制于商业银行行为的是超额准备金比率；直接受制于非银行经济部门行为的是现金漏损率、定期存款比率和财政性存款比率等。

综合上述关于调控主体、调控模式和调控因素三个层次的剖析，可以将整个货币供给量调控机制的组成部分合为一体，用图4-8表示如下。

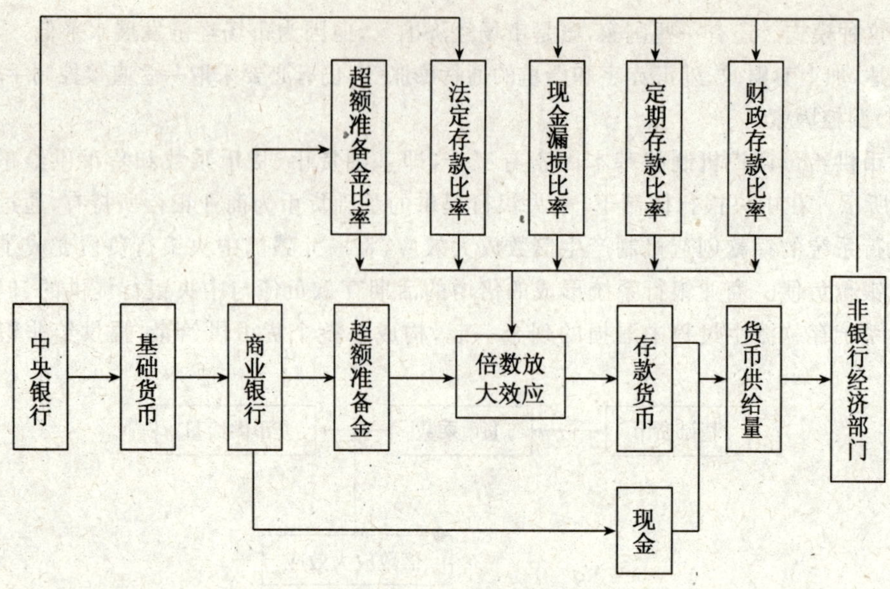

图 4-8 货币供给间接调控总模型

(4)复杂因素

随着货币供给口径的扩大和货币乘数的日趋复杂,越来越多的信用工具被纳入货币范畴,货币乘数模型囊括了越来越多的影响因素,货币供给量逐渐地由外生变量演变为内生变量,中央银行对货币和货币乘数的控制力都在减弱,对货币供给量的调控处于异常复杂的境地。

①中央银行对基础货币的调控。控制基础货币是中央银行的一项基本任务。基础货币是整个金融体系的原始资金来源,并且在货币乘数相对稳定的条件下,基础货币及其放大功能是决定货币供给量的重要因素。中央银行可运用公开市场业务、再贴现率、若干选择性的货币政策工具调控基础货币。

然而,中央银行并非总能自主地投放基础货币,特别是在现实的开放经济的条件下,当海量般的国外热钱通过贸易顺差、直接投资、证券投资等形式涌入国内时,中央银行为保持汇率的稳定,不得不被动地增加基础货币的投放。除此之外,如果政府发生财政赤字时向中央银行透支,也会迫使中央银行增发货币。这些情况都增大了中央银行调控基础货币的难度。

②中央银行对货币乘数的作用。从货币供给量间接型调控模型中可以看出,影响货币乘数的因素中只有法定存款准备金率受中央银行的调控,其他如超额准备金率、现金漏损率、定期存款比率、财政性存款比率等均由商业银行和其他经济部门所决定,中央银行不能完全操控货币乘数。

尽管存在以上的复杂因素,但中央银行调控货币的基础地位并没有动摇。根据货币学派学者弗里德曼和施瓦茨的实证检验,货币供应量的变动,86%由基础货币的变动引起,9%由存款准备金率的变动引起,货币供给量变动的95%是中央银行的政策决定的。

事实上,虽然金融市场的发展增加了货币调控机制的复杂因素,但中央银行可以动用的操作工具也增加了。金融市场的发展为中央银行的公开市场业务操作提供了大量可供买卖的工具,使中央银行吞吐基础货币的能力大增。中央银行通过买卖国债、回购协议、央行票据和掉期交易等公开市场操作工具可以达到直接减少或增加基础货币的目的。另一方面，随着监管水平和预测方法的改进，中央银行可以通过对来自非银行部门的外部因素的变动进行预测，使非银行经济部门的经济行为纳入自己的轨道，为实现有效的宏观调控创造条件。

[重要概念]

货币供给　基础货币　货币乘数　原始存款　派生存款　存款准备金　超额准备金　法定存款准备金率　通货比率

[复习与思考]

1. 试述货币供给的一般模型。
2. 试述存款派生机制的一般过程。
3. 除了书中列举的，还有哪些因素会影响货币供给？
4. 试述中央银行调控货币供给的运作机制。
5. 货币供给是内生的还是外生的？请思考如何证明。

第5章　货币均衡理论

5.1　货币供求均衡的内涵

5.1.1　货币供求均衡的含义

货币均衡是指货币供应与货币需求的一种对比关系，它是一种状态，是社会的货币供应量与客观经济过程对货币的需求量的基本适应，而不是指货币供给与需求的数量上的相等。其次，货币均衡是一个动态的过程、它并不要求货币的供给与货币的需求在任何时点上都完全相适应，它承认短期内货币供求的不一致。但是，长期内货币供求之间应大体上是相互适应的。再次，货币均衡在一定程度上反映了国民经济的平衡状况，货币收支的运动制约或反映着社会生产的全过程，一定时期内的国民经济状况必然要通过货币的均衡状况反映出来。

货币均衡是从供求的总体上研究货币运行状态变动的规律。一般而言，货币供求相等，就称之为均衡；货币供求不相等，则谓之失衡。假设 M_S 为名义货币供应量，M_d 为实际货币需要量，则货币均衡的一般公式表示为：$M_S = M_d$。

通过货币供给与货币需求的比较来研究货币均衡问题，这是大多数西方经济学家的逻辑思维起点。不过，西方经济学家对这一问题的研究，并不是从直接意义上进行的，而是通过对货币的“非均衡—通货膨胀”——这种典型的失衡状态而展开的。在这些经济学家眼里，只要通货膨胀问题解决了，货币均衡问题也就自然而然地解决了。

5.1.2　货币均衡与信贷均衡

货币均衡与信贷平衡是两个既有联系又有区别的概念。货币均衡与信贷平衡是两个紧密相联系的概念，在信用货币流通条件下尤其如此。如果把流通中的货币全部看成是银行的负债，那么，所有的货币都是银行创造的信用货币，都是经过信贷的程序进入流通的。一定时期的信贷规模决定着当期的货币规模。在一定条件下，银行部门的信贷收支可转化为其他经济部门的货币收支，而其他经济部门的货币收支也可以通过一定的渠道转化为银行的信贷收支。信贷收支平衡与否，最终是看社会再生产过程对银行信贷的客观需求与银行信贷的供应是否相适应，而衡量的标志，归根到底是看货币流通是否正常。而货币均衡与否，最终还是看国民经济各部门的货币收支是否协调，货币供应量与货币需要量是否相适应，其衡量的标志也是看货币流通正常与否。这就是说，货币均衡和信贷平衡，最终都可以通过货币流通状况反映出来。

但是，货币均衡并不等于信贷收支平衡，货币的供求不等于银行的信贷收支。它们之间的主要区别是：

第一，货币均衡反映的是货币运动的状况，而信贷收支平衡反映的是银行信贷资金的运动。信贷资金的运动受信贷资金运动规律的制约，它推动着社会资金的循环和周转，并在其周转过程中不断增值。而货币收支的运动主要受货币流通规律的制约，尽管货币参与了整个资本的循环过程，但货币本身并不能增值，而只是为生产过程的不断进行创造条件。

第二，信贷收支活动主要与生产过程相联系，而货币收支活动主要与商品流通过程相联系。信贷规模和增长速度与生产的发展规模和增长速度相联系。也就是说，生产规模越大，发展速度越快，信贷收支的规模就大，发展速度也就越快，反之相反。而货币收支的规模和发展速度，尽管也与生产过程有着密切的联系，但是，它主要还是与商品流转的规模和速度相联系，即商品流转规模越大，发展速度越快，则货币收支的规模就越大，发展速度就越快，反之则相反。

第三，信贷平衡反映的是社会再生产过程对银行信贷资金需要量与银行信贷资金供应量的协调平衡关系，而货币均衡反映的是国民经济各部门之间，社会再生产各环节的货币收支协调平衡关系，是客观经济过程对货币的需要量与银行体系供应给社会的货币量之间的协调平衡关系。

两者的紧密联系表现在：

①在一定条件下，银行部门的信贷收支可转化为非银行经济部门的货币收支，而非银行经济部门的货币收支也可以通过一定的渠道转化为银行的信贷收支。

②货币均衡和信贷平衡最终都可以通过货币流通状况反映出来。信贷收支平衡与否，要看社会再生产过程对银行信贷的客观需求与银行信贷的供应是否相适应，归根到底是看货币流通是否正常。货币均衡与否最终还是看国民经济各部门的货币收支是否协调，货币供应与货币需求是否相适应，衡量标志也是看货币流通正常与否。

两者的区别主要表现在：

①货币均衡反映的是货币运动的状况，受货币流通规律的制约；而信贷收支平衡反映的是银行信贷资金的运动，受信贷资金运动规律的制约。

②信贷收支运动主要与生产过程相联系，即信贷规模和增长速度与生产的发展规模和增长速度之间的关系正相关；而货币收支运动主要与商品流通过程相联系，即与商品流转的规模和速度呈正相关。

③信贷平衡反映的是社会再生产过程对银行信贷资金需要量与银行信贷资金供给量的协调平衡关系；而货币均衡反映的是国民经济各部门之间和社会再生产各环节之间的货币收支协调平衡关系，是客观经济过程对货币需要量与银行体系提供给社会的货币量之间的协调平衡关系。

5.1.3 货币供求均衡的意义

货币不是覆盖在实物经济上的一层面纱，货币对经济有着重大的影响作用，甚至可以改变经济的运行过程——这是20世纪西方经济学家在货币作用理论方面的重大突破。现代商品经济的均衡是价值均衡而不是实物均衡。在现代市场经济条件下，一切经济活动都必须借助于货币的运动，而一切社会需求都表现为拥有货币支付能力的需求，即需求必须通过货币来实现。因此，货币均衡，也可以说是由货币的收支运动与它们所反映的国民收入及社会产品运动之间的相互协调一致。货币对于经济的作用不可能离开货币供给与需求这对矛盾的统一体，货币正是通过货币供求的失衡与均衡发挥着对经济的影响作用。

在现代纸币制度下，如果一国出现货币失衡，无论是货币供应量超过货币需求量过大，或货币供给不足，都会影响宏观经济的运行。一般地：

(1)当 $Ms>M_d$ 时，即货币供给过度，则存在物价上涨的压力，名义国民收入增加，真实的国民收入增加受阻或增幅下降，典型的情况是通货膨胀。

(2)$Ms<M_d$，当货币供给小于货币需求时，经济运行受阻，社会的总需求减少，企业库存增加，商品销售不畅，生产下滑，物价下跌，总供给减少，国民收入下降，经济处于停滞状态。

总之，货币供给和货币需求之间，是一种互相制约、相互影响的关系，货币供求失衡会直接影响社会总供求和国民收入。

5.2 货币供求均衡与社会总供求均衡

5.2.1 社会总供求的基本含义

社会总供求是社会总供给和社会总需求的合称。所谓社会总需求，通常是指在一定时期内，一国的社会各方面实际占用或使用的全部产品之和。由于在商品经济条件下，一切需求都表现为有货币支付能力的购买需求。所以，社会总需求也就是一定时期社会的全部购买支出。总需求有现实需求与潜在需求之分，现实需求是指有现实购买力的需求，即一定时期内，全社会在市场上按一定价格购买商品和劳务所支付的货币量，以及人们为持有一定的其他金融资产所支付的货币量；而潜在需求是社会节余的购买力，即尚未实现的需求或将要实现的需求。所谓社会总供给，通常是指在一定时期内，一国生产部门按一定价格提供给市场的全部产品和劳务的价值之和，以及在市场上出售的其他金融资产总量。由于这些商品都是在市场上实现其价值的。因此，社会总供给也就是一定时期内社会的全部收入或总收入。同理，总供给也有现实的总供给和客观的总供给之分，前者是指现实中社会各生产部门提供给市场的商品量，而后者则是指一国的生产能力，即可能生产并提供给市场的能力。

关于社会总供求平衡的含义，可从以下几方面来把握：

①社会总需求与总供给的平衡是货币均衡，而不是实物均衡。实物均衡是自然经济的产物，而货币均衡才是现代商品经济总体均衡发展的重要特征。在社会总需求与总供给的平衡关系中，货币资金的运动起着重要作用。

②社会总需求与总供给的平衡是市场的总体均衡。社会总需求与总供给的状况取决于货币市场和商品市场的状况，因此，社会总需求与总供给的平衡也就是货币市场和商品市场的统一平衡。

③社会总需求与总供给的平衡是动态的均衡。社会总需求与总供给的平衡，是现实的社会总需求与短期内可能形成的总供给的平衡，而不是现实的社会总需求与现实的总供给的平衡。在扩大再生产的条件下，现实的总需求与现实的总供给的平衡是静态的平

衡，只是反映简单再生产的要求，而没有能反映扩大再生产的客观要求。因此，只能从动态的角度，从现实的社会总需求与短期内可能形成的总供给相适应的状况来研究社会总需求与总供给的平衡状况。

5.2.2 货币供求与社会总供求的关系

在现代商品经济条件下，任何需求都表现为有货币支付能力的需求。任何需求的实现，都必须支付货币。如果没有货币的支付，没有实际的购买，社会基本的消费需求和投资需求就不能实现。因此，在一定时期内，社会的货币收支流量就构成了当期的社会总需求。

社会总需求的变动，一般说来，首先是来源于货币供应量的变动。但是，货币供应量变动以后，能在多大程度上引起社会总需求的相应变动，则取决于货币持有者的资产偏好和行为。

货币供应量与社会总需求量虽有密切联系，但又是有严格区别的两个不同概念。其区别是：①货币供应量是一个存量，而社会总需求量是一个流量。②货币供应量由现实流通的货币和潜在的货币两大部分构成，而社会总需求由流通性货币及其流通速度两部分决定，所以，真正构成社会总需求的只能是流通性货币。因此，一定量的货币供应量变化以后，能否引起社会总需求量的变化，主要取决于两个因素：一是货币供应量中潜在性货币和流通性货币的比例；二是货币流通速度的变化。③货币供应量变动与社会总需求变动在时间上也不一致。

弗里德曼根据美国实际情况的研究表明，货币供应量变动以后，一般要经过 6～9 个月才会引起社会总需求的变动，而引起实际经济情况的变动，则需 18 个月左右的时间。

货币供应和货币需求之间，是一种相互制约和影响的关系，货币供应在一定条件下改变货币需求，而货币需求的变动，也可以在一定程度上改变货币的供给。联系货币供应与货币需求的纽带就是国民收入和物价水平。

如果把总供求平衡放在市场的角度研究，它包括了商品市场的平衡和货币市场的平衡。也就是说，社会总供求平衡是商品市场和货币市场的统一平衡。

商品供求与货币供求之间的关系，可用图 5-1 来简要描述。图中包括四层含义：

一是商品的供给决定了一定时期的货币需求。因为在商品货币经济条件下，任何商品都需要用货币来表现其价值。因此，有多少商品供给，必然就需要相应的货币量与之对应。

二是货币的需求决定了货币的供给。就货币的供求关系而言，客观经济过程的货币需求是基本的前提条件，货币的供给必须以货币的需求为基础，中央银行控制货币供应量的目的，就是要使货币供应与货币需求相适应，以维持货币的均衡。

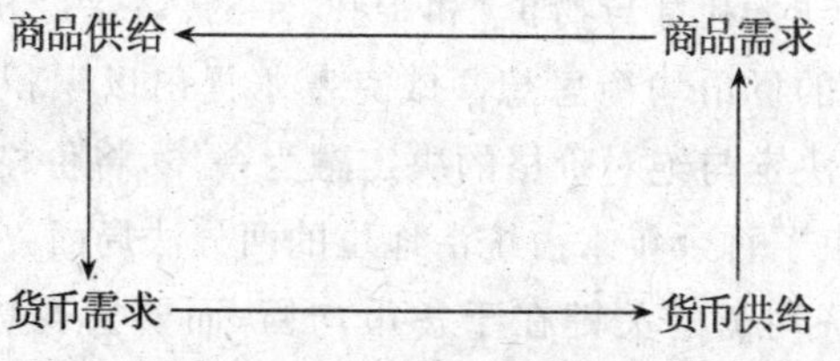

图 5-1 商品供求和货币供求的四方关系图

三是货币的供给形成对商品的需求，因为任何需求都是有货币支付能力的需求，只有通过货币的支付，需求才得以实现。因此，在货币周转速度不变的情况下，一定时期的货币供应水平，实际上就决定了当期的社会需求水平。

四是商品的需求必须与商品的供应保持平衡，这是宏观经济平衡的出发点和复归点。

这就是从商品供给出发所得出的货币供应、货币需求、商品供给、商品需求之间的基本关系。在图5-1中，货币均衡是整个宏观经济平衡的关键。也就是说，如果货币供求不平衡，整个宏观经济的平衡就不可能实现。而要使货币保持均衡，就需要中央银行控制货币的供给，使货币的供给与客观的货币需求经常保持一种相互适应的关系，以保证经济的发展有一个良好的货币金融环境，从而促进宏观经济均衡协调地发展。

5.3 货币均衡理论

西方经济学家很少像研究货币供给和需求理论那样，专门将货币均衡理论独立出来进行系统研究，而大多是将他们的货币均衡思想隐含在他们的货币、经济理论中。其实，货币供求不可分割的内在联系就决定了货币供给理论和货币需求理论不可能完全舍弃另一方而独立地进行研究。20世纪以前的西方经济学家在货币供求理论上重点探讨货币需求理论，是因为在当时的金属货币制度下，货币供给被普遍看做是由贵金属的自然蕴藏量和生产量决定的外生变量，流通中实际的货币供给取决于货币需求。在这样的情况下，西方经济学家重点研究一个国家在一定一时期内的经济发展和商品流通所需要的货币量，也是为了考察一定时期的货币均衡。随着20世纪30年代经济大危机的爆发和几乎与此同时在世界范围内不兑现信用货币制度的普遍确立，凯恩斯在威克塞尔宏观经济思想的基础上搭建起他的宏观经济学大厦，开始将货币均衡的研究扩展到货币数量与物价、利率、国民收入和就业量等问题上来。沿着历史的脉络抽象西方经济学家的货币均衡理论，会发现货币均衡理论在20世纪被赋予了更深厚的内涵，它不再是单纯的货币供求是否相等的简单的判断，而是与宏观经济均衡紧密相连，成为研究货币经济中宏观经济均衡得以实现的条件，货币失衡对宏观经济运行的影响，以及如何促使货币失衡恢复到均衡等问题的理论。

“货币均衡”概念最早由威克塞尔（Wicksell，1898年）进行了系统阐述。20世纪30年代，林达尔（Lindal）和缪尔达尔（Myrdal）作了修正、阐明和改进。

5.3.1 威克塞尔的货币均衡观

威克塞尔在1898年的《利息与物价》和1906年的《政治经济学讲义》第二卷“货币”篇中较系统地阐述了他的货币均衡思想。威克塞尔提出以累积过程分析为基础的货币均衡理论把相对价格的决定与绝对价格的决定融为一体，将价格理论和货币理论有机地结合起来，创造性地结束了百余年来占统治地位的两分法局面。

威克塞尔认为，经济均衡的关键在于货币均衡，而要实现货币均衡需要三个条件：(1)货币利率等于自然利率（威克塞尔将金融市场上存在的借贷利率称为货币利率，将实物市场上储蓄与投资相一致时的利率称为自然利率）；(2)资本的供求平衡，即储蓄等于投资；(3)商品的一般价格水平稳定不变。

威克塞尔在他的著作里对自然利率概念作了较多的说明。首先，假定在一个经济中，没有货币，一切交换和借贷都用实物进行。其次，假定企业家自己没有资本，至少没有流动资本，他所需要的一切资金都是向资本家借来的。所借的是产品，支付给劳动者的工资和地主的租金也是产品。到生产阶段结束，他用自己生产的产品，直接地或者换成别的商品偿还给资本家。但是，生产结束除了补偿耗费的资本外还必须付息，否则，资本家宁愿自己从事生产，而不愿把资本贷给企业家。这个利息就是自然利息，它与所借资本之比即为自然利率。

自然利率水平由什么决定呢？威克塞尔认为它决定于资本的供给与需求。在完全竞争假定下，如果资本需求大于资本供给，利率必然上升，但是，上升有一个限度，那就是资本的边际生产率或报酬率。超过这一限度，企业家就要亏损，生产就不能继续下去。因此，当利率上升到接近或等于资本边际生产率时，资本需求就会下降到与资本供给相一致。另一方面，如果资本需求小于资本供给，利率就会下降。而利率下降使企业家扩大生产有利可图，于是，企业家增加借款，结果，资本需求增加，利率上升，一直要上升到接近于资本边际生产率时为止。这时资本供求趋于相等。

由此可见，自然利率长期内趋于与资本边际生产率相等。在资本市场供求一致、自然利率等于资本边际生产率或预期收益率的情况下，企业家既无扩大生产的愿望，也无缩小生产的意欲，整个经济处于均衡状态。

在这三个条件中，威克塞尔认为第一个均衡条件具有决定性意义。因为，如果货币利率偏离自然利率，投资与储蓄就会不等，价格就会随之发生变动。当货币利率低于自然利率时，超额利润产生，企业家就会扩大生产，增加对资本的需求，这样，投资大于储蓄，这种趋势又导致对生产要素和商品需求的增加，在供给短期不变条件下，价格就呈上涨之势。反之，当货币利率高于自然利率时，亏损出现，企业家被迫缩减生产，减少对资本的需求，从而投资小于储蓄，这种情况必然导致对生产要素和商品需求下降，进而迫使价格下降。由此可见，当货币利率与自然利率相等，货币均衡条件得到满足时，一国经济就会处于稳定的均衡状态；反之，若货币利率与自然利率发生背离，货币均衡条件得不到满足，经济的均衡状态就会被打破，发生向上或向下的波动。这便是威克塞尔货币均衡思想的核心内容。

威克塞尔进一步分析，现实经济中，由于货币利率与自然利率是由各不相同的因素决定的：货币利率主要取决于金融当局的货币政策，反映借贷双方的资金供求状况；自然利率变动取决于技术变化所引起的生产收益的增减、劳动和土地的供求所引起的工资和地租的涨落、固定资本和流动资本现有存量的变动等属于生产领域的种种因素。因此，两种利率经常发生背离，一国经济就会经常处于周期性的波动中。由此，要想消除经济的周期性波动，需要政府对经济的干预。

威克塞尔指出，自然利率的变动是无法人为控制的，而货币利率却在中央银行的控制范围之内，因此，使两种利率一致的唯一的办法就是调节货币利率。中央银行应采取的具体办法是："只要价格没有变动，银行的利率也不变动。如果价格上涨，利率即应提高；如果价格下跌，利率即应降低；以后利率即保持在新的水平上，除非价格发生了进一步变动，要求利率向这一方或那一方作进一步的变动。"

威克塞尔的分析是在充分就业的假定下展开的,因此,他的所谓的经济波动(累积过程)仅是指价格水平的变动,而产量、就业等实际变量并不发生变化。在他的论著中,他反复强调生产扩张和收缩都是指的一种趋势,而不是事实;他也一再表明他的理论是为寻找价格水平变动原因而设计的。1898 年出版的《利息与价格》一书的副标题就是"调节货币价值的原因之研究"。这表明威克塞尔的理论并没有完全摆脱以充分就业为前提的传统经济学的束缚。但从威克塞尔的均衡理论中,我们已经能够明显地看出他创新于以往货币均衡理论之处:

首先,他将利率因素引入到货币供求影响物价水平的机制中,这为后来凯恩斯的利率传导机制理论奠定了一个理论基础;

其次,他通过自然利率与市场利率的经常背离论证了市场经济具有内在的不稳定性,单纯的市场机制并不能实现经济的自动均衡,要想维持经济的均衡需要政府的干预;

第三,他从自然利率与市场利率相等的角度阐述货币均衡是经济均衡的条件,已经认识到货币对于经济有着重大的作用,由此突破了传统经济学的二分法,将货币理论与经济理论有机地结合起来,开创了货币经济理论的先河。

总之,威克塞尔的货币均衡思想实际上是一种宏观经济均衡思想,即将货币均衡纳入到整体的经济运行中,探讨货币均衡与经济均衡的关系以及货币失衡所引起的经济后果。这种研究方法与思路被 20 世纪的西方经济学家所普遍采纳,也从而使西方经济学家对货币理论的研究更加深入。

威克塞尔的货币均衡理论提出后,在西方经济学界产生了很大的影响。之后,许多经济学家对货币均衡问题的研究正是在此基础上进行的。

5.3.2 缪尔达尔对威克塞尔货币均衡理论的修正

缪尔达尔(Gunnar Myrdal)是瑞典学派的重要代表人物之一,1919 年他出版了《货币均衡论》一书,在威克塞尔货币理论的基础上,对货币均衡理论进行了更为深入的研究。缪尔达尔在《货币均衡论》一书中主要对威克塞尔的三个均衡条件作了重大修正。

1. 对第一个均衡条件的修正

缪尔达尔把威克塞尔的第一个均衡条件表述为货币利率与资本预期收益率相等。他说,"在威克塞尔的货币理论中,'自然'和货币利率对照的任务,是要说明累积过程是如何通过企业家行动的反应而发生的,所以很明显,只有预期收益率对这个理论才有直接关系。"但缪尔达尔同时认为要得到一个相等的货币利率与资本的预期收益率十分困难,因为在实际经济生活中,货币利率的构成十分复杂,资本预期收益率也因预期和风险估计等因素而难以测定。因此,为了避免实际应用的困难,缪尔达尔又将这个均衡条件近似地表述为:现有实际资本的资本价值(等于预期净收益除以预期收益率)与它的再生产成本(等于预期净收益除以货币利率)相等。

重新表述的均衡公式更清楚地表明利润为零和新投资为零的特点。新投资为零,是指企业家的投资刚好更新旧的已耗损的实际资本。缪尔达尔说,这符合威克塞尔的观点,因为在威克塞尔看来,如果企业家没有利润可赚,他们就不会进行投资,整个经济就处于静态均衡状态。

缪尔达尔认为,把均衡条件定义为利润和新投资为零这一观点只有在静态体系中才是正确的，而威克塞尔的积累过程本质上是动态过程。在动态分析中，缺少新投资不能作为一个必要的均衡条件。这是因为，在动态过程中，第一，在再投资与新投资之间不可能有一条严格的分界线；第二，新储蓄不能被认为等于零；第三，即使利润为零，也不能认为所有企业家都把投资保持在更新原有资本的水平上。

因此，缪尔达尔得出结论：第一个均衡条件是不确定的，它必须以第二个均衡条件为前提。也就是说，利润不能确定为零，而是要确定在总投资刚好等于总储蓄的水平上。

2. 对第二个均衡条件的修正

缪尔达尔把威克塞尔的第二个均衡条件表述为储蓄与总价值投资相等。这里，总价值投资是再投资与新投资之和，等于实际投资总额减去实际资本价值变动总额，也就是实际投资总额减去折旧、加上升值。

缪尔达尔用总投资代替威克塞尔新投资的理由是：在静态和半静态条件下，价格虽然发生变化，但再投资仍然能从新投资中区分出来。但在动态环境下，由于货币价值的变动，特别是折旧与升值不是由当前现行价格决定，而是由预期未来价格决定，而这些未来价格是不确定的，因此，“要从实际投资中分出一部分来使它代表和其他投资区分开来的新投资，那是不可能的。”

3. 对第三个均衡条件的修正

事实上，威克塞尔的第三个均衡条件与前两个均衡条件间存在着一定的矛盾，威克塞尔的同事和朋友戴维森就曾多次指出这个矛盾。他说，由技术变化带来的经济增长意味着生产率的持续增加，“只要商品价格保持不变，增加生产率就提高了对利润的预期结果，自然的或是真实的利率比之货币利率，便变得太高了……这种结果似乎很令人迷惑，因为它意味着从威克塞尔的理论命题开始，人们便得到和他的目的——即固定的商品价格——完全不同的实际结果”。

缪尔达尔批评说，“威克塞尔的第三个均衡公式根本上是错误的”。缪尔达尔断言，货币均衡由更为基本的第一和第二两个条件决定，而不由稳定的价格水平决定。

但是，他进而谈到，即使第三个条件在决定货币均衡时不再重要，但它也能被当作旨在恢复被破坏了的货币均衡的货币政策的标准来使用。全部货币价格均匀地变动，既不会改变投资，也不会破坏资本市场的均衡，因为货币总量会以相同的比例发生变化。然而，在现实中，价格水平的变动并非均匀的，

缪尔达尔通过对威克塞尔三个均衡条件的修正指出，威克塞尔的货币均衡理论犯了一个错误，即把均衡态势看做是一种目的、一种趋势。但事实上，均衡态势只是经济体系的一种状态，背离均衡的态势一旦出现，经济的动态发展也随即开始。因此，不能把货币均衡理解成一种静态的、稳定不变的状态，而应把它作为一种动态的过程，一种致使经济发生向上或向下累积运动的动态发展过程。均衡分析也不能只停留在某一特定的时点上，而必须对一个时点到另一个时点的间隔时期进行分析。为此，缪尔达尔提出“事前”与“事后”的概念作为其动态货币分析的基础。“事前”是指分析期间开始时的预计数值；“事后”是指分析期间结束时的实现数值。缪尔达尔认为，研究货币均衡不能以事后计算为满足，因为它是已实现的结果，事后计算值必然是平衡的，因此，研究货币均衡应从事前与事后的差异中去探寻货币对经济的动态调节过程。这样，缪尔达尔就将威克塞尔的一定时点的静态均衡分析发展为一定时期的动态均衡过程分析。

岗纳·缪尔达尔简介

岗纳·缪尔达尔(Gunnar Myrdal,1898～1987)是一位难得的经济学家,在经济学理论和经济政策方面都做出了重大贡献。1974年,缪尔达尔与弗里德里希·冯·哈耶克(Fdiedrich Von Hayek)同获瑞典皇家科学院颁发的该年度诺贝尔经济学奖。

缪尔达尔出生于瑞典中部的一个乡村农业区。缪尔达尔最初考入斯德哥尔摩大学学习法律,希望通过学习法律理解社会的运行方式。尽管1923年缪尔达尔获得了法律学位,但这段令人精疲力竭的过程扼杀了他对法律的兴趣。他的妻子阿尔娃·缪尔达尔(后于1982年获得诺贝尔和平奖)说服他转而研究经济学,该学科能够将科学、数学与他探索社会运行方式的努力结合起来。在老师克努特·威克塞尔的指导下,缪尔达尔于1927年获得了斯德哥尔摩大学的经济学博士学位,并留校任教。缪尔达尔两度供职于瑞典议会(1934～1936、1942～1946),1932年被任命为住房与人口委员会委员,20世纪30年代末效力于瑞典国家银行委员会,40年代中期当选为瑞典战后计划委员会主席以及贸易与商业部部长。

缪尔达尔的大半生都在研究种族关系、失业和贫困问题,他提出的循环积累因果原理以及该理论推导出的关于减少贫困与失业的建议,为传统的放任政策提供了"药方"。

循环积累因果原理是指从一个动态的社会来看,社会经济各因素之间的关系不是趋于均衡,也不是简单的循环流转,而是存在着循环积累的因果关系。在《美国的困境:黑人问题和现代民主》一书中,缪尔达尔指出,白人对黑人的歧视与黑人的物质文化水平低下,就是两个互为因果的因素:白人的偏见和歧视,使黑人的物质文化水平低下;而黑人的贫困和缺乏教育,又反过来增加了白人对他的歧视。

大多数经济学家断言,在公平与增长之间存在着一种平衡,而缪尔达尔则断定不存在这样的平衡,越公平则增长越快。缪尔达尔认为,由于贫困造成的生理与心理后果和穷人无法施展自己的才智,不平等将致使增长放慢。

缪尔达尔强调了终止贫困的恶性循环和启动增长与发展的良性循环的必要性。首要的是,发展中国家必须在教育方面投入更多资金。其次,必须集中力量改善卫生状况,提供净水和发展其他公共福利设施。第三,收入支援方案必须解决收入不平等问题以及发展中国家大多数公民收入不足的问题。

1974年瑞典皇家科学院贺辞:"第六届获奖者岗纳·缪尔达尔——斯德哥尔摩学派的代表者,在他科学生涯的早期,缪尔达尔就已表现出对各种经济问题的广泛兴趣。在《经济理论发展中的政治因素》(1930)中他最早阐述了政治价值判断对经济分析的作用。在得到瑞典皇家科学院充分肯定的学术巨著《美国的困境:黑人问题和现代民主》(1944)中,缪尔达尔充分地显示了他把经济分析与广泛的社会学事业结合起来的才能。缪尔达尔用同样的方法研究了发展中国家的各种问题,这是一种涉及面较广的经济社会学研究,其中对政治、制度、人口、教育和健康等因素均给予了极大的重视。"

5.3.3 哈耶克对威克塞尔货币均衡理论的发展

20世纪30年代之后久负盛名、坚持最彻底的经济自由主义的奥地利经济学家哈耶克在威克塞尔货币均衡理论的启发下,进一步研究了货币与物价、货币均衡与经济均衡的关系。在1931年出版的《物价与生产》一书中,哈耶克提出了其著名的货币均衡理论——中立货币说。

哈耶克借鉴了威克塞尔中立货币的概念,但对保持货币中立的条件提出了不同的看法。威克塞尔认为,货币均衡的决定性条件是货币利率与自然利率保持一致,此时,货币保持了对于经济的中立性,即经济在不受货币因素干扰的情况下由实物因素决定其运行,这是经济均衡发展的重要条件。

哈耶克认为,保持货币中立的条件不是货币利率与自然利率的一致,而应是货币供应的总流量不变。在哈耶克看来,变动货币数量,不论其对一般物价水平有无影响,都必然会使商品相对价格和生产结构发生变动。由于商品相对价格的变动决定着生产的数量和方向,生产结构的变化影响着经济均衡,因此,要使货币保持中立性,消除货币对商品相对价格的形成和生产结构调整的影响,必然需要货币供应量保持不变。只有依靠储蓄扩大生产,经济才能达到均衡状态。反之,若以增加货币供应量来扩大生产和投资,货币就将失去中立性而成为破坏经济均衡、导致经济危机的祸根。

在《物价与生产》一书中,哈耶克详细分析了货币失衡对经济均衡的影响。哈耶克说,经济均衡的条件是三个比例相等:即用于购买消费品的货币量和购买资本品的货币量的比例相等,等于消费品需求量和资本品需求量的比例,也等于周期内所生产的消费品量与资本品量的比例。

哈耶克认为,只要保持三个比例相等,消费品与资本品的需求、生产和购买就不增不减,生产结构稳定,经济达到均衡。但是如果人们的消费和储蓄都不变,只是人为地扩大货币供应量,这三个比例就会互不相等,经济均衡的条件由此遭到破坏,经济出现失衡。

例如,由银行增加货币供给量向企业家提供信用来增加投资、扩大生产,这将使得购买资本品的货币量、资本品的需求量和产量增加,出现生产期间延长,生产阶段增多的短期繁荣。但由于已无闲置的生产资源,只能将原来用于生产消费品的一部分生产资源转向生产资本品,使消费品减少,价格上涨。但与此同时,由于消费者并没有改变购买消费品的货币量和其对消费品的需求,于是,上述三个比例出现不等,经济均衡的条件遭到破坏。在这种情况下,如果消费者的消费支出不变,由于所能购买的消费品量下降,使人们对消费品的需求处于一种“强迫性节约”的状况,尚能勉强维持经济均衡。但当新增加的货币经生产者转手而成为人们的货币收入以后,人们通常会立即增加消费,使得对消费品的需求增加,价格上升,导致部分生产资源又转回消费品生产,致使生产期间缩短,生产阶段减少,迂回化程度降低,生产结构被迫回到原来状况。这一变化过程,表现为爆发一次经济危机。因此,货币数量增加,使货币失衡,失去中立性,不仅引起生产结构失调,经济失衡,还将导致经济危机。

总结哈耶克的货币均衡理论可以看出,哈耶克继承了威克塞尔货币均衡与失衡对经济的均衡与失衡有着重要作用的观点,但将货币均衡的条件改变为保持货币数量的固定不变。之所以做这样的变动,是因为哈耶克反对威克塞尔提出的政府应该对经济进行干预的思想。哈耶克在理论上坚持最彻底的经济自由主义,而经济自由主义最核心的内容就是通过市场价格机制的自动调节使经济自动地达到均衡状态。威克塞尔恰恰通过自然利率与货币利率的经常背离论证了他的完全自由的市场经济具有内在的不稳定性,单纯的市场机制并不能实现经济的自动均衡,要想维持经济的均衡需要政府的干预。作为主张经济自由发展的经济学家,哈耶克改变威克塞尔的这个均衡条件就成为十分自然的事情。在货币与经济有着十分密切关系的货币经济中,哈耶克强调稳定货币数量,也是希望通过货币数量的稳定来降低货币对于经济运行的干扰,依然让市场机制自动发挥调节作用。

5.3.4 凯恩斯及其后继者的货币均衡理论

威克塞尔、缪尔达尔、哈耶克还都是在充分就业的假定前提下分析货币均衡与经济均衡的关系,真正突破这个假定条件的是凯恩斯。凯恩斯提出,在“流动性偏好”、“边际消费倾向递减”和“资本边际效率长期递减”三大心理规律的作用下,非充分就业是资本主义社会的常态。正是在这种常态的社会条件上,凯恩斯开始了他的货币均衡与经济均衡的宏观分析。

凯恩斯提出,货币供求的均衡点由利率体现,因为货币供给与需求是决定利率水平的唯一的两个因素。货币供给大于货币需求,利率下降;货币供给小于货币需求,利率上升。因此,货币供求的对比状况决定着利率变动的方向。

在对货币特征的理论分析中,凯恩斯得出了在完全放任自由的市场经济中,货币供求间存在着尖锐的矛盾。凯恩斯认为现代货币具有三个特征:

(1)生产弹性等于零——货币是国家的创造物,货币供给的权利完全掌握在政府的手中,对于私人企业来说,绝对没有生产货币的权利。

(2)替代弹性几乎等于零——货币作为一般购买力的代表,可以换回其他任何商品,但其他商品中却没有一种商品具备这种效用。因此,人们不愿用其他商品来代替货币,货币的交换价值越高,人们越不愿如此。

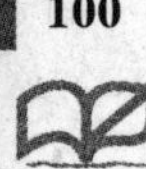

(3)具有周转灵活性且保藏费用低——货币较其他商品有更大的流动性,周转便利,而且由于材料的属性,货币的保藏费用很低。

将三个特征结合起来进一步分析:由于货币的生产弹性等于零,因此,当货币需求上升时,私人企业无法增加货币供给;由于货币的替代弹性等于零,人们便具有旺盛的货币需求;由于货币具有周转灵活性且保藏费用低,能够满足人们的流动偏好,因此,人们对于资产的需求,可能绝大部分都集中于货币,货币需求旺盛。这样,一方面人们具有旺盛的货币需求,另一方面货币供给不能自动增加,货币供求发生尖锐的矛盾,市场利率便有一种趋高的倾向。而这种趋高的利率能够带来严重的经济后果:高利率阻碍投资,造成投资需求不足;高利率还减少消费,导致消费需求不足。投资需求不足和消费需求不足引起有效需求不足,从而引发生产过剩的经济危机。可见,高利率是造成有效需求不足、爆发经济危机的重要原因之一。要解决经济危机,复兴经济,就需要降低利率水平。由于货币需求不可控,货币供给具有外生性的特点,因此降低利率水平的唯一途径就是借助政府的力量增加货币供给。

凯恩斯的半通货膨胀理论进一步论证了在非充分就业的社会常态下中央银行增加货币供给不会带来十足的通货膨胀,而只会发生半通货膨胀。因为在经济还未达到充分就业点之前,由于还存在着剩余劳动力和剩余生产资源,中央银行增加货币供给量后,会使有效需求随之增加。这样,一方面可以增加就业量和产量;另一方面也会因工资和就业量的一定幅度的上升而使物价水平有所上升,但物价水平上升的幅度小于货币供给量上升的幅度。因此,政府完全可以借助于中央银行实施膨胀型的货币政策来解决生产过剩的经济危机,使经济恢复均衡。

货币失衡通过利率变量传导到经济运行,致使宏观经济失衡——这是凯恩斯货币经济理论研究的主要内容;市场机制不能自发调整经济恢复均衡,均衡的恢复需要政府经济政策的干预——这是凯恩斯货币经济理论的终结点。

凯恩斯理论对传统经济学的彻底背离在当时经济学界引起的轰动不亚于一场革命,许多经济学家开始对凯恩斯理论进行研究。其中以萨缪尔森为代表的一批经济学家认为，凯恩斯的理论和政策主张在20世纪30年代大萧条时期是正确的，但随着社会经济的发展，条件和背景变化了，在经济的正常运作中企业和公众的经济活动仍然受价格机制的支配，单纯用宏观经济理论并不能解决问题。而传统经济学（新古典学派）倡导的微观经济理论已难以适应现代的混合经济现实，因为经济主体不再由私人企业和公众两个部门组成，政府也直接参与其中，单纯用价格机制也不可能自动调节经济达到均衡。因此，应将传统经济学倡导的以价格分析为中心的微观理论与凯恩斯的以总量分析为核心的宏观经济理论结合在一起，将政府干预与市场机制结合起来共同实现经济的均衡。

在这种经济思想的指导下，以萨缪尔森为代表的这些经济学家（被称为新古典综合派）一方面发展和完善了凯恩斯的货币政策理论，提出了相机抉择的政策主张；另一方面力求将凯恩斯的理论纳入传统经济学的一般均衡理论体系，这方面的典型代表是英国经济学家希克斯和美国经济学家汉森提出的IS－LM曲线分析模型。

为了说明商品市场与货币市场的同时均衡以及利率与收入水平的决定问题，希克斯和汉森用IS－LM曲线模型进行了分析。IS曲线是商品市场均衡点的轨迹，LM曲线是货币市场均衡点的轨迹。当预计的储蓄等于预计的投资，货币需求等于货币供给时，IS、LM曲线相交于一个均衡点，在这个均衡点上，商品市场和货币市场同时实现均衡，市场经济体系处于一般均衡状态，此时的利息率是均衡的利息率，收入水平是均衡的收入水平，利息与收入都处于一种稳定的状态。除此均衡点之外的任意一点都不能达到整个经济体系的均衡，但经济体系内存在的均衡力量能在经济的变动中自动将两市场调整至均衡，因此这个模型具有稳定均衡的特点。

5.3.5 弗里德曼的货币均衡

弗里德曼货币理论的理论基础是货币数量论，货币数量论的核心观点就是货币数量的多少决定着物价水平的高低。由此推论，在不兑现的信用货币制度下，要使物价稳定，就必须限定货币供给与货币需求同步增长。沿着货币数量论的思想，弗里德曼建立起他的货币均衡理论。弗里德曼认为，由于货币收入、价格水平等变量都是货币需求和货币供给相互作用的结果，而货币供给因素又“极其决定性地依赖于货币制度”，是由货币当局决定的外生变量。因此，货币数量说首先是一个货币需求的理论，是明确货币需求由何种因素决定的理论。基于此，弗里德曼提出了其著名的货币需求函数式，并利用实证的方法证明了货币需求具有相对稳定性的特点。在这样的情况下，要使货币供给与货币需求相适应，就必须稳定货币供给。于是，弗里德曼提出“单一规则”的货币政策主张，即货币当局公开宣布并长期采用一个固定不变的货币供应增长率。弗里德曼认为，只有这样，才能稳定币值、稳定物价、稳定经济增长。

尽管不同的经济学家可能理论渊源不同，理论体系不同，具体的政策主张不同，但通过保持货币均衡实现经济均衡的思想却几乎成为20世纪西方所有经济学家殊途同归的结论，这也许就是货币经济学最终研究的目的。总之，货币均衡理论并不是一个独立的范畴，它是与货币供求相伴而生、并与经济均衡密切相关的综合概念。随着货币供求理论和经济理论的发展，货币均衡理论也在不断丰富着自身的内涵。

5.4 货币供求均衡的类型

5.4.1 自动性货币供求均衡

1. 金属货币情形下的供求自动均衡

金属货币制度明显地具有三个方面的特点，即货币的币材本身具有十足的价值，货币可自由铸造和熔化以及币材可自由地输出和输入等。金属货币制度的这三个特点本身就保证了金属货币供需的自动均衡，其原因在于：

(1)金属货币制度本身便可以保证社会经济主体对货币有多大规模的需求量，就相应地有多大规模的货币供给，所供给的货币也就是货币运行所客观需要的。这是指，通过金属货币市场本身的力量，金属货币的供给与需求就能自动地保持均衡。

(2)从动态角度来看，在金属货币制度下，货币运行中的金属货币数量完全取决于相应时期的社会对货币需求量的大小，而且随社会总需求的变化而自动地进行调整，直至达到货币供需均衡的状态。

2. 信用货币制度下的供求自动均衡

信用货币制度下，纸币由国家垄断发行、一般不能兑现，这决定了纸币制度下的货币供求自动均衡机制具有特殊性。纸币流通的情况下，当货币供求不均衡时，货币供求通过影响社会总供给和总需求的对比关系，自动性地达到均衡。

(1)当货币供给小于货币需求时，经济运行的货币需求得不到满足，致使社会的总需求减少；总需求的减少又导致商品供过于求、生产下滑，社会总供给减少；商品供给的减少，致使货币需求量减少；最终，货币供求在一种较低的社会生产水平上实现自动均衡。

(2)当货币的供给大于货币需求时，货币供求达到自动均衡的路径存在两种可能情况。第一种情况，当货币供给大于货币需求时，如果社会经济部门存在闲置的生产要素和生产潜力，则过量的货币供给会同时刺激物价的上涨和商品需求的增加，导致商品供不应求、利润增加，从而促使生产要素结合，促进生产的发展。最终，货币需求增加、货币供求恢复均衡。

第二种可能是，当货币供给大于货币需求时，如果社会没有闲置的生产要素，经济部门不存在生产潜力，这时，过量的货币供给导致社会总需求相应增加，但没有引起生产的发展和社会总供给增加，而只是引起物价的上涨和社会总供给的价格总额增加。最终，货币的实际需求并没有增加，货币的供给和需求由于物价的上涨处于一种强制的名义均衡状态。

5.4.2 干预性货币供求均衡

1. 中央银行干预货币供求的必要性

虽然货币供求在现代信用货币制度下也能够自动地从失衡恢复均衡，但是中央银行仍然有必要去干预货币供求均衡，原因在于：

(1)尽管纸币制度下的货币供需也能自动地实现均衡，但是均衡的实现常常是以价格的一定幅度上涨为代价的。虽然经济发展中的价格上涨是不可避免的，但是幅度过大的价格上涨无益于经济发展，并难为社会公众所接受。

(2)作为货币管理当局的中央银行，不仅有能力通过对货币供给量、金融市场的有效控制和管理而实现稳定价格的目标，而且能够通过操作货币政策而以较少幅度的价格上涨去实现货币供给的均衡。

2. 干预性货币供求均衡的情形

当供求失衡时，中央银行根据货币供求失衡的具体情况，选择一定的货币政策工具，通过改变货币供求的比较而恢复货币均衡，简单而言：

(1)当货币供给不足时，整个经济处于萎缩或萧条状态，资源大量闲置，企业开工不足，社会经济的发展因需求不足而受阻，自动性的货币均衡对应着一种较低的社会生产水平。这时，中央银行采取扩张性的货币政策，放松银根、增加货币供应，降低市场利率，以满足经济运行对货币的需求，刺激社会总需求的增加，从而促进生产的恢复和发展，促使货币供求在一种较高的国民收入水平和社会生产水平上重新达到均衡。

(2)当货币供给过度，货币供给量超过货币需求量，整个经济处于通货膨胀、物价上涨的边缘时，中央银行可以采取紧缩性货币政策，削减货币供应量，提高市场利率，使货币供应与货币需求回归均衡状态。

除此之外，在货币供给与货币需求发生结构性失衡的情况下，中央银行通过松紧搭配的货币政策可以调整货币供给的构成和流向，促使供求结构趋于协调。

5.5 货币供求失衡的调节

5.5.1 货币供求失衡的根源

货币失衡是指货币供应偏离货币需求的现象，即货币供应大于或小于货币的需求。货币失衡的原因可能是如下三种：

第一，随着经济的发展，商品生产和流通的规模不断扩大，但货币供应量没有及时增加，从而导致流通中货币紧缺，货币供给不足。

第二，在货币供求已经均衡的情况下，货币管理当局实施的货币政策调整滞后，没有及时改变政策方向，使得本来均衡的货币供求走向失衡状态。

第三，国际收支的影响。国际收支差额直接影响到本国的货币供给量的增减和国内商品需求、货币需求的变化。当发生国际收支顺差时，外汇流入，货币供给量增加的同时国内商品减少、货币需求量减少；当发生国际收支逆差时，货币流出，货币供给量减少的同时国内商品供给增加、货币需要量增加。

5.5.2 货币供求失衡的调节

从货币失衡到货币均衡的调整，中央银行主要有四种可选的货币供求调节方式。

(1)供给型调节，即中央银行根据客观的货币供求状况，采取措施调节货币供给的总量和结构，使货币供给量基本符合实际的货币需要量。

例如：当货币供给量大于货币需要量时，可以采取如下措施：①中央银行方面，一是在金融市场上卖出有价证券，直接回笼货币；二是提高法定存款准备金率，收缩商业银行的贷款扩张能力；三是减少基础货币供给量，包括减少给商业银行的贷款指标，收回已贷出的款项等措施。②商业银行方面，一是停止对客户发放新贷款；二是到期的贷款不再展期，坚决收回；三是提前收回部分贷款。③财政方面，一是减少对有关部门的拨款；二是增发政府债券，直接减少社会公众持有的货币量。④税收方面，一是增设税种；二是降低征税基数；三是提高税率；四是加强纳税管理。

(2)需求型调节，即中央银行在既定的货币供应量下，针对货币供求总量和结构失衡的情况，运用利率信贷等措施，调节货币需求的总量和构成，使之与既定的货币供应量相适应，以保持货币供求的均衡。由于货币需要量主要还是一个独立于银行之外的内生变量，因此，对货币需要量的调节措施更多地在银行之外推行。

例如：当货币供应量大于货币需求量时，从增加货币需要量入手，可以采取如下措施：①财政部门增拨资金，国家物资部门动用物资储备，商业部门调出商品库存，增加社会的商品供应量；②银行运用黄金储备和外汇储备，外贸部门组织进口国内急需的生产资料，扩大国内市场上的商品供应量；③国家物价管理部门提高商品价格，吸收过度的货币量。

(3)混合型调节，即指中央银行面对货币供求总量和结构失衡的状况，不是单纯地调节货币的供应量或需求量，而是双管齐下，既实施供应型调节，也运用需求型调节，以尽快达到货币供求均衡目标。

(4)逆向型调节，即指中央银行面对货币供给量大于货币需求量的失衡状况，不是采取收缩货币供应量的政策，而是采用“以毒攻毒”的办法，定向地增加货币供给，调整货币供给结构，以刺激一些产业的投资，激活闲置的生产潜能，从而拉动经济增长、增加货币需求。采取这种办法的关键点，就是增加的货币要适度，结构要合理，能在短期内促进生产的发展。这种逆向型调节方法不如供应型调节方法那么见效，短期内还会有扩大货币失衡的态势，但若控制适度，会收到事半功倍的效果。

(5)调节国际收支。以蒙代尔为代表的货币论认为，在开放经济的条件下，一国货币的供给(M_S)等于国内增发的货币(D)加上由于国际收支顺差所增发的货币(R)，即：

$$M_s = D + R$$

因此，当国内货币供给和货币需求失衡时，可以通过实施国际收支调节政策，调整国际收支顺差增发的货币 R，实现国内货币供求的均衡。例如，当货币供给大于货币需求时，可以采取调整官方汇率和进出口政策降低净出口、鼓励主权投资、支持企业海外扩张等措施，减少国际收支顺差。

[重要概念]

货币均衡　货币失衡　供应型调节　需求型调节　自动性货币供求均衡　干预性货币供求均衡

[复习与思考]

1. 什么是货币均衡?
2. 货币均衡有何意义?
3. 试分析货币失衡的原因。
4. 试述货币失衡的调节方法。
5. 你认为调节货币失衡的方法在实施时会遇到哪些抵消因素?
6. 国际资本的涌入会给货币均衡带来哪些冲击? 该如何解决?

第6章　通货膨胀与通货紧缩理论

内容提要　在宏观经济运行中，货币供求失衡和一般物价水平的波动是经常发生的现象。当货币供给大于货币需求，一般物价水平持续上升时，就会出现通货膨胀；反之，当货币供给小于货币需求，一般物价水平持续下降时，就会出现与通货膨胀相对的另一种经济现象——通货紧缩。无论通货膨胀还是通货紧缩都将给宏观经济的健康发展带来不利影响，需要宏观经济政策的调整。

6.1　通货膨胀概述

通货膨胀作为当今世界各国普遍存在的一种社会经济现象，自从出现不足值的货币以来，它就与人类社会的发展相伴而行。尤其是20世纪70年代以来，通货膨胀日益成为世界各国普遍关注的热点和焦点问题。正确把握这一现象的内在本质和科学界定其含义，有助于全面分析通货膨胀的效应，充分揭示通货膨胀的成因，为治理与消除通货膨胀、实现经济的稳定增长提供科学的决策依据。

6.1.1　通货膨胀的内涵

通货膨胀通常是指在纸币流通的条件下，流通中的货币量超过了货币的实际需要量而引起的货币贬值、一般物价水平持续上涨的经济现象。因为在纸币流通的条件下，纸币发行过多，以致"太多的货币追逐过少的商品"，必然形成单位纸币所代表的价值量下降，进而物价上涨。然而现代货币理论表明，货币供应量的扩大，不仅仅是通过纸币发行的途径，更大程度上是通过信用的扩张和派生存款的创造来实现的。这样，纸币的过量发行，只是构成货币供应量增加的一个部分，是导致物价水平上涨的部分力量和压力。现代货币主义者弗里德曼认为："通货膨胀就是物价的普遍上涨"，同时又指出："通货膨胀是一种货币现象，如果货币数量的增长速度超过能够买到的商品和劳务的增加速度，就会发生通货膨胀。"新自由主义者哈耶克认为："通货膨胀是指货币数量的过度增长，这种增长合乎规律地导致物价上涨。"这一定义的核心在于因货币供给过多，引致物价上涨。同时，现代经济学界，除了少数货币主义者外，普遍认为除了货币数量供给过多之外，还有其他多种因素导致物价水平的上涨。例如，英国剑桥学派的首领琼·罗宾逊夫人认为，通货膨胀是由于对同样的经济活动的工资报酬率的日益增长而引起的物价直线上升。但无论是从货币数量供给过多，还是从其他因素的角度定义通货膨胀都不够全面与合理。因此，越来越多的经济学家干脆只从通货膨胀的结果去下定义。例如，新古典综合派代表人物萨缪尔森认为："通货膨胀的意思是：物品和生产要素的价格普遍上升的时期。”最新版的英国《经济词典》对通货膨胀的理解是“通货膨胀是指价格总水平的持续上升,可看作货币的贬值。”此类观点认为通货膨胀就是物价总水平的上涨,货币贬值,无论什么原因造成的物价总水平的上涨都是通货膨胀。总之,经济学界对通货膨胀的定义多种多样,正如《大英百科全书》所说:“不存在一个唯一的被普遍接受的关于通货膨胀的定义。”

针对上述关于通货膨胀的多种定义形式,究竟如何全面、正确地认识它,对此,中国理论界的解释大都以马克思主义的货币理论为基础,比较一致的观点是:通货膨胀是指在纸币流通条件下,货币供给量超过流通中的货币必要量,从而引起的货币贬值,一般物价水平持续上涨的经济现象。要正确理解这一定义,关键要把握以下几点:

首先,通货膨胀是指一般物价水平的上涨,即全部商品及劳务的加权平均价格的上涨,而非个别商品或劳务价格的上涨。比如大米价格上涨被服装等其他商品价格下跌所抵消,致使一般物价水平不变,那么只能说个别商品价格上涨,而非通货膨胀。其次,通货膨胀是指在一定时期内的物价总水平的持续上涨,而不是一次性、暂时性上涨。再次,通货膨胀所指的一般物价水平的上涨是指物价总水平显著性地上涨。许多经济学家认为,价格总水平在一定限度内(比如2%以下)的上涨是无害的,只有当价格总水平上涨幅度超过一定限度时,才被称为通货膨胀。

6.1.2 通货膨胀的类型

在经济分析活动中,人们常常从不同角度根据不同的标准对通货膨胀进行划分,比较常见的分类有以下几种:

1. 根据通货膨胀表现形式的不同划分,可分为公开型通货膨胀(Open Inflation)和隐蔽型通货膨胀(Hidden Inflation)

公开型通货膨胀是指在市场力量作用下供求失衡的压力直接通过一般物价水平的持续上涨表现出来的通货膨胀形式。它通常发生于市场机制运行充分,政府较少或不对物价水平进行直接干预或控制的市场经济体制国家或地区。在这一体制下,货币供求的对比状况直接影响着物价水平的升降,当经济运行中出现通货膨胀的压力,便以一般物价水平公开上升的形式表现出来,物价水平上升的幅度可以准确地反映通货膨胀的程度。

隐蔽型通货膨胀又称抑制型通货膨胀,是指由于受到政府价格管制,通货膨胀的压力并不通过一般价格水平上涨表现出来,而是以非价格的方式表现出来的通货膨胀。在高度集中的计划经济体制下,政府对物价实行严格的计划管制,当经济体系中积累了过度的需求压力时,就可能形成隐蔽型通货膨胀。一旦形成隐蔽型通货膨胀,经济体系则会出现以下基本特征:物价水平没有明显上升,但居民的实际消费水平和企业的购买力水平却明显下降;企业和居民常常因不能及时购买到合适商品,不得不推迟或取消购买,或者实行强制性购买替代;经常出现凭票供应、排队购买的现象以及导致强制储蓄的发生;过度需求和价格管制使得商品供给者拒绝低价,出现黑市交易和价外收费,进而导致产品供求市场的寻租腐败现象。

2. 根据通货膨胀程度不同划分,通常可分为爬行的或温和的通货膨胀、严重的通货膨胀和恶性通货膨胀这种划分方法是按照一定时期内物价上涨幅度为标准，区分通货膨胀的轻重程度，而且这种划分带有相当大的主观性和模糊性。因此这三种类型的通货膨胀之间并没有严格的和明确的数量界限，但不同类型的通货膨胀对经济的影响却有着质的区别。

爬行的或温和的通货膨胀(Creeping Inflation)。通常将年通货膨胀率在10%以下的称为爬行的或温和的通货膨胀。这类通货膨胀的特点是物价上涨缓慢，相对价格不会出现过分不协调现象，而且在经济社会可忍受的范围之内。此时，人们可以预测未来价格上涨的空间，对货币比较信任。他们根据对未来价格上涨的预期，调整消费和投资结构，以获得效用和收益的最大化。

严重的通货膨胀(Hyper Inflation)。指物价水平以两位数甚至三位数的速率上涨时，即被称为严重的通货膨胀。在这种通货膨胀形势下，由于一般价格水平上涨速度快，价格信号严重扭曲，相对价格异常波动。高速的货币贬值，扭曲了人们正常的消费和投资行为。此时，人们持币需求大大下降，仅保有最低限度的货币以应付日常交易的需要。大量商品被囤积、房产投资和外币投资成为保值增值的重要手段，金融市场严重萎缩，资本外逃加剧。合约指数化现象普遍发生，市场交易的“皮鞋成本”和“菜单成本”迅速上升。如20世纪70年代和80年代，以色列、阿根廷和巴西等国均出现过两位数或三位数以上的通货膨胀。

恶性通货膨胀(Galloping Inflation)。当年通货膨胀率接近或超过三位数，甚至达到天文数字时称为恶性通货膨胀。当恶性通货膨胀发生时，物价上涨处于失控状态，货币极度贬值，人们为了尽快将货币脱手，大量抢购商品、黄金和各种外币金融资产，相对价格极不稳定。过高的通货膨胀率造成严重的经济不公平和经济行为扭曲，人们对本国货币完全失去信任，货币体系和价格体系一片混乱，随之而来的将是经济崩溃和新的货币改革。从历史来看，1923年，德国通货膨胀率曾超过1 000 000%；1984年以色列的通货膨胀率接近1 000%；1992年，巴西的通货膨胀率超过了1 100%。我国在国民党统治的1945年，批发物价指数上涨曾达到2 015%。

3. 根据通货膨胀能否被预期，可分为预期的通货膨胀和非预期的通货膨胀

预期的通货膨胀(Expected Inflation)反映了人们对未来价格、工资、成本及收益的上升会形成合理的预期。在“物价还要继续上涨”的预期下，为了避免损失，人们会事先按照预测的物价上涨率提高相应商品和劳务的价格，提高贷款利率和各种投资收益率，其结果是使得物价与工资呈现螺旋式持续上升。在这种形势下，如果政府继续奉行膨胀性政策，势必会加剧通货膨胀的程度，最终导致通货膨胀向恶性发展。而非预期的通货膨胀(Unexpected Inflation)则反映了人们无法对未来价格和收益的变化作出合理的估计，物价上涨的速度超出人们的预料，或者人们根本没有考虑到价格上涨的问题。这种非预期的通货膨胀的发生，会导致收入与财富的再分配以及宏观经济政策效果偏离预期目标。

此外，根据通货膨胀的形成原因可分为需求拉动型通货膨胀、成本推动型通货膨胀、混合型通货膨胀和结构型通货膨胀等。

6.1.3 通货膨胀的测度

通货膨胀的程度通常以通货膨胀率，即物价上涨幅度来表示，而物价上涨幅度则通

过物价指数变化反映出来。物价指数是指当期物价水平对基期物价水平的比率。通常将基期的物价指数设定为100(%),如果当期物价指数小于或等于100,说明物价水平相对于基期物价水平下跌或持平;反之,如果当期物价指数大于100,说明当期物价水平相对于基期上涨。

物价指数多以样本商品或劳务的价格为基础,用加权平均法计算。其计算公式为:

$$I_t=\frac{\sum_{t=1}^{n}P_{it}\cdot Q_{io}}{\sum_{t=1}^{n}P_{io}\cdot Q_{io}}\times 100$$

上式中,I_t 表示计算期物价指数;n 表示样本数量;t 与 o 分别表示计算期与基期;P_{io}、P_{it} 分别表示第 i 种商品的基期价格和计算期价格;Q_{io} 表示基期和计算期第 i 种商品的数量。这就是著名的拉斯派拉斯指数。需要指出的是拉斯派拉斯指数存在一定的缺点,它只考虑到样本商品价格的变化,但没有考虑其数量的变化。过分侧重于价格上涨较快的商品,淡化了价格上涨较小的商品。因而相对于价格的实际变化,分子、分母中的商品数量均为 Q_{io},所以它夸大了价格总水平的上涨,没有考虑在基期之后涌现出的新商品,但却包含了基期之后被淘汰的旧商品。另外,即使同一种商品经过一段时期的技术变化,虽然名称和形式上没有变化,但其实质却可能发生了变化。因此,不同时期的同种商品价格的可比性受到影响。虽然还有其他测度通货膨胀的方法,但没有一种方法能够算出“最佳”指数。

在确定了测度通货膨胀的方法之后,面临的问题将是选择什么样的指标来衡量通货膨胀。目前用来衡量通货膨胀程度的指标主要有三个:

1. 消费物价指数(Consumer Price Index;CPI)

这一指数又称零售物价指数,是衡量具有代表性的家庭消费的商品和劳务价格变化的指标。由于消费品直接与公众的日常生活紧密相联,而且资料搜集比较容易,公布频率较为频繁。因此,利用消费物价指数来度量通货膨胀,能够及时地反映居民日常生活成本的变化,并且能与公众的主观感受保持大概一致。所以多数国家都采用这一指标来衡量通货膨胀。不过,消费物价指数也有其缺点。首先,CPI无法分析出商品或劳务的价格上涨中,有多少是归因于产品质量提高,品质改善,有多少是属于真正的价格上涨。其次,不同收入阶层之间存在消费结构差异,而CPI不能反映出这种差异。再次,消费品只包含了部分最终产品,统计范围较窄,没有包含资本品、生产资料、公共部门的消费、进出口商品及其劳务,因而不足以全面反映整个物价水平的变动情况。

2. 批发物价指数(Wholesale Price Index;WPI)

该指数是根据大宗批发商品和原材料的加权平均批发价格编制而成的物价指数。批发物价指数所选样本不仅包括消费品,而且包括生产资料,其优点是能灵敏地反映物质生产部门生产成本的变化。但其局限性在于:第一,大宗商品多为原材料或零部件,与居民日常生活没有直接联系,而且该指数未把劳务包括进去。因此,其涵盖范围也不够全面,不能用以反映整个物价的变动情况。第二,原材料价格的变化,未必能够反映最终产品的价格变化。

3. 国民生产总值平减指数(Gross National Product Deflator;GNP)

该指数是指按当期可变价格计算的国民生产总值与按基期不变价格计算的国民生

产总值之比。

其计算公式为：

$$\text{GNP 平减指数}=\frac{\text{按现行价格计算的 GNP}}{\text{按基期价格计算的 GNP}}$$

GNP 平减指数包括了所有最终商品和劳务的价格，因而能够较全面地反映一般物价水平的变动。但编制 GNP 平减指数需要收集大量资料，既耗时又费力，一般只能一年公布一次，因而会导致经济决策时效的滞后。对此，通常将以上三个指数同时应用，并互相印证。

6.1.4 通货膨胀的效应

1. 通货膨胀效应的表现形式

(1)强制储蓄效应

强制储蓄效应指的是政府出现财政赤字，通过向中央银行透支，增发货币，引起通货膨胀后的家庭、企业和政府三大市场主体货币资金积累的重新分配过程，由于整个过程是由政府一手操控的，故用“强制”字眼加以强调。弥补赤字引发的通货膨胀把家庭、企业持有的一部分货币资金转移到发行货币的政府部门，进而政府又把这部分收入用于投资，即通常所说的通货膨胀税，政府通过增发货币引起通货膨胀而获得超额收入，以隐蔽的手段增加政府的投资，实现通货膨胀的积累效应。正常情况下，家庭、企业和政府三个部门的储蓄分别独立形成：家庭储蓄是由收入扣减消费构成，企业储蓄由净利润加折旧构成；政府部门没有本源储蓄，如果采用税收方式筹资进行生产性投资，则其储蓄是从家庭和企业两部门的储蓄中挤出的，全社会的储蓄总量并不增加。若政府向中央银行举债，从而造成货币增发，进而增加全社会储蓄总量，结果物价上涨，在公众名义收入不变的条件下，消费和储蓄依然按照原有模式和数量进行，但其实际额度均随物价的上涨而相应减少，其减少部分大体相当于政府运用通货膨胀实现强制储蓄的部分，政府积累实现。政府从通货膨胀中获得的用于投资的具体收入数量，可从以下过程导出：

前提假设：全部货币由政府创造；货币供求均衡；稳定的通货膨胀率。

推导过程：实际货币需求余额为收入和通货膨胀率的函数，则有：

$$MD=F(Y,\pi) \tag{6-1}$$

其中，MD 为人均实际货币需求余额；Y 为人均实际收入；π 为通货膨胀率。若假定货币需求为物价和人口的一阶齐次式，则公式 6－1 可表示为：

$$M=N\cdot P\cdot F(Y,\pi) \tag{6-2}$$

其中，M 为名义货币量；N 为人口；P 为物价。对公式 6－2 两边取对数并微分，则有：

$$gM=gN+\pi+Emy\cdot gy \tag{6-3}$$

其中，gM 为名义货币增长率；gN 为人口增长率；Emy 为货币需求对人均收入的弹性；gy 为人均实际收入增长率。政府增发货币，gM 则具体代表名义货币供应量增长率，则政府从货币发行中获得的收入为：

$$R=M/P\cdot(gN+\pi+Emy\cdot gy) \tag{6-4}$$

若假定实际产量不变，即 $gN=gy=0$，则有：

$$R = M/P \cdot \pi \tag{6-5}$$

公式 6—5 为通货膨胀税的一般公式，表明政府从通货膨胀中得到的收入等于实际货币需求余额和通货膨胀率的乘积。

(2)收入再分配效应

收入再分配效应是指通货膨胀发生后，人们的名义收入与实际收入间产生差距，一部分社会成员的实际收入增加，另一部分社会成员的实际收入减少，实现了收入的再分配。社会公众的收入来源一般为工资、利息、租金和利润几个部分，由于以上各个部分和物价上涨不完全同步，就产生了收入的不同变化。对于依靠工资和薪金过活的大多数社会成员，在物价持续上涨的时期，其工资通常是经历一段时间后做一定幅度的调整，从而保证工资率与物价上涨率基本持平。但工资的调整需要借助工会和相关组织的力量才能实现，更为一般的情况是工资的调整滞后于物价上涨，使得工资和薪金收入者实际收入水平降低，其原有的收入被再分配给了他人。即使工资增长的次数能够与物价上涨的次数保持同步，但其增长幅度如果低于物价上涨幅度，则只带来名义收入的上涨，实际收入却降低了。如果社会公众满足于名义收入的增加而忽视币值的变化，则产生货币幻觉。同理，以利息和租金为收入主要来源的社会成员，如债权人和房东等，也将在通货膨胀中受到损失。只要工资对物价的调整存在滞后的问题，企业的利润就会增加，故从利润中分得收入的社会成员将在收入再分配中得到好处。根据凯恩斯的消费倾向递减规律，工薪收入者的边际支出倾向相对高于利润收入者的边际支出倾向，由于通货膨胀带来物价上涨和名义收入的提高，使得前者消费支出增加快于后者，使得收入分配进一步向利润收入阶层倾斜。但随着通货膨胀程度的加深和持续，员工工资和原材料价格会逐步上升，企业利润中的相对收益会逐渐减少直至消失，因此，通货膨胀的最大受益者实际上只有政府。但需要注意的是如果通货膨胀能够为社会公众充分预期，则其收入再分配效应并不明显，以债务双方当事人为例说明之。假定某甲在年初借给某乙期限为 1 年、金额为 100 元的贷款一笔，双方协商以 5%的利率支付，则年末乙需要向甲支付 105 元，但如果年末比年初物价上涨了 10%，则甲不仅遭受了 5%的资金损失，还丧失了购买力，收入再分配效应得以实现。但如果借贷双方能够准确预期 10%的物价上涨幅度，协商以 15%的利率作为资金使用价格，则再分配无法实现。

(3)资产结构调整效应

资产结构调整效应指的是通货膨胀会改变资产总量中实物资产和金融资产的比例，从而影响经济主体的利益和长远发展。由于以现金形式存在的通货和存款是货币贬值的首当其冲受害者，故通货膨胀条件下，资产所有者更多的是选择实物资产和可保值的金融资产，而减少现金的持有，直接改变资产结构构成。但在具体操作中，难度很大也很复杂。就实物资产而言，整体具有保值的特点，但具体到个别资产，其货币价值可能高于通货膨胀率，也可能低于通货膨胀率。金融资产中，期限较长、利息较高的债券、股票和保证金等证券明显好于无息和低息的现金、存款，但其影响因素也是多方面的，如股票在通货膨胀条件下价值呈上升趋势，但决非稳妥的保值手段，仅就保值而言，最可信赖的应该还是黄金。通货膨胀结构调整效应还表现在资产持有者存量资产数额的变动，这实际上是收入再分配效应的在资产结构上的一个反应。假定某资产所有者在通货膨胀率为 0 的初期，资产结构如下：

①银行存款 10 000 元

②银行贷款 40 000 元

③股票 20 000 元(假定可以达到随物价变动的 80%)

④黄金 5 000 元(假定随物价相应变动)

资产净值为:-5 000 元

现假定出现了膨胀率为 100%的通货膨胀,不考虑利率变动,则有:

①银行存款 10 000 元

②银行贷款 40 000 元

③股票 36 000 元[20 000×(1+100%×80%)]

④黄金 10 000 元[5 000×(1+100%)]

名义资产净值为:16 000 元

而实际资产价值为:

①银行存款 5 000 元[10 000÷(1+100%)]

②银行贷款 20 000 元[40 000÷(1+100%)]

③股票 36 000 元[20 000×(1+100%×80%)]

④黄金 10 000 元[5 000×(1+100%)]

实际资产净值为:31 000 元

2. 通货膨胀对宏观经济的影响

(1)三大论断

关于通货膨胀对宏观经济的影响,长期以来一直存在三种观点:促进论、促退论和中性论。1986 年,美国经济学家伍斯和马歇尔用因果分析测试法对通货膨胀影响经济进行系统研究,选择的样本包括 19 个工业国家和 37 个发展中国家和地区,统计年限选择 30 年,结果表明在 56 个国家和地区中,仅有 2 例支持促进论,16 例支持促退论,占多数的为支持中性论的 38 例。所谓促进论,即指通货膨胀具有正的产出效应,可以促进经济增长,主要由弗兰克斯、西尔斯、巴伊尔等结构主义者提出和倡导。其理由有三:一是西方社会长期处于有效需求不足,生产要素尚未充分有效地配置,实际经济增长率低于潜在经济增长率,故政府可以通过财政赤字,选择通货膨胀政策,增加货币发行,在投资乘数作用下,刺激有效需求,推动经济增长。二是通货膨胀有利于财富向高收入阶层再分配,且高收入阶层的边际储蓄倾向更高,故会提高储蓄率,进而有利于经济增长。三是通货膨胀时滞的存在,使得物价上涨的同时工资并未发生变化,企业利润增加,进而投资增加,社会总供给增加,经济增长得以实现。促退论与促进论相反,认为通货膨胀与经济增长负相关,通货膨胀将阻碍经济增长和导致低效率。这在于:第一,通货膨胀后借款成本降低,造成资金的过度需求,迫使金融机构加强信贷配额,金融体系的效率受到影响。第二,持续的通货膨胀使得企业生产成本不断上升,预期利润下降,且企业先期的折旧准备和公积金也不断贬值,影响到企业的设备更新和技术改造,不利于生产的维继。同时,从生产领域渗漏大量的资金进入到非生产部门,导致产业结构畸形和资源配置不合理。第三,通货膨胀持续上涨使得经济体内部商品价格不断上涨并最终高于经济体外部,在国际贸易上表现为国内价格高于国际市场价格,阻碍商品出口,减少国民收入,且国内物价上涨将鼓励外国商品的进口,既增加国内进口替代品生产的市场竞争压力,又进一步加重逆差程度，对于出口依赖型国家的影响是深远的。第四，当社会公众对通货膨胀产生预期后，政府为防止升级为恶性通货膨胀，通常会采用全方位的价格管制，随之而来的必然是更加缺乏竞争力和活力的经济运行。中性论则认为通货膨胀对实际产出和经济增长的影响很小，既无正效应，也无负效应，原因在于社会公众能够预期到通货膨胀的存在，并根据上涨的物价幅度对各自经济行为进行调整，从而使得通货膨胀的作用相互抵消而趋于零。

(2)通货膨胀与经济增长

通货膨胀与经济增长的关系，促进论、促退论和中性论各执一词，从世界范围内各个国家的实证资料来看，通货膨胀与经济增长不是简单的同向或反向变化，是不是可以达到完全的不相关，还需要更长期的研究，但有一点是可以肯定的，两者的关系应该比目前认知的要复杂得多，绝非通过几个模型检验就可以盖棺定论的。下面从不同的经济增长率和通货膨胀率相伴生的事实作实证描述：

①高通货膨胀率与高经济增长率。高通胀和高经济增长是促进论描述的态势，但长期处于双高的国家几乎不存在，短期内存在该种情况的导因是有效需求不足。如果一定要找寻这样的经济体，我国在1985～1988年，1992～1996年可看作两个双高类型，前一时期通货膨胀率和经济增长率的几何平均分别为10.37%和11.29%，后一时期为13.94%和12.07%(如表6-1所示)，这也正好印证了存在有效需求不足的大前提。

表6-1 中国1985～1996年通货膨胀与经济增长对比表

时间	通货膨胀率(%)	经济增长率(%)
1985	9.3	13.5
1986	6.5	8.8
1987	7.3	11.6
1988	18.8	11.3
1989	18.0	4.1
1990	3.1	3.8
1991	3.4	9.2
1992	6.4	14.2
1993	14.7	13.5
1994	24.1	12.6
1995	17.1	10.5
1996	8.3	9.6

注：通货膨胀率为居民消费价格指数(CPI)；经济增长率为国民生产总值增长指标(GDP)。

资料来源：《中国统计年鉴1986～1997》

②高通货膨胀率与低经济增长率。高通货膨胀与低经济增长的伴生是滞胀的表现，显然是我们最不希望发生的一种宏观经济运行，但从世界范围内来看，主要的发达国家都曾经历过和正在经历该种高低型态势，如1971～1980年的情况就是如此(如表6-2所示)。而且，有研究表明，随着通货膨胀程度的加深，经济增长放缓的速率加快。当通货

膨胀上升到 20％～25％之间时，经济增长率少许下降；当通货膨胀率为 25％～30％时，经济增长率大幅下降；当通货膨胀率超过 30％，绝大多数情况下，经济增长率为负(熊贤良，2008)。这也正好印证了存在有效需求不足的大前提。

表 6-2　1971～1980 年主要资本主义国家通货膨胀与经济增长平均指标对比表

国家	通货膨胀率(％)	经济增长率(％)
美国	7.8	3.3
日本	9.0	4.7
西德	5.1	2.0
法国	9.6	2.8
英国	10.2	1.0
意大利	14.1	1.1

注：通货膨胀率为消费物价平均年增长指标；经济增长率为工业生产平均年增长指标。

资料来源：转自曹龙骐.金融学(第二版)[M].北京：高等教育出版社，2006

③低通货膨胀率与高经济增长率。低高型的通货膨胀和经济增长是宏观经济的良性反应，在经济运行的实际中也确实发生过，如东亚奇迹和美国新经济。自上个世纪 60 年代以来，东亚地区，特别是由日本、四小龙、泰国、马来西亚、印度尼西亚构成的八个经济体的经济增长明显快于世界平均水平，是东亚其他地区的 1 倍多，是南亚和拉美地区的 2 倍多，是撒哈拉以南非洲的 5 倍，而且都是在低通胀的情况下实现的。1961～1991 年，八个经济体平均通货膨胀率为 7.5％，南亚为 8.0％，撒哈拉以南非洲为 20.0％，拉美为 192.1％，所有中低收入国家平均为 61.8％(世界银行，1995)。东亚的低高型通胀与经济增长主要得益于三个方面：其一是严格控制财政赤字，减少货币的财政发行。其二是保证正的或接近正的利率，鼓励储蓄，提高资金利用率。其三是能够对外部冲击做出迅速调整，减少和规避外源性通货膨胀。美国的新经济时代开始于上个世纪最后的 10 年，出现了增长势头持续不败和通货膨胀率逐年走低的格局。GDP 增长率由 1991 年的 －0.2％跃进为 1992 年的 3.3％，通货膨胀率则从 4.2％下降为 3.0％。在整个 90 年代，1997 年实现最高经济增长为 4.5％，同年通货膨胀率为 2.3％，次年实现最低的通货膨胀率 1.6％(如表 6-3 所示)。这一段美好时光是值得回忆和研究的，尤其是在今天处于全球金融危机的低增长、高通胀的背景下。美国之所以出现了新经济，主要得益于高科技的发展，以信息化为先导的技术创新提高生产率，改善经济结构，构造出新的经济增长点。

表 6-3　美国 1990～1999 年通货膨胀与经济增长对比表

时间	通货膨胀率(％)	经济增长率(％)
1990	5.4	1.7
1991	4.2	－0.2
1992	3.0	3.3
1993	3.0	2.4

时间	通货膨胀率(%)	经济增长率(%)
1994	2.6	4.0
1995	2.8	2.7
1996	2.9	3.7
1997	2.3	4.5
1998	1.6	4.3
1999	2.3	4.0

注:通货膨胀率为消费物价指数(CPI);经济增长率为国民生产总值年增长指标(GDP)。

资料来源:转自黄达.金融学[M].北京:中国人民大学出版社,2003

(3)通货膨胀与充分就业

一般而言,物价稳定和充分就业是管理当局的两个重要宏观经济指标,但经济学理论和经济运行实践都充分告诉我们,要想在两者之间找到一个绝佳的结合点是非常不容易的,这也就是经济学家和学者们长期致力研究的通货膨胀率与失业率的关系。

①高通货膨胀率与低失业率。通货膨胀率与失业率呈反向变化关系,是经济学界和政策制定者奉行多年的金科玉律,即著名的菲利普斯曲线。菲律普斯通过对英国1861~1957年的统计资料分析发现,货币工资的变动与失业率间存在一种较为稳定的反向关系,图6-1的横轴代表失业率U,纵轴代表工资变化率w,$w=\Delta W/W$,W为工资。由于价格与工资间存在相关关系,即物价变化率与工资变化率正相关,于是后来的学者们用通货膨胀率代替工资变化率(如图6-2所示),表明通货膨胀率与失业率反向变化。两者间的函数关系为:

$$P=f(U),dp/dU<0 \qquad (6-6)$$

菲律普斯曲线给政策制定者提供了一个可供选择的菜单,一定时期内,可以通过一定程度地牺牲一个目标换取另一个目标的实现。20世纪60年代,许多国家应用该曲线制定政策,取得了很好的效果。1961年,美国的通货膨胀率为1.1%,失业率为6.5%,为了降低失业率,美政府通过扩张性货币政策,实现1965年的1.6%的通胀率和4.4%的失业率以及之后1969年的5.4%的通胀率和3.4%的失业率。

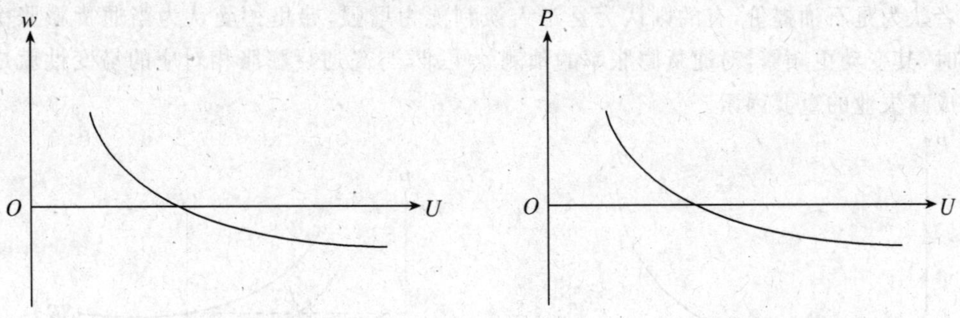

图6-1 菲利浦斯曲线　　图6-2 调整的菲利浦斯曲线

②高通货膨胀率与高失业率。20世纪70年代后出现的滞胀,使得通货膨胀率与失业率反向变化的菲律普斯曲线受到挑战,出现了高通货膨胀率与高失业率并存的状况,即菲律普斯曲线的斜率为正,成为一条斜向上方的曲线(如图6-3所示)。西方学者做了

大量研究，试图给出相对合理的解释，但到目前为止，似乎都不是非常令人满意。早在大家对菲利普斯曲线深信不疑的60年代，部分学者就开始了具有先见卓识的研究。1967年费尔普斯就对其提出质疑，之后的1968年，弗里德曼也认为该曲线有问题，并提出著名的自然工资率。弗里德曼认为，时时存在一个与实际工资率结构相适应的某种均衡失业水平，该水平是在劳动力市场总体均衡条件下，由于市场不完全，存在信息搜寻成本、劳动力流动费用等因素决定的供需变化形成的劳动力失业，它与货币无关，故称之为自然失业率。当失业率高于自然失业率时，表明劳动力供给过多，使得实际工资向下调整，劳动力需求增长，就业上升。反之，则相反。因此，任何与自然失业率的偏离都是暂时的，只有自然失业率才是长期趋势。对于实际失业率与自然失业率的偏离，弗里德曼认为是由于预期造成的，即后来所说的预期理论。当通货膨胀率的实际指标高于预期指标时，工人会对实际工资存在过高的估计，故愿意增加劳动力供给，失业率下降；相反，当实际通货膨胀率低于预期通货膨胀率，工人对实际工资估计偏低，减少劳动力供给，失业率上升，当预期通胀率恰好等于实际通胀率时，实际失业率等于自然失业率。由此我们得出：

$$P-P^e=f(U-U^e),f(0)=0 \qquad (6-7)$$

其中，P^e代表预期通货膨胀率，U^e代表自然失业率。移项处理后得到附加预期的菲律普斯曲线：

$$P=P^e+f(U-U^e),f(0)=0 \qquad (6-8)$$

该曲线表明对于任意一个给定的预期通货膨胀率，都有一条向下倾斜的菲利普斯曲线与其相对应，随着预期通货膨胀率的变动，将出现一束菲利普斯曲线，如图6-4的SR_1，SR_2等。由于该束曲线与预期相关联，故不稳定，仅短期存在，称之为短期菲利普斯曲线，长期菲利普斯曲线与通货膨胀率无关，是一条垂直于横轴的直线，如图6-4的LR。长期菲利普斯曲线有重要政策意义，其所表明的通货膨胀和失业率间没有关联，高通货膨胀不能带来低失业，只有通过加速的通货膨胀才可能将失业率控制在自然失业率以下。但现实操作中还是存在问题的，一是自然失业率的具体数值是多少难于真正确定；二是失业率回归自然失业率的时间，即所谓的"长期"难于把握，是两年、三年，抑或是五年，无法真正获得。对于20世纪70年代以后出现的高通货膨胀率与高失业率并存，有学者认为是石油提价，有的则认为是工人谈判能力增强，弗里德曼认为当通货膨胀率很高时，其变动更频繁，对通货膨胀率的预测就更难，与高通货膨胀相对应的易变性就成为造成高失业的重要因素。

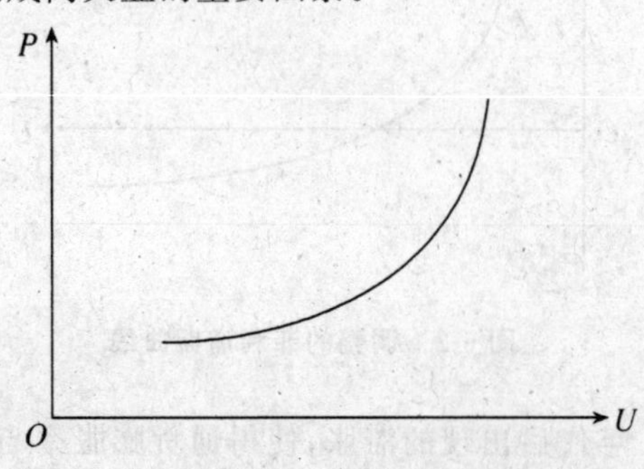

图6-3　倾斜向上的菲利浦斯曲线

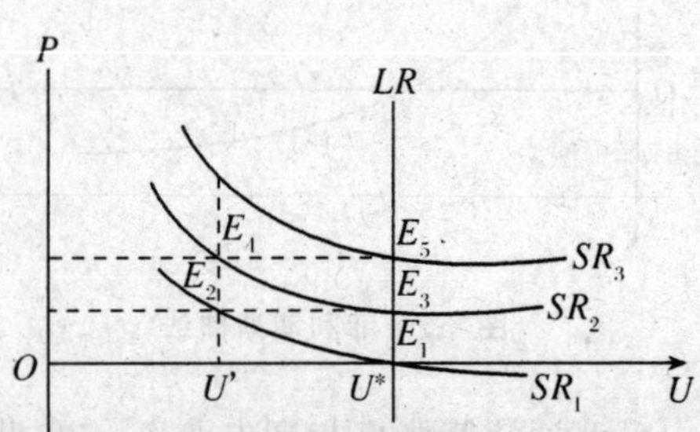

图6-4　短期与长期菲利浦斯曲线

(4)通货膨胀与效率损失

通货膨胀引起效率损失是促退论的论点,也是通货膨胀对宏观经济负面影响的主要表现,中心在于通货膨胀导致价格扭曲及出现资源无法正常和有效配置。其一,通货膨胀引起持现成本上升,公众会不遗余力地将其变换为实物资产或名义收益率上升的其他资产形式,储蓄积极性受到打击。其二,当存在部分价格管制时,资金会流向价格放开的行业,受到管制的行业将无法发展。其三,高通货膨胀下各种商品的相对价格不断变化,企业和消费者常难以做出投资和消费决策,企业常从周期长的生产转向周期短的生产,使得经济运行中的短期行为和投机行为盛行。其四,税负扭曲也是通货膨胀的经常表现,在实行累进税的国家,企业和个人将因名义收入的上升而承担更高的税率,遭受"无需立法的征税"。

6.2 通货膨胀的成因及治理

通货膨胀的成因机理比较复杂,对此各国经济学家从不同的角度出发做出了各种分析,提出了需求拉动说、成本推动说、供求混合推动说、结构型通货膨胀说等四种。

6.2.1 通货膨胀产生的原因

关于通货膨胀的成因分析是通货膨胀理论的一大重要内容。对此,经济学界从不同角度提出了各种理论解释加以阐述。

1. 需求拉动型通货膨胀(Demand-pull Inflation)

所谓需求拉动投资型通货膨胀,是指由于总需求的扩张超出了总供给的增长所引起的价格水平连续上涨的情形。需求拉动投资说产生于 20 世纪 50 年代以前,是早期的经济学家分析和解释通货膨胀的方法。这种假说的基本观点是:当对商品和服务的总需求超过了按现行价格可达到的总供给时,就会引起物价上涨,导致通货膨胀。其理论分析可用图 6-5 加以说明。

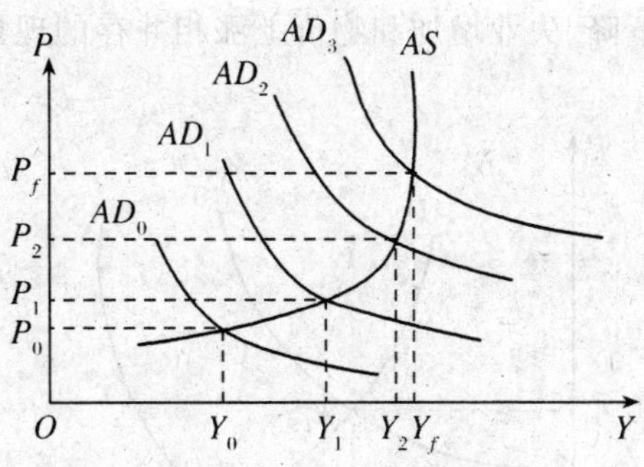

6-5 需求拉动投资型通货膨胀

图中,横轴 Y 表示总产量(国民收入),纵轴 P 表示一般价格水平。AD 为总需求曲线,AS 为总供给曲线。当产量水平较低时,经济于 AD_0 与 AS 交点(P_o,Y_o)处取得均衡,由于总供给曲线比较平坦,随着总需求的上升,产量增加较快,而价格水平上升较慢。当总需求继续增加,由 AD_l 上升到 AD_2 时,对应产量由 Y_1 增加到 Y_2,价格由 P_1 上升到 P_2。这段时期由于总供给曲线变得越来越陡峭,以致价格上涨速度快于产量增加幅度,即通常所说的严重通货膨胀。当经济接近充分就业产量时,由于可增加投入的生产要素非常有限,因此,随着总需求的进一步扩张,产量增长极其困难。当总需求进一步上升到 AD_3 时,经济达到充分就业状态,总供给曲线呈垂直状,总产量不再增长。这时总需求的增加只会引起价格水平的上涨,即所谓的恶性通货膨胀。这就是需求拉动型通货膨胀。

但是,不同学派在对总需求增加的原因分析上存在两种观点。一种是凯恩斯学派的过度需求论。该理论认为总需求由消费需求、投资需求和政府需求三者构成。其中任何一部分的增加都会引起总需求的增加。当社会生产能力已达到充分就业状态,而总需求受非价格因素的影响而膨胀时,就会拉动价格上升,从而导致通货膨胀,直至总需求与总供给在一个更高的价格水平达到均衡。该理论的缺陷在于其假定通货膨胀只能在经济达到充分就业以后才可能发生。因此,无法解释通货膨胀与高失业率并存的现象。另一种为货币学派的货币数量说,该理论认为物价的持续上涨必然是货币量过多的结果。货币量过多导致总需求大于总供给,从而引发需求拉动投资型的通货膨胀。

虽然凯恩斯学派和货币主义学派分别从不同角度解释了需求扩张,进而造成通货膨胀的成因,但无论是实际因素还是货币因素,需求拉动投资说都只强调了总需求方面,而忽略了总供给方面的变动,尤其不能正确解释通货膨胀与失业并存的现象。因此,从 20 世纪 50 年代后期起,经济学家对通货膨胀成因的分析开始转向总供给方面,并提出了通货膨胀的成因的成本推动说。

2. 成本推动型通货膨胀(Cost-push Inflation)

成本推动型通货膨胀理论是试图从总供给角度解释一般价格水平的上涨的成因的理论。成本推动型通货膨胀又称供给型通货膨胀,是指在没有过度需求的情况下,由于供给方面生产要素成本的提高所引起的一般价格水平持续显著上涨的现象。

如图 6-6 所示,假设总供给曲线 AS 与总需求曲线 AD 于 E 点达到均衡。由于生产要素价格的提高,生产成本增加,企业会在同等产量水平上要求有较高的价格,或在同等价格水平上提供较少的产量。从而总供给曲线 AS 左移至 AS_1。在总需求不变的情况下,均衡产量由 Y_0 下降到 Y_1,同时均衡价格水平从 P_0 上升到 P_1。这种由于生产要素成本的提高所引起的产量下降、失业增加和物价上涨相并存的现象是成本推动型通货膨胀的典型特征。

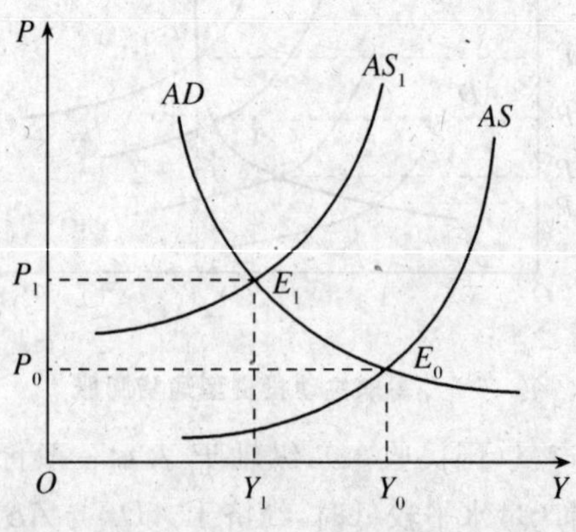

6-6 成本推动型通货膨胀

成本推动说认为,引起生产要素成本上升的原因主要来自两方面:一是劳动力成本工资的提高；二是由垄断所致的垄断利润的上涨。由此，可将成本推动型通货膨胀分为工资推动型通货膨胀和利润推动型通货膨胀。

工资推动型通货膨胀是指在不完全竞争的劳动力市场中，由于劳动力工资提高所导致的一般价格水平的上涨。该理论认为，由于强大的工会组织力量的存在，使得工资主要决定于雇主和工会之间的讨价还价，而不是完全决定于劳动力市场的供求关系。在工会的压力下，企业被迫提高工资，从而造成工资增长率超过生产率增长率，进而导致单位产品成本的上升和一般价格水平的上涨。而一般价格水平上涨后，工会又会要求提高工资，从而进一步推动新一轮物价的上涨，最终形成"工资—物价"的轮番上涨，即所谓的工资成本推动型通货膨胀。

利润推动型通货膨胀是指垄断组织或垄断企业为了获取垄断利润而提高产品价格所引起的一般价格水平的上涨。该理论强调，在不完全竞争的市场条件下，垄断组织或垄断企业利用自身对产品市场的控制能力，可以操纵价格，使得产品价格的上涨速度超过成本增长的速度，以攫取垄断利润，进而引发利润推动型通货膨胀。

此外，进口原材料价格的上升或者本国货币对外贬值、汇率下跌，导致进口原材料和其他相关产品成本的上升，也会引起成本推动型通货膨胀。

3. 供求混合型通货膨胀（Hybrid Inflation）

理论上需求拉动投资说和成本推动说可以分别从总需求和总供给的角度来解释通货膨胀的成因，但现实中，通货膨胀的形成往往是两方面因素共同作用的结果，任何单方面的需求拉动或成本推动都只是引起暂时性的物价上涨，并不能带动物价的持续上涨。因此，人们把总需求增加和总供给减少共同作用下的通货膨胀称为供求混合型通货膨胀。图 6-7 可以用来说明供求混合型通货膨胀的产生机理。

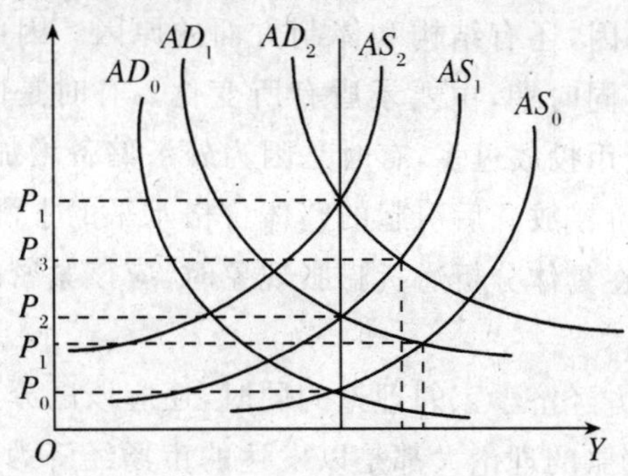

6-7 供求混合型通货膨胀

假设物价上涨首先来自于总需求的增加，即由 AD_0，上移至 AD_1 物价水平相应由 P_0 上升至 P_1。而物价水平的上涨则会引起生产成本的增加，进而导致总供给水平的下降，即总供给曲线左移，由 AS_0 左移至 AS_1，物价水平进一步上升至 P_2。政府为保持经济增长和就业增加，实行支出扩张的政策，总需求继续增加，由 AD_1 右移至 AD_2，相应地总供给也由 AS_1 左移至 AS_2，物价水平则不断上升至 P_3 和 P_4。从而形成需求冲击开始的供求混合型通货膨胀。当然，持续的通货膨胀也可能首先来自于供给方面的冲击。假如由于某种原因导致生产要素成本的增加，进而物价上涨，而总需求并不增加，那么通货膨胀不会长久。但当总供给减少时，政府为避免产出和就业的下降，而扩大需求，那么必然会引发持续的通货膨胀。

4. 结构型通货膨胀(Structure Inflation)

有些经济学家认为，即使整个经济中的总需求和总供给处于均衡状态，但由于经济结构方面因素的变动，一般物价水平也会发生变化，进而引发结构性通货膨胀。结构性通货膨胀是从经济结构、部门结构的特点分析物价水平持续上涨的机理。其产生机理大致可分为以下三种情况：一是需求结构的转移。即在总需求不变的情况下，需求结构发生了重大变化，但由于生产要素不易流动，供给缺乏弹性。于是需求增加的部门因供不应求出现产品价格和工资上涨的现象。而对供过于求的部门，如果产品价格和工资缺乏弹性，并具有只涨不跌的刚性，那么这一部门的价格并不因供过于求而下跌，反而由于攀比效应而趋于上涨，从而导致一般物价水平的持续上涨。二是外部输入的影响。一国经济部门可以分为开放性部门和非开放性部门。前者是指与世界市场联系密切的部门，后者则指受外来影响较小的部门。对开放性部门而言，其产品价格由国际市场价格所决定。因此，一旦发生外部通货膨胀，则会影响开放部门的价格变化，导致这些部门产品价格和工资的上涨。开放性部门工资上涨后，非开放性部门向其看齐，当非开放性部门的货币工资增长率超过其劳动生产率增长率时，便会引发工资推动的通货膨胀，进而导致全面性通货膨胀。三是部门差异的影响。一国经济部门中，有些部门劳动生产率增长较快，而另一些部门劳动生产率增长较慢。当发展较快的部门工资上涨后，由于工资增加的看齐效应，增长较慢的部门也将要求提高货币工资，从而货币工资增长率超过其生产增长率，进而引发工资推动的通货膨胀。

通过以上通货膨胀成因的基本理论分析，可以发现通货膨胀的出现往往是多方面原因综合作用的结果，只不过在不同时期、不同国家，起主导作用的因素是不一样的。拿我国自20世纪80年代末到90年代上半期所经历的通货膨胀来说，有需求方面的原因，也有成本(或供给)方面的原因，还有结构和体制方面的原因。因此，有人认为它是一种混合型的通货膨胀。但在不同时期，主要矛盾有所变化。有时是因为国有企业投资冲动、大量的重复建设引起的货币投放过多，有时是因为外汇储备增加过猛引起的货币投放过多，有时是因为初级产品价格放开后引起的整体价格水平的上涨等等。我们在明白了通货膨胀的基本原理之后，在具体分析通货膨胀现象时，应该紧密结合当时发生的环境(包括国际、国内环境)来分析。

除此之外，在借鉴西方经济学家的理论的同时，还应该区分不同体制下的条件差异。西方经济学家关于通货膨胀的理论大都是以发达的市场经济为研究对象的，而中国正在经历的是由计划经济向市场经济的转变，尽管经过20多年的改革开放，我们在市场化的道路上已经走了很远，取得了一系列进步，但与西方发达国家相比，差异仍然很大。

津巴布韦的“恶性”通货膨胀

自2004年开始，津巴布韦的通货膨胀率过高已被西方国家关注。2006年，津通胀率达1 042.9%，人们普遍认为，高通胀率主要是因为该国粮食短缺，食品价格上涨过快造成的。为此，政府采取各种措施以遏制高通胀率的上升趋势。

造成通胀的原因还有津巴布韦连续4年遭遇旱灾，粮食歉收。雪上加霜的是，该国自2000年起受到以英美为首的西方国家对其实行经济封锁，要求其尽快偿还外债，从而造成该国外汇、燃油和电力的严重短缺。津巴布韦政府为了扭转经济面临崩溃的局面，已经制定了一项国民经济发展优先计划，包括增加对农业发展的投入以确保粮食安全；逐步减少粮食进口以增加外汇储备等。

津巴布韦现任总统穆加贝担任津巴布韦总统已有27年，但该国目前可供军队支配的资金数额却为“零”；国内失业率约为80%；人均GDP只有130美元；经济呈现负增长，比率为-4.4%；经济窘境也导致了该国人均寿命的下降，目前，该国人均寿命只有39岁。

津巴布韦总统穆加贝拥有伦敦大学的经济学学士学位，他坚持认为可以多印刷钞票来压低价格。2007年，他又出了新招来应对通货膨胀，并签署法律成立了一个收入和低价委员会。该委员会拥有唯一的定价权，所有违背所定价格的人都将获罪，最长将被判“入狱五年”。

关于采取怎样的政策应对通胀暂时不提，但是津巴布韦总统这种政策显然行不通。在他采取“大量发行货币”应对通胀政策出台之初，便有经济学家指出该政策一经执行会导致更高的通货膨胀率。但是津巴布韦的这位“经济学”总统却认为津的高通胀是由于西方国家制裁所致。

目前，由于银行库存纸币吃紧，津各银行不得不对取款额实行“配给制”，规定每人每天只能从银行支取5亿津元。而近年来津元一路贬值，实际通货膨胀率高达100 000%，5亿津元按照黑市兑换价也只相当于十几美元。百姓不得不每天到提款机和银行排队取现。

资料来源：新浪网

6.2.2 通货膨胀的治理对策

通货膨胀是宏观经济发展中的一种非正常现象，对社会、经济、政治等各方面都会产生不良影响，如不及时治理，则会形成恶性循环。因此，反通货膨胀已成为当今世界各国的一项重大经济目标。但由于各国的经济制度不同，经济实力存在差异，不同时期的经济环境及诱发通货膨胀的原因等都不尽相同，所以要治理通货膨胀，必须结合各国通货膨胀的实践，因地制宜地采取不同的对策和措施。综观各国治理通货膨胀的历史实践，主要有以下几种对策和方法。

1. 紧缩的宏观政策

紧缩的宏观政策是各国治理通货膨胀的重要手段。按照需求拉动的通货膨胀理论，通货膨胀是由于总需求超过总供给而造成的，要消除通货膨胀就必须压缩总需求，压缩总需求的有效途径是采取紧缩的货币政策和财政政策。

(1)紧缩的货币政策。无论何种原因引起的通货膨胀，均是以货币的超经济发行为实现条件的，所以，紧缩银根是反通货膨胀的必然选择和首选政策。要控制通货膨胀，中央银行应采取紧缩性的货币政策，限制商业银行的信贷规模，达到减少货币供应量的目的。紧缩性货币政策的主要内容有：提高法定存款准备金率，以缩小货币乘数，降低商业银行创造货币的能力，进而减少货币供给量；提高再贷款和再贴现利率，以提高商业银行存贷款利率和金融市场利率水平，缩小信贷规模；在公开市场上出售有价证券，直接减少流通中的货币供应量等。

(2)紧缩的财政政策。为了治理由于总需求扩张而引起的通货膨胀，政府必须采取紧缩性的财政政策，以减轻财政赤字对货币发行的压力。紧缩性财政政策主要是通过削减财政支出和增加税收的办法来治理通货膨胀。首先，削减财政支出。财政支出是总需求的直接组成部分，因此，削减财政支出等于直接减少总需求。削减财政支出主要包括减少用于基本建设的投资性支出和用于政府日常管理活动、国防外交、社保福利等经常性支出两个方面。在财政收入一定的条件下，削减财政支出可相应地减少财政赤字，从而减少货币发行量，进而减少总需求，消除需求拉动引起的通货膨胀的隐患。其次，增加税收。由于财政支出的许多项目具有支出刚性，可调节的幅度有限，因此增加税收就成为另一种常用的紧缩性财政政策。提高所得税及其他税种税率或增开其他税种，可以减少企业和个人的收入，以此抑制消费需求和投资需求。同时，税收增加还可以减少政府的财政赤字，进而减少货币的赤字发行量，有利于缓解供求矛盾，减轻通货膨胀的压力。

紧缩的财政政策和货币政策主要强调通过控制货币供给量和总需求，进而达到抑制需求拉动通货膨胀的目的。这在 20 世纪 60 年代中期以前，对治理通货膨胀取得了显著的成效。但到了 20 世纪 60 年代末期，西方国家经济中出现了滞涨局面，即较高的通货膨胀率和较高的失业率相并存的现象，这使得根据“菲利普斯曲线”制定的宏观经济政策不再有效，于是治理通货膨胀的政策措施开始转向收入管制和增加供给等诸多方面。

2. 收入政策

收入政策是指政府为治理成本推动型通货膨胀而对货币收入水平和物价水平实行冻结或管制的政策和措施的总称。成本推动型通货膨胀主要是由于供给方面生产要素成本提高所致。因此，收入政策的内容主要包括工资管制和利润管制两个方面。

(1)工资管制。工资管制是指政府以法令或政策形式对社会各部门和企业工资的上涨采取强制性的限制措施。工资管制的措施主要有：一是规定工资和物价水平增长率的标准。如规定工资增长率与生产增长率保持一致。对于不同部门，由于劳动生产增长率与全国平均劳动生产增长率的差距引起的成本变动，允许其通过价格浮动来消除。二是实行工资—价格指导。通过各种形式的政府说服工作，使企业和工会自愿执行政府公布的“工资—价格指导线”，以此控制各部门的工资增长率。但由于工资—价格指导线不具有法律上的强制性，政府原则上只能进行规劝、建议和指导，因此其效果往往并不理想。三是实行工资—物价管制。即政府运用法律或行政手段对工资和物价水平实行强制性管制，硬性规定工资与物价的上涨幅度，或是暂时冻结工资与物价的上涨，如有违反，政府即予以处罚。这种措施对社会经济的影响较大，并容易遭到反对，通常只在通货膨胀恶化时期运用。四是以纳税为基础的收入政策，即政府以税收作为奖励和惩罚的手段来限制工资—物价的增长。如果工资和物价的增长保持在政府规定的幅度范围之内，政府就以减少个人所得税或企业所得税作为奖励，如果超出政府规定的界限，就以增加税收作为惩罚。

(2)利润管制。利润管制是指对可获得超额利润的垄断企业利润率或利润额实行限制的措施。现代大企业凭借自身对市场的垄断势力，经常人为抬高其产品价格，甚至相关产品价格，以获取垄断利润，致使总供给曲线左移，产生利润推动型通货膨胀。因此，通过对垄断企业实行利润管制，可以限制其任意抬高产品价格，从而抑制通货膨胀、稳定商品价格。利润管制的主要方法有：第一，管制利润率。由于产品价格以成本加利润为制定依据，所以政府依此对产品规定一个适当的利润率，企业只能依此定价和销售。对于销售型企业，政府规定相应商品的进销差价率。在制定管制利润率时，必须以控制企业合理成本为前提，以防止打击先进，鼓励落后的怪现象出现。第二，对超额利润征收较高所得税。这种方法可以对企业不合理利润以课税方式纳入国库，以此达到限制企业单方面抬高价格、追逐超额利润的作用。但这种方法有失公允。因为它没有将企业获得超额利润的方式区分开来。如果超额利润是企业通过提高效率、降低成本而实现的，那么对超额利润征税的做法必然会打击先进企业的积极性，从而不利于劳动生产率的提高。

3. 收入指数化政策

收入指数化政策又称指数连动政策，是指将货币工资、利息、债券的收益、租金、养老金、保险金和各种社会福利津贴等名义收入与消费物价指数相联系，使得各种名义收入随物价指数的变动而作出相应调整的方法。收入指数化措施一方面能借此剥夺政府从通货膨胀中可能获得的利益，杜绝了政府制造通货膨胀的动机；另一方面可以克服由通货膨胀所引发的收入分配不公，同时还可避免出现抢购商品、储物保值等加剧通货膨胀的行为，以维持正常的社会经济秩序。再者，收入指数化可以割断通货膨胀与实际工资、收入的互动关系，稳定或降低通货膨胀的预期，从而抑制通货膨胀率的持续上升。

瑞典学派的经济学家认为，指数化措施尤其适用于面临世界性通货膨胀的小国。因为在开放经济条件下，当世界性通货膨胀尚未得到控制时，小国很难摆脱通货膨胀的影响，而只能选择与通货膨胀共处的手段。指数化政策就是手段之一。这一政策措施在巴西、以色列、芬兰以及工业化国家被广为采用，也是 20 世纪 70 年代后，货币学派极力鼓吹的政策之一。

但是，收入指数化政策，也只是相对地减轻通货膨胀的副作用，而不能完全消除通货膨胀。因此，理论界有人对收入指数化政策提出反对意见。他们认为：一方面收入指数化政策在实施过程中存在指数选择的困难。即应该选择哪一种指数作为制定政策的依据，很难形成统一意见；另外，由于技术方面的原因，收入指数化政策可能不但不能使“非均衡性膨胀”转化为“均衡性膨胀”，反而会引起工资—物价交替上升，进一步加剧通货膨胀。

4. 供给政策

凯恩斯学派和供给学派都认为，总供给减少是导致经济滞胀的主要原因。凯恩斯学派认为总供给减少的最主要原因是影响供给的一些重要因素发生了变化，这些因素主要包括：其一，各种意外事件发生引起总供给减少，如战争、石油或重要原材料短缺、主要农作物歉收等；其二，劳动力市场条件变化，导致劳动力供给减少；其三，产品市场需求结构变化以及政府财政支出结构、税收结构、转移支付等方面的变化。这些因素的变化造成了总供给减少并引起通货膨胀。因此，凯恩斯学派提出治理经济滞胀必须从增加供给着手。其对策主要包括：政府减少失业津贴的支付、改善劳动条件、加强职业培训和职业教育、改进就业信息服务、调整财政支出结构和税收结构等，其目的是降低自然失业率，使总体经济恢复到正常状态。

供应学派则认为，政府税率偏高是总供给减少、菲利普斯曲线右移的主要原因。过高的税率降低了就业者的税后收入和工作意愿，同时也降低了企业的投资意愿，并助长了逃税行为，造成资源浪费，阻碍了社会生产力的提高和总供给的增长。因此，他们认为减税是提高劳动生产率与增加供给的最根本最有效的措施。因为降低税率可提高劳动者的工作意愿和减少休闲，增加储蓄和企业投资，提高资金的运用效率，促进经济增长和刺激就业，从而走出经济滞胀的困境。

综上所述，治理通货膨胀是一个十分复杂的问题，各种治理通货膨胀的对策都不是十全十美的，而通货膨胀的成因及其影响却是复杂的和多方面的。因此，在通货膨胀治理过程中，必须结合各国经济的实践情况，进行综合治理。尤其在我国通货膨胀的成因中，既有着大多数发展中国家所共有的“赶超战略”指导下的投资膨胀因素，也有着经济转轨时期所特有的“价格改革、机制转变”过程中的体制变革因素；既有需求拉动、成本推动因素，也有产业发展不均衡、经济结构不合理的结构性因素。这就决定了我国通货膨胀的治理手段具有多样性和复杂性，必须坚持在深化改革中走综合治理的道路，以此促进我国经济持续健康的发展。

6.3 通货紧缩概述

自从上个世纪 90 年代初期日本泡沫经济的破灭开始，到 1997 年亚洲金融危机爆发，通货紧缩已在世界许多国家成为现实。1997 年 10 月份，我国零售商品价格指数开始出现持续下降的现象，1998 年 4 月份起居民消费价格指数也开始出现持续下降的现象，在此之前，我国的生产资料价格指数，工业品出厂价格指数也已经持续下降了一段时间。针对这种现象，经济学界开始谈论有关通货紧缩的话题。

6.3.1 通货紧缩的内涵

通货紧缩通常是指一般价格水平的持续下跌。在西方经济学教科书中，通货紧缩被定义为一段时期内“价格总水平的持续下降”。而经济学辞书《新帕尔格雷夫财政金融大辞典》中对通货紧缩的定义是“通货紧缩是一种价格下降和货币升值的过程。它是和通货膨胀相对的”。另外，老牌凯恩斯主义者、诺贝尔经济学奖得主托宾在《经济学百科全书》中对通货紧缩的定义是“通货紧缩也是一种货币现象，它是每单位货币的商品价值和商品成本的上升”。虽然以上关于通货紧缩定义的表述不尽相同，但货币升值和价格总水平下降这两种不同的表述方法所表达的经济学含义却是相同的。因此，通货紧缩可以界定为“一般物价水平的持续下跌”。

关于通货紧缩的内涵，与通货膨胀一样，学术界至今没有达成一致共识。争论的实质在于判断通货紧缩的标准存在分歧。西方经济学界对通货紧缩的界定，大致分成两派：“价格派”和“货币派”。“价格派”的共同点在于用一般物价水平的下降来定义通货紧缩，其差异仅在于测定通货紧缩的物价水平下降的幅度有所不同。“货币派”虽然同意将通货紧缩定义为物价水平的持续下降。但他们认为通货紧缩不仅指物价水平的持续下降，同时还包括货币供应量的持续下降，以及与其相伴随的经济衰退。

国内学者对通货紧缩的定义可分为三种情况，即单因素论、二因素论、三因素论。单因素论认为，通货紧缩就是一般物价水平的持续下跌。这种观点与国外经济学界关于通货紧缩的主流观点比较接近。二因素论认为，通货紧缩指价格水平和货币供应量同时出现持续下跌的趋势。它强调判断经济是否出现通货紧缩，一方面，要看物价水平是否持续下降，另一方面还要看货币供应增长幅度是否持续下跌，只有二者同时出现，方才认为出现通货紧缩。三因素论认为，通货紧缩是经济衰退的货币表现。因而具有三个特征：一是物价持续下跌、货币供应量持续下降；二是有效需求不足、失业率上升；三是经济全面衰退、GDP 负增长或大幅下滑。尽管不同学派对通货紧缩的定义存在争议，但在价格总水平持续下降这一点上是一致的，分歧的根本点在于通货紧缩是否表现为货币量紧缩，以及通货紧缩是否与经济衰退相伴随。

6.3.2 通货紧缩的辨别

在现实经济中，判断某一时期是否出现通货紧缩，主流观点认为，关键应看物价水平是否下降，以及物价水平下降的幅度和时间长度。这是因为以价格总水平的持续下降定义通货紧缩比较直观，便于衡量。但是，必须指出的是并非所有的物价水平下降都是通货紧缩所致。因为对于技术进步、市场开放或生产效率提高等所引起的成本降低，进而物价水平的下降，显然不能归因于通货紧缩。还有譬如物价总水平下降是由消费心理的变化、季节性因素的影响等某些非实质性因素的变化所致，而与货币流通与实体经济的变化无关。所以这类物价水平下降也不是通货紧缩。因此，在以物价水平持续下降作为判断通货紧缩的主要依据的同时，还要借助货币供应量和经济增长率作为衡量通货紧缩的辅助指标。

1. 物价水平持续下降——通货紧缩的主要辨别指标

用物价水平的下降作为衡量通货紧缩的主要依据，存在两个问题：一是用什么物价指数来测度价格总水平；二是物价水平下降持续多长时间称为通货紧缩。首先，在指数选择上，理论上讲测度价格总水平最为全面的指标是国内生产总值平减指数（GDP deflator）。但由于有些国家只进行国内生产总值平减指数的年度统计，这就使得运用这一指标监测通货紧缩的走势缺乏及时性和连续性。因此，通常以消费物价指数（CPI）和生产者价格指数（PPI）作为通货紧缩的测度指标。其中消费物价指数更具适用性和普遍性。其次，对于物价水平持续下降的时间问题，一般认为，通货紧缩是与通货膨胀相对应的经济过程——如果说通货膨胀是普遍持续的物价上涨，而不是局部的、暂时性的物价上涨，那么通货紧缩则应该是普遍的、持续的物价下降，持续的时间应在半年以上。对于中国普遍认为应以一年为宜，原因是：第一，鉴于中国目前使用的价格指数在统计上是由跨年度的同期价格进行比较而得到的。第二，中国长期处于短缺经济状态，目前又处于转轨时期，通货膨胀的潜在压力较大。因此为了准确判定价格下降的“持续”时间，通常认为应该考察至少“一年”时间，即确定价格下降是否表现为“持续性”的时间至少要达到一年。若价格普遍下降持续了一年或以上时间，则可以判定为出现了通货紧缩。如果持续时间在一年之内，可以判定为出现了通货紧缩的“迹象”。总之，通货紧缩作为一种价格水平下降的经济现象，其价格水平的下降必须是可以觉察到的，而且还必须是持续的。

2. 货币流通量和经济增长率——通货紧缩的辅助性辨别指标

虽然物价水平持续下降是公认的通货紧缩的主要辨别指标，但物价水平指标反映通货紧缩也有其局限性，故常用货币流通量和经济增长率作为判断和衡量通货紧缩的辅助指标。首先，作为通货膨胀的对立面，通货紧缩也是一种货币现象。不管通货紧缩是人为的还是自发的，其直接的表象应该是货币流通量的减少。按照货币流通量的计算公式有：

$$\text{通货存量}=\frac{\text{商品数量}\times\text{商品价格}}{\text{货币流通速度}}$$

或

$$\text{商品价格}=\frac{\text{通货存量}\times\text{货币流通速度}}{\text{商品数量}}$$

从上述公式可看出，物价总水平下降必然表现为通货存量、货币流通速度、商品数量的相对变化。在商品数量和货币流通速度不变的条件下，物价水平的下降就会通过流通中货币量的减少反映出来，或者说流通中货币量减少会引起价格总水平的下降。但在商品数量和货币流通速度发生变化的情况下，物价总水平的下跌却有可能与货币流通量的适度增长相并存。其次，通货紧缩更是一种实体经济现象。它通常与经济衰退相伴随，表现为投资机会相对减少、投资的边际收益率下降，由此造成银行信用收缩，货币供应量增长速度下滑，消费和投资需求减少，非自愿失业增加，实际经济增长率低于趋势增长率或潜在增长率。如 20 世纪 30 年代美国经济大萧条是最典型的例子。从 1929 年 10 月 24 日股票市场崩溃开始，美国经济陷入严重的通货紧缩和衰退之中，一直延续到 1933 年，这期间消费者价格指数年均下降 67%，实际国内生产总值年均下降 8.2%，失业率连续几年超过 20%。但是，不能据此认为只有出现经济衰退才可判定为通货紧缩。通货紧缩可能是经济衰退的预兆，但不必然导致经济衰退。轻度通货紧缩出现以后，表明经济可能下滑，中度通货紧缩可能与轻度的经济下滑同时出现，如果治理得不及时、不到位，发展成严重的通货紧缩，就会出现经济衰退。

但是，通货紧缩只是经济下滑或经济衰退的前兆或者同伴，并不是原因。我们可以用经济下滑或衰退来判断通货紧缩的严重程度和危害程度，而不能用经济是否出现下滑或衰退作为判断通货紧缩是否存在的标准。因此，货币流通量和经济增长率可以作为判断和衡量通货紧缩的辅助指标。

通货紧缩困扰日本

早在 20 世纪 90 年代初经济泡沫破灭后不久，在日本经济运行与发展中就开始出现出一系列通货紧缩性征象。对此，日本政府虽也一再告诫"日本经济正面临着陷入通货紧缩恶性循环的危险"，但始终都未承认日本经济已经处于通货紧缩状态。直到 2001 年 3 月 16 日讨论 2001 年 3 月《月例经济报告》的阁僚会议上，前森喜朗政府才公开认定"现在的日本经济正处在缓慢的通货紧缩之中"。

根据日本官方观点，目前日本经济出现的通货紧缩状态在战后还是第一次。以往物价下跌大多具有局部性和短暂性的特点，而目前日本的物价下跌却具有全面性和持续性的特点。即一方面表现为几乎全部或绝大部分商品的价格都同时呈现下跌态势，如在 1999 和 2000 年，不仅综合批发物价指数分别比上年下跌了 3.3% 和 0.1%，而且综合消费者物价指数也分别比上年下跌了 0.3 个和 0.7 个百分点；另一方面还表现为物价下跌已成为日本经济运行与发展中的一种长期态势。如在 1991 年至 2000 年的 10 年间，日本综合批发物价指数有 8 年呈下跌态势。尤其是综合消费者物价指数在 1999 和 2000 年也出现了战后从未有过的连续两年下降的情况。进入 2001 年，日本物价总水平的下降趋势更加强烈，前 6 个月无论是批发物价还是消费者物价，月月都是负增长，其中消费者物价在 5 月份还创了单月下跌的最高纪录。

当前日本通货紧缩的一个突出特点：它是在日本政府长期推行扩张性财政金融政策的背景下形成的；物价总水平的持续下降与巨额财政赤字和超低利率水平等正常情况下不应同时出现的现象目前却纠缠在一起。20 世纪 90 年代初，日本政府为刺激经济回升，连续推出了力度强大、规模空前的扩张性财政货币政策。一方面，从 1992 年 8 月起连续 10 次推出以减税和增加公共事业投资为主要内容的扩张性财政政策，涉及财政收支规模达 130 万亿日元之巨。其后果是财政赤字和政府债务规模急剧扩大，财政危机空前恶化。到 1999 年度，其国债发行额已猛增至 37.5 万亿日元，比 1989 年度增加了 4.7 倍，其中赤字国债也增至 24.3 万亿日元，比 90 年代前的最高水平还高 2.4 倍；其国债依存率（国债发行收入占全部财政收入的比率）更高达 42.1%，比战后至 90 年代前的最高水平还高出 7.4 个百分点；其国债余额按2001年度预算将增至388.7亿日元，相当于1990年度的2.3倍，若加上地方政府债务，日本的公共债务余额将达666万亿日元，相当于其全年GDP的1.3倍！成为西方发达国家中财政赤字与公共债务危机最严重的国家。

另一方面，日本银行也不断推出以降低官定利率为中心的扩张性货币政策。从1991年7月起连续下调官定利率，到1995年9月第9次下调后已降至0.50%，并将这一超低利率水平一直维持了5年之久。此间日本银行还曾于1999年2月至2000年8月实行了“零利率”政策，且到2001年2月又连续两次下调官定利率，分别下调至0.35%和0.25%。与1991年7月下调前相比，日本银行的官定利率已经连续下调了5.75个百分点。这意味着目前日本的官定利率不仅处于历史上从未有过的超低水平，而且也创了连续下调幅度的历史最高纪录。

愈演愈烈的通货紧缩，已经并仍将对日本经济的运行与发展造成多层面的消极影响。一是恶化了企业经营环境，二是加剧消费需求低迷，三是加重财政赤字危机。从1997到2000年度，日本的国税收入由539 415亿日元减少为456 780亿日元，3年间减少了15.2%。在导致税收减少的因素中，除政府为刺激经济回升而主动采取的减税政策外，物价下跌导致企业利润和个人收入的减少也是其重要原因。

资料来源：新华网

6.3.3　通货紧缩的类型

为了更清楚地说明通货紧缩问题，有必要对它进行一定的分类，这对全面而准确地把握通货紧缩的性质、机理会有一些帮助，同时也能使通货紧缩治理的对策研究更有针对性。

1.按通货紧缩的严重程度分类

(1)相对通货紧缩

物价水平在零值以上，在适合一国经济发展和充分就业的物价区间以下。如果把物价水平年增长3%～9%认为是适合于一国经济发展的物价水平，那么0～3%的物价水平所对应的通货状态，就是相对通货紧缩的状态。在这种状态下，物价水平虽然还有一些正增长，但它已经低于适合一国经济发展和充分就业的物价水平，因而已经使一国经济失去了正常发展所必需的动态平衡，通货处于相对不足的状态。这种情形对经济发展会构成一定的损害，但这种损害可能是轻微的。

(2)绝对通货紧缩

物价水平在零以下，即物价负增长。这种状态说明一国通货处于绝对不足的状态，在这种状态下，极易造成一国经济衰退乃至萧条，因而又将绝对通货紧缩分为两种状态，即衰退型通货紧缩和萧条型通货紧缩。

①衰退型通货紧缩。物价水平较长时间的负增长，但负增长的幅度不大，已经或足以对一国经济造成一定的影响，使之处于衰退状态，这种绝对通货紧缩状态，就称之为衰退型通货紧缩。如我国1998年的物价增长水平为－2.6%，有经济学家认为这属于“轻度的通货紧缩”，从这个物价水平所对应的国内经济衰退状况来看，这种轻度的通货紧缩状态就是衰退型通货紧缩。

②萧条型通货紧缩。物价较长时间的负增长，负增长的幅度较大，已经或足以给一国经济造成较大的损害，使之步入萧条，这种绝对通货紧缩的状态，就称之为萧条型通货紧缩。20世纪30年代大萧条所对应的通货紧缩状态，就属于此类。

2.按通货紧缩产生机理分类

根据通货紧缩产生的机理,可分为需求不足型通货紧缩和供给过剩型通货紧缩两种。

(1)需求不足型通货紧缩

由于总需求不足,使得正常的供给显得相对过剩,由此而引发的通货紧缩称为需求不足型通货紧缩。宏观经济学中,总需求 D 由以下几个方面构成:

$$D=C+I+G+(X-M)$$

其中 C 为消费需求,I 为投资,G 为政府购买,$X-M$ 为净出口。因此,需求不足可以有多个原因引起,如消费抑制、投资抑制、国外需求抑制和政府购买抑制等。而政府购买又可分解为消费和投资。因此,需求不足型通货紧缩又可分为消费抑制型通货紧缩、投资抑制型通货紧缩、国外需求抑制型通货紧缩。

①消费抑制型通货紧缩。消费抑制,是指由于即期收入的减少和预期未来支出增多,以及对未来诸多不确定性而采取的减少即期消费的一种预防性行为。如失业增加,将使失业者失去可靠的生活来源而不得不减少即期的消费;在转轨时期,由于各种社会保障不尽完善,迫使居民抑制即期消费而为自己未来可能发生的失业、养老、医疗等一系列问题做一些预防性的准备;由于对通货紧缩的持续有一定的预期,为了在未来更便宜的时候再消费而抑制现期消费等。这种对即期消费的抑制,将使供给相对过剩,从而造成产品积压,生产能力闲置,企业开工不足,收入减少,物价下跌,进而引发通货紧缩。

②投资抑制型通货紧缩。投资是总需求的一个重要方面,在发展中国家,投资对于一国经济增长的拉动起着举足轻重的作用。如果因为种种原因,投资抑制,新建项目减少,生产资料和生活资料的需求都将减少,新增劳动力无法就业,同样会造成供给相对于需求的过剩,导致通货紧缩。

③国外需求不足型通货紧缩。国外需求主要表现在一国的出口方面。国外需求减少,出口不畅,也会减少国内的需求总量,造成出口企业开工不足,产品积压,引起通货紧缩的产生。

(2)供给过剩型通货紧缩

这往往是在开放经济的背景下,由于全球性或区域性的技术创新和进步、全球经济一体化进程加快、高投资率等原因,使得全球生产能力有了巨大的增长,造成了全球性生产能力的过剩,而生产能力过剩往往导致价格水平的走低。一旦出现普遍性生产能力过剩,产品供过于求的矛盾就会十分突出,并最终通过物价下跌来加以调整,通货紧缩会随之产生。如 20 世纪 80 年代后期,日本处于古典投资膨胀时期,由于日本生产能力的过度膨胀导致产品供过于求,通货膨胀率走低,加上较低的融资成本,不动产市场价格出现泡沫。然而,当日本银行提高利率时,这些泡沫开始破裂,随后产生了通货紧缩的压力。

而对于转型期国家来说,转型初期的通货膨胀和国有经济的软预算结束,容易导致盲目投资,重复建设,特别是传统产业过分扩张,形成大量过剩生产能力。人们在尽可能多地消费这些物质产品的同时,又悄悄地向更高的消费层次迈进,导致这些产品陷入供过于求的局面,进而引发全面物价下跌和通货紧缩的发生。

6.3.4 通货紧缩的危害

从世界各国发生通货紧缩的实践来看,通货紧缩与通货膨胀一样,都会对经济发展产生严重影响。当通货紧缩形势恶化时，甚至会给整个社会经济带来严重危害。

1. 通货紧缩会抑制总需求，进而阻碍生产的发展

在社会再生产的过程中，生产从总体和基础上决定着总需求，但是总需求并不是被动和消极地受制于生产，它会对生产发生强烈的反作用，既可以阻滞生产发展，也可以有效地促进生产发展。在通货紧缩期间，由于有效需求增长不足，造成市场疲软，从而抑制生产的正常发展，最终会导致生产停滞和资源浪费。而通货紧缩对总需求的抑制作用主要体现在两方面：一是引起消费需求萎缩。因为物价下跌对消费需求有两种相反的效应：一是价格效应，二是收入效应。通货紧缩引起价格下跌使消费者可以以更低的价格得到一定数量和质量的商品，这一点符合消费者力求使其支出最小化的要求，这是通货紧缩对消费者产生的价格效应；另一方面，通货紧缩还会对消费者产生收入效应。在通货紧缩情况下，就业预期和工资收入因经济增幅下降而趋于下降，收入的减少倾向使消费者缩减消费。而且，在预期将来价格还会下跌的情况下，消费者将会推迟消费。因此，在通货紧缩情况下，价格效应使消费者倾向于增加消费，收入效应使消费者缩减支出。但总的来看，通货紧缩对消费意愿的影响是消极的，即通货紧缩使社会消费总量趋于下降。二是使投资需求下降。通货紧缩期间，一般物价水平的下降相对提高了实际利率，从而使得企业投资的综合成本上升，在投资预期收益率一定的情况下，企业会减少投资。另外，在通货紧缩条件下，产品市场供过于求的矛盾比较突出。据此，理性的投资者预期价格会进一步下降，从而投资项目的预期收益率与资金成本率之间的差额缩小，公司的预期利润将下降。因而投资者不仅会推迟新的投资项目实施，而且会努力缩减产量，以减少投资项目亏损。最终会导致投资需求增长乏力，社会总投资支出趋于减少。这样，消费需求和投资需求的两相下降导致了总需求增长不足，使生产缺乏应有的需求拉动力而发展缓慢以至停滞，进而带来市场的萧条和产品滞销的恶果，最终造成社会资源的严重闲置与浪费。

2. 通货紧缩会恶化债权债务关系，进而容易导致信用体系的紊乱

通货紧缩期间，一方面，由于价格水平下降了，单位货币的购买力相对提高。因此，债务人和投资者的实际债务会因货币升值而增加。另一方面，如果债务人借款的目的是为了投资和经营，在目前和未来商品价格水平普遍下降的趋势下，经济前景又不景气，预期的投资收益率也就会相应地受到负面影响。从而债务人的偿债能力相对下降。因而，总体来看，通货紧缩使得债务人的偿债负担加重，偿债能力减弱。债务人的偿债困难，反过来又会影响债权人的财务状况，进而引发新的债务问题。这不仅会引发企业破产和债务的相互拖欠，而且其影响还会逐步扩大到整个国民经济活动之中。因为现代经济是以信用经济为主体，经济活动主体之间的联系十分紧密。这样，局部债务链条的断裂，可能会造成整个信用体系的紊乱，进而波及整个国民经济活动，甚至导致信用系统的崩溃。典型的例子就是 1990 年经济泡沫破裂以后的日本经济，以及 1997 年亚洲金融危机出现后的东盟国家经济状况。这些国家的经济、金融危机引发了全球性的金融危机，诱发了世界经济增长速度的下滑。因此，通货紧缩不仅会扭曲债权债务关系，恶化企业的财务状况和微观经济环境，同时，当其发展严重时还会危及整个社会信用体系的稳定，使宏观经济运行陷入困境。

3. 通货紧缩会导致社会就业减少，失业率提高

在通货紧缩的条件下，由于市场疲软、产品销售不畅及资金短缺的影响，企业难以进行正常的生产经营活动，甚至会发生严重的开工不足。特别是通货紧缩造成了某些企业生产不景气和生产规模收缩，造成了新建企业的减少和投资规模缩减，从而影响就业的正常增加，使就业压力增大，最终还会影响居民收入的正常增加。收入降低必然导致居民消费水平明显降低，而失业增加又会引起全体国民的整体收入水平下降，导致消费需求降低，进而企业生产缩减，失业进一步增加。这样一来，经济就陷入了所谓的“通货紧缩螺旋”之中，难以恢复。同时，从宏观经济角度来看，失业率大幅度提高还会给整个社会的稳定和发展带来巨大的潜在威胁。

4. 通货紧缩会造成宏观调控手段失效，加大了经济发展的不确定性

众所周知，财政政策与货币政策是政府干预与管理宏观经济的两大主要工具。在通货紧缩情况下，虽然名义利率可能已经很低，但由于对通货紧缩的预期加剧而使实际利率依旧保持在较高的水平上。这就可能出现由通货紧缩引发的“流动性陷阱”，不仅使货币政策面临失效，而且也会使旨在带动私人投资增长的财政扩张政策在实际利率预期提高的情况下面临不乐观前景，如果这种情形持续过久，经济体系中累积的一些矛盾，如银行体系积累的大量不良资产问题、社会失业问题等就可能因此而爆发，进而引起社会的不安和动荡。日本20世纪80年代末90年代初经济陷入萧条以后，尽管利率不断下降，直至“零利率”货币政策的启用，但依旧无济于事，政府只能借助于财政手段来推动经济复苏，但其实际效果并不明显。这种宏观经济政策的失效，会加剧经济未来走势的不确定性，并打击社会公众对经济恢复的信心，进而使紧缩经济进一步陷入恶性循环之中。

6.4 通货紧缩的成因及治理

通货紧缩是宏观经济运行的综合反映，它的出现既有特定的经济环境，也有与之相联系的经济政策。其形成原因大致可归纳为：宏观经济的决策失误、微观经济的供求失衡以及外部因素的冲击等几方面。

6.4.1 通货紧缩的形成原因

1. 货币政策因素

通货紧缩不一定由货币政策所引起，但是，过度紧缩的货币政策可能会导致通货紧缩。如果货币政策操作失误，造成货币供应量不能满足货币需求量，必然会导致物价水平下降，进而导致通货紧缩。如在20世纪30年代大危机时期，美联储在应该采取扩张性货币政策的时候，却采用了紧缩性的货币政策，结果造成货币供给量的大幅度下降，信贷总量急剧萎缩，以致1929年到1933年间，美国的一般物价水平下降了22.58%。通过美国20世纪30年代出现的通货紧缩不难看出，由于货币供应的大幅下降，使生产和消费支出大幅减少。尤其是当生产支出剧烈下降时，居民实际收入和预期收入也随之下降。而债务的实际利率则相对上升，使得债务负担加重，信贷需求萎缩，进而社会总需求大幅下降。与之相伴随的是大量货币从商品“出逃”，引起商品价格大幅下降。因此，货

币政策失误可能会导致通货紧缩。

2. 有效需求不足

过度需求会造成需求拉动型的通货膨胀，反过来，有效需求不足则会造成通货紧缩。对于一个开放的经济来说，社会总需求包括四部分：消费需求、投资需求、政府支出、出口需求。四种需求的大幅度减少都有可能形成通货紧缩。

(1)消费需求不足。在收入水平不变的情况下消费需求的减少有两方面的因素：一是虽然存在消费需求，但由于生产结构与消费结构不吻合，造成消费供求的结构性失衡，致使部分需求得不到满足；二是预期因素影响造成消费需求不足。居民的收入可以分为两部分：消费和储蓄，二者是此消彼长的关系。在收入水平一定的情况下，居民对收入增长和未来经济形势的预期看淡，会导致边际消费倾向下降和边际储蓄倾向上升。这样，消费者通常会推迟消费，使得即期消费支出减少，远期消费支出增加。一旦消费需求出现下降时，消费品的价格会大幅下降，并促使一般价格的下降。

(2)投资需求不足。决定投资变动的有两个因素：利率和边际资本收益率。实际利率上升和预期边际资本收益率下降都可能造成投资需求不足。在当期边际资本收益率较低时，企业对未来的边际资本收益率的预期也会较低，因而投资的动力不足，造成投资需求不足。在这种情况下，各种投资品的价格会下降，进而影响到消费品，当物价水平整体下降后，即使名义利率不变，实际利率也会因为物价水平的下降而上升，进一步抑制投资需求。

(3)政府支出减少。随着国家干预经济的重要性日益加强，政府部门参与经济活动不仅可以保证国家安全，而且可以带动私人部门经济活动。例如，政府部门扩大公共设施建设时，不仅可以为私人部门提供直接参与公共工程建设的机会，带动私人部门经济发展，而且不断改进的公共基础设施，为私人部门进行经营活动提供良好的外部条件。政府部门的经营活动往往与政府支出计划密切相关，当政府增加公共支出，提高社会福利水平，将直接地增加社会需求，这有利于刺激相关市场的发展，物价可能趋于上升。反之，当政府实施缩减支出计划，不仅直接地降低社会需求，而且通过减少对私人部门的转移支付，进一步降低社会需求，导致相关市场供过于求，进而出现物价的持续下跌。

(4)出口减少。对于外贸依存度比较高的国家来说，出口减少将直接造成对本国产品需求的减少，使本国的生产出现供过于求的矛盾，进而造成某些出口产品价格的下降，其影响一步扩散，就有可能导致一般物价水平的下降。

3. 生产能力过剩

生产能力过剩导致通货紧缩大多数时候是由厂商决策所产生的。如果厂商的市场开发策略雷同，就会导致重复投资，必定会大幅增强市场供给的力量，最终导致产品市场价格下跌。生产能力过剩有两种表现形式：一是绝对过剩；二是相对过剩。前者是指与主观愿望上的社会需求相比，已有生产能力显得过大了，这种情况并不常发生。绝对生产能力过剩的一个例子是 20 世纪 90 年代早期中国乳胶手套的生产，由于乳胶手套的生产设备简单，投资成本低，在刚开始出现时生产的利润率也比较高，于是中国的乡镇企业大规模上马该项目，很快使中国乳胶手套的年生产能力达到 150 亿双，但事实上即使免费提供，当时一年的消费需求还不到 50 亿双。在大多数情况下，生产能力过剩是相对的，即相对于有购买力的需求来说，生产能力显得过大。无论是绝对过剩，还是相对过剩,其结果必然是产品市场出现供过于求。只要这个市场是竞争性的市场,产品的价格就会下降。当一个经济中的大多数产业部门都出现了生产能力过剩时,在竞争条件下,一般物价水平的下降是不可避免的。

4. 外部经济环境的影响

本币汇率高估和其他外部因素的影响会形成外部冲击性的通货紧缩压力。一方面,一国实行盯住外币的汇率制度时,如果本币汇率高估,将会减少出口,扩大进口,加剧国内企业经营困难,促使消费需求趋减,导致物价持续下跌;另一方面随着全球性生产能力过剩矛盾的激化,造成大量制造业产品以非常低的价格流入国际市场,致使一国从国际市场进口产品成本下降,进口增加,国内市场同类产品需求下降,进而导致国内市场价格下降,出现外部冲击型的通货紧缩。如 1997 年 7 月爆发的亚洲金融危机,对全球经济产生了巨大的消极影响,也成为引发中国通货紧缩的导火索。而全球性生产能力过剩则是爆发亚洲金融危机的深层次根源。另外,国际市场的动荡也会引起国际收支逆差或资本外流,形成外部冲击性的通货紧缩压力。

如同通货膨胀一样,通货紧缩的成因是比较复杂和多样的,单一原因造成通货紧缩的可能性不大。在现实经济中,不同国家在不同时期的通货紧缩都有其具体的产生原因。而通货紧缩出现,往往是多方面因素共同作用的结果。

6.4.2 通货紧缩的治理对策

通货紧缩是与通货膨胀相对立的一种经济现象,它同样是社会总供求严重不平衡的结果。究其成因,可能是由“需求”方面的原因引起,也可能是“供给”方面的因素主导而成,还可能来自于外部因素的影响。其成因的多样性决定了通货紧缩治理手段的多样性。综观历史上各国治理通货紧缩的经验,大致有以下几种措施:

1. 扩张性的货币政策

通货紧缩本质上是一种货币现象,因此货币政策是治理通货紧缩的重要手段之一。通货紧缩的成因之一是流通中的货币不足。采用宽松的货币政策,可以增加流通中的货币量刺激总需求。传统的货币政策工具包括准备金率、再贴现率和公开市场业务。扩张的货币政策可以选择降低准备金率和再贴现率以及中央银行在公开市场上购入政府债券等。利率或信贷规模受控制的国家,可以通过直接降低利率或扩大信贷规模的方式来进行调节。实行扩张的货币政策的目的在于增加货币流通量。但是,货币供给量和货币乘数都是受到包括商业银行、存款者、贷款者、中央银行在内的多个行为主体的影响的变量,而不是由中央银行单独决定的简单的外生政策变量。甚至基础货币在一定条件下也不是中央银行所能控制的,更何况中央银行对扩张性货币政策和紧缩性货币政策的控制能力本来就不对称。中央银行的货币政策工具在实行紧缩性货币政策时较为有效,在推行扩张性货币政策时,具有一定的时滞性和被调控手段,但在对付较严重通货紧缩时也会被采用。例如:罗斯福在治理美国 1929～1933 年通货紧缩时就采用了减税的措施。基于当时贫富差距过大造成有效需求不足的观点,罗斯福的新税法降低了低收入者的税率,提高了高收入者的税率。财政支出是总需求的组成部分,通过增加财政投资可以直接增加总需求,并通过投资的乘数效应带动全社会的投资和消费,从而达到刺激经济增长的目的。运用财政支出手段所面临的首要问题是资金来源问题。特别对于发展中国家,财政收入本来就有限,如果同时又采用了减税的政策,则更是捉襟见肘。解决此问题的方法有二:一是财政向中央银行借款或直接透支;二是发行国债。一般认为财政向中央银行借款应以短期为宜,借款目的应是解决临时性或季节性资金短缺。至于透支,则通常不被允许。否则,将直接威胁中央银行的独立性,不利于币值的稳定和经济的稳定持续发展。所以,普遍采用的做法是发行国债。当然,国债的发行也应有一定的限度。运用增加财政支出的手段还应警惕"挤出效应"。如果政府开支的增加并不伴随货币供应量的增长,那么,在支出增加和货币存量不变的情况下,必然导致利率的上升,由此引起私人投资和消费的缩减。因此,在对付通货紧缩时,通常都会将财政政策工具和货币政策工具配合使用。

2. 调整生产结构

反紧缩的宏观经济政策在短期内对经济状况的调整能起到一定作用,但单纯的总量政策和需求管理政策却可能会恶化宏观经济的长期均衡发展。因此,为了有效治理通货紧缩,在实施宏观政策的同时,更要重视微观结构的调整,政策措施必须有利于劳动生产率的提高和供给结构的改善。对于因生产能力过剩等长期因素造成的通货紧缩,短期性的需求管理政策难以从根本上解决问题。这就必须进行生产结构的调整,通过调整投资结构和优化存量结构,支持新兴产业的发展和限制过剩部门的生产,以此推进产业结构的升级,培育新的经济增长点,同时形成新的消费热点。在 20 世纪 90 年代全球性生产过剩的条件下,美国之所以能够实现战后最长的经济增长周期,保持持续繁荣,与其产业结构方面的调整是分不开的。政府通过大力推进结构调整政策,使美国走上了以高新技术产业占主导地位的新经济发展之路。新的投资机会层出不穷,新的消费热点不断出现,有效地克服了其因国防开支下降和全球生产能力过剩带来的一般物价水平下降的压力。这进一步说明要扭转通货紧缩的不良局面,除了加强宏观总量的外部平衡外,还必须坚持微观结构的内部协调,以实现经济长期增长和均衡发展。

3. 改革汇率制度

对于因汇率制度僵化和其他外部因素变动所形成的外部冲击性通货紧缩,就需要对汇率制度进行改革,采取灵活的汇率制度,以缓解外部输入的通货紧缩压力。实行灵活的汇率制度之后,经济政策可以变被动为主动,从而宏观经济政策决策部门可根据国内经济发展需要及时调整汇率水平,提高经济对外竞争力。在面临通货紧缩的外部压力下,通过固定汇率制度的改革,实行本国货币的对外贬值,不仅能抵御国际市场价格下跌的压力,使国内价格上升。与通货膨胀一样,公众对通货紧缩发展前景的预期在很大程度上影响着政府各项反通货紧缩政策的效果。通货紧缩初期,投资者预期价格进一步下降,价格下跌的压力较大。此时,经济活动中投资意愿微弱,投资需求出现大幅下降,消费者预期收入下降,并相应减少消费支出,出现持币待购的倾向。对此,政府有必要通过各种宣传手段,说服公众相信政府各项反通货紧缩政策的正确性和有效性,鼓励公众对未来经济发展趋势的信心,以调整人们对未来的预期行为,进而引导消费需求和投资需求的上升,为经济走出通货紧缩的阴影提供信心支持。如 1998 年,日本政府在面临物价持续下跌的情况下,政府宣布准备拿出近 60 万亿日元的巨资,用来实施"综合经济对策"和"经济振兴计划",这在一定程度上恢复了人们的信心,并促进了公共投资的增长和股市强有力的反弹。与此同时，日本国会通过了《金融再生法》和《金融早期健全法》，宣布政府准备拿出60万亿日元巨资，用以处理不良债权，从而对稳定当时国内外对日本金融业的信心，扭转经济进一步下滑的趋势，起到了至关重要的作用。因此，通过大力宣传防范通货紧缩的政策措施，改变投资者和消费者对未来经济消极的预期心理，促使公众对经济活动的预期趋于上升，从而有助于抑制通货紧缩的进一步恶化。

[重要概念]

通货膨胀　公开型通货膨胀　隐蔽型通货膨胀　需求拉动投资型通货膨胀　国民生产总值平减指数　强制储蓄　消费物价指数　成本推动型通货膨胀　混合型通货膨胀　结构型通货膨胀　收入指数化政策通货紧缩　相对通货紧缩　绝对通货紧缩

[复习与思考]

1. 什么是通货膨胀？它通常是用什么来衡量的？
2. 通货膨胀有哪些类型？
3. 请解释通货膨胀的经济社会效应。
4. 简述通货膨胀的成因。
5. 试述治理通货膨胀的主要对策。
6. 简述通货紧缩的辨别指标。
7. 试述通货紧缩的成因及其治理对策。

第 7 章　货币政策理论

内容提要　为了熨平经济的周期性波动，中央银行经常会采取一些货币政策措施。货币政策在政府对宏观经济进行间接调控中占有重要地位，货币政策理论在宏观经济中也处于核心地位。中央银行利用哪些政策工具来增加或减少货币供应量，从而调节利率、引导投资和消费？央行制定和实施货币政策要到达什么样的目标呢？为了达到这些目标央行又会采取什么措施？采取了这些措施后又能达到什么样的效果？这些就是本章要分析的内容。

7.1　货币政策的含义及目标

7.1.1　货币政策的基本内涵

货币政策(Monetary Policy)的定义，有广义、狭义之别。

狭义货币政策：指中央银行为实现既定的经济目标（稳定物价、促进经济增长、实现充分就业和平衡国际收支）运用各种工具调节货币供给和利率，进而影响宏观经济的方针和措施的总和。

广义货币政策：指政府、中央银行和其他有关部门所有有关货币方面的规定和采取的影响金融变量的一切措施，如金融体制改革等。

两者的不同主要在于后者的政策制定者包括政府及其他有关部门，他们往往影响金融体制中的外生变量，改变游戏规则，如硬性限制信贷规模、信贷方向、开放和开发金融市场。前者则是中央银行在稳定的体制中利用贴现率，准备金率，公开市场业务达到改变利率和货币供给量的目标。

货币政策的基本内容包括：(1)政策目标；(2)实现目标所运用的政策工具；(3)预期达到的政策效果。从确定目标，运用工具，到实现预期的政策效果，这中间还存在着一些作用环节，其中主要有中介指标和政策传导机制等。

货币政策分为扩张性的和紧缩性的两种。扩张性的货币政策是通过提高货币供应增长速度来刺激总需求，在这种政策下，取得信贷更为容易，利息率会降低。因此，当总需求与经济的生产能力相比很低时，使用扩张性的货币政策最合适。紧缩性的货币政策是通过削减货币供应的增长率来降低总需求水平，在这种政策下，取得信贷较为困难，利息率也随之提高。因此，在通货膨胀较严重时，采用紧缩性的货币政策较合适。货币政策是涉及经济全局的宏观政策，与财政政策、投资政策、分配政策和外资政策等关系十分密切，必须实施综合配套措施才能保持币值稳定。

7.1.2 货币政策的最终目标

货币政策的最终目标是指货币政策在一段较长的时期内所要达到的目标，目标相对固定，基本上与一个国家的宏观经济目标相一致，因此最终目标也称作货币政策的战略目标或长期目标。

1. 最终目标的内容

概括地讲，各国货币当局货币政策所追求的最终目标主要有四个：稳定物价、充分就业、经济增长及国际收支平衡。

(1)稳定物价。稳定物价通常是指设法促使一般物价水平在短期内不发生显著的波动，以维持国内币值的稳定。鉴于通货膨胀对资源配置效率、财富分配及稳定的预期等方面的负面影响，各国一般都把反通货膨胀、稳定物价作为一项基本的宏观经济政策。在现代信用货币流通条件下，物价波动总体上呈上升趋势，因此，中央银行货币政策的首要目标就是稳定物价，将一般物价水平控制在一定的范围之内，以防止通货膨胀。尽管在物价波动的容许幅度上不同的经济理论相互之间还存在着争议，但从各国货币政策的实际操作来看，中央银行大都比较保守，一般要求物价上涨率必须控制在2%～3%以内。

(2)充分就业。较高的失业率不但造成社会经济资源的极大浪费，而且很容易导致社会和政治危机，因此各国政府一般都将充分就业作为优先考虑的政策目标。所谓充分就业即指劳动市场的均衡状态。劳动市场处于均衡状态时的失业率即称自然失业率。当失业率等于自然失业率时即称实现了充分就业，但长期以来人们在对自然失业率的衡量及估计上存在着分歧。从理论上讲，自然失业率应等于事实上的工资膨胀率和预期工资膨胀率相等时的失业率，但是预期工资膨胀率无从测定，因此人们通常用平均失业率来估计自然失业率。从各国实际的执行情况看，对自然失业率的标准也是灵活掌握的，如1971年美国国会联合经济委员会在《联合经济报告》中提出美国长远的合理目标应当是使失业率不超过3%，1978年《美国就业法案》又规定失业率不超过4%即为充分就业。

(3)经济增长。关于经济增长，经济学界目前基本有两种理解。一种观点认为，经济增长就是指国民生产总值的增加，即一国在一定时期内所生产的商品和劳务总量的增加，或者是人均国民生产总值的增加。另一种观点认为，经济增长是指一国生产商品和劳务能力的增长。同前一种观点相比，后一种观点更强调增长的动态效果。

世界各国由于发展阶段及发展条件的不同，在增长率的选择上往往存在差异。大多数发展中国家较发达国家更偏好于高的增长率，对本国的货币政策也会有相应的要求。但长期以来人们对货币政策能在多大程度上影响增长，一直存有激烈的争论。目前较为被多数人所承认的看法是，中央银行的货币政策只能以其所能控制的货币政策工具，通过创造和维持一个适宜于经济增长的货币金融环境，促进经济增长。

(4)国际收支平衡。国际收支平衡是指一国对其他国家的全部货币收入和货币支出持平、略有顺差或略有逆差。国际收支平衡又可分为静态平衡和动态平衡。其中静态平衡是指以一年周期内的国际收支数额持平为目标的平衡，只要年末的国际收支数额相等，就称之为平衡；动态平衡则是指以一定时期（如3年、5年）的国际收支数额持平为目标的平衡。目前在国际收支管理中，动态平衡正受到越来越多的重视。由于国际收支状况与国内市场的货币供应量有着密切的关系，所以对于开放条件下的宏观经济而言，一国货币政策的独立有效性正面临越来越严峻的挑战。

2. 最终目标相互之间的关系

上述四项目标几乎具有同等重要的社会福利含义，但在实际的政策操作中，由于它们并非都协调一致，相互间往往存在矛盾，政策目标的选择只能是有所侧重而无法兼顾。具体而言，除经济增长和充分就业之间存在正相关关系，具有较多的一致性之外，各个目标相互之间都有矛盾。

(1)稳定物价与充分就业

事实证明，稳定物价与充分就业两个目标之间经常发生冲突。若要降低失业率，增加就业人数，就必须增加货币工资。若货币工资增加过少，对充分就业目标就无明显促进作用；若货币工资增加过多，致使其上涨率超过劳动生产率的增长，这种成本推进型通货膨胀，必然造成物价与就业两项目标的冲突。如西方国家在 20 世纪 70 年代以前推行的扩张政策，不仅无助于实现充分就业和刺激经济增长，反而造成"滞胀"局面。

物价稳定与充分就业之间的矛盾关系可用菲利浦斯曲线来说明。1958 年，英国经济学家菲利浦斯(A. W. Phillips)根据英国 1861～1957 年失业率和货币工资变动率的经验统计资料，勾画出一条用以表示失业率和货币工资变动率之间交替关系的曲线。这条曲线表明，当失业率较低时，货币工资增长率较高；反之，当失业率较高时，货币工资增长率较低。由于货币工资增长与通货膨胀之间的联系，这条曲线又被西方经济学家用来表示失业率与通货膨胀率此消彼长、相互交替的关系。

这条曲线表明，失业率与物价变动率之间存在着一种非此即彼的相互替换关系。从图 7-1 可以看出，如果一个社会(或政府)倾向于高就业，比如将失业率控制在 4%，为此必然要增加货币供给量，降低税率，扩大政府支出，以刺激社会总需求的增加。总需求的增加在一定程度上又将引起一般物价水平的上涨，比如上涨率为 7%，组合的结果即图 7-1 中的 A 点。相反，如果一个社会(或政府)更偏好于物价稳定，比如 5% 的物价上涨率，为此必然要缩减货币供应量，提高税率。削减政府支出，以抑制社会总需求的增加；社会总需求的压缩，又必然导致失业率的升高，比如升至 10% 的水平。组合的结果即图 7-1 中的 B 点。

因此对决策者而言，可能的选择只有三种：(1)失业率较高的物价稳定，如图 7-1 中的 A 点；(2)通货膨胀率较高的充分就业，如图 7-1 中的 B 点；(3)在物价上涨率和失业率的两极之间进行组合，即所谓的相机组合，如图中 A、B 之间的区域。

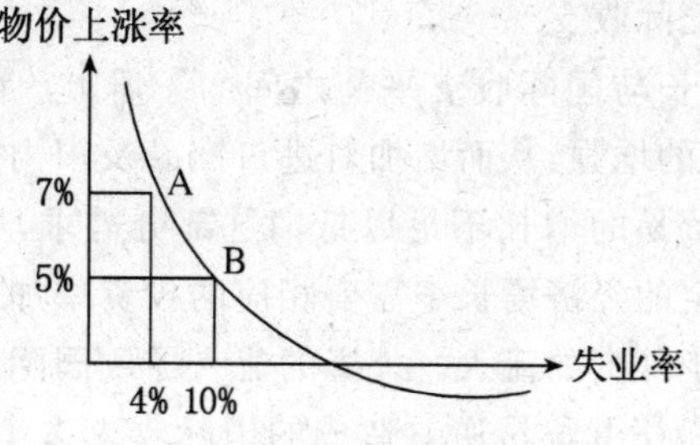

图 7-1　菲利普斯曲线

(2)稳定物价与经济增长

稳定物价与促进经济增长之间是否存在着矛盾，理论界对此看法不一，主要有以下几种观点：

①物价稳定才能维持经济增长。这种观点认为，只有物价稳定，才能维持经济的长

期增长势头。一般而言，劳动力增加，资本形成并增加，加上技术进步等因素促进生产的发展和产量的增加，随之而来的是货币总支出的增加。由于生产率是随时间的进程而不断发展的，货币工资和实际工资也是随生产率而增加的。只要物价稳定，整个经济就能正常运转，维持其长期增长的势头。这实际上是供给决定论的古典学派经济思想在现代经济中的反映。

②轻微物价上涨刺激经济增长。这种观点认为，只有轻微的物价上涨，才能维持经济的长期稳定与发展。因为，通货膨胀是经济的刺激剂。这是凯恩斯学派的观点，凯恩斯学派认为，在充分就业没有达到之前增加货币供应，增加社会总需求主要是促进生产发展和经济增长，而物价上涨比较缓慢。并认定资本主义经济只能在非充分就业的均衡中运行，因此轻微的物价上涨会促进整个经济的发展。美国的凯恩斯学者也认为：价格的上涨，通常可以带来高度的就业，在轻微的通货膨胀之中，工业之轮开始得到良好的润滑油，产量接近于最高水平，私人投资活跃，就业机会增多。

③经济增长能使物价稳定。这种观点则认为，随着经济的增长，价格应趋于下降，或趋于稳定。因为，经济的增长主要取决于劳动生产率的提高和新生产要素的投入，在劳动生产率提高的前提下，生产的增长，一方面意味着产品的增加，另一方面则意味着单位产品生产成本的降低。所以，稳定物价目标与经济增长目标并不矛盾。这种观点实际上是马克思在100多年以前，分析金本位制度下资本主义经济的情况时所论述的观点。实际上，就现代社会而言，经济的增长总是伴随着物价的上涨。这在上述分析物价上涨的原因时，曾予以说明，近100年的经济史也说明了这一点。有人曾做过这样的分析，即把世界上许多国家近100年中经济增长时期的物价资料进行了分析，发现除经济危机和衰退外，凡是经济正常增长时期，物价水平都呈上升趋势，特别是第二次世界大战以后，情况更是如此。没有哪一个国家在经济增长时期，物价水平不是呈上涨趋势的。就我国而言，几十年的社会主义经济建设的现实也说明了这一点。20世纪70年代资本主义经济进入滞胀阶段以后，有的国家甚至在经济衰退或停滞阶段，物价水平也呈现上涨的趋势。

从西方货币政策实践的结果来看，要使稳定物价与经济增长齐头并进并不容易。主要原因在于，政府往往较多地考虑经济发展，刻意追求经济增长的高速度。譬如采用扩张信用和增加投资的办法，其结果必然造成货币发行量增加和物价上涨，使物价稳定与经济增长之间出现矛盾。

(3)稳定物价与平衡国际收支

冲突还表现在经济增长与国际收支平衡之间的矛盾上。国内经济的增长会导致国民收入的增加和支付能力的增强，从而增加对进口商品及国内本来用于出口的一部分商品的需求，此时如果出口贸易的增长不足以抵消这部分需求，必然会导致贸易收支的失衡。就资本项目而言，一定的经济增长率需要相应的投资率加以支持。在国内资金来源不足的情况下，必须借助于外资的流入。外资的流入导致国际收支中的资本项目出现顺差，这在一定程度上可以弥补由贸易逆差造成的国际收支失衡，但并不一定就能确保经济增长与国际收支平衡协调一致，还要取决于外资的实际利用效果。

物价稳定与国际收支平衡之间也存在着矛盾。对于开放条件下的宏观经济而言，国家为了促进本国经济发展，会遇到两个问题：

①经济增长引起进口增加，随着国内经济的增长，国民收入增加及支付能力的增强，通常会增加对进口商品的需要。如果该国的出口贸易不能随进口贸易的增加而相应增

加,必然会使得贸易收支状况变坏。

②引进外资可能形成资本项目逆差。要促进国内经济增长,就要增加投资,提高投资率。在国内储蓄不足的情况下,必须借助于外资,引进外国的先进技术,以此促进本国经济。这种外资的流入,必然带来国际收支中资本项目的差额。尽管这种外资的流入可以在一定程度上弥补贸易逆差而造成的国际收支失衡,但并不一定就能确保经济增长与国际收支平衡的齐头并进。其原因在于:

第一,任何一个国家,在特定的社会经济环境中,能够引进技术、设备、管理方法等,一方面决定于一国的吸收、掌握和创新能力,另一方面,还决定于国产商品的出口竞争能力和外汇还款能力。所以,在一定条件下,一国所能引进和利用的外资是有限的。如果把外资的引进完全置于平衡贸易收支上,那么外资对经济的增长就不能发挥应有的作用。此外,如果只是追求利用外资促进经济增长,而忽视国内资金的配置能力和外汇还款能力,那么必然会导致国际收支状况的严重恶化,最终会使经济失衡,不可能维持长久的经济增长。

第二,在其他因素引起的国际收支失衡或国内经济衰退的条件下,用于矫正这种失衡经济形态的货币政策,通常是在平衡国际收支和促进经济增长两个目标之间做出合理的选择。国际收支出现逆差,通常要压缩国内的总需求,随着总需求的下降,国际收支逆差可能被消除,但同时会带来经济的衰退。而国内经济衰退,通常采用扩张性的货币政策。随着货币供给量的增加,社会总需求增加,可能刺激经济的增长,但也可能由于输入的增加及通货膨胀而导致国际收支失衡。

(4)充分就业与经济增长

一般而言,经济增长能够创造更多的就业机会,但在某些情况下两者也会出现不一致。例如,以内涵型扩大再生产所实现的高经济增长,不可能实现高就业。再如,片面强调高就业,硬性分配劳动力到企业单位就业,造成人浮于事,效益下降,产出减少,导致经济增长速度放慢等。

由于最终目标之间存在着矛盾,货币政策在作目标选择时不能不有所侧重,有所取舍,难以统筹兼顾。具体的目标选择不但有赖于各国特定的发展阶段和特殊国情,从更一般的意义上说也反映了人们对货币经济和货币政策认识的深化程度。目前国际上经常采用的货币政策最终目标的选择方式主要有两种。一是侧重于统筹兼顾,力求取得各目标间的协调一致。二是相机抉择,突出重点,根据宏观经济的具体运行状况和当前面临的突出问题决定和选择相应的政策目标。

表 7-1　西方国家货币政策最终目标的变化

国别	20 世纪 50～60 年代	20 世纪 70～80 年代	20 世纪 90 年代以后
美国	充分就业	稳定物价	无通货膨胀的经济增长
英国	充分就业兼顾国际收支平衡	稳定币值	稳定币值
加拿大	充分就业	稳定币值,兼顾国际收支平衡	
日本	稳定货币兼顾对外收支平衡	以稳定物价为主,兼顾汇率稳定	
德国	一直将稳定货币作为主要目标,并兼顾对外收支平衡		

资料来源:钱方堃.西方七国中央银行战后 50 年内调控宏观经济的经验[J].国际金融专题研究,1995,(7)。注:80 年代以前的德国是指联邦德国。

7.1.3 货币政策的中间目标

从总体上看，货币政策目标的核心是物价稳定和经济增长，即没有通货膨胀的经济增长，这也是所有宏观经济政策的最终目标。但是，要考察货币政策目标的实现与否，则需要经历一个较长的时期。而且中央银行在实施货币政策的过程中，要了解政策的实施效果，需要有一些可以量化的、可以操作的经济指标。这些经济指标，成为实现货币政策目标的桥梁，人们称它们为货币政策中间目标。中间目标的选择，是实施货币政策的重要中间环节，它的准确与否事关最终目标能否实现。

1. 中间目标的选择标准

中央银行选择货币政策中间目标的标准有三条：必须是可以计量的；必须是中央银行可以控制的；对货币政策最终目标必须是可以预测的。

(1)可测性

可测性是指中间目标变量的可计量性，其具体意义包含两个方面：第一，中央银行能够迅速得到有关中间目标变量的数据资料；第二，能够通过这些数据资料对中间目标变量的变化情况进行准确测量、分析和预测。

对中间目标变量进行迅速和准确的测量是十分必要的。一个中间目标变量是否有用，关键要看这个变量在政策"偏离轨道"时是否能够比政策目标更快地发出信号。而要让这个变量很快地发出信号的前提，是要能够对它进行迅速、准确的测量，即要能够迅速得到有关它的数据，并依此对它进行准确测量和分析。因此，能够迅速和准确地测量一个变量，这是该变量作为中间目标变量的必要条件。例如，中央银行计划要实现4%的M_2货币增长率，但若中央银行不能迅速和准确地计量M_2，那么这个计划又有什么用呢？又如，GDP(国民生产总值)数据没有货币总量和利率的数据那样准确，如此看来，把注意力放在货币总量或利率这些变量上，要比把注意力放在GDP上更能够提供较为清晰的货币政策状况信号。

(2)可控性

可控性是指中央银行能够通过运用各种政策手段，来对中间目标变量进行有效的控制和调节，能够准确地控制中间目标变量的变化情况和变动趋势。如果说中央银行不能控制中间目标变量，那么即使中央银行知道该中间目标"脱轨"，也没有什么用处，中央银行只能是干着急而无法让它重新"入轨"。比如，有些经济学家建议使用名义GDP作为中间目标，但是由于中央银行很少对名义GDP进行直接控制，名义GDP对中央银行应该如何安排货币政策工具提供不了什么帮助，因此它不是合适的中间目标变量。相反，中央银行能够对货币总量和利率从多方面加以有效控制，这两个变量作为货币政策的中间目标变量才是合适的。

(3)相关性

相关性是指中间目标必须与货币政策最终目标有密切的关系，中央银行通过控制与调节中间目标，可促使最终目标的实现。相关性反映了中间目标对最终目标的影响力，相关性程度越大，这种影响力越大，中央银行通过控制中间目标变量来控制最终目标变量的效力就越大。更重要的是，中间目标对最终目标的影响力必须能够准确测量和预测，从而能够知道或预料这种影响力到底有多大。例如，中央银行能够迅速、准确地计量茶叶价格并能完全控制它，这是没有什么用处的，因为中央银行不能通过茶叶价格来影响国内的物价水平、总产出水平和就业情况。然而，货币供应量和利率这两个变量同物价水平、总产出水平和就业情况关系密切，中央银行通过控制这两个变量就能实现对物价、总产出和就业情况的影响。

2. 中间目标的种类

根据上面提出的可测性、可控性和相关性这三个条件，结合各国中央银行的传统习惯，中央银行选择的货币政策中间目标一般主要有以下三种：

(1)利率

市场利率与经济生活关系密切，对社会总需求和总供给有重要影响。选用市场利率作为货币政策的中间目标变量，符合中间目标变量的三条标准。首先，利率的可测性强。中央银行几乎能够立即得到市场利率数据，而且对市场利率的计量也相当准确，很少修正。其次，利率的可控性强。中央银行可以根据国民经济发展情况，通过公开市场业务买卖债券，改变债券的供求状况，从而达到影响市场利率，让市场利率沿着预定轨道运动的目的。最后，利率的相关性也很强。利率对经济的总产出有着很大的直接影响，而且市场利率与总产出是同时决定的。可见，中央银行通过控制市场利率，来影响经济的投资和储蓄，达到对总产出控制的目的。

以利率作为货币政策的中间目标变量，也存在着一些缺陷。尽管中央银行能够迅速和准确地计量利率，但是这种能够准确计量的利率是名义利率，它说明不了借贷的实际成本(即实际利率)，而借贷的实际成本才是能够较为确切地说明 GDP 会有什么变化的量。根据实际利率计量的论述可知，实际利率(即借贷的实际成本)等于名义利率减去预期通货膨胀率。遗憾的是，我们没有计量预期通货膨胀率的直接手段。因此，实际利率是极难计量的，这也使中央银行很难控制实际利率的变化。正是由于这个原因，以利率作为货币政策中间变量，有着不合适的地方。

(2)货币供应量

货币供应量同样符合货币政策中间目标的三条标准。首先，货币供应量具有较强的可测性。不论是 M_1 货币，还是 M_2 货币，都反映在中央银行和商业银行的资产负债表中，这使得对于货币供应量的统计资料的收集比较容易，计算和分析也比较方便。比如，美国联邦储备体系每两周公布一次货币供应量数据。其次，货币供应量具有很强的可控性。我们看到中央银行对货币供应确实能够施加强有力的影响：通过公开市场操作、调整法定准备金率、改变再贴现率等手段，可以影响基础货币和货币乘数，从而实现对货币供应强有力的影响。另外，货币的发行权和向流通中注入新货币的权力完全掌握在中央银行手中。因此，中央银行能够有效地控制 M_1 和 M_2 货币供应量。最后，货币供应量与经济活动(总产出、就业水平、物价水平)之间有着密切的关系，因此把货币供应量作为货币政策的中间目标，其相关性很强。比如，在经济繁荣时期，减少货币供应量可抑制通货膨胀，维护物价稳定；在经济衰退时期，增加货币供应量可刺激总需求，增加就业机会，促进经济增长(即促进总产出的增加)。因此，货币供应与货币政策目标之间表现了较强的相关性。但是，对于这两者之间的联系还存在着很多争议，是利率同货币政策目标联系更密切，还是货币供应同货币政策目标联系更密切，目前还不很清楚。

(3)基础货币

基础货币也符合货币政策中间目标的三个条件。第一，中央银行计量基础货币数量要比计量货币供应量和利率都容易。中央银行直接从自己的资产负债表上计算出负债总额，就知道了基础货币量，这显然要比计算出全国所有商业银行的活期存款之总和方便、容易得多。第二，基础货币是由中央银行直接控制掌握的货币，货币的发行权在中央银行手中。第三，基础货币变化影响货币供应变化，从而影响货币政策目标的实现，因此基础货币与货币政策目标之间具有较强的相关性。

选择基础货币作为货币政策中间目标，可能比选用利率和货币供应量都更好。原因在于三个方面：第一，基础货币是中央银行货币，等于中央银行的负债总额，直接记录在中央银行的资产负债表上，由中央银行直接控制；第二，基础货币是商业银行体系创造存款货币的基础，中央银行通过调整基础货币量就可改变商业银行创造的存款货币数量，从而引起全社会的货币供应总量的变化；第三，以基础货币为中间目标，比选用利率和货币供应量，具有更强的可操作性。

中央银行通过直接分析自己的资产负债表，就可操作基础货币，让其达到预定的目标，并通过改变基础货币，可使利率和货币供应量都发生变化。从这个意义上讲，基础货币量更是一项操作目标变量，对于中央银行来说，它比利率和货币供应量都具有较强的可操作性。

表 7-2　西方主要国家货币政策中间目标的演变

国家	20 世纪 50～60 年代	70 年代以后	90 年代
美国	以利率为主	先以 M_1 后以 M_2 为主，90 年代以后改为非借入储备和联邦基金利率	逐步放弃以货币供应量为中间目标，在政策运作中监测更多变量，但主要以利率、汇率等价格型变量为主
英国	以利率为主	货币供应量，1976 年后改为英镑 M_3，1989 年后又增加 M_0	
加拿大	先以信用总量为主、后改为以信用调节为主	先以 M_1 后改为 M_2 和 M_2＋信托公司和抵押贷款公司、信用社和民众储蓄的存款	
日本	民间金融体系的贷款增加额	M_2+CD	
德国	商业银行的自由流动储备	先以中央银行货币量(CBM)为主，后改为以 M_3 为主	
意大利	以利率为主	国内信用总量	

资料来源：谢杭生，孙青．战后西方国家货币政策目标比较[J]．金融研究，1997，(6)。

说明：美国的 M_1＝通货＋旅行支票＋活期存款＋其他支票存款；$M_2=M_1$＋小额定期存款＋储蓄存款＋货币市场存款账户＋货币市场互助账户＋隔夜欧洲美元。英国的英镑 M_3＝通货＋私人部门的活期存款和定期存款；加拿大的 M_1＝现金＋活期存款；$M_2=M_1$＋个人储蓄＋非个人通知存款；德国的 CBM＝流通中的货币＋银行准备金；M_3＝通货＋活期存款＋定期存款＋储蓄存款；日本的 M_2+CD＝现金＋活期存款＋法人企业定期存款＋个人及公共团体定期存款＋CD。

7.2 货币政策工具

货币政策目标是通过货币政策工具的运用来实现的。货币政策工具是中央银行为实现货币政策目标而使用的各种策略手段。货币政策工具一般分为一般性政策工具、选择性政策工具和其他补充性政策工具三种。

7.2.1 一般性货币政策工具

所谓一般性货币政策工具，是指各国中央银行普遍运用或经常运用的货币工具。一般性货币政策工具包括三种，也称为货币政策“三大法宝”，即公开市场业务、再贴现政策和存款准备金政策。这里，我们重点讨论这三大工具在实践中如何运用、每种工具的有效性如何以及如何改进这些工具的使用以加强对货币供应的控制的问题。

1. 公开市场业务

所谓公开市场业务，是指中央银行通过在公开市场上买进或卖出有价证券（主要是政府短期债券）来投放或回笼基础货币，以控制货币供应量，并影响市场利率的一种行为。当金融市场上资金短缺时，中央银行通过公开市场操作买进有价证券，这就相当于向社会注入一笔基础货币，从而增加货币供应量；相反，当金融市场上资金过多时，中央银行可以通过卖出有价证券回笼货币，收缩信贷规模，从而减少货币供应量。

公开市场业务是最重要的货币政策工具。它是决定基础货币变动的基本因素，也是货币供应变动的主要根源。公开市场购买以扩大基础货币，从而增加货币供应；公开市场出售以缩小基础货币，减少货币供应。中央银行通过公开市场业务来影响基础货币，以实现对货币供应的控制。公开市场业务分为两类：一类是能动性的公开市场业务，其目的在于改变准备金水平和基础货币；另一类是保卫性公开市场业务，其目的在于抵消影响基础货币的其他因素变动所产生的影响。公开市场业务的对象是政府债券，特别是国库券。这类债券的流动性程度最强，交易规模最大，而且中央银行对这类债券的买卖不会带来该市场的破坏性波动。

公开市场业务主要是通过银行系统准备金的增减变化来实现调节货币供应量的目的。同时，中央银行在公开市场操作上买进有价证券，不仅可以使货币供应量增加，而且还会使货币市场利率下降。

公开市场业务具有以下明显的优点：

第一，具有较强的自主性和灵活性。公开市场业务是由中央银行自主决定的，其交易规模的大小可以由中央银行完全把握，无论是让基础货币发生较大的变动还是较微小的变化，中央银行都可以通过公开市场业务来实现。第二，具有充分的直接性特点。中央银行运用公开市场业务可以直接影响银行系统的准备金规模，迅速影响全社会的货币供应量水平，以保证货币政策目标的实现。第三，可以进行经常性、连续性的操作，具有较强的伸缩性，是中央银行进行日常性调节的最为理想的货币政策工具。第四，由于公开市场业务每天都在进行，故不会导致人们的预期变化，有助于货币政策目标的实现。所以，公开市场业务是中央银行进行宏观调控的一种理想工具。但要让这一工具有效地发挥作用，必须具备一定的条件：第一，中央银行要具有较高的独立性，且拥有强大的、足以调控整个金融市场的资金实力；第二，金融市场要相当发达，证券种类齐全并达到一定的规模；第三，要有其他政策工具的配合，可以设想，如果没有存款准备金政策，这一工具是无法发挥作用的。

美国的公开市场政策过程

FOMC 的政策指示（大致轮廓概要）

↓ 市场评价（如何比较今天的市场发展与政策指示）

↓ 电话会议（今天会议的每一个人是否同意美联储即将要做的事）

↓ 买卖证券（哪些交易商有美联储需要的证券，哪些想要增持，以什么价格？）

↓ 成交（买卖美联储想要交易的证券数量）

↓ 评价其影响（评估美联储交易的效应，看是否有必要采取下一步措施）

参考资料：《货币与资本市场》，彼得·S·罗斯

2. 法定准备金政策

存款准备金政策是指中央银行通过调整法定存款准备金比率，来影响商业银行的信用创造能力，从而影响货币供应量的一种政策措施。存款准备金是银行及某些其他金融机构为应付客户提取存款和资金清算而缴存在中央银行的货币资金。存款准备金比率是准备金总额占存款或负债总额的比例。存款准备金分为法定存款准备金和超额存款准备金两部分。法定准备金是金融机构按中央银行规定的比例上缴的部分，超额准备金则是指准备金总额减去法定存款准备金的剩余部分。法定存款准备金建立的最初目的，是为了保持银行资产的流动性，提高金融机构的清偿能力，从而保证存款人利益以及金融机构本身的安全。当准备金制度普遍实行、中央银行拥有调整法定准备金率的权力之后，这一权力就成为中央银行控制货币供应量的一项重要工具了。

商业银行通过贷款可以创造出成倍的派生存款。在其他条件不变时，存款创造的倍数（即存款乘数）将决定法定存款准备金比率。如果中央银行降低法定存款准备率，商业银行就会有较多的超额准备金可用于发放贷款，进而通过整个银行体系的连锁反应创造出更多的派生存款。反之，如果中央银行提高法定准备金率，商业银行的超额准备金就会减少，甚至会发生法定存款准备金的短缺，从而减少贷款规模，在必要时还必须提前回收贷款或出售证券，以补足法定存款准备金。在这种情况下，商业银行只能创造出较少的派生存款，甚至引起货币存款的成倍紧缩。因此，法定存款准备金的变动同货币供应量成反比例关系。当中央银行调低法定存款准备金比率时，就是实行扩张性的货币政策；当中央银行调高法定存款准备金率时，就是实行紧缩性的货币政策。

使用法定准备金率工具，主要优点在于它对所有银行的影响是平等的，并且对货币供应的影响是强有力的。但是，它作为一种有力的货币政策工具，可能利少弊多，其缺点主要表现在两个方面。第一，以调整法定准备金率的方式来使货币供应作小幅度调整是不易的，因为银行存款中活期存款的比例是相当高的。第二，对于超额准备金很低的银行来说，提高法定准备金率可能立即引起流动性问题。总之，把改变法定准备金率作为一种货币政策工具，值得肯定的地方不多，因而也很少运用这一工具。

近几年，世界上许多国家的中央银行都降低或取消了法定准备金要求。美国 1990

年12月取消了定期存款的法定准备金要求，并于1992年4月把支票存款的法定准备金率从12%降低为10%。加拿大的步子更大，1992年4月颁布的金融市场法规，取消了所有两年以上期限存款的法定准备金要求。瑞士、新西兰、澳大利亚的中央银行也已完全取消了法定准备金。

3.再贴现政策

再贴现政策是中央银行通过制定和调整再贴现率来影响商业银行的信贷规模和市场利率，以实现货币政策目标的一种手段。当商业银行发生资金短缺，或因扩大信贷规模而需要补充资金时，商业银行可能凭其贴现业务中取得的未到期的商业票据向中央银行办理再贴现，再贴现率由中央银行根据当时的经济形势和货币政策的最终目标确定。再贴现政策一般包括两个方面的内容：一是再贴现率的确定与调整，二是如何规定何种票据有贴现的资格。前者主要着眼于短期，即中央银行根据市场的资金供求状况，随时对再贴现率进行调整，以影响商业银行借入资金的成本，刺激或抑制对贴现资金的需求，从而调节货币供应量。后者则着眼于长期，对要再贴现的票据种类和申请机构加以规定，并区别对待，以起到抑制或扶持票据出票人或持票人的作用，改变社会资金的流向。

再贴现政策是中央银行最早使用的货币政策工具。中央银行调整再贴现率，其目的主要有三个：第一，影响商业银行的借款成本，以影响商业银行的融资意向。当中央银行提高再贴现率时，商业银行要么是减少从中央银行的再贴现借款，因为利率提高后，对商业银行的贷款需求会起到抑制作用，这样会直接紧缩信用规模；要么是同方向提高对工商企业的贷款利率，因为如果商业银行不提高贷款利率，其盈利就会受到影响，而提高贷款利率同样也会抑制工商企业的贷款需求，这样就会间接地起到紧缩货币量的作用。第二，利用“告示效应”，以影响商业银行及社会公众的预期行为。也就是说，中央银行调整再贴现率，实际上是为整个经济社会提供了一种有关货币政策的信息。比如，当中央银行降低再贴现利率时，就意味着中央银行实行的是一种扩张性的货币政策；而当中央银行提高再贴现率时，就意味着中央银行实行的是一种紧缩性的货币政策。由于这种政策信号的提前提供，就可以使人们事先做好相应的反应或准备。这种“告示效应”会在很大程度上加强对金融市场的直接影响，特别是商业银行一般会自觉与中央银行保持行动一致，按同样方向和幅度调整对企业的贷款利率。第三，调整经济结构。如规定再贴现票据的种类，对不同用途的信贷加以支持或限制，促进经济发展中需要扶持的行业部门的发展。还可以对不同票据实行差别再贴现率，从而影响各种再贴现票据的再贴现规模，使货币供应结构符合中央银行的政策意图。此外，中央银行还可以通过调整再贴现利率影响市场利率水平。在利率市场化的条件下，中央银行的再贴现率通常被视为一个国家的基准利率，市场利率将围绕这一基准利率上下波动。

贴现政策最大的优点，在于它让中央银行成为最后贷款人，发挥了防止金融恐慌的作用，这种作用在过去已显示出了日益的重要性。另一个优点在于，贴现政策可用作一种信号以表明中央银行将来的货币政策的意向。如果中央银行决定让利率上升(货币供应减少)以放慢经济增长的速度，它可以通过提高再贴现率的方式来表明它的政策意向。公众会因贴现政策所表明的这种意向，而预测未来的货币政策是较少扩张性的，因此，提高再贴现率所发出的信号，有助于放慢经济增长的速度。

然而，贴现政策同时存在着两个重大缺点。第一，中央银行发布的调整再贴现率的声明，可能会引起公众对中央银行货币政策意向的误解。这是因为，中央银行提高再贴现率的用意也可能是为了保证贴现总额不至于过多，而不是有意要采取较少扩张性的货币政策。但是，公众对中央银行提高再贴现率的声明极可能理解为国家正在转向实行紧缩性货币政策。这就引起了错误的理解，导致适得其反的结果。第二，当中央银行把再贴现率固定在某一特定水平上时，市场利率与再贴现率之间的利差 $i-i_d$ 将会随市场利率的变化而发生较大的波动，这些波动将引起贴现贷款规模乃至货币供应发生非政策意向的较大波动，使货币供应变得更加难以控制。除了以上两个重大缺陷外，贴现贷款数量也不能由中央银行通过调整再贴现率来完全控制，商业银行的行为对贴现贷款数量有着相当的影响。另外，贴现政策也没有公开市场操作那么有效。因此，贴现政策作为一种货币政策工具，已引起经济学家对它提出若干修改建议。根据以上分析，一般性货币政策工具及其基本的运用策略可用表 7-3 表示。

表 7-3　一般性货币政策工具的基本操作方法

经济形势 / 政策工具	通货膨胀（总需求＞总供给）	通货紧缩（总需求＜总供给）
公开市场业务	卖出有价证券	买进有价证券
再贴现政策	提高再贴现率	降低再贴现率
存款准备金政策	提高法定存款准备金率	降低法定存款准备金率

7.2.2　选择性货币政策工具

传统的一般货币政策工具，都属于对货币总量的调节，以影响整个宏观经济。在这些一般性政策工具之外，还有可选择的对某些特殊领域的信用加以调节和影响的措施。其中有消费者信用控制、证券市场的信用控制、不动产信用控制、优惠利率、预缴进口保证金等。

消费者信用控制是指中央银行对不动产以外的各种耐用消费品的销售融资予以控制。其主要内容包括：(1)规定用分期付款购买耐用消费品时第一次付款的最低金额；(2)规定用消费信贷购买商品的最长期限；(3)规定用消费信贷购买的耐用消费品种类，对不同消费品规定不同的信贷条件等。在通货膨胀时期，中央银行采取消费信用控制，能起到抑制消费需求和物价上涨的作用。

证券市场信用控制是中央银行对有关证券交易的各种贷款进行限制，目的在于抑制过度的投机。其中如规定一定比例的证券保证金率，并随时根据证券市场的状况加以调整。

不动产信用控制是指中央银行对金融机构在房地产方面放款的限制措施，以抑制房地产的过度投机。如对金融机构的房地产贷款规定最高限额、最长期限以及首次付款和分摊还款的最低金额等。

优惠利率是中央银行对国家重点发展的经济部门或产业，如出口工业、农业等，所采取的鼓励措施。优惠利率不仅在发展中国家多有采用，发达国家也普遍采用。

预缴进口保证金，类似证券保证金的做法，即中央银行要求进口商预缴相当于进口商品总值一定比例的存款，以抑制进口的过快增长。预缴进口保证金多为国际收支经常出现赤字的国家所采用。

7.2.3 其他的货币政策工具

1. 直接信用控制

直接信用控制(Direct Credit Control)是指从质和量两个方面，以行政命令或其他方式，直接对金融机构尤其是商业银行的信用活动进行的控制。其手段包括利率最高限、信用配额、流动性比率和直接干预等。

规定存贷款最高利率限制，是最常使用的直接信用管制工具。如在1980年以前，美国有Q条例，条例规定，活期存款不准付息，对定期存款及储蓄存款则规定利率最上限。其目的是为了防止银行用抬高利率的办法竞相吸收存款和为谋取高利而进行高风险存贷。

信用配额，或信贷分配(Credit Allocation)，是指中央银行根据金融市场状况及客观经济需要，分别对各个商业银行的信用规模加以分配，限制其最高数量。这是一个颇为古老的做法。当今，在多数发展中国家，由于资金供给相对于需求来说极为不足，这种办法相当广泛地被采用。

规定商业银行的流动性比率(Liquidity Ratio)，也是限制信用扩张的直接管制措施之一。流动性比率是指流动资产对存款的比重。一般说来，流动性比率与收益率成反比。为保持中央银行规定的流动性比率，商业银行必须缩减长期放款、扩大短期放款和增加易于变现的资产持有等措施。

直接干预是指中央银行直接对商业银行的信贷业务、放款范围等加以干预。如对业务经营不当的商业银行拒绝再贴现或采取高于一般利率的惩罚性利率，如直接干涉商业银行对存款的吸收等。

2. 间接信用控制

间接信用控制(Indirect Credit Control)，是指中央银行通过道义劝告、窗口指导等办法间接影响商业银行的信用创造。

所谓道义劝告(Moral Suasion)，指的是中央银行利用其声望和地位，对商业银行和其他金融机构经常发出通告、指示或与各金融机构的负责人举行面谈，劝告其遵守政府政策并自动采取贯彻政策的相应措施。例如，在国际收支出现赤字时劝告各金融机构减少海外贷款；在房地产与证券市场投机盛行时，中央银行要求商业银行缩减对这两个市场的信贷等。

窗口指导(Window Guidance)的内容是，中央银行根据产业行情、物价趋势和金融市场动向，规定商业银行每季度贷款的增减额，并要求其执行。如果商业银行不按规定的增减额对产业部门贷款，中央银行可削减向该银行贷款的额度，甚至采取停止提供信用等制裁措施。虽然窗口指导没有法律约束力，但其作用有时也很大。第二次世界大战结束后，窗口指导曾一度是日本货币政策的主要工具。

间接信用指导的优点是较为灵活。但要起作用，必须是中央银行在金融体系中有较强的地位、较高的威望和拥有控制信用的足够的法律权力和手段。

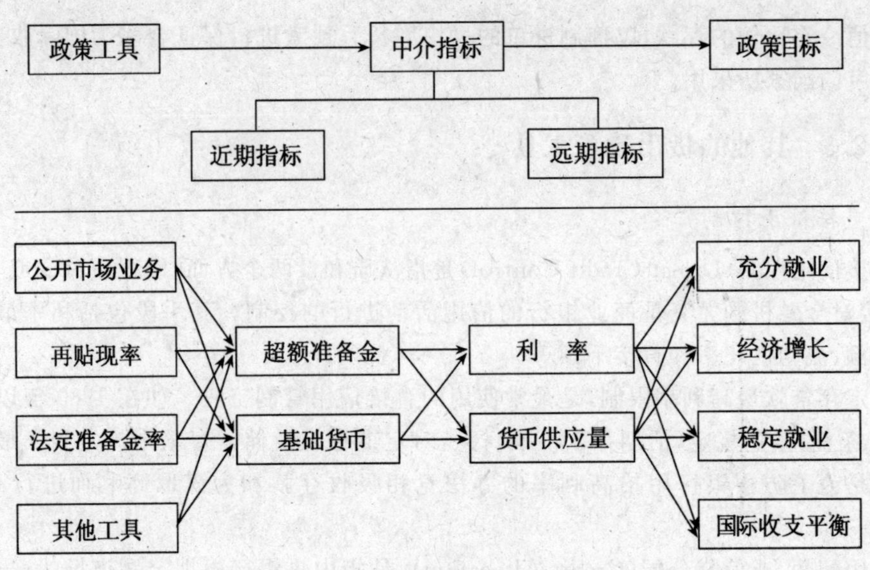

图 7-2　西方国家货币政策操作图

9·11后美联储的货币政策

2001年9月11日，恐怖组织对美国世贸中心大楼的袭击，不但使美国的航空与保险业陷入困境，而且也扰乱了美国支付与金融体系的正常运行，从而对整个国民经济带来严重的后果。一方面，企业与个人对流动性的需求大幅增加，另一方面，不确定性的增加和资产价格的下降也削弱了银行和其他金融机构的贷款意愿，这一切，对已陷入衰退的美国经济来说，无异于雪上加霜。为了最大限度地减少“9·11事件”对经济复苏的不利影响，美联储通过多种渠道，采取了有力的措施以图恢复市场信心和保证金融与支付体系的正常运行。美联储为“9·11事件”所采取的六大措施：

1. 美联储通过其在纽约的交易中心以回购协议的方式为市场注入大笔资金，2001年9月12日，美联储持有的有价证券金额高达610亿美元，在此之前，美联储日平均证券余额仅为270亿美元。

2. 美联储通过再贴现直接将货币注入银行体系。9月12日的再贴现余额高达450亿美元，远远超过在此之前的5 900万美元的日平均余额。

3. 美联储联合通货监理局(OCC)劝说商业银行调整贷款结构，为出现临时性流动性问题的借款人发放专项贷款。并声称，为帮助商业银行实现这一目的，美联储随时准备提供必要的援助。

4. 由于交通运输问题妨碍了票据的及时清算，美联储于9月12日将支票在途资金扩大到230亿美元，几乎是此前日平均金额的30倍。

5. 美联储很快与外国中央银行签署了货币互换协议，对已有的货币互换协议，也扩大了其协议的金额。

6. 在9月17日清晨，联邦公开市场委员会(FOMC)又进一步将联邦基金利率的目标利率定为3%，下降了0.5个百分点。同日晚些时候，纽约股票交易所重新开业。

启示：六大政策中，第一、二、六项属于一般性货币政策工具，分别主要针对调节货币供应总量(公开市场业务)、信用量(再贴现)、利率水平(利率政策)，第三项属于间接信用指导操作，第四项属于窗口操作，第五项属于货币互换政策。可见，综合运用多种货币政策解决危机或现实问题的重要性。

7.3 货币政策的运行机制

货币政策对经济发展的调节作用，不仅取决于货币政策本身的松与紧，而且与其运行机制也有密切关系。

7.3.1 货币政策机制含义

"机制"在《辞海》中的释义是，原指机器的构造和动作原理，生物学和医学通过类比借用此词。阐明事物的机制，意味着对它的认识从现象的描述到本质的说明。所谓传导机制，即事物由表及里的传递导向过程。

货币政策机制，指的是中央银行在适当的时候运用各种政策工具，通过有效的传导机制影响经济中的消费和投资等行为，最终导致整个宏观经济发生变化。同时通过运用各种监控手段，对经济运行进行有效的监控，保证宏观经济的正常稳定的运行。它主要包括货币政策的监管机制与传导机制两大部分。

货币政策有三大构成要素：①货币政策工具；②货币政策中介目标；③货币政策目标。他们三者之间的关系是：货币政策工具作用于货币政策中介目标，通过货币政策中介目标去实现货币政策目标。如下图所示：

图 7-3 货币政策机制

由于货币政策中介目标的确定在很大程度上取决于货币政策目标，货币政策工具的取舍在很大程度上依存于货币政策中介目标，因而货币政策的三要素之间存在一种逆向制约关系。所以，我们的分析是从货币政策目标开始，然后是货币政策中介目标，最后再过渡到货币政策工具等内容，重点是分析货币政策目标。

7.3.2 货币政策调控体系

根据《新帕尔格雷夫货币经济大词典》的解释，货币政策是中央银行为实现既定的经济目标运用各种货币政策工具调节货币政策的操作指标以及中介指标，进而影响宏观经济的方针和措施的总和。货币政策的变动经由某种渠道或变量的传导，影响真实经济变动的过程即为货币政策传导机制。

货币政策传导过程分为经济变量传导和经济主体传导两个方面，前者是后者的体现，后者是前者的原因，二者统一于整个货币政策传导体系。

货币政策的经济变量传导表现为：货币政策工具的运用→货币政策操作目标的选择→货币政策中介指标的选取→货币政策最终目标的制定。货币政策工具一般由直接性货币政策工具和间接性货币政策工具组成；操作目标的选择主要有基础货币和利率；基于货币政策中介目标的选择也一般有货币供应量、利率、汇率、股票价格指数等；货币政策最终目标一般概括为经济增长、物价稳定、充分就业、国际收支平衡四个方面。

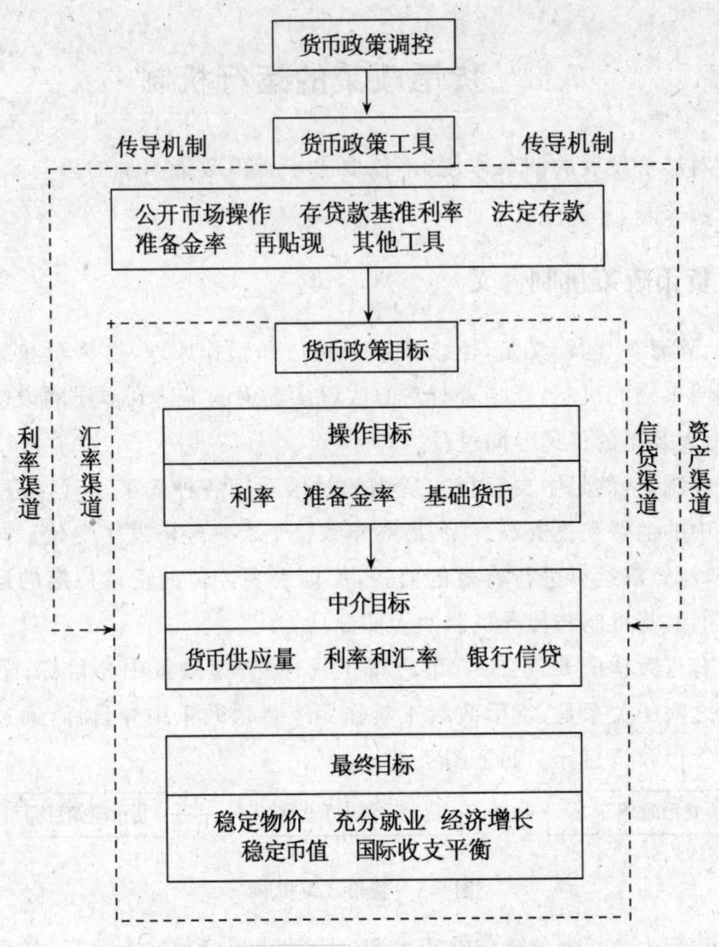

图 7-4　中国人民银行的货币政策调控框架示意图

货币政策的经济主体传导表现为：中央银行→商业银行→社会公众→国民收入。即中央银行确定货币政策的最终目标并在金融市场上运用相应的货币政策工具，货币政策工具的运用导致基础货币、基础利率等中介目标的变化，金融市场将这些信号传导给金融机构、企业、居民，这是货币政策传导的第一环节。金融机构根据货币政策信号调整自己的资产、负债等业务，并作用于企业与居民，这是传导的第二环节。企业和居民调整自己的投资和消费并最终实现总产出的变化，这构成货币政策传导的第三环节。

我国货币政策实施过程也是两种传导方式共同作用，相互影响的过程。根据《中国人民银行法》的规定，我国货币政策的最终目标是稳定币值，以促进经济发展。也就是要在稳定币值的前提下发展经济，在经济发展的基础上保持币值稳定，中央银行根据稳定币值、促进经济增长的要求来制定货币政策，并通过金融机构和金融市场去执行，从而作用于社会经济活动，达到宏观调控的目标。1998 年以来我国开始以货币供应量作为我国货币政策中介目标，以基础货币作为操作目标。在货币政策工具使用方面，《中国人民银行法》第 22 条明确规定，中国人民银行在执行货币政策时，可以运用的货币政策工具有存款准备金、基准利率、再贴现、再贷款、公开市场业务以及国务院确定的其他货币政策工具。我国货币政策最终目标的实现不仅与货币政策传导的途径和机制有关，还与所采用的货币政策工具的结构和力度、货币政策中介目标的适宜度有关，这三者对货币政策有效性具有很大的影响作用。

7.3.3 货币政策传导机制

货币政策传导机制，是指一定的货币政策手段，通过经济体制内的各种经济变量，最终影响整个社会经济活动以实现货币政策目标的传递过程。简而言之，它是中央银行货币政策工具的实施到实现货币政策最终目标的中间过程。货币政策传导机制有效性研究的是通过传导渠道运行效率来保证货币政策得以高效实施，因而是货币政策理论的核心内容。

1.货币政策传导机制的运行主体

(1)中央银行

中央银行是货币政策的制定者和实施者。在货币政策的机构传导过程中，中央银行处于起点位置，所有的货币政策都是从它这里开始实施，进而影响社会经济各部门和机构的活动，最终实现货币政策目标。中央银行在一个国家金融体系中居于主导地位，负责制定和执行国家的金融政策、法令、实施金融管理和监督、控制货币流通与信用活动。制定和实施货币政策、调控经济金融运行状况，是中央银行的职责所在。

中央银行利用其在金融体系的中心地位和国家赋予它的货币发行、金融管理和监督等权力，运用各种货币政策工具，对各金融机构及社会公众的经济行为施加影响，使社会经济运行向预定的方向发展，实现货币政策的最终目标。

(2)商业银行及非银行金融机构

商业银行及非银行金融机构是货币政策传导过程的中间环节之一，一方面受中央银行货币政策工具的影响，调整自身的经营行为；另一方面由于自身经济行为的变化，影响社会经济活动。商业银行具有对存款的创造和收缩功能，它所创造的存款货币是货币供应量的主要部分，它的行为对货币供应量的变化起着至关重要的作用。

商业银行及非银行金融机构决定和影响着几乎所有的操作目标和中间目标的经济变量：货币供应量、贷款量、准备金数额、基础货币、长期利率和短期利率等。中央银行的货币政策工具大部分都是直接作用于商业银行及非银行金融机构的，通过对其行为的影响来调控社会经济活动。而且，商业银行及其他金融机构的行为对中央银行货币政策工具的效果影响巨大，甚至可以进行反向操作。

(3)企业和居民个人

企业和居民个人的行为都是货币政策作用于名义国民收入的传导终端。也就是说，名义国民收入是否能够以及在多大程度上能够按照中央银行的货币政策意向发生变动，主要取决于企业和居民个人的行为。

2.货币政策传导机制的运行载体

货币政策传导机制的运行载体是指金融市场。金融市场也是货币政策传导过程的中间环节之一。一个发达的金融市场是中央银行宏观金融间接调控顺利实施的必要条件。金融市场在货币政策传导中的作用主要有两个方面。第一，为中央银行实施货币政策工具提供场所。如中央银行的公开市场业务，就是中央银行在金融市场上买进或卖出有价证券，调控金融市场的货币供应量，从而实现货币政策目标。第二，为中央银行制定和实施货币政策提供信息支持。金融市场集中反映了社会总供给和社会总需求的变化。金融市场上的资金规模、利率水平等都是中央银行制定货币政策和实施货币政策时必须随时掌握的信息。金融市场按照期限可细分为货币市场和资本市场。货币市场是短期金融市场，主要包括同业拆借市场、票据市场、外汇市场和银行间短期交易品种等。资本市场是长期金融市场，主要由股票市场和债券市场组成。

3. 货币政策传导机制途径

从货币政策是否通过利率起作用来看，货币政策传导机制可以从经济变量与经济主体两条传导途径来理解。通过经济变量传导的主线是：运用货币政策工具→控制操作目标→调节中介目标→影响最终目标；通过经济主体传导的主线是：中央银行→金融机构(金融市场)→投资者(消费者)→国民收入。将这两条线结合起来，即中央银行通过各种货币政策工具，直接或间接地调节各金融机构的超额储备金和金融市场的融资条件(数量、利率、信用能力等)，进而控制全社会货币供应量。商业银行等金融机构根据中央银行的政策调整自己的行为，从而对企业和居民的消费、储蓄、投资等经济活动产生影响，进而对社会各经济变量(包括总支出量、总产出量、物价、就业等)产生影响。

货币政策的传导机制是否顺畅，能否有效地贯彻中央银行的意图，实现货币政策的最终目标，不但取决于传导机制自身的构成和规范程度，包括中介目标的选择和控制、中介目标和货币政策工具的内在联系、中介目标与最终目标的关系等，也取决传导机制所处的外部环境，包括金融市场的成熟度、金融机构经营和发展状况、企业和个人的金融素质等。

(1)货币政策的经济变量传导

货币政策的经济变量传导，是指从中央银行货币政策工具所包含的经济变量开始，通过操作各经济变量和中介目标各经济变量，最终到达最终目标经济变量。在货币政策的制定过程中，首先要找出货币政策的最终目标和中介目标，选择可供操作的货币政策工具，但最终目标、中介目标、操作目标和政策工具不是孤立的，也不是以板块的方式静态地堆砌而成的客观经济环境，而是在其实际运行过程中相互依存和共同作用，通过联系和作用而实现动态的内在结合，进而在动态的内在结合中构成了完整的、有机的货币政策实体。其基本框架如图 7-5。货币政策经济变量传导的粗略框架的制定程序是从右到左，即首先确定经济目标及其相应的中介目标，然后再决定政策工具使用方向及力度。而货币政策实施的程序则是从左到右的运动，即政策工具依次作用于操作目标和中介目标，最终落实到最终目标。

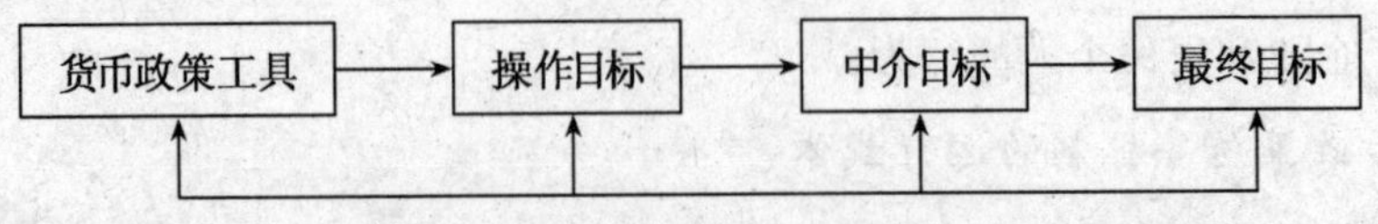

图 7-5　货币政策经济变量传导的框架

下面分别就典型的货币政策工具到最终目标的实现之间的传导过程以及各经济变量的因果关系分别进行简要分析。

①中央银行调整法定存款准备金率的传导过程

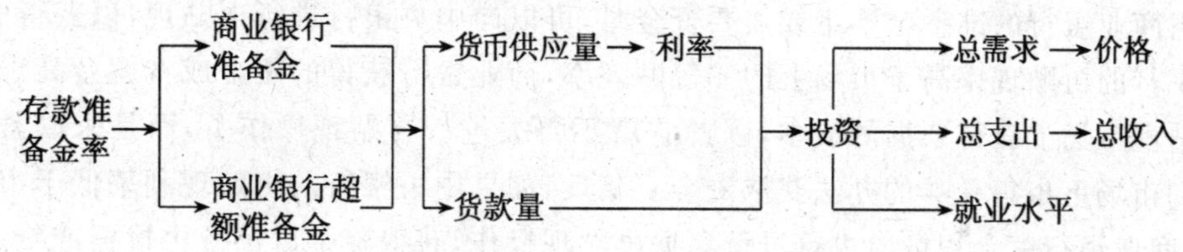

图 7-6　存款准备金率的作用过程

如图 7-6 所示，中央银行在使用存款准备金率政策时，存款准备率降低（提高），使得商业银行超额准备金增加（减少），进而使商业银行贷款量增加（减少），货币供应量增加（减少）；由于货币供应量的增加（减少），利率下降（上升）；随着利率水平的下降（上升）和贷款量的增加（减少），投资开始增加（减少），进而就业率上升（下降），总需求增加（减少）而导致物价上升（下降），同时由于总支出的增加（减少），国民收入水平上升（下降）。

对一个商业银行来说，存款准备金率越低，它所需要留存的储备资产越小，就越能用超额储备部分扩大贷款，增加利润。但从整个社会看，如果存款创造过度就会引起信用膨胀，信用膨胀会刺激经济过热，对社会不利；同时，过热的经济会使金融市场上的投机操作和道德风险大幅度增加，造成金融市场混乱，对银行也不利。此外，过多地降低存款准备金率，还会降低银行的清偿能力，一旦出现客户大量提存，就会给整个金融市场带来严重危机。

相反，存款准备金率越高，商业银行所需要的储备资产就越多，相应的，可用于贷款的超额储备就越小，从而使信贷收缩。但如果存款准备金率过高，则会抑制商业银行的信用活动，使金融市场萧条，进而发生连锁反应，国民经济会因货币量减少而减慢发展，甚至停止发展。接下去，银行存款贷款进一步下降，金融市场陷入困境。

因此，从理论上而言，如果金融市场上货币供应过旺，央行就将存款准备金率提高一些，使银行的现金准备减少，从而收缩其信贷规模，进而使金融市场上的货币供应量相应减少；反之，如果金融市场上货币供应量过少，央行则可以适当降低存款准备金率，使市场货币供应量扩大。此外，央行通过提高或降低存款准备金率，影响银行系统准备金的增减，不仅会导致金融市场上银根的紧缩或宽松，而且还会促使市场利率发生相应的升降。

②再贴现机制的传导过程

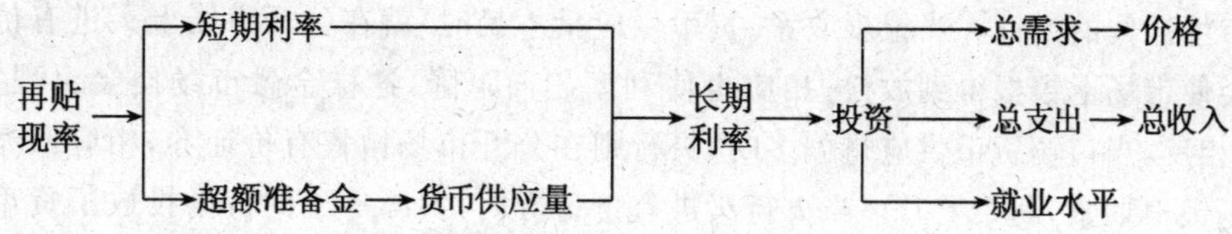

图 7-7　再贴现率的作用过程

如图 7-7 所示，中央银行再贴现率下降（上升），会使商业银行筹资成本下降（上升），从而使商业银行超额准备金增加（减少），货币供应量增加（减少），短期利率也会降低（提高），引起长期利率的降低（提高），进而通过投资水平的变化而使物价上升（下降）、失业率下降(上升)、国民收入增长(减少)。

当商业银行的准备金不足或需要资金时,可以向中央银行进行再贴现,以获得头寸。如果央行的再贴现率高于市场上的一般贴现率,商业银行获得的资金成本就会高于它直接从贴现市场上获得票据的成本,因此它就不再去进行再贴现操作了,而是采取紧缩信贷或到市场上出售证券的办法获取资金。相反,如果中央银行的再贴现利率低于市场贴现率,商业银行就会积极向央行进行票据再贴现操作,获得资金后进行再投资或贷款,从中赚取利差。这里,问题的关键就是再贴现率,再贴现率的高低直接影响商业银行的借款成本,进而影响信贷规模。

再贴现机制同法定准备金率一样,也是通过影响银行准备金的增减而起作用的。当央行需要收缩银根、控制或减少市场货币供应量时,就提高再贴现率,以便商业银行减少再贴现额度,进而减少存款准备金额度,使金融市场银根趋紧,同时产生使利率上升的压力;反之,当央行认为需要放松银根,增加金融市场货币供应量时,则调低再贴现率,这样就会产生与提高贴现率相反的效果。中央银行一般在以下情况变动再贴现率。第一,当市场利率上升,高于再贴现率时,中央银行就会调高再贴现率,以抑制商业银行增加向央行的贴现或借款;反之亦然。第二,当借款金额水平增减是由于市场货币流量的扩大持续地超过或低于货币政策目标要求时,中央银行往往调高或调低再贴现率。如在货币市场上货币流量增长过多的时期,提高再贴现利率可以抑制商业银行等向中央银行借款的积极性,从而减少对贴现市场的货币供应。第三,中央银行根据经济形势的发展,认为有收缩国内资金市场或吸引外资内流的必要时,则提高再贴现率;反之则降低再贴现率。

③公开市场业务的传导过程

较发达的金融市场、完善的金融体系以及各种各样的金融工具是中央银行开展公开市场业务必须具备的条件。中央银行在进行公开市场业务操作时,买入(卖出)有价证券,相当于吞吐基础货币,进而引起货币供应量的变化,通过利率的变化影响投资进而影响物价水平、就业水平和国民收入增长率。

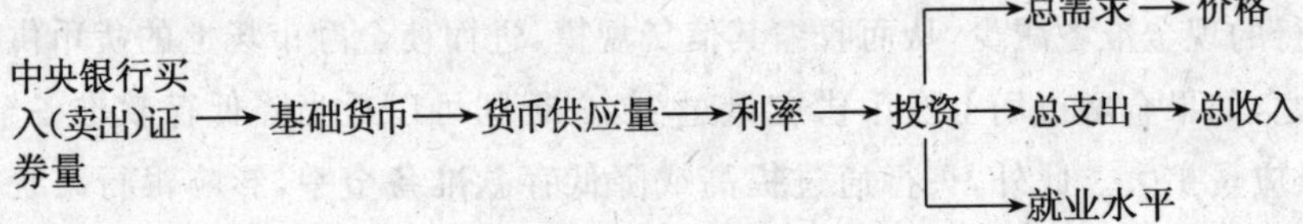

图 7-8　公开市场业务的作用过程

如图 7-8 所示,中央银行根据货币供应量的目标和金融市场上银根松紧的情况,决策公开市场操作的方针。当银根收紧、货币供应量不足时,就在公开市场上买进有价证券,这就会使市场上银根得到放松,相应也使利率趋向下降,这样金融市场便会出现宽松的局面;相反,当市场货币供应量偏多时,央行则在公开市场抛售有价证券,相应回笼货币,使市场银根抽紧,利率上升。当央行买进有价证券时,实际等于向市场投放了货币,势必使银行的现金准备增加,从而扩张信用,增大货币供应量。相反,中央银行在出售有价证券时,无论购买者是银行还是社会大众,都会导致银行体系现金准备的减少,因为社会上的资金已从市场流入中央银行。这时因为准备金收缩的乘数作用,使银行不得不收缩其信用,从而紧缩货币供应量。上述这一买一卖不仅会增大或减少市场货币供应量,还会影响货币市场利率的升降。

④同业拆借市场的传导

同业拆借市场是中央银行货币政策的一种传导机制，这种同业拆借交易虽然不创造任何新的银行储备，但可以促进现有储备的充分运用。影响银行同业拆借市场利率的因素主要有中央银行再贴现率、商业银行的资金实力、企业的资金需求量等。同业拆借市场利率对货币供应量的影响主要表现在影响银行贷款行为和投资成本两个方面。

(2)货币政策的机构传导

在货币政策的传导过程中，从货币政策工具的启用到货币政策最终目标的实现全过程都要借助于一定的传导机构行为的变化与作用来完成，主要包括中央银行、商业银行和其他金融机构、企业和居民行为。同时，形形色色的各种市场(主要是金融市场)又是衔接中央银行行为——商业银行行为——企业和居民行为的媒介和导体，通过市场的作用把中央银行的货币政策意图逐级由各金融机构向企业和居民传递和渗透，同时，又通过市场的作用将企业和居民、金融机构的承受能力等反应信息反馈到中央银行。其步骤如图 7-9 所示：

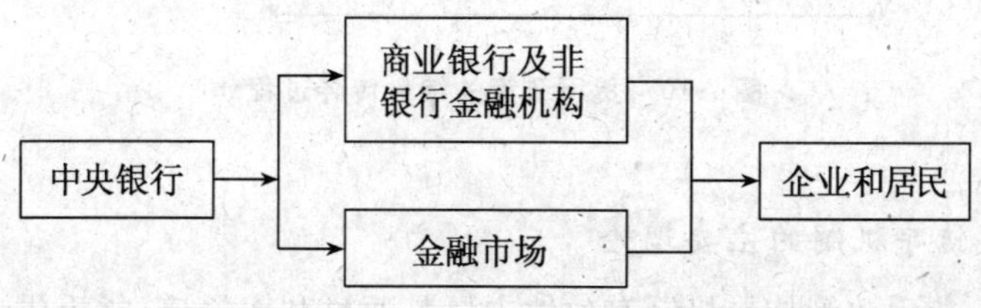

图 7-9　货币政策机构传导的一般结构

货币政策的机构传导一般过程是：中央银行在制定货币政策后，选择适当的货币政策工具并予以实施，货币政策工具作用于商业银行及非银行金融机构和金融市场这两个中间部门，对其经济行为产生影响，改变其所涉及的各种经济变量，进而影响企业和居民的行为。在这个过程中，商业银行及非银行金融机构和金融市场这两个经济部门和机构之间相互联系，互相影响。例如：中央银行运用公开市场业务，在金融市场上买入有价证券，增加金融市场资金供应，使金融市场利率下降；而中央银行投入金融市场的货币通过直接或间接途径进入商业银行和非银行金融机构，商业银行扩大放款，企业与社会公众手中货币增加，利率下降，投资和消费受到刺激，社会总需求增加，促使国民收入增加，就业水平上升。

中央银行、金融机构、企业等货币政策传导机构是货币市场的主要参与者，其在货币市场中的行为规范直接影响着货币政策的执行效果。中央银行参与货币市场的行为比较特殊，它既不是为了筹集资金，也不是为了取得某种利益，它主要是利用公开市场操作调节和控制基础货币，调控市场货币供应量，稳定货币，实现货币政策目标。

中央银行作为商业银行的最终贷款者，并主持全国的清算事宜，对金融机构进行监督管理。中央银行对金融市场实行管理，主要是运用经济手段和法律手段，并辅之以行政手段。商业银行和其他金融机构则是通过货币市场保持必要的备付金水平，合理调整资产结构，增强自身资金实力，降低经营成本和保证资产收益。金融市场是衔接各机构行为的媒介和导体。

(3)货币政策综合传导过程

货币政策的经济变量传导和货币政策的机构传导两个链条并不是相互独立的二次

传导过程，而是一次传导过程的两个方面。经济变量传导所依附的是中央银行、金融机构和企业等机构载体，机构传导则是通过各机构的经济变量的相互联系、相互影响来实现的，两个过程综合起来，就构成了货币政策的综合传导过程。整个传导面是一个错综复杂、相互交叉的网络，全部传导过程则是一个庞大的系统工程，具体见图 7-10。

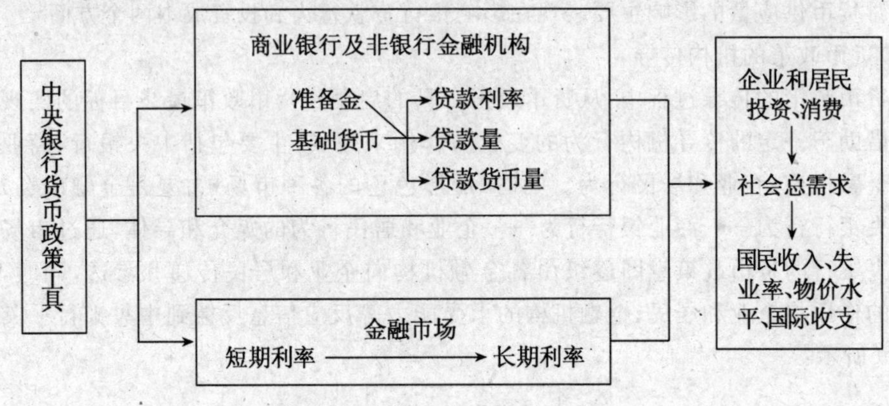

图 7-10　货币政策的综合传导过程

4. 货币政策传导机制的主要理论

从理论上讲，货币政策传导机制有效性主要是通过利率渠道、货币供应量渠道、资产价格渠道、信用渠道和股票市场渠道来实施，而这些传导渠道又有不同的特点，且在不同的时期和经济条件下所起的作用也不一样。

(1)凯恩斯学派的利率渠道传导机制理论

1936 年凯恩斯(J. M. Keynes)在经济大萧条后出版的《通论》(General Theory)中，提出了货币政策的利率渠道传导理论。在凯恩斯的 IS－LM 模型中，被表述为：

$$M\uparrow \rightarrow i_r\downarrow \rightarrow I\uparrow \rightarrow Y\uparrow$$

M 上升代表了一种扩张性的货币政策，它导致实际利率(i_r)下降，降低了资本成本，进而导致投资(I)上升，使总需求上升和产出(Y)提高。凯恩斯当时认为这一过程是通过公司的投资决定变动来实现的，后来研究表明居民在耐用消费品上的开支也是一种投资决定。

凯恩斯强调影响消费和投资决定的是真实利率而不是名义利率，对开支产生作用的利率是长期利率，而不是短期利率。由于存在粘性价格，即使是在理性预期的情况下，降低名义利率的扩张性的货币政策同时降低短期真实利率。实际利率的降低将导致固定资产投资、个人投资、居民耐用品消费、库存投资的上升，所有这些最终导致总产量的上升。

真实利率比名义利率对开支影响更大的事实为货币政策刺激经济提供了一个重要的渠道，这种渠道即使在通货紧缩阶段名义利率降低到零也仍然有效。如果名义利率降低到零，货币供给的扩张可以提高预期价格水平，并使通货膨胀预期上升，导致了名义利率为零的条件下真实利率的下降，从而通过上面所描述的利率渠道刺激了开支。

$$M\uparrow \rightarrow P\downarrow \rightarrow \pi\uparrow \rightarrow i_r\downarrow \rightarrow I\uparrow \rightarrow Y\uparrow$$

这一机制指明即使当名义利率被降低到零的时候，货币政策仍然有效。实际上货币主义者认为这一机制解释了为什么在大萧条时美国没有陷入流动性陷阱，以及为什么扩张性货币政策能够阻止在这个时期的总产出快速下降。

(2)货币学派的货币供应量渠道传导机制理论

20 世纪 60 年代末至 70 年代初，货币学派的代表弗里德曼(Friedman,1968)认为：货币政策的传导过程应当注重货币供求的均衡，产出是由货币供给与需求相互作用决定的，不能通过利率调节，名义货币量的增加最初可能导致利率下降，但随着总需求的扩大，价格会很快上升，实际货币量下降，最终会使利率又回到原来的水平。不应该将注意力完全集中于范围狭窄的金融资产的利率上，货币供应量的变动会以多种形式影响支出。因此，应从更广阔的相对价格的角度去理解货币传导机制。他认为，一个国家只要根据经济规模的大小，为货币供应量确定一个较为长期的合理增幅，并借助货币政策工具使其保持在这一幅度上，就能使经济在低通胀的条件下稳定增长，并达到理想的就业水平。美联储在 20 世纪 70 年代以货币供应增长率取代利率作为货币政策的中介目标，标志着货币主义达到了它的顶峰。

(3)资产价格渠道传导机制理论

典型货币主义者反对以 IS－LM 框架来分析货币政策，他们认为 IS－LM 框架只关注利率一种资产价格，而不是多种资产价格。货币主义的传导机制解释了其他多种资产价格和真实财富向经济传导货币影响的过程。实际上一些凯恩斯主义者也把这些因素纳入宏观经济模型中，认为其他资产价格影响对货币传导机制是很重要的。

①汇率渠道

伴随着全球经济的增长和浮动汇率制度的到来，人们开始把注意力放在通过汇率效应实现货币政策的传导操作上，在这个框架下，外汇被看作是资产的一种存在形式，而汇率成为外汇资产的价格表示，汇率的变动对调整国内经济有着重要作用。汇率效应同样伴随着利率效应：货币供应量大，国内真实利率下降，国内货币的价值下降使国内货物比国外货物相对便宜，引起净出口的上升，从而总产出上升。即：

$$M\uparrow \rightarrow i_r\downarrow \rightarrow E\uparrow \rightarrow NX\uparrow \rightarrow Y\uparrow$$

在开放性金融体制下，汇率机制传导途径实质上描述的是国际收支理论的一种标准模式，理论基础是利率—汇率平价和以不同货币计价的资产之间的替代性。其一般逻辑为：货币变动使利率变动，汇率因之发生改变，更影响到净出口值，并最终改变总产出。

②托宾的 Q 理论

托宾的 Q 理论提供了货币政策通过对股票价值的影响而影响总经济的一种解释，他定义 Q 为公司市场价值除以其资本重置成本。

如果 Q 高，即公司市价相比于重置成本较高，公司可以发行股票并可得到相比于他们所买的工厂、设备所费成本更高的价格，因为公司只需发行少量股票就可以买到许多新的投资品，这样投资开支将会上升。如果 Q 低，因为公司市价相对于重置成本低，厂商将不会购买新的投资品。因为在 Q 低时，如果公司想获得资本，它将购买其他较便宜的企业而相应获得旧的资本品，这样投资支出将会降低。

米什金(1998)指出，这一讨论的难点在于托宾的 Q 和投资支出之间的联系，即可能的货币政策是如何影响股本价格的。根据货币主义理论，当货币供给上升，人们发现超过其货币需求，从而增加开支而减少手持货币。同时人们也将会增大在股票市场上的开支，对股票的需求增加而相应使股票价格(Pe)上升。凯恩斯主义存在类似的结论：扩张性的货币政策减少了债券相对股票的吸引力，而导致利率下降。综合这些观点可得到下面的机制：

$$M\uparrow\rightarrow Pe\uparrow\rightarrow Q\uparrow\rightarrow I\uparrow\rightarrow Y\uparrow$$

③财富效应渠道

财富效应渠道是由莫迪格里尼(Modigliani，1971)提出的，在莫迪格里尼的生命周期模型中，消费支出是由消费者的终身资源决定的，其包括人力资本、真实资本、金融财富。这里金融财富的主要内容是普通股票。当股票价格上升，持有者的金融财富(V)价值上升，增加了消费者的终身财富，消费(C)上升。由于扩张性的货币政策可以导致股票价格的上升，可以得到这样的货币传导机制：

$$M\uparrow\rightarrow Pe\uparrow\rightarrow V\uparrow\rightarrow C\uparrow\rightarrow Y\uparrow$$

④房地产渠道

当房价上升，其价格相对其重置成本上升，与托宾Q理论一样，这将刺激了房屋的产出。相应的房地产的价格上升将增加拥有者的财富，提高其终身财富，进而提高消费。扩张性的货币政策将提高房地产价格，达到提高总需求而提高总产出的目的。

(4)信用供给渠道传导理论

信用供应可能性理论是由美国纽约联邦银行的罗伯特·罗莎(Robert Rosa)博士首创。1951年罗莎博士在其论文《利率与中央银行》中对货币政策传导机制提出了新的解释。他认为，以往的学者在论述利率传导机制时，只注意了利率对资金需求者即借款者的影响，而忽视了利率对资金供给者即贷款人的影响。实际上，利率对贷款者的贷款行为也是十分敏感的。信用供应可能性理论分析资金供给者即贷款人的利率弹性和贷款行为，强调利率变动对信用供应可能性的影响，认为资金供给者对流动性的考虑及提供信用的意愿是影响实际经济活动的最重要因素，因而也是货币政策作用机制的关键环节。

财富传导机制和资产结构调整传导机制理论的假设前提是金融市场是完全竞争的市场，信息是完全的，各种金融资产的供给与需求都是随市场利率信号的变化而灵敏地发生变化，具有充分的利率弹性。个人和企业的各种资金来源可以方便地相互替代。这只是一种理论上的抽象，事实上，大多数国家的金融市场是不完全竞争的。

①银行贷款渠道

银行贷款渠道是指中央银行采取特定的货币政策工具影响金融中介机构的贷款规模和贷款结构，相应地影响到投资和总需求的变动。由于在银行贷款与其他可供资金资源之间不存在完全替代，银行贷款与其他金融资产(如债券)不可完全替代，特定类型的借款人的融资需求只能通过银行贷款得以满足，成为"银行依赖者"(Bank-dependent)，从而使得货币政策除由一般的利率机制传导以外，还可通过银行贷款的增减变化进一步强化其对经济运行的影响。货币政策的这个传导过程并不依靠利率渠道而是通过影响信贷市场上的信贷可获得性发挥作用，其传导过程是：货币政策工具→商业银行法定存款准备金数量(R)↑→货币供应量(Ms)↓→利率(i)→银行资产价格(P)↑→银行的流动性(L)↓→信用供给可能量(K)↓→产出(Y)↓。

②资产负债表渠道

资产负债表渠道，即净财富渠道(Net Wealth Channel)。其解释是，货币政策参数的变化会引起非货币资产价格的变化和利率水平的变化，从而直接改变企业的净资产水平(代表了其资信程度)，最后达到放大货币政策影响力的作用。伯南克和盖特勒认为，信息不完全条件下，市场的均衡投资水平正向地取决于借款人的资产负债表状况，即借款人净值与其负债之比。借款人净值是指企业流动资产与可售抵押品之和。

在资产负债表渠道下，货币政策通过影响借款人的授信能力，从而影响到银行对其给予的授信，并影响到借款人的投资活动，达到放大货币政策影响力的作用。从资产负债表渠道看，紧缩性货币政策传导机制为：货币供应量(Ms)↓→利率(i)↑→股票价格(Ps)↓→企业利息成本↑→净现金流↓→逆选择(AS)↑→道德风险(MH)↑→贷款(L)↓→投资(I)↓→产出(Y)↓。其含义是：名义利率上扬，从资本价值看，资产价格(股票)下跌，现有资本品的价值随之减少，借款人的抵押品价格降低，净值降低，资产状况相应恶化；从净现金流量看，借款人利息成本和利息支出费用开支增加，直接减少净现金流；销售收入下降间接地进一步减少净现金流。由于净值降低，缺少为贷款提供的担保品，借款人的逆选倾向(Adverse Selection)就会升高，导致银行对其投资支出贷款的下降。同时，公司所有者在公司资产中的存量价值也降低了，使他们更倾向于从事风险性高的投资项目，银行的贷款不能收回的可能性上升，道德风险(Moral Hazard)增加。道德风险同样会降低银行对该企业的贷款。因此，资信状况不佳的借款人既无法从市场直接融资，又无法获得银行贷款，导致投资与产出紧缩。与此相反，扩张性货币政策传导机制为：货币供应量(Ms)↑→利率(i)↓→股票价格(Ps)↑→企业利息成本↓→净现金流↑→逆选择(AS)↓→道德风险(MH)↓→贷款(L)↑→投资(I)↑→产出(Y)↑。其含义是：名义利率降低，资本市场上资产价格(股票)上涨，借款人的抵押品价格相应增加；借款人利息成本和利息支出减少，现金流出减少；消费者支出增加，企业收益会相应增长。现金流入增加，净现金流提高和公司的净值增加，从而公司的资产负债表的质量提高，逆选择和道德风险减少，投资与产出增加。

③居民资产负债表渠道

居民资产负债表是通过影响无法获得银行外信用的消费者意愿而不是贷款人的意愿而起作用的。消费者的资产负债表状况，对消费者评价自己是否可能陷入财务困境具有重要的影响。如果消费者对自己陷入财务困境中可能性预期较高时，将减少持有缺乏流动性的耐用品和住房等资产，多持有更具有流动性的资产，如存款、股票和债券等。在需要时，这些金融资产容易按市场充分价值卖出，以增加居民持有现金量。消费者自己发生财务危机的可能性的预期较低时，则增加购买耐用品和住房等资产。扩张性货币政策传导机制为货币供应量(Ms)↑→利率(i)↓→股票价格(Ps)↑→金融资产价值(V)↑→居民资产负债表改善→银行贷款↑→财务危机可能性(D)↓→消费者耐用品、住房开支(CA)↑→产出(Y)↑。含义是：利率下降，股票价格上升，金融资产的价值上升，居民资产负债表改善，银行贷款增加，消费者估计自己发生财务危机的可能性较小，更愿意购买耐用品和房屋，最终导致产出增加。相反，紧缩性货币政策，利率上升，居民资产负债表恶化，银行贷款下降，将直接导致他们对耐用消费品和住房的购买力下降，社会产出下降。

信用渠道对消费者开支也同样有影响，特别是对消费者的耐用消费品和住房的消费。对那些无法获得银行以外信用的消费者来讲，货币紧缩导致的银行贷款下降，将直接导致他们对耐用消费品和住房的购买下降。同样，利率上升因使消费者的现金流受到逆向影响导致了居民资产负债表的恶化(Mishkin,1996)。

(5)股票市场渠道传导机制理论

股票市场渠道传导机制理论是拉尔夫·恰米(Ralph Chami)、托马斯·克斯马诺(Tomas. F·Cosmano)和康内尔·弗伦坎普(Connel Fullenkamp)于1999年在"The StockMarket Channel Of Monetary Policy"一文中提出来的。

美联储主席格林斯潘(Greenspan,1999)在美联储的一次会议上曾经明确提出，由于美国居民将大量收入投入到股票市场中，货币政策制定者必须考虑到这一影响。货币政策向股票市场的传导，即货币当局改变货币政策，这种变化能够迅速且准确地在股票市场中得以反映，是股票市场渠道发生作用的前提和关键。Cook和Hahn(1988)以及Rigobon和Sack(2001)的研究表明货币政策会影响短期的股价表现。Jensen和Johnson(1995)考察了美国1962～1991年美国股票市场月度和季度的股票价格表现与货币政策之间的联系，结果表明，货币政策的取向影响了长期的预期回率，而股票市场人对这一预期的改变做出迅速反应。Ovoye和Onafowora(1994)对非洲10个国家的股票价格与货币供给的关系进行实证研究，结果发现具有比较完整的规范的股票市场国家，股票价格和货币供给量之间具有紧密的联系。以上实证研究的结果表明，货币政策通过一定的渠道影响股票市场的价格，通过股票市场传导货币政策的机理在一些股票市场发展极具规格且规范化的国家里的确存在而且发生了实际的作用。

7.3.4 货币政策监控机制

1.货币政策的监控指标

从货币政策工具的运用到货币政策目标的实现之间有一个相当长的作用过程。在这个作用过程中有必要及时了解政策工具是否得力，估计政策目标能不能实现，这就需要借助于一些合适的中介指标进行监控。这些中介指标主要是反映货币政策实施过程中对经济的影响情况，从而预测货币政策的效果。一般认为主要的监控指标有以下几个：

(1)利率指标

作为中介指标，利率的优点是：①可控性强。中央银行可直接控制对金融机构融资的利率。而通过公开市场业务或再贴现政策，也能调节市场利率的走向。②可测性强。中央银行在任何时候都能观察到市场利率的水平及结构。③货币当局能够通过利率影响投资和消费支出，从而调节总供求。但是，利率作为中介指标也有并不理想之处。作为内生经济变量，利率的变动是顺循环的：经济繁荣时，利率因信贷需求增加而上升；经济停滞时，利率随信贷需求减少而下降。然而作为政策变量，利率与总需求也应沿同一方向变动：经济过热，应提高利率；经济疲软，应降低利率。这就是说，利率作为内生变量和作为政策变量往往很难区分。比如，确定一个利率提高的目标，为的是抑制需求；但经济过程本身如把利率推到这个高度，作为一个内生变量，它却是难以直接抑制需求的。在这种情况下，中央银行很难判明自己的政策操作是否已经达到了预期目的。

(2)货币供应量

以货币供应量作为中介指标，首先遇到的困难是确定哪种口径的货币供给作为中介指标：是现金，还是 M_1，抑或是 M_2。就可测性、可控性来说，三个指标均可满足。它们随时都分别反映在中央银行和商业银行及其他金融机构的资产负债表上，可以进行测算和分析。现金直接由中央银行发行并进入流通；通过控制基础货币，中央银行也能有效地控制 M_1 和 M_2。问题在于相关性，到底是哪一个指标更能代表一定时期的社会总需求和购买力，并从而通过对它的调控就可直接影响总供给。现金，在现代经济生活中已经起不了这种作用。问题是 M_1 和 M_2 的优劣比较，对此有颇不相同的见解。至于就抗干扰性来说，货币供应量的变动作为内生变量是顺循环的，而作为政策变量则应是逆循环的。因此，政策性影响与非政策性影响，一般说来不会相互混淆。是选用货币供应量，还是选用利率，不存在哪个绝对好哪个绝对差的定论。如何选择要看条件，并且也只有根据经验的积累才能判断怎样的选择对本国条件来说较为理想。比如 20 世纪 70 年代中期以后，西方各国中央银行纷纷将中介指标由利率改为货币供应量；而进入 20 世纪 90 年代以来，一些发达国家又先后放弃以货币供应量作为中介指标，转而采用利率。原因是 20 世纪 80 年代末以来的金融创新、金融放松管制和全球金融市场一体化，使得各层次货币供应量之间的界限更加不易确定，以致基础货币的扩张系数失去了以往的稳定性，也使得货币总量同最终目标的关系更难把握，结果是中央银行失去了对货币总量强有力的控制。

此外，有一些经济、金融开放程度高的国家及地区，是以汇率作为货币政策的中介指标。这些国家或地区的货币当局确定其本币同另一个较强国家货币的汇率水平，并通过货币政策操作，盯住这一水平，以此实现最终目标。

上述的利率和货币供应量两种指标一般视为远期指标。这类中介指标离货币政策最终目标较近，但中央银行对这些指标的控制力弱于像超额准备金和基础货币这样的短期指标。

(3)超额准备金和基础货币

超额准备金对商业银行的资产业务规模有直接决定作用。存款准备金率、公开市场业务和再贴现率等货币政策工具，都是通过影响超额准备金的水平而发挥作用的。但是，作为中介指标，超额准备金往往因其取决于商业银行的意愿和财务状况而不易为货币当局测度、控制。

基础货币是流通中的现金和商业银行的存款准备金的总和，它构成了货币供应量倍数伸缩的基础。与超额准备金不同，它可满足可测性和可控性的要求，数字一目了然，数量也易于调控，不少国家把它视为较理想的近期指标。

2.货币政策的自律性问题

中央银行是可以创造货币的单位，但其基础货币是对社会的负债；货币政策基本目标是稳定币值，维护广大公民利益。这些基本属性决定了货币政策的自律性。自律性要求货币政策应采取主动的和相对独立的决策。这需要相应的法律约束和制度保证，也需要中央银行始终秉承稳健的传统和品格。

货币政策是约束力非常强的政策，作为最后贷款人，当金融机构出现了流动性困难，并且有可能影响整个金融市场、金融体系稳定，甚至经济稳定的时候，中央银行理应向市场提供必要的流动性支持。但这是针对整个金融市场、金融体系的，而不是对单个市场。

一般情况下，中央银行不会轻易地向市场提供流动性的。因为，如前所言，中央银行是对整个公众负责的，不能为了局部利益而损害了整个社会公众。换言之，如果单个机构出现问题，如果不涉及到全局，最好通过市场办法来解决，通过重组，通过其他方式的注资，通过破产程序，清算来解决。

次贷危机之后，中央银行自律性问题再次引起关注。次贷危机发生不到一个月，世界上主要中央银行向市场体系注入了八千亿美元，之后又陆续注入了大量资金，甚至出手救助单个机构，把中央银行最后贷款人的角色用到了极致。这对中央银行传统的规则来讲是一个很大的挑战，同时需要我们研究思考这样几个问题：一是这是否存在道德风险；二是这是否违反中央银行的传统规则或潜规则；三是在维护金融稳定和防范道德风险之间如何权衡；四是中央银行的做法是否长期有效；五是中央银行能否代替或有效弥补市场调节的不足等。

7.4 货币政策的有效性

7.4.1 货币政策有效性的含义

所谓有效性，是关于形式系统的语义性概念。形式系统中一个有 n 个变元的公式在某个模型中有效是指：用这个模型的论域中任意一组 n 个元素解释公式中的变元，都使公式在这个模型中的解释为真。一个公式有效，是指它在任何一个模型中都有效。有效公式也称为普遍有效性(《辞海》，1979)。

货币政策有效性就是指中央银行操作货币政策工具后，达到其最终目标的程度。如果中央银行执行货币政策后，能够较快地接近货币政策确定的最终目标的目标值，则货币政策的效果就较好。但是，如果要等很长的时间才能接近中央银行确定的目标值，则货币政策的效果就较差。货币政策有效性与货币政策目标是不同的，货币政策目标是一种主观变量，而货币政策效果则是一种客观变量，就一般意义而言，货币政策目标都是好的、积极的，而货币政策有效性则可能既有好的、积极的一面，又有坏的、消极的一面。从各国中央银行运用货币政策的实践来看，货币政策的有效性有收效迟早与效力大小之分。

许多国家的政府或中央银行为发展本国经济相应制定货币政策，但有的不仅收效甚微，而且还制约了经济发展。其无效性体现在：①失控性。当突遇金融危机或经济衰退问题时，因未建立有效运行的传导机制，加上决策失误，往往导致宏观调控与微观调整失灵，致使经济金融形势失控。②盲目性。制定货币政策必须依据全球经济形势的发展变化和本国的经济发展实际，根据经济发展的不同周期采取不同的货币政策。否则盲目下指标，讲速度，该“紧缩”而“扩张”，必将导致经济下滑。③滞后性。货币政策的制定一定要有前瞻性，如果一味照搬某个发达国家的货币政策经验而忽视本国的实际情况，以及变化着的经济形势，即使学到人家成功的经验，但运用起来就会产生滞后性或无用性。这方面，我国金融改革的某些实际教训已付出了高额的“学费”。

7.4.2 货币政策有效性的测定

货币政策效果大小如何体现？这要从货币政策的性质入手来考察。首先，货币政策是一项总需求管理政策，其政策效果主要用总需求指标以及由总需求所影响的总产出指标来衡量；其次，货币政策是一项逆周期政策，其效果评价要看其反周期作用的大小，熨平周期的程度，即在经济运行的高涨期考察其抑制需求、平抑物价的作用，而在萧条期则要考察扩大需求、防止通货紧缩的作用；再次，货币政策是一项宏观经济政策，因此不可完全以微观经济运行状况来评价其效果，特别是不可以结构指标和效益指标来衡量货币政策；最后，货币政策工具并不是直接作用于最终目标，凯恩斯主义认为主要通过利率对产出发生作用，货币主义则认为是通过货币供应量发生作用，但他们都认为是通过一个中介变量的传导作用于产出，因此，货币政策的中间传导效果，即政策发挥作用的时滞和时间长短是衡量货币政策效果的一个极其重要的方面。

货币政策的效果检验一般通过两类指标进行：外部效应指标——检验目标变量对中介变量的反应；内部效应指标——检验中介变量对政策工具操作的反应。

1. 外部效应指标

(1)反映总体社会经济状况的指标

货币政策的最终目标是稳定物价、充分就业、经济增长和国际收支平衡等宏观问题。因此，可以通过反映整个国民经济发展比例和效益的指标来衡量货币政策的有效性。使用具体的指标有：国内生产总值(GDP)、国民生产总值(GNP)，失业率和国际收支状况等。

(2)反映通货膨胀程度的指标

使用的具体指标主要有三个：①消费品价格指数，它是衡量不同时期居民消费商品和劳务的价格平均变动的指标，用于反映消费品物价水平的变化情况；②批发品物价指数，用于反映大宗批发交易的物价变动情况；③国民生产总值平均指数，它是按当年价格计算的国民生产总值与按固定价格计算的国民生产总值的比率，反映最终产品和劳务的价格变化情况。

2. 内部效应指标

(1)反映货币供给数量及结构变化的指标

货币政策操作变量的调整是否有效取决于中介变量，主要是货币供应量是否发生相对应的变化。反映货币供给数量及结构变化的指标主要有：

①货币供应量增长率。货币供应量增长率指标是反映在一定时期内货币供应量变动情况的相对数指标，可考核货币政策操作变量对中介变量的实施效果。

②货币供应量结构比率。这主要是指 M_0 和 M_1 的比重和 M_1 和 M_2 比重。M_0 和 M_1 体现着现实的社会购买力，M_2 还包括了一部分储蓄性质的潜在的或未来的社会购买力。

(2)反映币值情况的指标

货币供给的数量变化总是会体现在货币的币值上。如果货币供给过度，引起物价上涨，单位货币所能够购买的商品或劳务就将减少。因此，通过商品的物价水平变动情况能够反映出货币供应量的变化情况。

7.4.3 货币政策的时滞及效应

任何政策从制定到获得主要的或全部的效果，必须经过一段时间，这段时间叫做“时滞(timelag)”。如果收效太迟或难以确定何时收效,则政策本身能否成立也就成了问题。宏观调控的时机选择有事前、事中和事后三种。现代宏观经济理论认为,宏观调控政策对经济的作用不是即时的,而是存在时滞效应。货币政策时滞是指从经济形势变化需要中央银行操作货币政策,到最终目标变量的变动之间的时间间隔。仔细观察一下十字路口的红绿灯变化后的车流变化情况,就很容易理解时滞了。并不是红灯一变成绿灯,在那里排队的汽车都可马上启动过十字路口的,越排在后面的,等候的时间就越长。这就是时滞的一个类比。

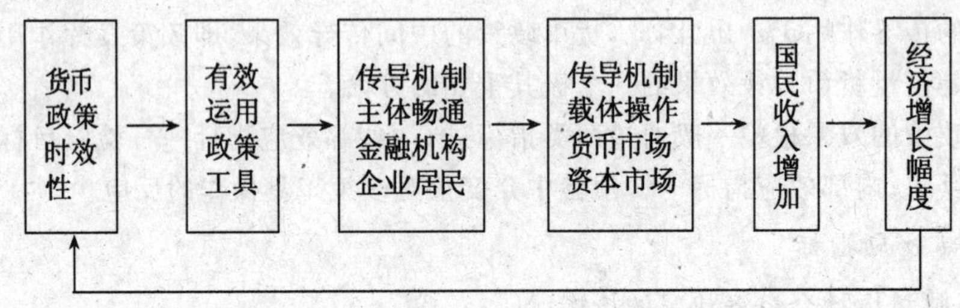

图 7-11 货币政策时效性的实施效果

如上图所示,货币政策时效性通过货币政策工具的有效运用,在传导机制主体畅通运行的条件下经过传导机制载体的操作,实现国民收入的增加,进而促进国民经济的增长;而国民经济增长幅度的大小又折射出货币政策效果的好坏。

货币政策时滞分为内部时滞与外部时滞两种。

1. 内部时滞与货币政策效率

所谓内部时滞,就是在中央银行环节形成的时滞。具体来说,就是指从宏观经济金融运行偏离正常的运行轨道、客观上需要宏观当局采取调控措施开始,到中央银行逐步意识到经济金融中存在的问题、着手进行信息采集、分析并最终进行货币政策决策的一个时间过程。从中央银行进行货币政策决策的运作看,内部时滞还可以进一步划分为两个部分:(1)识别时滞,指的是宏观经济金融运行开始偏离正常的运行轨道、客观上需要宏观当局采取调控措施,到中央银行开始意识到经济金融运行中的问题这一时间过程。(2)决策时滞,指的是货币政策当局在主观上认识到需要改变货币政策、措施到实际采取行动,推行新的货币政策、措施之间的时间过程。

内部时滞的存在,客观上反映了货币政策当局进行金融决策的信息成本以及决策能力的有限、决策过程中的效率损失。具体来说,要考虑以下几个方面的因素:

首先,货币政策当局跟踪和采集有关宏观经济金融运行状况的信息需要时间,这就是信息成本。事实表明,货币政策当局很难及时、精确地把握当期的经济金融运行状况及其变动趋势。

其次,在货币政策当局已经采集到进行货币政策决策所需要的相对充足的信息以后,货币政策当局的决策过程将是一个需要协调各个利益集团的公共决策过程,在金融对经济运行影响越来越大的情况下,货币政策措施的实施及其调整必然会影响到不同利益集团的利益,并导致决策过程的迟缓、折中和延长。这也在一定程度上反映了中央银行的独立性问题,独立性强的中央银行,对不同利益集团的利益冲突能够较快协调,从而能够以较短的时滞完成货币政策的决策。

第三,货币政策当局的认识能力和决策能力以及对经济金融运行状况的敏感程度同样是形成内部时滞的重要原因。从所掌握的信息资料中认识宏观经济金融状况，分析发展趋势，并作出相应的决策行动，同样需要时间，有时还需要较长的时间过程。

第四，货币政策当局采取调控措施的具体方式和中央银行的独立性也是影响内部时滞的不可忽视的因素。一般来说，小幅度的调整措施震动较小、影响面较窄，相应的时滞会短一些；而大规模的政策调整必然需要相对较长的时期。中央银行的独立性较高，则内部时滞相对较短。

2. 外部时滞与货币政策效率

所谓外部时滞，实际上包括了在商业银行环节和社会公众环节的中间时滞、产出时滞。在运行区间上，是指货币政策当局采取调控措施到有关经济变量（主要是指收入）发生变动、宏观经济金融运行状况出现调整为止的时间间隔。

从外部时滞的角度看，时滞效应通常包括两个方面的含义：(1)总量时滞，指的是从货币政策措施的入点到货币政策的出点（名义国民收入水平发生相应变动、宏观经济金融状况发生相应调整）所需的时间过程。总量时滞衡量指标实际上是货币政策措施影响名义国民收入水平所需的平均时间长度。(2)分布时滞，指的是从货币政策措施的入点到货币政策措施的出点这段时间过程中，货币政策措施发生作用的时距分布。客观地说，货币政策的效果是逐步显示出来的，是一个过程，货币政策措施对经济变量的影响不是在特定的时间内同时、同步、同程度地发生的，而是存在显著差异的，在有些地区、部门、单位和个人反应较快，而在另一些地区、部门、单位和个人反应较慢。比如说，货币政策措施在5个月后实现20％的效果，在13个月后实现50％的效果，22个月后实现96％的效果。这里的5个月、13个月、22个月就是所谓分布时滞。总量时滞和分布时滞的共同作用，加大了货币政策当局进行宏观调控的难度，成为制约货币政策效率的重要因素。与内部时滞相比，外部时滞比较客观，更易于观察、分析和衡量，因而外部时滞将成为我们研究的重点。

显然，影响外部时滞的重要因素。主要取决于下列因素：

第一，社会公众的市场行为。包括社会公众的预期状况及其变化、投资者和消费者对市场变化及信息的反应速度、经济信息的传递快慢、社会公众对政策变动的敏感度等。

第二，商业银行的市场行为。包括前述的商业银行体系是否以利润为导向、运营状况是否正常、商业银行的业务活动对政策行动的反映等。

第三，内部时滞。经济金融运行的事实表明，外部时滞的长短还与内部时滞的长短高度相关。如果决策时滞较短，则外部时滞也可能较短。反之，如果决策时滞较长，则外部时滞也会相应延长。

第四，货币政策调控方式及其选择。一般来说，强硬的直接控制手段的外部时滞比间接控制手段的外部时滞要短些，但这种方式对经济金融运行的冲击力度较大，其副作用也是十分明显的。如果中央银行的货币政策措施（特别是政策输入时）力度较大，则时滞会短些；如果货币政策措施力度小，货币政策的最初入点与最终出点之间相距太长，则时滞必然会长些。

第五，经济发展水平及经济背景。当一国的经济发展水平较低，社会上存在有较多的闲置资源或者处于短缺经济时，货币供应的产出时滞可能会短些；当生产发展到一定程度，某些关键性生产要素处于“瓶颈”状态时，货币供应的产出时滞可能会拉长；当达到充分就业之后，则货币供应的外部时滞可能会无限期地延长(甚至不会再有产出了)，同时主要表现为价格的上扬。

第六，金融市场的发达程度。发达的金融市场能够提供比较准确的经济信号，从而降低中央银行的信息成本，并提供多样化的调控工具，能够减少货币政策措施可能带来的震动，提高货币政策的效率。

我国货币政策时滞具有自身的特点：①内在时滞长。西方国家的内在时滞一般只有三四个月，我国则由于货币政策缺乏相对稳定性，短期内忽松忽紧，变幻莫测，其内在时滞则长达2～3年。②外在时滞过短。西方发达国家货币政策外在时滞一般为8～12个月，在个别行业最长时达20个月。而我国从实施紧缩到增长速度下降，其外在时滞不足5个月。③外在时滞的行业和企业差别明显。国有企业受各种优惠政策保护，其外在时滞长于集体企业的外在时滞，而乡镇企业的外在时滞较之集体企业也明显为短。④外在时滞的区域差别较少。紧缩往往表现为“一刀切”，其结果是“一控就死”，“一放就乱”。不同地区的外在时滞没有明显的差别。我国货币政策时滞呈现出的极不规则状态，掣肘了货币政策功能的有效发挥。为强化货币政策的执行效果，及时纠正货币政策时滞的“逆向效应”，首先要强化货币政策的独立性，实行决策权与信息合流，提高货币动向的能见度，缩短货币政策的内在时滞。其次，建立货币政策运行机制的正常秩序。第三，强化金融市场的筹资功能，延长货币政策的外在时滞。第四，根据行业、企业间外在时滞明显不同的特点，对外在时滞不同的企业和行业采取不同的调控措施，掌握适当力度，提高货币政策运行效率。第五，强化其他宏观经济政策与货币政策的协调配套。

“相机抉择”理论和“规则”理论的主要观点

所谓货币政策操作方式，简言之就是中央银行制定和实施货币政策时所遵循的行为规则。根据货币和产出波动问题的不同理解，货币政策操作方式具有强烈的导向作用。假定货币被认为与产出无关，货币政策本身纯属多余且无效，货币政策操作方式选择自然无从提起。中央银行无需再费神劳力地去分析、监管各类经济信息。如果货币影响产出或者至少短期内影响产出，中央银行就无法逃避遵循何种规范以实现货币政策的最优选择：即究竟按“规则”还是“相机抉择”行事。

所谓规则是指在货币政策实施期间事先确定并据以操作政策工具的程序或规则。在早期，规则被理解为静态的、简单不变的原则，其不随其他经济变量的变化而调整；梅尔泽认为，规则是以一种可持续、可预测的方式运用信息的系统性决策程序，而货币政策规则就是这种原理在货币政策执行过程中的运用。

所谓相机抉择货币政策是指货币当局或中央银行依据对经济情势的判断，为达成既定的货币政策目标而采取的权衡性措施。又称权衡性货币政策。相机抉择则就是中央银行在操作政策工具以实现既定目标时不受任何固定程序或原则的束缚而依时依势灵活取舍，试图最优地使货币政策与经济运行态势相适应。当今世界普遍采用“逆风向行事”的微调策略，其根据就是凯恩斯学派的相机抉择原理。该原理的特点之一就是假定公众的预期不变(静态)从而决策者实施需求政策影响经济状况。

凯恩斯主义曾长期在西方经济学界居统治地位，西方国家货币当局亦多采用相机抉择货币政策即权衡性货币政策。为了实现这一政策，采用了众多的政策工具。凯恩斯学派认为，权衡性货币政策是有效的，是正确的货币政策，它优于单一规则的货币政策。但是，20世纪60年代末，西方国家开始出现失业与通货膨胀并存的滞胀局面。对于这一现象，凯恩斯学派缺乏深刻的理论分析，也未提出有力的解决措施，从而引起其他学派对相机抉择货币政策的批评，指出：“相机抉择”具有很大的主观随意性，由于货币政策时滞长而且不稳定，往往导致过头的政策行为，加深对经济的干扰，况且货币政策目标之间存在矛盾，难以兼顾。有的学者甚至还认为，60年代末开始出现的滞胀，就是由于实行相机抉择货币政策造成的。但是，多数国家仍实行权衡性货币政策，有少数国家在治理通货膨胀时则主要实行稳定货币增长率的政策。因此，相机抉择理论遭到了其他学派，特别是弗里德曼为首的货币学派的猛烈抨击。

现代宏观经济理论的发展普遍认为相机抉择是一种效率极低的政策规则，因此主要倾向是选择单一规则还是积极规则。单一规则首先由弗里德曼提出，并为货币主义和新古典主义所推崇的宏观调控政策规则。他们认为，积极反周期的货币政策是无用的，货币当局应宣布一个稳定的货币供给增长率，以避免对价格膨胀和紧缩造成人为的扰动。

7.5 中国货币政策的回顾与展望

7.5.1 货币政策的回顾

自1978年至今，我国改革开放已经走过了30年。30年来，我国国民经济发展和经济体制改革都取得了巨大成果。伴随着这种改革与发展的巨大成果，伴随着从传统的计划经济向社会主义市场经济的转轨，我国的货币政策规范也经历了重大变迁，从幼稚逐渐走向成熟。探讨我国货币政策规范的这种变迁历程，从中总结经验和教训，找出规律性的东西，以便更好地完善我国的货币政策规范，提高我国央行的货币调控能力和绩效，具有重大的理论和实践意义。我国货币政策规范变迁的四个阶段：

1. 第一阶段(1978～1983年)：财政出纳型货币政策规范

1978年12月，党的十一届三中全会召开，做出了把工作重点转移到经济建设上来的具有划时代意义的战略决策，从此拉开了改革开放的帷幕。此前我国实行的是计划经济，计划包揽一切，计划决定一切，谈不上任何意义上的货币政策。况且，计划经济也不需要真正意义上的货币政策。1978～1983年间，我国已经开始认识到社会主义必须发展商品经济，认识到在加强计划管理的同时也要高度重视市场调节作用，认识到要实行“计划经济为主，市场调节为辅”的经济管理体制。特别是在此期间，国务院贯彻邓小平同志提出的要“把银行办成真正的银行”的指示，对银行体系实施了改革。

1978年，中国人民银行从财政部独立出来，并按照行政区划在全国普设分支机构；中国人民银行作为中央银行，开始从行政设置上有了一定的独立性。不仅如此，1979年，中国农业银行、中国银行和中国人民建设银行相继恢复，形成了新的国有银行体系格局。

在这种新的银行体系格局下，中国人民银行在国务院领导下，掌握货币发行、信贷、利率、汇率和结算等经济杠杆，开始尝试综合运用经济的、行政的和法律的手段进行货币政策调控。

由于“十年内乱”的后遗症，也由于在1976年粉碎“四人帮”之后的两年里，我国在经济上产生了一些冒进，导致国民经济有些失调和虚热。因此，中央政府从1979年开始，对国民经济实行了“调整、改革、整顿、提高”的八字方针。在此期间，中国人民银行把贯彻“八字”方针作为货币政策的基本任务，秉承“把银行办成真正的银行”的精神，致力于管紧信贷计划和信贷投放，尤其是固定资产贷款投放取得了成效。在此期间，伴随着财政体制初步改革和企业实行利润留成制度，我国预算外资金规模急剧扩大；一方面长期实行的消费基金计划管理体制被突破，另一方面企业内部约束机制却远未形成。因此，消费基金增长过快成为当时宏观经济调控包括货币调控的一个严峻课题。中国人民银行竭尽全力，加强现金管理和结算管理，严格控制货币投放，组织货币回笼，控制企事业单位消费基金支出和社会集团购买力支出。

可以说，1978～1983 年这一阶段，我国货币政策规范是"财政出纳型"的。这不仅因为当时的中国人民银行不是一个真正的国家银行，既担负宏观调控的职能，又直接办理存款、贷款和汇兑业务；既行使中央银行职能，又办理具体的商业银行业务；既是金融行政管理机关，又是经营金融的经济实体；"既当裁判员，又当运动员"：因此无法真正履行货币调控的职能。这更是因为，当时的中国人民银行无论是在货币政策目标上，还是在货币政策手段上，都没有任何独立性，央行不过是在不折不扣地执行原国家计委的大计划和原财政部编排的财政信贷计划。简单地说，当时央行不过是国家财政的出纳。

2. 第二阶段（1984～1994 年）：直接调控为主的相机抉择型货币政策规范

1983 年 9 月 17 日，国务院作出了《关于人民银行专门行使中央银行职能的决定》（以下简称《决定》）。《决定》明确规定，中国人民银行是国务院领导和管理全国金融事业的国家机关，专司中央银行职能，不对企业和个人办理信贷业务；中国人民银行应集中力量研究和做好全国金融的宏观决策，加强信贷资金管理，保持货币稳定。《决定》明确宣布，设立中国工商银行作为经济实体来承担原由中国人民银行办理的工商信贷和储蓄业务。1984 年 1 月 1 日，中国工商银行成立。其主要任务是：根据国家的方针政策筹集资金和运用资金，支持工业生产发展和商品流通扩大，支持集体、个体工商业和服务性行业的发展；按照中国人民银行的统一部署和搞活经济的要求，加强现金管理，调节市场货币流通，办理清算业务，加速资金周转，通过信贷资金活动促进社会主义商品经济的发展。至此，中国人民银行的中央银行体制、架构开始形成。从 1984 年到 1994 年间，国有专业银行（中国工商银行、中国农业银行、中国银行和中国人民建设银行）一直在实行企业化改革。企业化改革主要集中在两个方面：一是由机关式管理方式向企业化管理方式过渡，其目的是在各种外部条件和内部管理体制基本不变的前提下，全面推行责、权、利相结合的企业化管理改革，打破收入分配上的"大锅饭"，调动基层银行的积极性，提高金融系统的活力；二是打破资金分配上的"大锅饭"，逐步强化银行的资金约束，以及打破银行间的业务限制，拓展业务范围。不过，在此阶段，我国的各大专业银行还不是真正意义上自主经营、自负盈亏的商业银行；而中信实业银行、中国光大银行等全国性商业银行也相继成立，我国的银行体系更加丰富。

然而，在此阶段，我国央行的货币政策调控总体上是直接调控，而不是间接调控。所谓货币政策的直接调控，是指央行借助行政力量，运用若干货币、信贷的计划指标，强制非市场化的专业银行等金融机构主体执行的调控。央行每年给各专业银行制定并强制完成信贷规模的计划指标，故这种调控本质上属于直接调控模式。当然，在此阶段，中国人民银行对各专业银行信贷资金的调控和管理体制也在不断改革和完善，如从"统一计划，分级管理，存贷挂钩，差额控制"的调控和管理体制，改进为"统一计划，划分资金，实贷实存，相互融通"的调控和管理体制；从信贷规模的指令性计划逐步改变为信贷规模的指导性计划；从重信贷规模和货币发行的总量管理到重结构管理等等。这些改进或改革，表明此阶段我国的货币政策调控已开始将国有专业银行视为金融市场具有相对独立性和自主性的微观主体，已开始注重利用金融市场的供求信号进行调节；简言之，已开始尝试间接调控。但毕竟此阶段的货币政策调控还是直接调控为主。

我们还应看到，此阶段我国的货币政策规范还是相机抉择型的。让我们回顾这段历史：1979～1983 年，我国执行“调整、改革、整顿、提高”的八字方针，使经济趋于稳定增长、总供求趋于均衡、国民经济主要比例关系趋于协调后，为了支持城市经济体制改革，加快发展，与国家投资计划管理体制的放松相适应，央行于 1984 年实行“放松银根”的货币政策；1984 年下半年出现了投资和消费膨胀，经济过热，物价呈现上涨趋势，央行于 1985 年实行“紧缩银根”的货币政策；之后，我国企业资金供求出现矛盾，经济滑坡，央行迅速改变政策方向，于 1986 年实行“稳中求松”的货币政策；“稳中求松”过于放松，当年银行信贷和现金投放均增长过快，经济迅速呈过热趋势，为防止高通胀，1987 年下半年又实行“紧中有活”的货币政策，再次开始紧缩；“紧”的态势不坚决，力度不够，货币信贷仍然增长过快，1988 年秋到 1989 年又继续实行“紧缩银根”的货币政策；一年多的紧缩之后，1990～1991 年出现市场疲软，央行重新出台宽松的货币政策；1992 年以后，经济复苏又出现过热，物价上涨过快，央行又开始实行“适度从紧”的货币政策，整顿金融秩序，给经济降温，力求使国民经济“软着陆”。这充分表明：此阶段我国的货币政策规范是较为典型的相机抉择型。

3. 第三阶段(1995～2002 年)：间接调控为主的相机抉择型货币政策规范

1994～1995 年，我国货币政策调控机制发生了根本性的变化。1994 年初，央行缩小了信贷规模的控制范围，对商业银行实行资产负债比例管理；1998 年 1 月 1 日起，央行取消了对商业银行的贷款规模控制，对商业银行实行“计划指导、比例管理、自求平衡、间接调控”的信贷资金管理体制。1994 年第三季度开始，央行按季度向社会公布货币供应量分层次监测控制目标，并根据货币供应量目标和经济运行趋势来确定基础货币供应量，这为货币政策调控从直接调控转为间接调控奠定了标志性的基础。1994 年，我国还先后成立了三家政策性银行，为国有独资商业银行走向真正的商业银行创造了条件。1995 年，《中华人民共和国中国人民银行法》颁布，从法律上较好地保证了中国人民银行的央行独立地位；与此同时，《商业银行法》、《保险法》和《票据法》也先后颁布实施，进一步完善了我国货币政策间接调控的体系框架。

应当看到，在 1995～2002 年这一阶段，我国的货币政策不仅从调控机制来看已经实现了以间接调控为主，而不是以往的直接调控为主；而且从主要中介目标来看也已经转变成货币供应量为主，而不是以往的信贷规模为主。在这一阶段，我国央行越来越看重货币供应量作为货币政策中介目标的作用。从 1998 年 1 月 1 日起，央行正式宣布将货币供应量作为我国货币政策的中介目标。央行在分析和评判货币政策是否适当时，也特别看重货币供应量的增幅是否适度。例如，2002 年，时任央行行长的戴相龙先生对学术界和舆论界部分人士就我国 1998 年以来货币政策偏紧提出质疑时，曾明确指出：我国货币政策是适度的，因为我国这几年货币供应量增长幅度适度，“近几年货币供应量增长幅度比经济增长与物价增长之和高出 5 个多百分点”。事实上，在此期间，央行不同层次负责人在不同场合都曾以货币政策供应量适度来论证货币政策调控基本得当，甚至央行历年各季度的货币政策执行报告都是这个基调。

然而我们也应当看到，在此阶段，从我国货币政规范的属性来看，仍属于相机抉择型:1995～1996年,为了抑制1992年下半年以来的经济过热和物价高涨,央行继续1993～1994年一直执行的“适度从紧”的货币政策,数次上调银行存贷款利率,积极“冲销”外汇储备增加带来的货币扩张;1998～2002年,东南亚金融危机爆发后,为“防止通货紧缩,促进国民经济持续快速健康发展”,“既支持经济增长,又防范金融风险”,央行又实行“稳健”的货币政策,适当放松银根,彻底取消对商业银行的贷款规模限制,降低存款准备金率,多次下调金融机构存贷款利率以及贴现和再贴现利率,通过公开市场业务适当投放基础货币等。显然,这是较为典型的相机抉择型货币政策规范。

4. 第四阶段(2003至今):隐性通胀目标制型货币政策规范

2003年以来至目前的这一个阶段即第四阶段,新一届央行领导班子遵循的货币政策规范秉承了此前第二和第三这两个阶段货币政策规范的最重要特质——相机抉择。例如,在此期间,几乎每一个季度的货币政策执行报告都明确指出,“既要支持经济平稳发展,又要注意防止通货膨胀和防范系统性金融风险”。新一届央行行长周小川先生更是在多种场合,明确表达了货币当局货币政策规范的这一特征。2007年10月央行行长周小川先生在一次接受中外记者采访时明确指出,当前中国的货币政策是“多个目标”,“其中主要的四个目标是经济增长、通货膨胀、就业和国际收支平衡”,目前“我们对经济发展给予的权重还比较高。当然这也不意味着,我们给予发展的权重比较高,就能容忍经济过热和通货膨胀,而是多个目标之间的权衡”。我们“根据条件的变化,根据约束条件和经济运行条件的变化而在多个目标之间进行权衡,对货币政策进行调整。”

不过,我们也应当看到,本阶段央行货币政策还秉承了第二和第三这两个阶段货币政策的另外两个特质:一是努力保持货币政策的前瞻性、科学性和有效性;二是将货币供应量视为主要中介目标,力求合理计划和有效控制货币供应量的增长幅度。然而,我们更应当看到,本阶段我国央行的货币政策规范其实是隐性通胀目标制。自新西兰、加拿大、英国和瑞典于20世纪90年代初率先实行通胀目标制以来,迄今已有20多个国家和地区先后实行了通胀目标制。不过,我国央行自2003年以来实行的不是标准的通胀目标制,而是一种隐性的通胀目标制。我们知道,美国迄今实行的就是隐性(或潜在)通胀目标制。

所谓隐性通胀目标制,即央行虽然将通胀目标视为货币政策的最终目标之一,甚至承认通胀目标与其他目标相比的极端重要性,但始终未公开承认稳定的低通胀是货币政策首要的长期目标,未公开宣布经科学测定并承诺尽力维持一定时期内的目标通胀率(或目标区间)。有学者在2008年5月10日在陆家嘴论坛上发表演讲时曾明确指出:“目前……世界上许多其他国家,包括中国在内的货币政策更加关心的问题是反通货膨胀。”我们仔细观察还可以发现,自2004年以来,无论是央行领导人的讲话,还是央行各个季度的货币政策执行报告,在论及货币政策最终目标时,都将抑制通货膨胀放在了首位;而近几年央行的货币政策,事实上也一直是在着重抑制通货膨胀。从这个角度来看,我国央行近几年似乎是在实行通货膨胀目标制。然而我们也不能不看到,事实上我国央行从未公开承认自己实行的是通胀目标制。可见,我们有足够的理由认为,自2003年以来的这一阶段,新一届央行领导班子实行的是隐性通胀目标制,而非标准的通胀目标制。

7.5.2 货币政策的展望

随着经济形势的变化,2008年的货币政策发生巨大的波动,由年初的“从紧”到“灵活审慎”、再到下半年的“适度宽松”的大转变。年初“从紧”的货币政策主要是因为2007年流动性过剩导致的严重通货膨胀，这一政策在有效维持国家宏观经济稳定中发挥了作用，有效地抑制了通货膨胀和经济过热，也为我国更好地应对国际金融危机的冲击奠定了基础。7月份以后逐渐放松的货币政策主要是因为随着金融危机的不断蔓延，我国的实体经济受到了很大的冲击，通货膨胀由过高逐渐走向急剧下行趋势。因此国家将货币政策定调为“适度宽松”，对于保持我国金融体系的平稳运行和经济的较快发展产生了积极效果。展望2009年，国际经济金融形势将更加复杂，世界经济将继续下行，国内经济形势也更为严峻，货币政策面临的挑战更为巨大。

1. 国际经济金融环境存在继续恶化的可能

尽管随着全球金融危机的不断蔓延，各国政府、中央银行纷纷出台应对金融危机的措施，特别是美欧出台了大规模的联手降息、注入流动性等救市政策，但到2009年初，还未看到这场百年难遇的金融危机有出现根本性转机的迹象，未来经济的走势仍存在进一步恶化的可能。主要表现有：

第一，这次国际金融危机源于美国次贷危机，由于次贷衍生产品设计复杂、杠杆率极高，因此其风险之高、影响面之广难以预料。目前投资者对该市场的疑虑短期内无法消除，金融市场信心未见恢复，与次贷市场有关的任何负面事件都可能引起全球金融市场大动荡，并进一步加剧市场流动性紧缩。

第二，这场国际金融危机不仅表现为流动性问题，还表现为金融机构资产负债表的恶化和金融系统功能的严重损害，这个过程尚未见底。而即便这种情况不再恶化，在短期之内也很难恢复金融机构和金融系统的正常功能。

第三，更为严重的是，金融危机已向实体经济发展，全球普遍出现企业和居民财富缩水、消费者信心不足、生产萎缩、就业减少的情况。美、欧、日等主要经济体已出现经济衰退现象。根据IMF和世界银行等机构的预测，2009年全球经济增长速度将在2008年的基础上进一步走低，三大经济体经济不同程度地衰退，发展中国家的经济增长率也大幅度降低。经济形势的恶化反过来会进一步加重金融危机，造成恶性循环。

2. 中国经济增长速度进一步下滑的风险较大

第一，国际需求很可能进一步下降。这一方面是由于2009年世界经济增长速度会下降，国际市场需求会进一步减少；另一方面也是受美国财政赤字扩大的影响，美元可能继续走弱，将对我国出口形成不利影响。自2005年以来，净出口对我国经济增长的贡献率一直都在20%左右，拉动经济增长2个多百分点。如果2009年净出口下降，无疑会对经济增长造成较大负面影响。并且，外需下降的影响不仅仅只表现在净出口上，还会通过出口减少影响国内的投资和消费，从而对经济增长产生更大的影响。在全球化背景下，国外需求对我国经济增长的影响非常大，对于2009年外需下降的不利影响不能低估。

第二，投资较快增长的困难较大。尽管我国2008下半年的时候就出台了4万亿的经济刺激方案，同时各地政府进一步加大刺激规模，2009年的政府投资会以较快速度增长，但民间投资存在减弱的可能。其一，由于2008年企业经营困难逐步加大，企业利润增幅大幅度下降，因此企业的投资能力受到影响，这无疑会直接影响到企业投资的增长。其二，在当前国际金融危机对我国的负面影响日益加重的情况下，投资者对经济前景看淡，也会影响投资增长。其三，近些年来房地产投资的快速增长一直是带动全社会固定资产投资快速增长的重要因素。2008 年，受房地产市场调整影响，房地产投资的增速已出现下降。2009 年房地产市场调整能否结束、房地产投资能否恢复较快增长，还存在很大不确定性。

第三，消费需求可能减缓。影响居民消费的最主要因素是收入，2008 年城镇居民收入的实际增长率与前两年相比大大降低，农村居民收入虽然在前三季度加快增长，但四季度后，随着大批农民工返乡或工资降低，再加上猪肉等农产品价格降低，农民收入增长将逐渐趋缓。从当前企业效益下降、就业困难、财政收入减少等情况看，2009 年城乡居民收入的增长率还可能进一步降低。除收入外，财富也是影响消费的重要因素。但 2008 年股市的深度下调已使很多居民的财富缩水，这将影响居民消费的增长。此外，近两年消费结构升级加快，住房和汽车消费迅速增长是带动消费加快增长的重要原因。但近期居民住房和汽车消费增长放缓，消费结构升级步伐放慢，消费增长缺乏强有力的带动因素。这些因素没有对 2008 年消费增长产生明显的不利影响，一方面因为存在滞后效应，另外也是由于抗震救灾和奥运会刺激了消费增长。如果 2009 年不发生特殊情况，制约消费增长的因素会产生明显作用，因此 2009 年的消费增长形势不容乐观。

3. 需要防止价格水平进一步下降

进入 2008 年四季度后，价格水平迅速降低。CPI 的上涨率 9 月份为 4.6%，10 月份为 4%，11 月份又降到 2.4%；9 月份，PPI 还高达 9.1%，10 月份则回落到 6.6%，11 月份进一步下降至 2%，创 31 个月新低。影响价格大幅回落的原因主要有以下几个方面：一是国际大宗商品价格持续下降；二是在国内外供给因素的作用下，猪肉等农副产品价格下降；三是总需求迅速下降，致使供求关系发生改变。虽然 2009 年国际大宗商品价格和我国农产品价格的变动存在不确定性，但短期内不会出现明显上升的情况。目前美国已出现连续的物价负增长情况，其他发达国家的物价也在降低，需要关注国际价格水平下降对国内价格水平的影响。特别重要的是，我国总需求下降的趋势在短期内难以逆转，货币供应量的增长率持续下降，尤其是 M_1 增速降到历史最低水平，这些因素都会对 2009 年物价水平产生较大的下降压力。

4. 金融风险将会增大

国际金融危机对我国金融体系的直接冲击主要表现在三个方面：一是我国金融机构在国外投资受损；二是引起在华外资机构的连锁反应；三是引起国际资本流动的急剧变化。由于我国金融机构的对外金融投资相对较少，在华外资机构出问题的也不多，至今尚未出现大规模资本流出现象，因此，目前国际金融危机对我国金融体系的直接影响并不大。但是，如果 2009 年国际经济金融形势进一步恶化，国内经济困难进一步加大，则需要防范资本大规模流出的风险。此外，国际金融危机通过对我国经济增长产生负面影响进而间接加大我国金融风险的问题不容轻视。在经济下行阶段，企业效益、居民收入和财政收入都会受到影响，致使企业、居民和政府的资产负债表恶化，进而导致银行的资产负债表恶化。并且，由于连续下调存贷款利率，并在调低利率时缩小了存贷款利差，因此银行的利差会缩小，使银行的经营和利润增长面临较大困难。因此 2009 年需要特别注意防范和化解金融风险。

5. 货币政策面临更为严峻的挑战

从我国形势看，2009 年的货币政策主调将是宽松，但是回复经济的政策将面临很大的挑战。

第一，货币政策面临有效性如何增强的问题。在使用货币政策时，促进经济增长要比抑制经济过热更为困难。理论角度上看，货币政策在促进经济增长方面存在局限性，并且对于货币政策能否真正促进经济增长一直存在争论。当前各国的实践表明，在国际金融危机背景下，通过放松货币政策来刺激经济增长要想很快取得明显实效是比较困难的。货币政策传导不畅是影响货币政策效果的主要原因。货币政策要对实体经济产生作用，需要经过从中央银行到金融机构、金融市场，再到企业和居民的传导过程。在目前国际金融危机产生很强传染效应的情况下，金融机构将会更加谨慎，金融市场的功能也会发生萎缩，企业及居民的信心与预期都会受到影响，这些都会导致货币政策传导机制的效率下降，影响货币政策的效果。2008 年下半年，我国货币政策逐步放松，但货币供应量仍持续下降，就反映出经济和金融系统内在的紧缩效应对货币政策效果的影响。2009 年，如何抑制经济金融系统内在的紧缩趋势，促进货币信贷的稳定增长仍是中央银行面临的突出问题。

第二，如何使短期目标和长期任务协调将是一个重要的问题。金融危机背景下，我国经济面临强烈的外部需求萎缩的巨大冲击，存在经济增长速度持续下滑的风险。但我国经济长期存在结构不平衡的问题，这也是为了保证未来经济长期发展必须要加以解决的问题。如何在刺激经济增长的同时兼顾结构调整目标是货币政策需要关注的问题；如何在短期内扩大需求的同时防止造成中长期内过大的通货膨胀压力，是当前我国中央银行和世界其他国家中央银行需要共同面对的问题。

[重要概念]

货币政策　货币政策传导机制　充分就业　中介指标　法定存款准备金政策　再贴现政策　公开市场业务　货币政策时滞　内部时滞　外部时滞

[复习与思考]

1. 货币政策的含义是什么？
2. 货币政策的目标有哪些？他们之间的关系是怎么样的？
3. 货币政策有哪些政策工具？
4. 货币政策的传导机制是什么？
5. 什么是货币政策时滞？如何检验货币政策的有效性？

第 8 章　金融组织机构理论

内容提要　在货币、信用和资金融通活动中,金融组织机构起着不可或缺的作用。各种金融组织机构既是货币、信用活动与金融市场的参加者和经营者,也是其组织者,它们共同构成一国的金融系统。本章将我国的金融组织划分为行政金融组织机构、政策金融组织机构、商业金融组织机构和合作金融组织机构,全面系统地进行介绍。

8.1　行政金融组织机构

行政金融组织机构是依照国家法律法规,对金融机构及其在金融市场上的活动进行监督、约束和管制的国家金融管理机构。

8.1.1　行政金融组织机构的种类

我国的行政金融组织机构包括"一行三会",即中国人民银行、中国证监会、中国保监会和中国银监会。

1. 中国人民银行

中国人民银行是我国的中央银行,其历史可以追溯到第二次国内革命战争时期①。1948 年 12 月 1 日,以华北银行为基础,合并北海银行、西北农民银行,在河北省石家庄市组建了中国人民银行,同时统一发行人民币。改革开放以前,与当时高度集中的计划经济管理体制相适应,我国的金融体制为高度集中的、以行政管理为主的"大一统"金融体制。在这种体制下,中国人民银行作为国家金融管理和货币发行的机构,既是管理金融的国家机关,又是全面经营银行业务的国家银行。

改革开放以后,各专业银行逐步恢复,打破了中国人民银行独家经营金融业务的局面。1983 年 9 月,国务院决定中国人民银行自 1984 年 1 月 1 日起专门行使中央银行职能,并具体规定了人民银行的 10 项职责。1995 年 3 月,第八届全国人民代表大会第三次会议通过的《中华人民共和国中国人民银行法》,第一次正式以法律形式确立了中国人民银行在国民经济中的法律地位,即中国人民银行是中华人民共和国的中央银行,中国人民银行在国务院领导下制定和实施货币政策,对金融业实施监督管理。1998 年,人民银行改革管理体制,撤销省级分行,设立跨省区分行。2003 年 3 月,原中国人民银行的货币政策与银行监管职能分离,中国人民银行专司货币政策,而由中国银行业监督管理委员

① 1931 年 11 月 7 日,在江西瑞金召开的"全国苏维埃第一次代表大会"上,通过决议成立"中共苏维埃共和国国家银行"(简称苏维埃国家银行),并发行货币。

会专司银行监管。同年12月，十届全国人民代表大会常务委员会第六次会议审议通过了《中华人民共和国中国人民银行法(修正案)》。有关金融监管职责调整后，中国人民银行新的职能正式表述为“制定和执行货币政策、维护金融稳定、提供金融服务。”同时，明确界定“中国人民银行为国务院组成部门，是中华人民共和国的中央银行，是在国务院领导下制定和执行货币政策、维护金融稳定、提供金融服务的宏观调控部门。”这种职能的变化集中表现为“一个强化、一个转换和两个增加”。“一个强化”即强化与制定和货币政策有关的职能；“一个转化”即转换实施对金融业宏观调控和防范与化解系统性金融风险的方式；“两个增加”即增加反洗钱和管理信贷征信业两项职能。

2.中国证券监督管理委员会

中国证券监督管理委员会，简称“中国证监会”。改革开放以来，随着中国证券市场的发展，建立集中统一的市场监管体制势在必行。1992年10月，国务院证券委员会和中国证券监督管理委员会宣告成立，标志着中国证券市场统一监管体制开始形成。国务院证券委是国家对证券市场进行统一宏观管理的主管机构。中国证监会是国务院证券委的监管执行机构，依照法律法规对证券市场进行监管。国务院证券委和中国证监会成立以后，其职权范围随着市场的发展逐步扩展。1998年4月，根据国务院机构改革方案，决定将国务院证券委与中国证监会合并组成国务院直属正部级事业单位。经过改革，中国证监会成为全国证券期货市场的主管部门，集中统一的全国证券监管体制基本形成。

3.中国保险监督管理委员会

中国保险监督管理委员会，简称“中国保监会”，是全国商业保险的主管部门，于1998年11月18日成立，为国务院直属正部级事业单位。根据国务院授权，中国保监会履行行政管理职能，依照法律、法规统一监督管理全国保险市场，维护保险业的合法、稳健运行。

4.中国银行业监督管理委员会

中国银行业监督管理委员会，简称“中国银监会”。2003年，按照党的十六届二中全会审议通过的《关于深化行政管理体制和机构改革的意见》和十届人大一次会议批准的国务院机构改革方案，将中国人民银行对银行、金融资产管理公司、信托投资公司及其他存款类金融机构的监管职能分离出来，并和中央金融工委的相关职能进行整合，成立了中国银行业监督管理委员会，并自2003年4月28日起正式履行职责。根据授权，中国银监会统一监督管理银行、金融资产管理公司、信托投资公司以及其他存款类金融机构，维护银行业的合法、稳健运行。中国银监会监管的目的是通过审慎有效的监管，保护广大存款人和消费者的利益；通过审慎有效的监管，增进市场信心；通过宣传教育工作和相关信息披露，增进公众对现代金融的了解，努力减少金融犯罪。

8.1.2 行政金融组织的基本任务

行政金融组织机构的基本任务是根据法律法规的授权，按照分业监管的原则，制定和执行有关金融法律法规，完善金融活动运行规则和提供相关的金融服务，并对有关的金融违法违规行为依法进行调查和处罚，以维护金融业公平有效的竞争环境，防范和化解金融风险，保障国家金融体系的安全与稳健运行。

8.1.3 行政金融组织的主要职责

1. 中国人民银行的主要职责

(1)起草有关法律和行政法规,完善有关金融机构运行规则,发布与履行职责有关的命令和规章。

(2)依法制定和执行货币政策。

(3)监督管理银行间同业拆借市场和银行间债券市场、外汇市场、黄金市场。

(4)防范和化解系统性金融风险,维护国家金融稳定。

(5)制定人民币汇率政策,维护合理的人民币汇率水平,实施外汇管理,持有、管理和经营国家外汇储备和黄金储备。

(6)发行人民币,管理人民币流通。

(7)经理国库。

(8)会同有关部门制定支付结算规则,维护支付、清算系统的正常运行。

(9)制定和组织实施金融业综合统计制度,负责数据汇总和宏观经济分析与预测。

(10)组织协调国家反洗钱工作,指导、部署金融业反洗钱工作,承担反洗钱的资金监测职责。

(11)管理信贷征信业,推动建立社会信用体系。

(12)作为国家的中央银行,从事有关国际金融活动。

(13)按照有关规定从事金融业务活动。

(14)承办国务院交办的其他事项。

2. 中国证监会的主要职责

(1)研究和拟定证券期货市场的方针政策、发展规划;起草证券期货市场的有关法律、法规;制定证券期货市场的有关规章。

(2)统一管理证券期货市场,按规定对证券期货监督机构实行垂直领导。

(3)监督股票、可转换债券、证券投资基金的发行、交易、托管和清算;批准企业债券的上市;监管上市国债和企业债券的交易活动。

(4)监管境内期货合约上市、交易和清算;按规定监督境内机构从事境外期货业务。

(5)监管上市公司及有信息披露义务股东的证券市场行为。

(6)管理证券期货交易所;按规定管理证券期货交易所的高级管理人员;归口管理证券业协会。

(7)监管证券期货经营机构、证券投资基金管理公司、证券登记清算公司、期货清算机构、证券期货投资咨询机构;与中国人民银行共同审批基金托管机构的资格并监管其基金托管业务;制定上述机构高级管理人员任职资格的管理办法并组织实施;负责证券期货从业人员的资格管理。

(8)监管境内企业直接或间接到境外发行股票、上市;监管境内机构到境外设立证券机构;监督境外机构到境内设立证券机构、从事证券业务。

(9)监管证券期货信息传播活动,负责证券期货市场的统计与信息资源管理。

(10)会同有关部门审批律师事务所、会计师事务所、资产评估机构及其成员从事证券期货中介业务的资格并监管其相关的业务活动。

(11)依法对证券期货违法违规行为进行调查、处罚。

(12)归口管理证券期货行业的对外交往和国际合作事务。

(13)国务院交办的其他事项。

3. 中国保监会的主要职责

(1)拟订保险业发展的方针政策，制订行业发展战略和规划；起草保险业监管的法律、法规；制订业内规章。

(2)审批保险公司及其分支机构、保险集团公司、保险控股公司的设立；会同有关部门审批保险资产管理公司的设立；审批境外保险机构代表处的设立；审批保险代理公司、保险经纪公司、保险公估公司等保险中介机构及其分支机构的设立；审批境内保险机构和非保险机构在境外设立保险机构；审批保险机构的合并、分立、变更、解散，决定接管和指定接受；参与、组织保险公司的破产、清算。

(3)审查、认定各类保险机构高级管理人员的任职资格；制订保险从业人员的基本资格标准。

(4)审批关系社会公众利益的保险险种、依法实行强制保险的险种和新开发的人寿保险险种等的保险条款和保险费率，对其他保险险种的保险条款和保险费率实施备案管理。

(5)依法监管保险公司的偿付能力和市场行为；负责保险保障基金的管理，监管保险保证金；根据法律和国家对保险资金的运用政策，制订有关规章制度，依法对保险公司的资金运用进行监管。

(6)对政策性保险和强制保险进行业务监管；对专属自保、相互保险等组织形式和业务活动进行监管；归口管理保险行业协会、保险学会等行业社团组织。

(7)依法对保险机构和保险从业人员的不正当竞争等违法、违规行为以及对非保险机构经营或变相经营保险业务进行调查、处罚。

(8)依法对境内保险及非保险机构在境外设立的保险机构进行监管。

(9)制订保险行业信息化标准；建立保险风险评价预警和监控体系，跟踪分析、监测、预测保险市场运行状况，负责统一编制全国保险业的数据、报表，抄送中国人民银行，并按照国家有关规定予以发布。

(10)承办国务院交办的其他事项。

4. 中国银监会的主要职责

(1)制定有关银行业金融机构监管的规章制度和办法。

(2)审批银行业金融机构及分支机构的设立、变更、终止及其业务范围。

(3)对银行业金融机构实行现场和非现场监管，依法对违法违规行为进行查处。

(4)审查银行业金融机构高级管理人员任职资格；负责统一编制全国银行数据、报表，并按照国家有关规定予以公布。

(5)会同有关部门提出存款类金融机构紧急风险处置意见和建议。

(6)负责国有重点银行业金融机构监事会的日常管理工作。

(7)承办国务院交办的其他事项。

8.2 政策金融组织机构

政策金融组织机构是指由政府或政府机构发起、出资创立、参股或保证的，不以利润最大化为经营目的，在特定的业务领域内从事政策性融资活动，以贯彻和配合政府的社会经济政策或意图的金融机构。截止到 2007 年末，我国三家政策性银行的资产总额为 42 781 亿元，占金融机构总资产的 8.13%。

8.2.1 政策金融组织机构

1. 中国进出口银行

中国进出口银行成立于 1994 年 7 月，是直属国务院领导的、政府全资拥有的从事进出口政策性金融业务的政策性银行，其国际信用评级与国家主权评级一致。中国进出口银行实行董事会领导下的行长负责制，总部设在北京，目前在国内设有 11 家营业性分支机构和 4 个代表处，在境外设有东南非代表处、巴黎代表处和圣彼得堡代表处三个代表处，与 300 多家银行建立了代理行关系。其主要职责是贯彻执行国家产业政策、外经贸政策、金融政策和外交政策，为扩大我国机电产品、成套设备和高新技术产品进出口，推动有比较优势的企业开展对外承包工程和境外投资，促进对外关系发展和国际经贸合作，提供政策性金融支持。中国进出口银行作为我国外经贸支持体系的重要力量和金融体系的重要组成部分，经过 10 多年的发展，已成为我国机电产品、高新技术产品出口和对外承包工程及各类境外投资的政策性融资主渠道、外国政府贷款的主要转贷行和中国政府对外优惠贷款的承贷行，为促进我国开放型经济的发展发挥着越来越重要的作用。

2. 中国农业发展银行

为完善我国农村金融服务体系，更好地贯彻落实国家产业政策和区域发展政策，促进农业和农村经济的进一步发展，中国农业发展银行于 1994 年 11 月正式成立，是直属国务院领导的我国唯一的一家农业政策性银行。其主要职责是按照国家的法律、法规和方针、政策，以国家信用为基础，筹集资金，承担国家规定的农业政策性金融业务，代理财政支农资金的拨付，为农业和农村经济发展服务。中国农业发展银行在机构设置上实行总行、一级分行、二级分行、支行制；在管理上实行总行一级法人制，总行行长为法定代表人；系统内实行垂直领导的管理体制，各分支机构在总行授权范围内依法依规开展业务经营活动。总行设在北京，其分支机构按照开展农业政策性金融业务的需要设置。全系统目前共有 30 个省级分行、330 个二级分行和 1 811 个县级支行，服务网络遍布除西藏自治区外的中国大陆地区。

3. 国家开发银行①

国家开发银行是直属国务院领导的政策性产业银行，成立于 1994 年 3 月，是在原有 6 个国家专业投资公司的基础上组建，其大部分业务是从中国建设银行分离出来的。总部设在北京，在监事会下实行行长负责制，目前在全国设有 34 家分行和 2 家代表处。随

---

① 2008 年 2 月，国家开发银行改革方案出台，明确其从政策性金融机构转型为商业银行。2008 年 12 月 16 日，国家开发银行股份有限公司正式成立，注册资本为 3 000 亿元。

着国家开发银行的商业化改革，其主要任务定位于贯彻国家宏观经济政策，筹集和引导社会资金，缓解经济社会发展的瓶颈制约和薄弱环节，致力于以融资推动市场建设和规划先行，支持国家基础设施、基础产业、支柱产业和高新技术等领域的发展和国家重点项目建设；向城镇化、中小企业、"三农"、教育、医疗卫生和环境保护等社会发展瓶颈领域提供资金支持，促进科学发展和和谐社会建设；配合国家"走出去"战略，积极拓展国际合作业务。

8.2.2 政策金融运行特征

政策金融机构主要产生于一国政府提升经济发展水平和安排社会经济发展战略或产业结构调整的政策要求。一般来说，处在现代化建设起步阶段的经济欠发达国家，由于国家财力有限，不能满足基础设施建设和战略性资源开发所需的巨额、长期投资需求，需要设立政策性金融机构。一些经济结构需要进行战略性调整或升级，薄弱部门和行业需要重点扶持或强力推进的国家，设立政策性金融机构，以其特殊的融资机制，将政府和社会资金引导到重点部门、行业和企业，可以弥补单一政府导向的财政不足和单一市场导向的商业性金融不足。其运行特征主要表现在：

一是有政府的财力支持和信用保证。政策金融机构创建时的资本多来自政府拨款，在经营过程中由政府提供信用保证。

二是不以追求利润最大化为目的。政策金融机构的经营活动，是专门为贯彻和配合政府的社会经济政策或意图的，业务经营或服务的内容多为商业金融机构所不愿承担的，是无利可图或只有微薄收益的。这就从根本上决定了政策金融机构的非营利性特征。但实际上，许多政策金融机构在经营过程中并非不讲求效益，也并非没有盈利，只是说这些机构并不是以取得盈利和追求盈利最大化为其经营目的。在满足政府的政策要求和获取自身盈利的选择面前，政策金融机构只能选择前者。

三是具有特殊的融资机制。政策金融机构的融资机制既不同于商业金融机构，也不同于政府财政。它的资金来源除了国拨资本外，主要通过发行债券、借款和吸收长期性存款获得，是高成本负债，而它的资金运用则主要是长期低息贷款，通常都是商业金融机构所不愿或无法经营的，这样的负债和资产结构安排是通过由国家进行利息补贴、承担部分不良债权或相关风险等来实现的。但是，政策金融机构的融资又明显不同于财政，它的基本运作方式是信贷，通常情况下要保证资金的安全运营和金融机构的自我发展能力。因此，在符合国家宏观经济发展和产业政策要求前提下，行使自主的信贷决策权，独立地进行贷款项目可行性评价和贷款审批，以保证贷款的安全、取得预期的社会经济效益以及相应的直接经济效益。

四是具有特定的业务领域。政策金融机构不与商业金融机构进行市场竞争，它的服务领域或服务对象一般都不适合商业金融机构，而是适合那些受国家经济和社会发展政策重点或优先保护，需要以巨额、长期和低息贷款支持的项目或企业。

8.2.3 政策金融业务内容

1. 中国进出口银行的业务内容

中国进出口银行的注册资本为 33.8 亿元人民币，其资本金由财政部核拨，资金来源主要是财政专项资金和对金融机构发行的金融债券，也可从国际金融市场筹措资金，人民银行不提供资金。其业务范围包括：

(1)办理出口信贷和进口信贷；

(2)办理对外承包工程和境外投资贷款；

(3)办理中国政府对外优惠贷款；

(4)提供对外担保；

(5)转贷外国政府和金融机构提供的贷款；

(6)办理本行贷款项下的国际、国内结算业务和企业存款业务；

(7)在境内外资本市场、货币市场筹集资金；

(8)办理国际银行间的贷款，组织或参加国际、国内银团贷款；

(9)从事人民币同业拆借和债券回购；

(10)从事自营外汇资金交易和经批准的代客外汇资金交易；

(11)办理与本行业务相关的资信调查、咨询、评估和见证业务；

(12)经批准或受委托的其他业务。

2. 中国农业发展银行的业务内容

中国农业发展银行注册资本为200亿元人民币，目前已形成了以人民银行再贷款为依托，市场发债融资为主体，各类存款以及同业拆借、票据交易等为补充，以市场化为主的多元化融资格局，其中金融债券已经成为中国农业发展银行最主要的资金来源。

信贷业务是中国农业发展银行的核心业务之一。作为我国唯一的农业政策性金融机构，中国农业发展银行服从并服务于国家粮食调控政策和农业产业政策，通过信贷杠杆履行支农职能，承担了国家规定的农业政策性信贷业务和经批准开办的涉农商业性信贷业务，初步形成了以粮棉油收购信贷为主体，以农业产业化信贷为一翼，以农业和农村中长期信贷为另一翼的"一体两翼"信贷业务发展格局，客户群体基本涵盖了所有从事农业生产、经营与加工的企事业组织，为国家实施宏观调控、确保国家粮食安全、保护广大农民利益、促进农业和农村经济发展发挥了不可替代的作用。

从业务结构上看，中国农业发展银行贷款业务包括粮棉油收购贷款业务、农业产业化贷款业务，农业和农村中长期贷款业务三类。其中，粮棉油收购贷款是中国农业发展银行支持企业从事粮棉油储备、收购、调销而发放的贷款，占据中国农业发展银行贷款业务的较大份额，是中国农业发展银行的主体信贷业务。

从行业分布上看，中国农业发展银行信贷业务包括粮油类贷款业务、棉花类贷款业务、其他类贷款业务三类。目前，中国农业发展银行信贷支持范围由传统的粮棉油领域延伸到粮棉油之外的农、林、牧、渔等"大农业"领域，增强了支持服务"三农"的力度。

从贷款性质上看，中国农业发展银行信贷业务本质上服从并服务于国家粮食调控政策和农业产业政策，均属于政策性贷款。但由于各类贷款业务的政策要求不同、面临的风险不同，为完善内部管理，有效防范风险，根据国务院有关要求，中国农业发展银行按照贷款风险来源和补偿方式的不同，将现行的贷款业务划分为政策性贷款、准政策性贷款和商业性贷款三大类，并对三类业务实行分类管理、分开核算、分别考核。政策性贷款是指根据政府指令发放的，以财政补贴资金为利息和风险补偿来源的贷款，主要包括中央储备类贷款、地方储备类贷款和调控类贷款。这类贷款以政策为导向，以国家信用为担保，既是中国农业发展银行贷款业务发展的特色，也是发展的最大优势。准政策性贷款是指既有一定的政策性，又由中国农业发展银行自担风险的贷款，是中国农业发展银行在粮棉油市场开放条件下，为了妥善处理好执行政策和防控风险的关系，支持粮棉油收购顺利进行，确保不出现区域性粮棉油难卖问题，促进产销衔接，支持企业自主收购粮棉油和从中国农业发展银行贷款支持企业调入粮棉油的贷款业务。目前这类贷款主要包括粮油收购贷款、棉花收购贷款和粮棉调销贷款。商业性贷款是指中国农业发展银行在国务院和银监会批准的业务范围内，自主决策、自担风险发放的贷款。这类贷款业务大部分是政策性贷款业务的必要延伸，体现明确的产业政策意图，服从和服务于国家宏观调控政策的需要。

中国农业发展银行目前的主要业务包括：

(1)办理粮食、棉花、油料收购、储备、调销贷款。

(2)办理肉类、食糖、烟叶、羊毛、化肥等专项储备贷款。

(3)办理粮食、棉花、油料加工企业和农、林、牧、副、渔业产业化龙头企业贷款。

(4)办理粮食、棉花、油料种子贷款。

(5)办理粮食仓储设施及棉花企业技术设备改造贷款。

(6)办理农业小企业贷款和科技贷款。

(7)办理农业基础设施建设贷款。支持范围限于农村路网、电网、水网(包括饮水工程)、信息网(邮政、电信)建设，农村能源和环境设施建设。

(8)办理农业综合开发贷款。支持范围限于农田水利基本建设、农业技术服务体系和农村流通体系建设。

(9)办理农业生产资料贷款。支持范围限于农业生产资料的流通和销售环节。

(10)代理财政支农资金的拨付。

(11)办理业务范围内企事业单位的存款及协议存款、同业存款等业务。

(12)办理开户企事业单位结算。

(13)发行金融债券。

(14)资金交易业务。

(15)办理代理保险、代理资金结算、代收代付等中间业务。

(16)办理粮棉油政策性贷款企业进出口贸易下的国际结算业务以及与国际业务相配套的外汇存款、外汇汇款、同业外汇拆借、代客外汇买卖和结汇、售汇业务。

(17)办理经国务院或中国银行业监督管理委员会批准的其他业务。

3.国家开发银行的业务内容

国家开发银行成立之初的注册资本为500亿元人民币，全部由财政部核拨。其政策性业务主要有以下七项：

(1)管理运用国家核拨的预算内经营性建设基金和贴息资金。

(2)向国内金融机构发行金融债券和向社会发行财政担保建设债券。

(3)办理有关外国政府和国际金融组织贷款的转贷，经国家批准在国外发行债券，根据国家利用外资计划筹措国际商业贷款等。

(4)向国家基础设施、基础产业和支柱产业的大中型基本建设和技术改造等政策性项目及其配套工程发放政策性贷款。

(5)按照国务院要求，对国家有关部门集中安排用于固定资产投资项目的各类专项建设基金和资金的安排与规模进行监督。

(6)办理建设项目贷款条件评审、咨询和担保等业务，为重点建设项目物色国内外合资伙伴，提供投资机会和投资信息。

(7)办理国务院批准的其他业务。

8.3 商业金融组织机构

商业金融组织机构是指提供各种金融服务，参与市场竞争，以利润最大化为经营目标的金融企业。

8.3.1 商业金融组织机构

1. 商业银行

商业银行是以经营存贷款，办理转账结算为主要业务，以盈利为主要经营目标的金融企业，能够吸收活期存款，创造存款货币是商业银行最显著的特征，所以通常人们又称其为存款货币银行。我国的商业银行包括四大国有商业银行、股份制商业银行、城市商业银行和农村商业银行四种类型。

四大国有商业银行是指中国工商银行、中国农业银行、中国银行和中国建设银行，其前身就是政策性银行组建前的国家四大专业银行。长期以来，在我国金融机构体系中，四家国有商业银行无论在人员总数、机构网点数量上，还是在资产规模及市场占有份额上，均在我国整个金融领域中处于绝对举足轻重的地位，在支持国民经济发展中做出了重要贡献。尽管近年来，四大国有商业银行的主体地位有所下降，但其实力仍相当强大，在世界上的大银行排序中也处于较前列的位置。

1986年后，我国在四家国有独资商业银行之外，先后建立了一批股份制商业银行，如交通银行、招商银行、中信实业银行、深圳发展银行、福建兴业银行、广东发展银行、中国光大银行、华夏银行、上海浦东发展银行、海南发展银行(已于1998年清理)、中国民生银行等。此外，随着我国经济体制改革的进一步发展，为了加快城市住宅商品化步伐，1987年我国还试点成立了两家股份制住房专业银行，即烟台住房储蓄银行和蚌埠住房储蓄银行。这些商业银行在筹建之初，绝大多数是由中央政府、地方政府、国有企业集团或公司、集团或合作组织等出资创建，近些年先后实行了股份制改造。就上述商业银行的活动地域看，初建时就明确有全国性商业银行与区域性商业银行之分。不过，随着金融改革的深化，其中一些区域性银行的经营地界已越出原来的指定范围，向其他城市或地域扩展。截至2007年末，我国共有12家持全国经营牌照的股份制商业银行。其中，烟台住房储蓄银行已于2003年8月更名为“恒丰银行”，2004年6月浙江商业银行改制为浙商银行。其中有五家已经上市，分别为深圳发展银行、浦东发展银行、招商银行、民生银行和华夏银行。由于没有历史包袱及很少有政策性任务，又初步实现了产权多元化，采取股份制形式的现代企业组织架构，按照商业银行的运营原则灵活经营，这些全国性股份制银行自诞生之日起就迅速地成为中国银行业中最具活力的部分。

1995年，国务院决定，在一些经济发达的城市组建城市商业银行。同年2月，全国第一家城市商业银行深圳城市商业银行成立。与一般的股份制银行不同，城市商业银行大多是由此前的2 290多家城市信用社、城市内农村信用社及金融服务社合并而来的(前身叫“城市合作银行”)，由城市企业、居民和地方财政投资入股组成。城市商业银行的主要功能是为本地区经济的发展融通资金，重点为城市中小企业的发展提供金融服务。截至2007年末，全国共有124家城市商业银行，其中上市的有南京银行、宁波银行和北京银行3家。

从2001年底起，为进一步推进农村金融改革，部分地区的农村信用社改制成为农村商业银行。

2. 证券公司

证券公司是专门从事有价证券买卖的金融机构，它受托办理股票债券的发行业务、受托代理单位及个人的证券买卖，同时自己也从事有价证券的买卖活动。初设时，我国证券公司或是由某一家金融机构全资设立的独资公司，或是由若干金融机构、非金融机构以入股形式组建的股份制公司。20世纪90年代中期以来，随着分业经营、分业管理原则的贯彻及规范证券公司发展工作的落实，银行、城市信用合作社、企业集团财务公司、融资租赁公司、典当行以及原各地融资中心下设的证券公司或营业机构，陆续予以撤销或转让。在要求证券机构彻底完成与其他种类的金融机构脱钩的同时，鼓励经营状况良好和实力雄厚的证券公司收购、兼并业务量不足的证券公司。

《证券法》规定：国家对证券公司实行分类管理，分为综合类证券公司和经纪类证券公司，并由国务院的证券监督管理机构按其分类颁发业务许可证。综合类证券公司注册资本最低限额为5亿元，经纪类证券公司为5 000万元。综合类证券公司可以经营证券经纪业务、证券自营业务、证券承销和经国务院证券监督管理机构规定的其他证券业务。经纪类证券公司只允许专门从事证券经纪业务。证券业和银行业、信托业、保险业分业经营，分业管理。证券公司与银行、信托、保险业务机构分别设立。

在2001年11月中国证监会放宽证券公司增资扩股条件后，证券业再度掀起券商增资扩股和兼并重组的高潮，券商队伍也不断壮大。随着我国现代企业制度的建立和推进，尤其是随着国有企业股份制改造及更多公司上市的需要，部分证券公司向投资银行过渡。

3. 保险公司

保险公司是以经营保险业务为主的金融组织，它具有其他金融机构不可替代的重要作用。对于单位和个人，它具有分散风险、消减损失的功能。在宏观上，保险公司也具有四大重要功能：一是承担国家财政后备范围以外的损失补偿；二是聚集资金，支持国民经济发展；三是增强对人民生命财产的安全保障；四是为社会再生产的各个环节提供经济保障，防止因某个环节的突然断裂而破坏整个社会经济的平衡运行。保险公司的经营原则是大数原则和概率论所确定的原则。保险公司的保户越多，承保范围越大，风险就越分散，也就能够在扩大保险保障范围、提高保险社会效益的同时，聚集更多的保险基金，为经济补偿建立雄厚的基础，保证保险公司自身经营的稳定。

1949年10月29日，中国人民保险公司作为保险业的管理机关成立。1958年以后，保险业陷入停顿状态。直到1980年，中国人民保险公司才恢复办理国内保险业务，大力开展涉外保险。1996年7月，中国人民保险公司改建为中国人民保险(集团)公司(简称

“中保集团”)。中保集团下设三个专业子公司，其中，中保财产保险有限公司专门经营各类财产保险业务，中保人寿保险有限公司专门经营长期寿险和短期人身保险业务，中保再保险有限公司经营系统内部的再保险业务以及集团对外的分出、分入业务，并代理国家法定再保险职能。有关海外保险机构作为独立的实体直属中保集团，继续经营海外保险业务。中保集团及三个专业子公司均为企业法人，中保集团以控股公司的形式对其子公司投资，并实施领导、管理和监督。1998 年 10 月，中保集团宣告撤销，其下属的三个子公司成为三家独立的国有保险公司——中国人民保险有限公司(财产)、中国人寿保险有限公司和中国再保险有限公司。随着我国保险业迅速发展，市场主体也不断增加。其中，有大型国有保险龙头企业，如中国人寿保险公司和中国人民保险公司；有全国性经营的股份制保险企业，如平安保险公司和太平洋保险公司；也有规模较小的股份制保险企业，如新华人寿、华泰财产和大众保险等。我国保险市场初步形成了以国有商业保险公司为主，中外保险公司并存，多家保险公司竞争的新格局。

4. 信托投资公司

信托投资公司是一种以受托人的身份代人理财的金融机构。大多数的信托投资公司以经营资金和财产委托，代理资产保管、金融租赁、经济咨询、证券发行及投资为主要业务。金融信托投资机构也可以吸收一年期以上的信托存款。

中国的信托制度已有近百年的历史，经历过几次大起大落，并一度处于停顿状态。1979 年 10 月 4 日，中国第一家信托投资公司——中国国际信托投资公司经国务院批准成立。此后，从中央银行到各专业银行及行业主管部门、地方政府纷纷成立了各种形式的信托投资公司，到 1988 年达到最高峰时共有 1 000 多家。这些信托投资公司在增加资金流量、挖掘资金潜力，为经济部门提供金融服务等方面发挥了一定的作用。但由于缺乏法律规范和管理经验，从 1995 年以来，中银信托、中创、中农信、广国投等国有信托企业纷纷破产关闭。因此，至 1998 年前，国家曾进行三次全国范围的清理整顿。根据分业经营与规范管理的要求，陆续铺开了对信托投资公司的调整改组、脱钩及重新登记工作，但始终未能从根本上解决信托业的功能定位不清、发展方向不明等问题，信托业长期形成和积累下来的问题和风险日趋严重。1998 年，中国人民银行对信托投资公司进行了全面的清理整顿。这次清理整顿就是要彻底解决信托业的功能定位，重新规范信托业的业务，明确发展方向。根据信托的基本属性以及我国资本市场发展的需要，把信托投资公司规范为真正从事受托理财业务的金融机构，实现信托业与银行业、证券业严格地分业经营、分业管理。2002 年 10 月 1 日，中国第一部《信托法》开始实施，这标志着中国通过立法确立了信托制度，信托业步入规范运行的轨道。

5. 投资基金

投资基金是指代理投资机构(一般指证券公司)将众多的、不确定的投资者的资金集中起来并进行合理投资的一种新型的投资方式。它一般由某些信誉良好的大金融中介机构发起，该机构首先向社会公众、各机构投资者发行资金受益债券(基金券)，投资者按确定价格买入并持有这些证券，由此形成一笔相当数额的投资基金，然后由代理投资机构代为投资。投资基金起源于英国，发展于美国，它是金融发展与创新的产物，是金融工具的一种形式。

我国的投资基金最早产生于 20 世纪 80 年代后期。1987 年，中国银行和中国国际信托投资公司共同推出面向海外投资者的基金。1991年,武汉成立我国第一家面向国内投资者的"武汉证券投资基金"。截止1997年底,全国共审批了75只基金,实际发行73只,共募集资金约50亿元。在此期间,面向国内发行的基金(市场上习惯叫"老基金")由于缺乏全国统一的管理法规,其发行与运作存在不少问题,如基金发起人复杂、基金资产流动性差、基金管理人和托管人混淆等。

我国较为规范的证券投资基金产生于1997年11月《证券投资基金管理暂行办法》出台之后。根据要求,中国证监会对老基金进行了清理规范,同时审批新基金的设立。1998年,6家规模分别为20亿元的第一批试点证券投资基金(均为封闭式基金)陆续发行上市。此后又不断有新的、规模更大的封闭式证券投资基金推出。2000年10月,证监会发布《开放式投资基金试点办法》,对开放式基金的公开募集、设立、运作及相关活动做出规定,这标志着我国进入开放式基金试点的阶段。2003年10月28日通过的《证券投资基金法》,是我国继《证券法》之后针对证券市场的又一部重要法律。它以法律的形式确认了基金业在证券市场中的地位和作用,系统总结了1997年颁布《证券投资基金管理暂行办法》实施以来的市场实践,既充分考虑了中国基金行业的发展实际,又较多借鉴了国际经验;既满足了规范发展基金业和证券市场的当前需要,又为今后基金创新留有空间。

我国近些年来,存在一些名称形形色色带有私募基金性质的投资基金,这些基金所控制的资金实力估计达数千亿元。这类基金的出现和发展实质反映了集合投资制度的客观需要。如何汲取国际经验,规范私募基金的发展,是我国证券市场发展中的一个重要问题。

风险投资基金在我国也有发展。最早从事风险投资的机构是成立于1985年的中国新技术创业投资公司。1998年,在政府的推动下,我国风险投资基金获得了快速的发展,非国有资金正逐步成为风险投资基金的主要来源。

6. 财务公司

财务公司是金融业与工商企业相互结合的产物,1716年首先产生于法国,随后美英等国相继效仿开办。当代西方财务公司的业务范围较之从前有了很大的扩展,几乎与投资银行无异,他们在消费信贷、企业信贷和财务投资咨询等方面有着举足轻重的地位。

改革开放以来,我国陆续组建了一批企业集团,企业集团的众多成员单位间存在着资金调剂的要求和可能,在此背景下企业集团财务公司应运而生。因此,我国的财务公司是由企业集团内部各成员单位入股,向社会募集中长期资金,为企业技术进步服务的金融股份有限公司。1984年,我国第一家财务公司在深圳经济特区成立。1996年9月,中国人民银行发布了《企业集团财务公司管理暂行办法》,以规范财务公司的相关业务和管理制度。财务公司在业务上受中国人民银行领导、管理、监督与稽核,在行政上则隶属于各企业集团,是实行自主经营、自负盈亏的独立企业法人。财务公司的业务包括存款、贷款、结算、票据贴现、融资性租赁、投资、委托以及代理发行有价证券等。从今后规范要求的角度看,财务公司的特点就是为集团内部成员提供金融服务,其业务范围、主要资金来源与资金运用都应限定在集团内部,而不能像其他金融机构一样到社会上去寻找生存空间。

7. 金融租赁公司

金融租赁是所有权与使用权相分离的一种新的经济活动方式，具有融资、透支、促销和管理的功能。金融租赁公司，亦称融资租赁公司，是指主要办理融资性租赁业务的专业金融机构。1952 年，第一家金融租赁公司——美国租赁公司建立，其后许多金融租赁公司相继建立。

我国的金融租赁业起始于 20 世纪 80 年代初期。1981 年，中国国际信托投资公司组建了东方国际租赁有限公司和中国租赁有限公司。金融租赁公司创建时，大都是由银行、其他机构以及一些行业主管部门合资设立。根据我国金融业实行分业经营及管理的原则，对租赁公司也要求独立经营，与其所属银行等金融机构脱钩。2000 年 7 月 25 日，中国人民银行颁布了《金融租赁公司管理办法》。该《办法》从根本上确立了金融租赁公司的法律地位。目前，我国金融租赁公司所从事的主要业务包括：用于生产、科教文卫、旅游、交通运输设备等动产、不动产的租赁、转租赁、回租租赁业务；前述租赁业务所涉及的购买业务；出租物和抵偿租金产品的处理业务；向金融机构借款及其他融资业务；吸收特定项目下的信托存款；租赁项目下的流动资金贷款业务；外汇及其他业务。

8. 邮政储蓄银行

邮政储蓄是指与人民生活有紧密联系的邮政机构，在办理各类邮件投递和汇兑等业务的同时，办理以个人为主要对象的储蓄存款业务。邮政机构办理储蓄已有几百年的历史，大多数较发达国家几乎都有邮政储蓄。新中国成立前，在我国曾有邮政储金汇业局。

改革开放以来，随着国民经济的不断发展，城乡居民收入不断增加，储蓄事业日益受到重视。为了更有效地利用遍及全国城乡的邮政机构的现有设施，并发挥其点多、面广、相关业务联系密切(如汇款与储蓄、存款与费用支付)和四通八达的电信网络等优势，我国于 1986 年 2 月在全国开办邮政储蓄业务，并在邮政总局设立邮政储汇局，是以个人为服务对象，以经办储蓄和个人汇兑等负债、结算业务为主的金融机构，它不能像银行机构一样办理如发放贷款等的资产业务，邮政储蓄存款是中国人民银行的信贷资金来源，吸收后全部缴存中国人民银行统一使用。此外，随着邮政储蓄业务的发展，部分邮政储蓄网点还经办国债发行和兑付的代理业务以及保险的代理业务等。2007 年 3 月，中国邮政储蓄银行有限责任公司成立，承继原国家邮政局、中国邮政集团公司经营的邮政金融业务及因此而形成的资产和负债，并将继续从事原经营范围和业务许可文件批准/核准的业务。

9. 典当行

典当行是主要以财物作为质押而有偿有期借贷融资的，具有浓厚商业色彩的金融经营机构，是中国乃至世界历史上最为古老的非银行性质的金融行业，也是现代银行业的雏形和源头。我国的典当行可追溯到 1 800 年前的东汉时期，甚至更为久远。直到 19 世纪 20 年代，在适应工商业和城市发展需要的票号诞生之前，典当行一直在传统金融业中居于重要地位。1987 年，消失了三十多年的典当业在温州、沈阳等地萌生，随后在全国兴起。典当业对满足社会生活需要，促进非国有经济发展起了一定的作用。但在没有相应的专项法律法规规范典当活动和典当市场之前，国内的典当市场曾一度陷入了混乱状态，甚至在一些地方还出现了影响社会治安和社会稳定的事件。1996 年 4 月，中国人民银行颁布了《典当行管理暂行办法》，并随即据此对全国的典当行进行了全面的清理整顿。2000 年下半年，中国人民银行与国家经贸委就典当行监管职责进行了交接，将原由中国人民银行监管的典当行作为一类特殊的工商企业，交由国家经贸委统一归口管理。(归口管理实际上就是指按国家赋予的权利和承担的责任、各司其职，按特定的管理渠道实施管理。)2001 年 8 月，国家经贸委发布了《典当行管理办法》，对典当行进行了正式的法律界定。

10. 境内外资金融机构与境外中资金融机构

自 1979 日本输出入银行在我国设立代表处以来，外资金融机构已成为我国金融体系中一支重要力量，是我国引进外资的一条重要渠道。二十年来，中国金融业始终遵循审慎原则，有计划、有步骤，分层次、分阶段地对外开放。自 2001 年 12 月加入 WTO 以来，我国共批准外资银行新设分行 12 家、代表处 25 家，增加了 7 个城市开放人民币业务，批准了 12 家外资银行开办网上银行业务和 5 家外资银行分行开办 QFII 托管业务。同时，中国还采取积极政策，鼓励外资银行参股中资银行，支持外资银行扩大发展空间。截止到 2003 年末，共有 19 个国家和地区的 62 家外资银行，在华设立了 191 家营业性的机构，这其中有 84 家已经获准从事人民币的业务。另外，外资银行在华被批准建立了 211 个代表处，在华的外资银行资产总额已经达到了 470 多亿美元，占中国银行业金融机构资产总额的 1.4%，贷款余额超过 200 多亿美元，其中外汇贷款的余额达到 164 亿美元，占银行业金融机构全部外汇贷款的 13%，外资金融机构已成为中国金融体系中的一支重要力量。中国加入世界贸易组织后，外资金融机构在华业务范围和客户基础逐渐扩大，在中国金融市场上运用的新产品和新技术将随之增加，中资金融机构被迫与外资金融机构展开全方位的竞争。这将促使中资金融机构采取切实措施解决当前存在的各种问题，改善金融企业产权结构和治理结构，转换经营机制，建立审慎会计制度，提高经营效率和服务水平。

随着外资金融机构在华规模的不断扩大，中国金融机构也积极走向国际市场。到 2000 年底，中国商业银行在境外设立营业性机构 68 家，资产总额已达 1 565 亿美元。随着中国加入世界贸易组织，金融业对外开放的步伐将进一步加快。

8.3.2 商业金融运营特征

商业性金融机构的运营特征概括来说主要有以下几点：

第一，市场主体明确。商业银行作为市场主体必须是具有独立支配财产，全权承担民事责任的企业法人。

第二，经营目标确定。商业金融的一切经营活动都以盈利为目的。商业金融的微观经济行为具有自主经营，自负盈亏的基本特征，其严格的投入、产出与经济核算是商业金融的生命线。

第三，经营范围广泛。在市场经济体制下，商业金融是一个国家的金融主体，在市场交易份额中占据最大比例。商业金融在运营过程中可以对各种金融商品进行买卖，提供多方面的金融服务。

第四，组织结构庞大。商业金融大多采取股份制或分支行制，其严密而众多的网络建设成为国家宏观金融调控的微观金融基础。

第五,业务运营的市场化。商业金融机构作为企业法人,其业务都是市场行为。主要包括以下六个方面:一是资金商品化。金融市场的交易对象说到底就是货币资金的使用权,换言之,资金使用权作为商品进行买卖是金融市场交易的核心,没有资金商品化就不会有金融市场。二是信用票据化。信用活动票据化是信用制度发展的重要标志,没有信用票据化,就无法保证债权人和投资人的利益,信用活动也就无法正常进行。同时,没有信用票据化,就没有金融交易对象,也就谈不上金融市场。三是金融工具多样化。如果金融商品单一,融资双方就不会有太多的相互选择机会,也就没有活跃的金融市场,商业也就无法拓展新业务,尤其是进行金融创新。四是资产流动化。现代商业金融机构所进入的金融市场,应该是完善的借贷市场与发达活跃的证券市场的统一和结合。金融资产包括间接融资工具和直接融资工具,它们具有流通转让属性,可以在地区之间,银企之间,金融机构之间和市场各种参与者之间自由转移。五是主体多元化。金融市场的存在和发展是以市场为主体,以金融机构之间,金融机构与企业、个人之间频繁的金融商品交易为前提的。在成熟的金融市场上,诸多参与者的竞争,会不断创造可供交易的、具有吸引力的新品种,而新品种的推出又为市场的发展创造着动力,推动着商业金融业务向纵深方向发展。六是利率市场化。在成熟的市场经济条件下,利率市场化是经济主体参与公平竞争的基本条件,利率作为资金的价格反映的是资金供给与需求最本质的关系。

8.3.3 商业金融经营原则

商业银行的经营有三条原则:盈利性、流动性和安全性。

追求盈利是商业银行经营目标的要求,是改进服务、开拓业务和改善经营管理的内在动力。这一原则占有核心地位是无需解释的。

流动性原则,或者说清偿力问题,是指银行能够随时满足客户提取存款等方面要求的能力。实际生活中,一般说来有两种情况:一是提取或兑付的要求是有规律或较有规律的。对此,银行能够较精确地预计并做好安排。二是突发的提存和要求兑付。突发的要求往往由一些突发的事件所引发,而且客户集中涌来,同时要求提存和兑付,这就是通常所谓的"挤兑"。对此,银行很难预料。但如不能妥当应付,立即会陷入破产清理的境地之中。所以,银行经营坚持流动性原则是至关重要的。为了保持流动性,银行在安排资金运用时,一方面要力求使资产具有较高的流动性;另一方面则必须力求负债业务结构合理并保持自己有较多的融资渠道和较强的融资能力。

安全性原则,是指避免经营风险,保证资金安全的要求。银行经营与一般工商企业经营不同,其自有资本所占比重很小,主要依靠吸收客户存款或对外借款用于贷款和投资。在资金运用过程中,由于可确定的和不可确定的种种原因,存在着拖欠风险、利率风险。如果本息不能按时足量收回,必然会削弱乃至丧失银行的清偿力,危及银行本身的安全。所以,坚持安全性原则,力求避免或减少各种风险造成的损害,历来都是银行家们所高度重视的事情。

三原则既有统一的一面,又有矛盾的一面。一般说来,安全性与流动性是正相关的:流动性较强的资产,风险较小,安全有保障。但它们与盈利性往往有矛盾:流动性强,安全性好,盈利率一般较低;盈利性较高的资产,往往流动性较差,风险较大。因此,银行在其经营过程中,经常面临两难选择:为增强经营的安全性、流动性,就要把资金尽量投放在短期周转的资金运用上，这就不能不影响到银行的盈利水平；为了增加盈利，就要把资金投放于周转期较长但收益较高的贷款和投资上，这就不可避免地给银行经营的流动性、安全性带来威胁。实践证明，安全性、流动性、盈利性是不能同时得到满足的，所以就应对三者进行兼顾、均衡和协调。商业银行对安全性、流动性、盈利性的协调策略可概括为：在保证安全性和流动性的前提下，追求最大限度的利润。对此，只能从现实出发，统一协调，寻求最佳组合。

8.3.4　商业金融经营业务

商业银行的业务大体可分为三类：负债业务、资产业务和其他业务。前两项一般称为信用业务，后一项一般称为中间业务，又叫服务性业务。

1. 商业银行的负债业务

商业银行的负债业务是指形成其资金来源的业务。其全部资金来源包括自有资本和吸入资金两部分。

(1)自有资本

自有资本包括股本、储备资本和未分配利润。股本是银行自有资本的主要部分，是银行最原始的资金来源，也是银行开业的前提条件之一。储备资本是指在银行保留的收益中专门用于应付意外事件或预料中突发事件的准备金。未分配利润是指银行税后净利在分配给股东后的余额，它是银行增加自有资本的主要来源。

一般说来，在商业银行的资金来源中，自有资本所占的比重很小，通常小于其负债业务总额的10%，但却是吸收外来资金的基础，作用巨大。它可以减少银行的经营风险，维持银行业务的正常经营和使银行保持适度的资产规模。因此，银行资本充足率备受各国金融管理当局的重视。

1987年12月10日，"十国集团"加上瑞士和卢森堡在巴塞尔召开各国中央银行行长会议，讨论加强对经营国际业务的商业银行的资本及风险资产的监管问题。会议通过并发表了《关于统一国际银行资本衡量和资本标准的协议》，后经修改，于1988年7月在巴塞尔签署了协议，即著名的《巴塞尔协议》。《巴塞尔协议》规定了对银行资本和资产之间的比例的计算方法和确定比例的目标。其主要内容包括以下四个部分：

①资本的组成。委员会建议将资本分为核心资本和附属资本两类。核心资本包括实收资本和公开储备。附属资本包括未公开储备或隐蔽储备、重估储备、普通准备金、债务——股本混合工具、次级长期债务等。其中，核心资本在总资本中不得低于50%。

②资本衡量标准：风险加权制。巴塞尔委员会在总结和协商的基础上，推出了"风险加权制"，即将银行合格资本对风险加权资产的比率作为评估资本充足程度的主要尺度，而将其他常用的衡量方法作为补充形式。银行的业务活动涉及许多种类的风险，如信用风险、投资风险、利率风险、汇率风险、国别风险等。《巴塞尔协议》所设计的风险权数体系主要侧重放在信用风险及国家转移风险方面，使用了五个风险权数(即0%、10%、20%、50%、100%)来判断资产和表外业务的信用风险，从而可将资产负债表上不同种类资产以及表外项目，根据其广泛的相对风险进行加权汇总，最后得出风险加权资产。

③资本比率的标准目标。《巴塞尔协议》把资本对风险加权资产的最低目标标准比率定为8%，其中核心资本成分至少应占一半，即最低应为银行风险加权资产的4%。

④过渡期和实施安排。委员会计划了一个5年的过渡期，在这一时期，各国银行可以将部分补充资本暂时算作核心资本。但从1992年末起，各国银行都将严格执行《巴塞尔协议》的规定。

(2)吸入资金

①存款。存款是商业银行最主要的资金来源，存款业务也是商业银行最主要的负债业务。可以说，吸收存款是商业银行与生俱来的特征。由于自有资本数额有限，吸收存款成为充实其营运资金、获取利润的重要手段。传统的分类方法将存款分为活期存款、定期存款和储蓄存款三大类。

活期存款是商业银行的传统存款业务，是指无存款期限、可由存户随时存取和转让的存款。活期存款因经营成本高，一般只支付很少的利息，有的国家规定活期存款不支付利息。但存户可以随时开出支票对第三者进行支付而不用事先通知银行。因此，活期存款账户又有支票存款账户之称。

定期存款是由客户和银行预先约定存款期限的存款。定期存款短则1个月，长则5年或10年，一般不能提前支取，因而具有较高的利率。定期存款是银行稳定的资金来源。除20世纪60年代创新的大额可转让存单外，定期存款不能像支票一样流通转让，因而远不如活期存款灵活。

储蓄存款即居民储蓄存款，是由银行发给存户存折，作为存款和取款的凭证。储蓄存款是客户用存折随时自由存取款项，商业银行向客户支付一定利息的活期存款。客户一般不能据此账户签发支票，支用时只能提取现金或先转入存户的活期存款账户。储蓄存款的存户通常只限于个人和非盈利组织，现在则逐渐放宽到允许某些企业公司开立储蓄账户。

②借入款。商业银行在自有资本和存款不能满足放款需求时，就通过借入款来解决。其借入资金的主要渠道有：

向中央银行借款。其借款的形式主要有两种：一是直接借款，即再贷款。商业银行用自己持有的合格票据、银行承兑汇票、政府公债等有价证券作为抵押品向中央银行取得抵押贷款。另一种为间接借款，即再贴现。再贴现，即把自己办理贴现业务而买进的未到期票据，如商业票据、短期国库券等，再转卖给中央银行。通常商业银行的借款只能用于调剂头寸、补充储备不足等应急调整。

同业拆借。同业拆借是指金融机构之间的短期资金融通，主要用于日常资金周转，它是为解决短期资金余缺、调剂法定准备头寸而相互融通资金的重要方式。同业拆借一般是通过商业银行在中央银行的存款账户进行的，这种拆借一般期限较短，有的今日借明日还。

国际金融市场借款。近二三十年来，各国商业银行，尤其是大的商业银行，在国际金融市场上广泛地通过办理定期存款、发行大额定期存单、出售商业票据银行承兑票据以及发行债券等方式筹集资金，以满足自身资金不足的需要。

其他借款。如发行长期金融债券、转贴现、回购协议、大面额存单等也是借款的渠道。

③结算中负债。银行之间、银行与企业之间在转账结算过程中会产生大规模的结算浮存资金和结算在途资金，为银行暂时占用，它也构成了银行的短期负债。

2. 商业银行的资产业务

商业银行筹集资金的目的，主要是为了运用这些资金。商业银行的资产业务，就是银行资金的运用过程，也是银行赖以取得收入的最主要方面。它包括现金资产、贷款、票据贴现和投资，其中以贷款为主要业务。

(1)现金资产

现金资产是商业银行所有资产中最具流动性的部分，是银行随时可用于支付客户提取现金的资产，也是银行满足客户意外贷款需求和支付各种营业费用的首要资金来源。银行现金资产由库存现金、法定存款准备金、在中央银行的存款、存入其他银行的存款、托收中的款项等组成。由于现金资产很少或不能为银行带来收益，因此，商业银行会尽可能将其规模控制在最低限度。通常，现金资产占总资产的比例约为10%。尽管如此，现金资产主要为满足商业银行日常管理工作中客户提存、营业支出等需要，是商业银行经营中必不可少的资产组成部分。

(2)贷款

银行的贷款是银行将其所吸收的资金，按着一定的利率贷给客户并约期归还的业务。贷款是商业银行最主要的资产，一般占银行总资产的50%～70%，而且贷款利息占经营收入的比重与其他业务相比都是较高的。贷款在资产组合中对银行风险结构和收益结构影响极大，贷款比重的提高会增加银行预期盈利，但同时也增加了银行的风险，所以盈利与风险是贷款业务中考虑的核心。自20世纪80年代后期以来，直接融资发展迅速，商业银行的传统贷款业务占总资产的比重有所下降。

贷款按贷款时间长短可以分为短期、中期和长期贷款。短期贷款期限一般在一年之内，中期贷款期限一般为一年以上到3～5年以下，期限再长的为长期贷款。

按贷款条件不同可分为信用贷款、抵押贷款和担保贷款。信用贷款是指商业银行凭借借款人的信誉发放的贷款；抵押贷款是指商业银行以借款人提供的有价证券或实物为抵押而发放的贷款；担保贷款是指商业银行根据第三者为借款人提供的担保而发放的贷款。

按贷款本息偿还方法的不同，又可以分为一次还清和分期偿还两种。

按贷款用途可分为工商业贷款、农业贷款、消费贷款和房地产贷款等。

(3)投资

商业银行的投资业务主要是指买卖证券的业务活动。

银行购买的有价证券包括国库券、公债券、公司债券和股票。但对股票的购入，一般国家多加以限制或禁止。目前各国商业银行的证券投资主要用于购买政府债券，如美国近年来商业银行的投资总额中约有60%以上是联邦政府债券。

商业银行投资的目的一般主要是获取收益、降低风险和补充流动性。当贷款需求减弱或贷款收益率较低，风险较大时，把一部分资金转到投资上，是商业银行维持盈利水平的重要途径。同时，也使商业银行资产组合多样化，有利于降低经营风险。另一方面，由于政府债券和其他流动性较强的有价证券，可以在几乎不受损失的情况下及时抛售出去，换回现金，所以，投资于有价证券，比起增加库存现金和在中央银行存款来维持流动性，更为有利。

3. 商业银行的其他业务

商业银行经营的其他业务包括传统的中间业务和新兴的表外业务。

所谓中间业务，是指银行不需动用自己的资金而以中介人的身份代客户办理各种委托事项，并从中收取手续费的业务。最常见的中间业务是传统的汇兑、代理、代客买卖等。而表外业务是指未列入银行资产负债表且不影响资产负债总额的业务。广义的表外业务既包括传统的中间业务（也称为无风险业务），如汇兑、代理等，也包括对银行有风险的业务，如古老的票据承兑、信用证业务和贷款承兑，在金融创新中发展起来的互换、金融期货与期权、远期利率协议、票据发行便利、备用信用证等。

(1)结算业务

支付结算是银行代客户清偿债权债务、收付款项的一种传统的中间业务。其特点是业务量大、风险度小、收益稳定。票据（包括汇票、本票和支票）和结算凭证是办理支付结算的工具。结算业务主要有代收业务、汇兑业务、信用证业务和信用卡业务。

①代收业务。代收业务是银行受客户委托，代替客户收进货币凭证和商品结算凭证的业务。银行办理该业务时，只收取一定的佣金。客户常从他人手中收到其他银行的支票，客户可以转交自己的开户行，委托其从付款行代收。客户也可以将有价证券交给银行，委托其代收利息和股利等。在异地与国际贸易中，商品发售者可以将凭证交由银行，委托银行代理收款。

②汇兑业务。汇兑业务是银行代理客户把现款汇给异地收款人的业务。依汇出行将付款命令通知汇入银行的方式不同，可分为电汇、信汇和票汇。由于从客户把款项交给汇出行，到汇入行把款项交给指定收款人有一段时间间隔，因而银行可以占用客户的一部分资金，汇兑业务周转金额巨大，所以银行在间隔期占用的资金数额可观。

③信用证业务。信用证是指开证银行根据申请人的要求和指示，向受益人开立的具有一定金额、在一定期限内凭规定单据在指定地点付款的书面保证文件。它是目前国际贸易领域使用最为广泛的结算方式。信用证的分类方式很多，国际贸易中常用的是跟单信用证。这种信用证需要出口商提供货运单据，经查无误后才由开证银行付款。信用证是以银行的信用作为保障，以贸易合同为依据，但不依附于贸易合同，并以单据是否合要求为先决条件的特殊结算方式。

④信用卡业务。信用卡是指银行或公司签发的证明持有人信誉良好，可以在指定的商店和场所进行记账消费的一种信用凭证。信用卡的主要功能有：转账结算、储蓄、汇兑和消费信贷等。它大大方便了持卡人与特约商户的购销活动，减少了社会现金流通量，节约了社会劳动。信用卡的推广，不仅可以提高银行信誉，而且可以吸收大量低成本的存款，推动了个人金融服务的中间业务的发展。由于信用卡业务还能增加银行手续费收入并从特约商户收取销售回扣，只要业务有一定规模，就能为商业银行带来源源不断的收益。信用卡一般都是先消费、后存款，以消费信贷功能为主，无须事先存款。信用卡因而是高收益、高风险的中间业务。

(2)代理业务

代理业务是指商业银行接受政府、企业、其他银行或金融机构，以及居民个人的委托，以代理人的身份代表委托人办理一些经双方议定经济事务的业务。银行经营代理业务一般不动用自己的资产，不垫付资金，不参与收益分配，只收取手续费，因而风险度较低。

①代理融通。代理融通又称代收账款或应收账款权益售与，指的是商业银行接受客户委托，以代理人的身份代为收取应收账款，并为委托者提供资金融通的一种中间业务。其操作程序为：工商企业向顾客赊销货物或劳务，然后把应收的赊销账款转让给银行或代理融通公司，由后者向企业提供资金融通并到期向顾客收账。工商企业付给银行一定的垫款利息和手续费。由于赊账顾客和企业之间的往来有延续性，因而代理融通业务的发展很有潜力，是国外商业银行普遍从事的一种长期中间业务。

②代理行。代理行业务是商业银行的部分业务由指定的其他银行代为办理的一种业务。国内、国际间的银行都可成为代理行。再大的银行，也有其无法涉足的区域。由于代理行业务和设立分支机构差不多，因而可以避免地域和法规的限制。代理行关系一般是双向的，即两家银行之间建立互为代理关系。

(3)信息咨询业务

信息咨询业务是以转让、出售信息和提供智力服务为主的中间业务。银行在经营过程中积累了大量的信息资料，可以根据客户的需要，提供各种咨询服务，并视情况收取服务费用。信息咨询业务充分发挥了商业银行所固有的资源优势，极大地拓宽了银行的业务范围，增加了银行收入，成为银行新的利润增长点。

(4)信托业务

信托业务是银行接受客户的委托，代为管理、营运，处理有关钱财的业务。信托业务按其服务对象的不同，可以划分为个人信托和法人信托两种。个人信托包括财产管理、遗嘱信托、代理证券投资等内容。法人信托包括代理发行股票和债券，代理管理各项基金，代理政府办理国库券、公债券的发行、推销以及还本付息等内容。

商业银行一般设有信托部经营信托业务。商业银行办理信托业务，不仅可以收取一定的手续费，增加银行收益，而且可以通过把一部分能够经常占用的信托资金用于贷款或投资，扩大银行资产业务规模。同时，还能够通过信托业务掌握大量企业股票，从而取得对企业的控制权。

(5)承兑业务

这是银行为客户开出的汇票或票据承担付款保证的业务。当票据到期前或到期时，客户应将款项送交银行或由其自己办理兑付。如若到期客户无力支付票据款项，则该承兑银行必须承担付款责任。由于票据的兑付一般无需银行投入自己的资金，只是为客户提供信用保证，为此银行要向客户收取一定的手续费。由于经过银行承兑的票据在付款方面更有保障，因而承兑业务的开展促进了票据流通范围的扩大。这项业务在现代银行业务中仍占有相当重要的地位。

(6)租赁业务

租赁业务是银行垫付资金购买资本设备，然后出租给客户并以租金的形式收取资金的形式。这种业务一般是由银行所控制的分公司经营，租赁的范围包括飞机、船只、车辆、钻井平台、电子计算机和各种机电设备，目前甚至扩大到成套设备和整座工厂。租赁的形式大致可分为两类，一是融资性租赁，即客户需添购或更新大型设备、仪器，但一时资金不足，于是由银行出资购买这些设备，客户使用它们并按时交纳租金；二是操作性租赁，即银行作为出租人购买设备、车辆、船只等大型设备，然后向承租人提供短期使用服务，这种方式通常适用于那些技术更新较快或使用次数不多的设施和仪器等。

8.3.5 商业金融业务管理

1.资产管理理论

资产管理理论认为,银行的收入主要来自对资产的运用,银行能够对资产业务加以主动的管理,而银行的负债业务则主要取决于客户存款与否,存多少及存期长短,主动权都在客户手中,银行管理起不了决定性的影响。因此,商业银行经营管理的重点是资产业务,通过对资产结构的合理安排,以谋求盈利性、安全性和流动性的协调统一。

资产管理理论是商业银行早期的经营理论,并在相当长的一段时期内广泛流行。商业银行在早期的业务活动中,资金来源主要依靠吸收活期存款,定期存款的数量有限。活期存款的不稳定性,迫使银行家们必须将注意力集中于资产管理方面,特别是如何保持资产的流动性,以应付客户的提款,至于如何扩大资金来源,增加盈利,还未及考虑。另一方面,早期商业银行的工商企业贷款需求比较单一,数量也有限,金融市场还不够发达,这就使商业银行没有必要,也没有可能去努力增加资金来源,扩大盈利,而只需进行资产结构的合理安排,以满足客户贷款和提款的要求。

在资产管理中,资产流动性的管理占有特别重要的地位,而围绕如何提供资产流动性,其理论经历了如下三个不同发展阶段:

(1)商业贷款理论。又称"真实票据论",产生于18世纪中后期。商业贷款理论认为,商业银行为了保持资产的流动性,只应发放短期的自偿性的商业贷款,以满足企业的周转资金需要。所谓自偿性,是指由借入资金本身的收益来清偿贷款的本息,也就是说,这类贷款将随着物资周转、产销过程的完成,从销售收入中自动得到偿还。这种贷款具有以下特点:期限较短,只能用于商品周转的资金需要;必须用商业的销售收入偿还,即自偿性;放款必须以真实的商业票据为凭证。商业贷款理论的依据是:商业银行的资金来源主要是活期存款,而活期存款的最大特点是不稳定。因此,要保持银行的清偿力,商业银行只能发放这种短期的自偿性的商业贷款。

(2)转换理论。1918年,美国经济学家莫尔顿在《政治经济学》杂志第5、6、7期上发表了《商业银行业务与资本的形成》一文,首次提出了转换理论。莫尔顿指出银行要保持资产的流动性,并不在于贷款的种类,而在于银行持有债券的变现能力。用莫尔顿的话来说,即"流动性即转换"。莫尔顿认为,债券的转换(或变现)不是指债券到期时的兑现,而是指债券的转让或出售。他又认为,银行所掌握的期限较长的债券,只要易于出售,就能够作为银行的流动性准备。总之,转换理论认为,银行要保持其资产的流动性,不必将资产业务限于短期自偿性商业贷款,关键在于资产的变现能力。只要银行所掌握的债券信誉好,易于出售,在需要资金时,可以迅速地、不受损失(或尽量少受损失)地转让出去,银行就能保持流动性。

财政部发行的国库券,由于有政府担保,期限较短,利息较高,在金融市场上颇受欢迎,是银行较理想的流动性资产。但当短期证券不能满足银行的流动性需要时,银行也可将短期放款或短期证券作为流动资产,以补充流动性之不足。随着第二次世界大战引起的政府债务的剧增,证券的数量和种类也日益增多,从而使短期证券成为保持银行流动性需要的主要力量,即第二准备。

(3)预期收入理论。1949年美国芝加哥的银行家哈伯特·普鲁克诺创建了该理论。

预期收入理论认为，银行要保持资产的流动性，不必将资产业务局限于短期自偿性商业贷款和易于出售的证券。一笔好的放款，应当根据借款人预期收入而制定的还款计划为基础。这样，银行即使发放一些长期贷款，因为有借款人的预期收入作为担保，从而不至于影响银行的流动性。换言之，银行只要根据借款人的预期收入安排放款的到期日，或采用分期偿还的方式，银行就能够保持规律性的现金收入，维持高度的流动性。

根据预期收入理论，商业银行除了发放短期贷款和经营易于转让的证券外，还可以对一些未来收入有保证的项目，发放中、长期贷款。由于该理论强调了银行贷款可以用借款人的未来收入分期偿还。因此，商业银行发放了许多以贷款后的投资项目收入分期偿还的贷款，如中、长期设备贷款，分期付款的房屋抵押贷款，消费者分期付款放款等，使银行的放款结构发生了很大的变化。

2. 商业银行负债管理理论

负债管理理论产生于20世纪60年代初期。所谓负债管理理论，是主张商业银行将经营管理的重点放在负债业务方面，通过寻找新的资金来源，来实现经营方针的要求。

负债管理理论认为，银行的流动性不仅可以通过加强资产管理来获得，而且也可以由负债管理扩大，即向外借款也可提供流动性。只要银行的借款领域广大，它的流动性就有一定保证。而且，只要负债业务管理有效，就没有必要在资产方面保持大量高流动性资产，而应将它们投入高盈利的贷款或投资中，银行收益则将提高。

在西方商业银行流动性管理的重点由资产方转向负债方的同时，其负债方式也由单纯的被动型负债（吸收存款）向主动型负债（向外借款）发展。西方商业银行主动型负债的传统方式是向中央银行借款和向同业借款。20世纪50年代，随着欧洲货币市场的形成，又开始向欧洲货币市场借款。20世纪60年代初，开始发行大额可转让定期存单和根据“再购回协议”借款。

资产管理理论主要着眼于银行如何把资产管理好，并维持其流动性。这是因为当时的银行家认为，资金的运用可以由银行主动决定。而资金来源方面，银行则处于被动地位，主动权操在客户手中。负债管理理论使银行家更富于进取精神，促使他们积极地寻找资金来源，以满足客户贷款和经济发展的需要。

但由于负债管理理论对于商业银行来说在一定程度上具有主观色彩，往往在客观条件难以满足的情况下，遭受各种风险。首先是借入款项费用方面的风险。银行要获利，就必须使借入款的利率低于放出款的利率。如果市场利率过高，银行以较高的成本借入资金，便无利可图；其次是资金供给方面的风险。当金融市场的资金需求大于供给时，借入款极不易取得，特别是个别银行经营情况不佳时，甚至会发生借贷无门的危险。比如，美国的富兰克林国民银行和第一宾州银行都是由于以上原因倒闭的。它们经常靠向同业借款取得资金来源。当经营情况不佳时，别的银行拒绝向它们贷款，最终导致这两家银行破产倒闭。

此外，负债管理理论的产生，使得银行家们对吸收外来资金充满信心，由此可能导致其不大注意补充自有资本，从而使自有资本占商业银行资金来源总额的比重下降。一旦遇到以上两种风险，银行只有破产倒闭。

3. 商业银行资产负债管理理论

无论是资产管理理论还是负债管理理论，其目的都是为了使银行维持流动性，能随

时应付存款的提取和日益增长的贷款需求。20 世纪 70 年代西方国家经济和金融环境的变化以及银行负债结构的变化，使银行家们认识到，单单注意资产或负债管理是不够的，一个有效率的管理应是双方并重，因而提出了资产负债管理理论。

所谓资产负债管理理论，是指商业银行在经营管理的过程中，将资产管理与负债管理结合为一个统一体，在适当安排资产结构的同时，寻找新的资金来源，使资产和负债统一协调，以实现经营方针的要求。

资产负债管理理论认为，商业银行要实现安全性、流动性和盈利性三者的均衡，不能只靠资产或负债单方面的管理，必须根据经济环境和银行业务经营情况的变化，对资产结构和负债结构进行共同调整，对资产和负债进行统一协调管理，即尽量使二者达到均衡。如资金来源大于资金运用，应尽量扩大资产业务的规模或调整资产结构。反之，如资金来源小于资金运用，则应设法寻找新的资金来源。资产负债管理理论主张，资产负债管理的基础应是资金流动性管理；管理的目标是在市场利率频繁波动的情况下，实现最大限度的盈利。

资产负债管理理论的产生，是商业银行经营管理理论的一大重要发展。不论资产管理理论还是负债管理理论，在保持安全性、流动性和盈利性的均衡方面，都带有一定的偏向。资产管理理论过于注重安全性和流动性，却以牺牲一定的盈利为代价，不利于促进经济的发展；虽然资产管理理论随着经济环境的变化，不断丰富和发展，但在盈利性方面没有重大突破。负债管理理论在六十年代新的经济环境下，较好地解决了流动性和盈利性之间的矛盾。但三性均衡的实现更多地依赖于外部条件，往往带有很大的经营风险。而资产负债管理理论则将资产和负债的流动性置于同等重要的地位，在保证资产流动性和负债流动性的前提下，获取最大限度的利润。

8.4 合作金融组织机构

合作金融组织机构是人们在经济活动中，为获取低成本融资和其他便利服务，按照合作制原则，以自愿入股、个人财产联合为基础，以入股者为主要服务对象，以出资者民主管理、联合劳动为经营特色的一种信用组织形式。

8.4.1 合作金融组织机构

1. 农村信用合作社

农村信用合作社作为农村集体金融组织，其特点集中体现在由农民入股、由社员民主管理、主要为入股社员服务三个方面。农村信用合作社的主要业务活动是经营农村个人储蓄，以及农户、个体经济户的存款、贷款和结算等。在上述活动中，贯彻自主经营、独立核算、自负盈亏、自担风险原则是农村信用合作社的基本要求。农村信用合作社根据经济发展的要求，按照方便群众、便于管理、保证安全的原则，在县以下农村，按区域，一般主要是按乡设立的。此外，一般的县建有县联社，以对本县的农村信用合作社进行管理和服务为活动宗旨。

农村信用合作社是我国历史最长、规模最大、覆盖面最广的合作金融机构。建国后，中央政府在农村推行合作化运动，经过典型试办、逐步推广和运动方式，在坚持自愿、民办、民主管理、灵活利率的前提下，代表金融领域合作的农村信用社得到迅速发展。按照1951年中国人民银行下发的《农村信用合作社章程准则（草案）》和《农村信用互助小组公约（草案）》，明确农村信用合作社的性质是农民自己的资金互助组织，不以盈利为目的，贷款应先贷给社员、组员；实行民主管理，社员代表大会是最高权力机构。农村信用合作社的建立，有力地打击了农村高利贷剥削，对合作化运动的开展和农业生产的发展起到了很大的推动作用。从1951～1958年，是中国信用合作事业普及发展的阶段，也是传统合作金融时期。

从1958年起，伴随着人民公社体制的建立，农村信用社曾先后下放给人民公社、生产大队管理，后来又交给贫下中农管理，农村信用社基本成为基层社队的金融工具。1962年11月公布的《农村信用合作社若干问题的规定》，明确“信用社是农村人民的资金互助组织，是国家银行的助手，是我国社会主义金融体系的重要组成部分”，70年代又将农村信用合作社交给国家银行管理，合作制遭到严重遗弃或扭曲。

1983年，农业银行对农村信用合作社的管理体制进行改革，要求逐步恢复其组织上的群众性、管理上的民主性和业务经营上的灵活性。根据国务院的要求，在农业银行的领导下，在一定范围内对农村信用合作社进行改革，下放了部分经营权，提出要把农村信用合作社办成由农户和合作经济组织自愿入股，主要为社员服务，由社员民主管理，实行自主经营、独立核算、自负盈亏、自担风险的集体所有制的合作金融组织。

1996年，根据《国务院关于农村金融体制改革的决定》，农村信用合作社与农业银行脱离了行政隶属关系，全面开展了按合作制原则进行的规范工作。到1998年底，全国已完成了60%左右的基层农村信用合作社和80%县联社的规范工作。经过规范，增加了股金，健全了民主管理制度，为社员服务的宗旨得以强化，农村信用合作社与社员的联系明显加强。以合作制为基础的产权关系初现端倪，基本改变了农村信用合作社“既是集体合作金融组织又是国家银行基层机构”的组织管理体制。农村信用合作社紧紧围绕着变“官办”为“民办”、恢复和加强信用社“组织上的群众性、管理上的民主性和经营上的灵活性”这个中心，向自主经营、独立核算、自负盈亏、自担风险的合作金融组织迈出了一大步。2000年，中国人民银行在江苏省开展了“以完善体制、转换机制、消化包袱、加强管理和改善服务”为主要内容的农村信用合作社管理体制改革试点。2001年又在江苏省农村信用合作社系统开展了全面的清产核资工作，并将农村信用合作社以县（市）为单位合并为一个法人，将全省1 658个基层信用合作社和81个联合社合并为82个法人，正式成立了江苏省农村信用合作社联社。此后，经中国人民银行批准，全国陆续设立了近60家农村信用合作社地（市）级联社和北京、重庆、天津等6个省级联社、5个省的信用合作协会。

2001年12月，中国人民银行决定选择8个单位进行农村信用合作社浮动利率试点，推动农村利率市场化。另一方面，积极推进农村信用合作社在条件合适的情况下，向农村股份制和合作制商业银行发展。2001年，中国人民银行将江苏省的张家港、常熟和江阴三市的农村信用合作社，确定为首批组建股份制的农村商业银行的试点单位。2003年4月，经中国人民银行批准，浙江宁波鄞州市的信用合作社联社又按照股份合作制方式，改造成为全国首家农村合作银行。目前，符合条件的农村信用社正在向农村股份制和合作制商业银行稳步推进。截止2007年末，全国共组建农村商业银行17家，农村合作银行113家，组建以县（市）为单位的统一法人社1 824家。

2. 城市信用合作社

城市信用合作社是在改革开放初期发展起来的，它是我国经济和金融体制改革的产物，是我国金融机构体系的一个组成部分。20 世纪 70 年代末，随着我国经济体制改革的逐步开展，一些地区出现了少量城市信用社。1986 年 1 月，国务院下发《中华人民共和国银行管理暂行条例》，明确了城市信用社的地位。同年 6 月中国人民银行下发《城市信用合作社管理暂行规定》，对城市信用社的性质、服务范围、设立条件等作了规定。

鉴于实践中绝大部分城市信用社，从一开始即存在其合作性质名不副实的问题，且一部分城市信用社管理不规范、经营水平低下、不良资产比例高、抗御风险能力差、形成了相当大的金融风险这一现实情况。为切实防范和化解金融风险，保持社会稳定，确保城市信用社稳健经营和健康发展，中央开始着手整顿。1989 年上半年，根据中央治理整顿的精神，中国人民银行组织了对城市信用合作社的清理整顿工作。1990 年至 1991 年清理整顿期间，各地控制了新设机构的规模，对经营不善的城市信用合作社予以撤并。1992 年清理整顿工作结束，我国经济进入高速发展时期，各行各业申办城市信用合作社的要求非常强烈。这一期间，城市信用合作社的数量急剧扩大，在绝大多数县（市）都设有城市信用合作社。自 1993 年下半年开始，中国人民银行大力清理整顿金融秩序，总行责令各省分行自 1993 年 7 月 1 日起一律停止审批新的城市信用社，已下达但未用完的指标暂停使用，同时对越权超规模审批城市信用社的问题进行清理。自 1995 年起，根据国务院指示精神，部分地级城市在城市信用社基础上组建了城市合作银行。同年 3 月，中国人民银行下发《关于进一步加强城市信用社管理的通知》，以文件形式明确“在全国的城市合作银行组建工作过程中，不再批准设立新的城市信用社”。《通知》下发以后，全国基本上完全停止了城市信用社的审批工作。1998 年 10 月，国务院办公厅转发中国人民银行《整顿城市信用合作社工作方案》。《整顿方案》要求各地在地方政府的统一领导下，认真做好城市信用社的清产核资工作，彻底摸清各地城市信用社的资产负债情况和风险程度，通过采取自我救助、收购或兼并、行政关闭或依法破产等方式化解城市信用社风险；按照有关文件对城市信用社及联社进行规范改造或改制；要求全国各地进一步加强对城市信用社的监管。全国各地按照《整顿方案》的要求，至 1999 年底，除了对少数严重违法违规经营的城市信用社实施关闭或停业整顿外，还完成了将约 2300 家城市信用社纳入 90 家城市商业银行组建范围的工作，为城市信用社的健康发展奠定了良好的基础。至 2007 年末，全国共有城市信用社 42 家。

作为城市集体金融组织，城市信用合作社是为城市集体企业、个体工商户以及城市居民服务的金融企业，是实行独立核算、自主经营、自负盈亏、民主管理的经济实体。根据有关规定，城市信用社的主要业务有：吸收社员存款及中国人民银行规定限额以下的非社员的公众存款；发放贷款；办理结算业务；办理票据贴现；代收代付款项及受托代办保险业务；办理经中国人民银行批准的其他业务。服务对象主要是中小企业，特别是城市信用社社员。城市信用社贷款在同等条件下，应优先满足社员的资金需要。

8.4.2 合作金融运行特征

合作金融作为合作经济的重要组成部分，合作制原则是其灵魂与核心；作为金融组织的一种形式，货币商品是其主要经营对象。但合作金融又是一种特殊的资金融通形式，其运行具有以下基本特征：

一是组织上由社员出资入股组成。合作金融组织是由愿意参与互助合作的个人或法人，按照“自愿平等、利益共享、风险共担”的原则，交纳股金入股组成。

二是管理上尊重入股成员的民主权利。最高权力机构是社员（代表）大会，所有入股成员无论出资多少，一律平等，按照“一人一票”的原则行使管理权，而不是凭“资本的权力”行使管理权。

三是经营上充分体现为入股成员服务的宗旨。合作金融组织致力于帮助入股成员解决局部或临时的资金困难，通过相互融通资金，在贷款、结算、存款、保险、信息咨询等方面为入股成员提供方便，不以赢利作为经营首要目标。

四是利益分配上，采取公共积累、按股分红和按交易额返还原则。部分利润根据入股社员提供的交易量（如存款或贷款量），按比例返还给社员，公共积累用以增强合作金融组织的实力，提高服务水平。

此外，合作金融还具有经营上的区域性和灵活性等特征。合作金融的股东、从业人员以及服务对象都相对集中在较小的区域，其资金来源、运用也限于服务区域，主要是支持地方经济的发展。同时，合作金融的资金规模相对较少，管理方式民主，组织机构严谨，业务领域比较集中，这就使合作金融易于采取灵活多样的方式进行业务经营。

因此，从合作金融体现的经济关系看，其融资活动的前提是会员缴纳一定数量的货币资金，融资过程按自主经营、民主管理的方式进行，经营活动的结果是成员获得优惠服务和经济利益。合作金融体现的是一种自愿、自主、互助的合作关系，是商品经济条件下劳动群众自愿入股，实行民主管理，获得服务和利益的一种个人所有和集体所有相结合的资金融通形式。自主、民主、互利的合作关系是合作金融在不同社会制度下所具有的共性。

8.4.3 合作金融经营业务

合作金融组织机构的业务包括负债业务、资产业务、表外业务和国际业务。

1.负债业务

负债业务是形成资金来源的业务。合作金融的资金来源包括两部分：一是自有资金，二是吸收的外部资金。负债业务是合作金融开展资产业务的前提和基础，主要包括存款、向中央银行借款、同业拆借等。

(1)存款。它是合作金融最主要的资金来源，其规模的大小决定着合作金融的经营规模。存款的划分办法有两种：一是按存款的所有者来划分，有财政性存款、居民个人存款、企业存款、同业存款等；另一种是按存款的性质划分，有活期存款、定期存款、储蓄存款。从经营管理的角度来看，后一种划分方法比较科学，便于监控存款的稳定性及其流动性，从而与资产结构相匹配。

(2)向中央银行借款。它是合作金融为了暂时弥补资金不足而向中央银行借款。有两种方式：一种是直接借款（再贷款），一种是再贴现。

(3)同业拆借。它是金融机构之间相互融通资金的活动，借入资金主要用于解决头寸不足和临时资金周转的需要。

2. 资产业务

资产业务是合作金融机构运用吸收来的资金取得盈利的业务，是合作金融获得收益的主要途径。

(1)贷款。它是合作金融的主要盈利资产。从贷款的对象划分，有农业贷款、工商业贷款、消费者贷款、其他贷款；从贷款的用途来划分，有流动资金贷款、固定资产贷款、消费贷款、不动产贷款以及证券抵押贷款；从贷款期限划分，有短期贷款和中长期贷款；从贷款利率划分，有优惠贷款、普通贷款、浮动利率贷款和固定利率贷款；从贷款的质量划分，有正常贷款、非正常贷款。

(2)证券投资。主要是有价证券投资，因为有价证券能在市场上迅速转让变现，流动性较高。投资工具包括国债、政府中长期债券、企业债券等。我国《商业银行法》规定，商业银行不得从事信托和股票业务，不得投资于非自用不动产，不得向非银行金融机构和企业投资。这些规定亦适用于合作金融机构。

3. 表外业务

所谓表外业务是合作金融所从事的、未列入资产负债表以及不影响资产和负债总额的经营活动。其实质是在保持资产负债表良好外观的条件下，扩大资金来源与运用，通过收取手续费和佣金，以增加盈利。按照国际银行业巴塞尔委员会的划分，表外业务可分为四大类：

第一类是传统的中间业务，包括结算业务、信托业务、租赁业务和代理业务。

第二类是对外担保业务，包括对客户偿还贷款、汇票承兑、跟单信用证提供的担保等。

第三类是贷款承诺，贷款承诺又分为可撤销的和不可撤销的两种。可撤销的贷款承诺包括发行商业票据、备用信用额、循环信用额、回购协议及票据发行便利等。

第四类业务集中体现在创新的交易工具上，包括货币利率互换、定期利率协议、金融期货合约、金融期权等。

4. 国际业务

包括国际结算业务、国际信贷业务、外汇买卖业务。在我国，合作金融机构开办国际业务，目前还处于试办阶段。

[重要概念]

行政金融组织机构　“一行三会”　政策金融组织机构　商业金融组织机构　国有独资商业银行　股份制商业银行　证券公司　保险公司　投资信托公司　投资基金　财务公司　金融租赁公司　邮政储蓄　合作金融组织机构　农村信用合作社

[复习与思考]

1. 现阶段我国金融组织的构成有哪些？

2. 比较不同类型金融组织的功能。

第9章 金融市场及其运行

内容提要 金融市场是指资金供应者和资金需求者双方通过信用工具进行交易、融通资金的市场，是由许多不同的市场组成的一个庞大体系。金融市场对经济活动的各个方面都有着直接的深刻影响，如个人财富、企业的经营、经济运行的效率，都直接取决于金融市场的活动。本章首先介绍金融市场的基本要素、分类和功能，然后分别讨论不同类型金融市场的结构和运作机制，以及不同的金融资产的价格形成机制，最后简单介绍两种现代金融市场理论，即资本资产定价模型和效率市场假说。

9.1 金融市场概述

金融市场是指以金融资产为交易工具而形成的供求关系和交易机制的总和。货币资金的供应者和需求者通过金融资产的交易实现货币资金的融通。目前，金融市场已成为整个市场体系中最重要的组成部分之一，成为联系其他市场的纽带。

9.1.1 金融市场要素与分类

1. 交易主体

金融市场的交易主体即金融市场的参与者。从参与者的动机来看，交易主体可分为投资者、筹资者、套期保值者、套利者、调控和监管者。

2. 交易对象

很显然，金融市场的交易对象是货币资金，只是在不同的场合，其表现形式不一样。在证券市场上，表面上交易的是股票或债券，但实质上交易的仍是货币资金，因为有价证券是虚拟资本，本身不具有价值和使用价值。只有货币才具有价值和一般使用价值。然而，在信贷市场上，交易的则直接表现为货币资金，它表现了借贷资金的交易和转让。

3. 交易工具

为了交易对象在交易主体间安全运转，需要一种证明金融交易金额、期限、价格的书面文件，以确保对债权债务双方的权利和义务具有法律约束的金融工具。通常，我们把以书面形式发行和流通的、借以保证债权债务双方权利和责任的信用凭证，称为信用工具或金融工具。金融工具也就是金融资产，即一切代表未来收益或资产合法要求权的凭证。金融工具包括票据（支票、汇票、本票）、可转让定期存单，债券、国库券、基金、证券及各种金融衍生工具等。

4. 交易价格

在金融市场上，交易对象的价格就是货币资金的价格。它反映的是在一定时期内转让货币资金使用权的报酬。具体而言，在借贷市场上，借贷资金的价格就是借贷利率；在证券市场上，是通过有价证券的价格间接反应出货币资金的价格；在外汇市场上，汇率则反映了货币的价格，比如，若采用直接标价法 $1＝￥6.823 5，则可知 1 美元的价格是6.823 5元人民币；在黄金市场上，一般表现的是黄金的货币价格，比如 1 克黄金值多少元人民币，反之若要显示单位货币的黄金价格，比如每 1 元人民币值多少克黄金等。

9.1.2 金融市场分类

在金融市场上，各种金融交易的对象、方式、期限等都不尽相同。为了更加充分地了解金融市场，需要对之加以分类。金融市场的分类方法较多，按不同的标准可以有不同的分类。

1.按交易的标的物划分

以金融交易的标的物，即金融资产的形式为依据，金融市场可划分为货币市场、资本市场、外汇市场、黄金市场、保险市场等。

(1)货币市场，是指以期限在一年以下的金融资产为交易标的物的短期金融市场，一般指国库券、商业票据、银行承兑汇票、可转让定期存单、回购协议、联邦资金等短期信用工具买卖的市场。许多国家将银行短期贷款也归入货币市场的业务范围。货币市场的主要功能是保持金融资产的流动性，以便随时转换成现实的货币。货币市场一方面满足了借款者的短期资金需求，另一方面也为暂时闲置的资金找到了出路。

(2)资本市场，是指期限在一年以上的金融资产交易的市场。一般来说，资本市场包括两大部分：一是银行中长期存贷款市场，另一是有价证券市场。但由于证券市场最为重要，加之长期融资证券化已成世界大趋势，故现在一般可将资本市场侧重于证券市场。

(3)外汇市场，是专门买卖外汇的场所，从事各种外币或以外币计价的票据及有价证券的交易。

(4)黄金市场，是专门集中进行黄金等贵金属买卖的交易中心或场所，尽管随着时代的发展，黄金的非货币化趋势越来越明显，但是黄金作为国际储备工具之一，在国际结算中仍然占有重要地位，黄金市场依旧被视为金融市场的组成部分。

(5)保险市场，是以保险单和年金单的发行和转让为交易工具的市场。保险市场的主要功能是对因意外灾害事故所造成的财产和人身损失进行补偿，同时还具有积累资金和投资的功能。正是保险的投资功能使它与金融市场的其他子市场发生紧密联系，并成为金融市场的组成部分。但保险市场属于间接融资范畴，保单设立的条件因人、因事、因时而异，不具备标准化的转让条件，不属于公开的金融市场。

(6)金融衍生工具市场，是以金融衍生工具为交易对象的市场。金融衍生工具市场可细分为期货市场、期权市场、远期协议市场、互换市场。回避风险的功能决定了金融衍生工具市场是现代金融市场中最具发展前景的市场。

2.按交易中介划分

按金融交易中中介商的作用为依据，金融市场可划分为直接金融市场和间接金融市场。

(1)直接金融市场，是指资金供给者直接向资金需求者进行融资的市场。直接融资既包括企业向企业、企业向个人的直接融通资金，又包括企业通过发行债券和股票方式进行的融资。要注意的是，即使是企业的直接融资，一般也常常由金融机构代理。

(2)间接融资市场是指以银行等信用中介金融机构为媒介，来进行资金融通的市场，例如存贷款市场。在间接金融市场上，资金所有者将资金贷给银行等信用中介，再由信用中介机构转贷给资金需求者。不论这笔资金最后归谁使用，资金所有者的债权都只是针对信用中介机构而言的，对资金的最终使用者不具有任何权利要求。

需注意的是，直接金融市场和间接金融市场的差别并不在于是否有中介机构介入，而在于中介机构介入的作用和特征。直接金融市场上也有中介机构的介入，但这些机构并不是资金的中介，而多数充当信息中介和服务中介。

3.按交易程序划分

按照证券交易的程序为依据，金融市场可以划分为发行市场和流通市场。

(1)发行市场又称为一级市场，以投资银行、经纪人和证券商为经营者，承担政府和公司企业新发行证券和股票的承购和分销业务，是证券或票据等金融工具最初发行的市场。证券的发行是证券买卖、流通的前提。证券发行者与证券投资者的数量多少，是决定一级市场规模的关键因素。

(2)流通市场又称为二级市场，主要由证券商和经纪人经营已上市的股票或证券，是金融工具流通和转让的市场。金融资产的持有者需要资金时，可在二级市场出售其持有的金融资产，将其变现。想要进行投资却并未进入一级市场的，可以在二级市场购买金融资产。二级市场上买卖双方的交易活动，使得金融资产的流动性大大增强，促进了经济的繁荣。

虽然一级市场上发行的证券并非全部都进入二级市场流通，但由于只有二级市场才赋予金融资产以流动性，故二级市场的规模和发展程度也是衡量金融发展与否的重要标志。

9.1.3 金融市场的功能

1.资金融通功能

融通货币资金是金融市场最主要、最基本的功能。在社会经济运行中，各经济主体必然会出现货币资金的盈余和不足，因而有相互间融通货币资金的需要。然而资金盈余和不足的各方均是独立的经济人，都有各自的经济利益，只有通过市场机制，在双方利益、风险对等的情况下才能实现货币资金的融通。同时各经济主体对货币资金的供求在时间长短、数额大小、收益性、风险性、流动性、融资方式上又各不相同，金融市场创造和提供的多种多样的金融工具能满足各方的需求，以实现资金效益最大化。

2.配置功能

金融市场的配置功能表现在三个方面：一是资源的配置，二是财富的再分配，三是风险的再分配。金融是物资的先导，随着金融资产的流动，带动了社会物质资源的流动和再分配，将社会资源由低效部门向高效部门转移。伴随着市场信息的变化，金融工具价格的波动一方面引起人们财富的持有数量变化，另一方面引导着人们放弃一些金融资产来追求另一些金融资产，使资源通过金融市场不断进行新的配置。而在这背后，风险也再次被分配。无论是投资于实业，还是投资于金融资产，市场经济中的经济主体都面临着价格、通货膨胀、利率、汇率、经营、财务、政治、自然灾害等多种风险。风险虽然总体上无法消除，但就某个局部而言，通过各种金融工具，较厌恶风险的人可以把风险转嫁给厌恶风险程度较低的人，从而实现风险的再分配。

3. 价格发现功能

金融资产均有票面金额。在金融资产中可直接作为货币的金融资产，一般来说，其内在价值就是票面标注的金额。但是相当多的金融资产，如股票，其票面标注的金额并不代表其内在价值。每一股份上的内在价值是多少，只有通过金融市场交易中买卖双方相互作用的过程才能"发现"。

4. 降低成本功能

金融市场可降低交易的搜寻成本和信息成本。搜寻成本指为寻找合适的交易对象所产生的成本；信息成本是在评价金融资产价值的过程中所发生的成本。这一功能主要通过金融中介机构和咨询机构发挥的。金融中介可以利用其专业优势降低搜寻成本，并将这一信息让众多的投资者所共享，从而减少了小额投资者的信息成本。

5. 经济调节功能

金融市场不仅为公开市场业务、利率政策等货币政策工具以及发行国债和调节国债发行结构等财政政策的实施提供市场条件，还为其传递提供市场机制，具体表现在借助货币资金供应总量的变化影响经济的发展规模和速度，又表现于借助货币资金的流动和配置可以影响经济结构和布局，还表现于借助利率、汇率、金融资产价格变动促进社会经济效率的提高。

6. 综合反映功能

由于金融指标比很多实物指标更公开、更灵敏、更有代表性和更有全局意义，因此金融市场往往称为社会经济运行的"晴雨表"，是公认的国民经济信号系统。利率、汇率、基础货币和货币供应量、金融资产的发行量和交易量、金融资产的价格水平和价格指数等既能反映一国宏观经济的运行状况，又能反映企业、行业的状况，还能反映政府宏观经济政策的变化以及国际政治经济环境的变化。正因为如此，各国政府、金融机构、企业、居民及国际金融机构都高度关注金融指标的变化，并以此为主要依据判断宏观经济形势，或选择可投资的行业和企业，或作为决策的重要依据。

9.1.4 金融市场的发展

随着国际金融市场的不断发展，近几十年间全球金融市场领域发生了一系列新的变化。其中，资产证券化和金融自由化的趋势最受瞩目。资产证券化和金融自由化增添了各国金融体系的活力，并引发了一系列的金融创新。

1. 资产证券化

资产证券化，是指将缺乏流动性，但能够产生可预见的稳定现金流的资产，通过一定的结构安排，对资产中风险与收益要素进行分离与重组，转换成为在金融市场上可以出售和流通的证券的过程。资产证券化起源于 20 世纪 70 年代的美国住房抵押贷款市场，目前已成为全球范围内资本市场重要的投融资工具和手段。同时，证券化的资产种类越来越多，如汽车贷款、信用卡贷款、企业应收账款、飞机租赁费应收、房屋租赁费应收、出口收入和贸易应收、财政预算应收、消费品分期付款、保险公司的未来保费收入、知识产权带来的未来收益、市政工程项目的未来收入等。

资产证券化一方面为投资者提供了更多的可供选择的新证券种类，另一方面，资产证券化可以改善金融机构的资产流动性，促进资金周转效率的提高。此外，资产的证券化为整个金融市场注入了新的交易手段和市场活力，推动了金融市场的发展。

2. 金融自由化

金融自由化的趋势是指20世纪70年代中期以来在西方国家，特别是发达国家所出现的一种逐渐放松甚至取消对金融活动的一些管制措施的过程。进入20世纪90年代以来，金融的自由化表现得尤其突出，主要表现在以下几个方面：

第一，国与国之间对金融机构活动范围的限制减少或取消。国与国之间相互开放本国的金融市场，允许外国银行等金融机构在本国经营和国内金融机构一样的业务，给予外国金融机构国民待遇。使国际金融交易急剧活跃，金融的全球化进程大为加快。

第二，放宽金融机构业务活动范围的限制，允许金融机构之间的业务适当交叉。在西方的绝大多数国家都在20世纪30年代经济危机的基础上建立起严格的分业经营制度，即银行业务和证券业务的严格分离。但这一管制措施在20世纪70年代末期以来已经有缓和的趋势。特别是进入20世纪80年代后期以来，由于各国间金融竞争的日趋激烈，金融国际化进程加快，各国为了抢占国际金融市场，提高本国金融机构在国际金融竞争中的地位，尤其在国际金融领域，这些限制已大为放宽。

第三，对外汇管制的放松或解除。英国已于20世纪70年代末取消了外汇管制，法国和日本也随后逐渐予以取消。美国在外汇管制较为宽松的情况下，1990年又取消了对外资银行账户的某些限制。外汇管制的放松或取消，使资本的国际流动进程大大加快，促进了国际金融的一体化。

第四，放宽或取消对银行的利率管制。美国已经取消了Q项条例所规定的银行存款利率上限。其他一些主要发达国家也纷纷步其后尘，这导致了银行领域内的自由化的快速发展。

此外，西方各国对金融创新活动的鼓励，对新金融工具交易的支持与放任，实际上也是金融自由化兴起的重要表现。

9.2 各类金融市场的运作

9.2.1 货币市场

货币市场是一年期以内的短期金融工具交易所形成的供求关系及其运行机制的总和，货币市场的活动主要是为了保持资金的流动性，以便随时可以获得现实的货币。它一方面能够满足资金需求者的短期资金需要，另一方面也为资金有余者的暂时闲置资金提供能够获取赢利机会的出路。更为重要的是，货币市场是中央银行增减基础货币、调控货币流通量的重要场所，货币市场的完善程度直接决定了中央银行货币政策实施的效果。

1. 货币市场的特征

(1)融资期限短。货币市场金融工具一般都在一年以内,提供最短隔夜、最长一年的信贷途径,一般为3～6个月。

(2)风险小。货币市场工具具有低风险性在于:首先,货币市场工具的发行者的信誉一般都很高,所以其违约风险较低;其次,货币市场工具大多存在发达的二级市场,可随时进行买卖。

(3)高流动性。从市场的目的性来看,货币市场是流动性金融资产交易和组合的场所,通过对金融机构在中央银行账户存款、商业票据、国库券、大额定期存单的买卖,为金融机构、企业、政府、家庭等提供了流动性转换和配置的条件。货币市场一般没有固定的交易场所,买卖双方通过电话、电报等现代化通信方式交易,速度快且成本低,所以货币市场工具具有很高的流动性。

(4)可控性强。货币市场是商业银行、中央银行、财政部门直接大量参与的市场,货币市场在满足参与者调剂资金余缺、补充流动性等要求的同时,也为货币政策和财政政策的实施创造了条件。商业银行的同业拆借、票据贴现等活动直接决定着货币市场的运行。因此,与资本市场相比,上述机构对货币市场的影响和控制力要大得多。

2. 货币市场的功能

货币市场作为金融市场的重要组成部分,在经济体系中起着举足轻重的作用,具体表现在以下两个方面。

(1)融通短期资金,优化资金配置

货币市场提供了短期资金的来源和短期资金投资的机会,为各经济部门调节资金流动性创造了便利。货币市场可以通过市场机制,使短期资金迅速流向能取得最大收益的需求者,从而使这类需求者能够以最低的成本融入所需资金。这样可以利用货币市场机制来提高经济运行的效率。

(2)传导货币政策,增强宏观调控

货币市场在货币政策的传导机制中起到重要作用,中央银行的市场性的货币政策传导过程,无论是信贷传导渠道或利率传导渠道,都离不开货币市场。货币市场的融资活动直接影响货币的供给量,银行的现金准备、票据贴现、国库券的发行、交易等金融股活动,都会直接影响到流通中的货币量,因此,货币市场可以为政策提供对经济进行宏观调控的有效手段,中央银行正确地调控货币市场上的融资活动,这对于调节货币供给具有重要的意义。

3. 货币市场的分类

货币市场可分为短期债券市场、同业拆借市场、商业票据市场、大额可转让定期存单市场、回购市场及货币市场共同基金市场等。

(1)短期债券市场

短期债券市场是指以一年以内短期债券为交易对象的市场。短期债券市场融资工具,是指期限为一年以下的短期债券,主要有短期金融债券和企业短债券。

短期金融债券是由国家专业银行、综合性银行及其他金融机构发行的债券。发行这种金融债券的主要目的是吸收一笔资金,以特种贷款的方式贷给那些由于不符合银行发放贷款条件,但产品有销路,自有流动资金缺乏的企业。债券利率一般比同期储蓄存款利率稍高。

企业短期融资债券是企业为了缓和流动资金矛盾而向社会筹集资金而发行的。债券期限多为3个月、6个月和9个月。发行对象为企业、事业单位和个人,事业单位和团体用自有资金自愿认购,发行后可以转息为低于1年期的储蓄存款,所筹资金必须用于短期流动,不能用于固定资产投资或满足长期流动资金需要。

企业短期融资债券市场的主体是企业、商业银行等金融机构和个人。其中,金融机构参与短期债券交易的目的在于为企业提供融资服务,同时通过这种服务为其自身创造相应的经济收益。企业参与短期债券交易,一种是为了融资,作为短期债券的发行人参与交易,以解决生产经营过程中资金不足的问题,另一种是作为短期债券的购买者参与交易,目的在于充分发挥剩余资金的经济效益,取得投资收益。事业单位、团体和个人是以购买者身份参与短期债券交易的,目的完全是为了获得投资收益。

(2)同业拆借市场

同业拆借市场,是指金融机构之间以货币借贷方式进行短期资金融通活动的市场。同业拆借的资金主要用于弥补短期资金的不足、票据清算的差额以及解决临时性的资金短缺需要。同业拆借市场交易量大,能敏感地反映资金供求关系和货币政策意图,影响货币市场利率,因而是货币市场体系的重要组成部分。

同业拆借市场主要的市场特征有:

①同业拆借市场的资金借贷程序简单快捷。借贷双方可以通过电话直接联系或与市场中介人联系。在借贷双方就贷款条件达成协议后,贷款方可直接或通过代理行经中央银行的电子资金转账系统将资金转入借款方的资金账户上,数秒即可完成转账程序。

②同业拆借市场的参与者以商业银行为主。同业拆借市场期限较短、风险较小,许多银行都把短期闲置资金投放于该市场,以及时调整资产负债结构,保持资产的流动性。特别是那些市场份额有限、承受经营风险能力脆弱的中小银行,更是把同业拆借市场作为短期资金运用的经常性场所。同业拆借市场还有其他重要参与者,例如券商、互助储蓄银行、储蓄贷款协会等。

③同业拆借市场的拆借期限通常以1～2天为限。短至隔夜,多则1～2周,一般不超过1个月,当然也有少数同业拆借交易的期限接近或达到1年的。

(3)回购市场

回购市场是指通过回购协议进行短期资金融通交易的市场。所谓回购协议(Repurchase Agreement),指的是按照交易双方的协议,由卖方将一定数额证券临时性出售给买方,并约定在一定期限后按约定的价格购回所卖证券,从而获取即时可用资金的一种交易行为。回购协议的期限从1日至数月不等,期限1日称为隔夜回购,长于1日统称为期限回购。从本质上说,回购协议是一种抵押贷款。

回购市场的参与者主要是商业银行、非银行金融机构、企业、回购协议交易商和政府。其中,商业银行和交易商是主要的出售者。商业银行利用回购协议市场作为资金来源,具有与众不同的优势:首先,银行持有大量的政府证券和政府代理机构证券,这些证券是回购协议项下的正宗抵押品。其次,银行利用回购协议所取得的资金不属于存款负债,不用缴纳存款准备金。对于中央银行来说,通过回购交易可以实施公开市场操作。

回购协议市场没有集中的有形场所，交易以电讯方式进行。大多数交易由资金供应方和资金获得者之间直接进行。但也有少数交易通过市场专营商进行。市场专营商一方面和获得资金的一方签定回购协议，另一方面和供应资金的一方签订逆回购协议。

回购协议中证券的交付一般不采用实物交付的方式，特别是对于期限较短的回购协议。但为了防范资金需求者在回购协议期间将证券卖出或与第三方做回购所带来的风险，一般要求资金需求方将抵押证券交给贷款人的清算银行的保管账户中，或在借款人专用的证券保管账户中以备随时查询。

回购交易实际上是一种用较高信用的证券特别是政府证券作抵押的贷款方式，风险相对较小，因而利率也较低。但回购市场的利率不是统一的，利率的确定取决于多种因素，主要包括：①回购协议标的证券的品质。证券的信用度越高，流动性越强，回购利率就越低，否则，利率就会相对来说高一些；②回购期限的长短。一般来说，期限越长，由于不确定因素越多，因而利率也应高一些。但这并不是一定的，实际上利率是可以随时调整的；③交割的条件。如果采用实物交割的方式，回购利率就会较低，如果采用其他交割方式，则利率就会相对高一些；④货币市场的利率水平。回购协议的利率水平一般是参照同业拆借市场利率而确定的。

(4)商业票据市场

商业票据是具有法定票式、表明债权债务关系的一种有价凭证，包括商业汇票和商业本票。我国《境内机构发行外币债券管理办法》中对商业票据的定义：商业票据是指发行主体为满足流动资金需求所发行的期限为 2 天至 270 天的可流通转让的债务工具。

①票据承兑市场

商业本票是由债务人开出，允诺在一定时间将一定金额支付给债权人的债务凭证，因此本票没有承兑的问题。汇票是由债权人对债务人发出的无条件支付命令书，命令付款人按照指定的日期、金额向债权人或其他收款人付款。汇票经付款人在票面上作出承诺到期付款的“承兑”字样并签章后，就成为承兑汇票。经购货人承兑的汇票称商业承兑汇票，经银行承兑的汇票即为银行承兑汇票。银行承兑汇票是由银行承担最后付款责任，实际上是银行授信给付款企业，因此，企业必须交纳一定的手续费。

②票据贴现市场

票据贴现是收款人或持票人在资金不足时，将未到期的银行承兑汇票向银行申请贴现，银行按票面金额扣除贴现利息后将余额支付给收款人的一项银行授信业务。票据一经贴现便归贴现银行所有，贴现银行到期可凭票直接向承兑银行收取票款。

贴现市场的交易类型分为贴现、转贴现和再贴现。普通贴现是票据持有人向商业银行或贴现公司要求贴现换取现金的交易，这种交易占贴现市场业务的大部分；转贴现是贴现银行需要资金时，将已经贴现的票据再向其他银行办理贴现的票据行为，转贴现的双方都是银行。再贴现是中央银行对商业银行或贴现公司已贴现过的票据再次进行贴现，为银行和贴现公司融通资金。再贴现是中央银行控制金融与信用规程的一个重要手段。

票据贴现市场与其他市场相比较，具有许多特殊的优点。贴现企业通过票据贴现可以快速取得短期融通资金，商业银行利用票据贴现也可获得利息收益，资金安全性高、回收期限短。

票据的贴现率是票据贴现市场运作机制的一个重要变量。贴现率是商业银行办理贴现业务时预扣的利息与票面金额的比率。票据贴现价格是票据贴现时银行付给贴现人的实付贴现金额，计算公式为：

贴现利息＝票面金额×贴现率×贴现天数/360天

票据贴现价格＝票面金额－贴现利息

(5)CDs市场

CDs(Negotiable Certificates of Deposits)市场，即大额可转让定期存单市场。CDs是20世纪60年代以来金融环境变革的产物，是美国花旗银行的首创。当时美国的商业银行为规避Q条例关于存款利率上限的限制，设计了大额可转让定期存单吸引企业的短期资金。

大额定期存单一般由较大的商业银行发行，主要是由于这些机构信誉较高，可以相对降低筹资成本，且发行规模大，容易在二级市场流通。大额可转让定期存单与传统的定期存款相比，具有以下几点不同：

①定期存款记名、不可流通转让；而大额定期存单则是不记名的、可以流通转让。

②定期存款金额不固定，可大可小；而可转让定期存单金额较大，在美国向机构投资者发行的CD面额最小为10万美元，二级市场上的交易单位为100万美元，但向个人投资者发行的CD面额最小为100美元。在香港最小面额为10万港元。

③定期存款利率固定；可转让定期存单利率既有固定的，也有浮动的，且一般来说比同期限的定期存款利率高。

④定期存款可以提前支取，提前支取时要损失一部分利息；可转让存单不能提前支取，但可在二级市场流通转让。

(6)货币市场共同基金市场

货币市场共同基金是美国20世纪70年代以来出现的一种新型投资理财工具，它也是应对Q条例的一种金融创新。共同基金是将众多的小额投资者的资金集合起来，由专门的经理人主要在货币市场上进行市场运作，赚取收益后按一定的期限及持有的份额进行分配的一种金融组织形式。美国政府出台了Q项条例后，银行存款对许多投资者的吸引力下降，货币市场共同基金于是应运而生。货币市场共同基金将许多投资者的小额资金集合起来，由专家操作，获得较高的收益水平。目前，在发达的市场经济国家，货币市场共同基金在全部基金中所占比重最大。

货币市场共同基金一般属开放型基金，基金份额可以随时购买和赎回。当符合条件的基金经理人设立基金的申请经有关部门许可后，它就可着手基金份额的募集。基金的发行方式有公募与私募两种。

货币市场共同基金除了具有一般基金的专家理财、分散投资等特点外，还具有其他一些特征。首先，货币市场共同基金能够提供一种有限制的存款账户，投资者可以签发以基金账户为基础的支票来取现或进行支付。其次，货币市场共同基金的基金份额虽然实际上发挥了能获得短期证券市场利率的支票存款的作用，但基金份额在法律上并不算存款，因此不需要提取法定存款准备金及受利率最高限的限制。此外，作为一种绕过存款利率最高限的金融创新，货币市场共同基金所受到的法规限制相对较少。特别是最初的发展中，几乎没有对货币市场共同基金进行限制的法规。

9.2.2 资本市场

资本市场(Capital Market)是以期限在一年以上的信用工具为交易对象的金融市场,包括股票市场、长期债券市场和中长期信贷市场。资本市场的基本功能是实现和优化投资与消费的跨时期选择。资本市场的交易对象包括银行的中长期贷款、政府的中长期公债券、企业股票和债券、企业股票和债券。资本市场的资金供给者主要是银行、保险公司、退休及养老基金、私人和外国投资者,资金的需求者主要是政府、企业和个人。

1.股票市场

(1)股票发行市场

股票发行是指股票从规划到销售的全过程。股票发行市场也称为初级市场,是资金需求者直接获得资金的市场。股份有限公司的成立和现有公司的增资扩股,都要通过发行市场,使资金从供给者手中转入需求者手中,也就是把储蓄转化为投资,增加社会总资本和生产能力,以促进社会经济的发展。

①股票发行市场的特点。一是无固定场所,可以在投资银行、信托投资公司和证券公司等处发生,也可以在市场上公开出售新股票;二是没有统一的发生时间,由股票发行者根据自己的需要和市场行情走向自行决定何时发行。

②股票发行市场的构成。股票发行市场由三个主体因素相互连结而组成,即股票发行者、股票承销商和股票投资者。发行者的股票发行规模和投资者的实际投资能力,决定着发行市场的股票容量和发达程度;同时,为了确保发生事务的顺利进行,使发生者和投资者都能顺畅地实现自己的目的,承购和包销股票的中介发行市场,代发行者发行股票,并向发行者收取手续费用。这样,发行市场就以承销商为中心,一手联系发行者,一手联系投资者,积极开展股票发行活动。

③股票发行方式。根据不同国家的金融体制和金融市场管理的差异,股票的发行方式也是多种多样的。根据不同的分类方法,股票发行方式可以概括如下:

根据发行的对象不同划分,分为公开发行与不公开发行。公开发行又称公募,是指事先没有特定的发行对象,向社会广大投资者公开推销股票的方式。采用这种方式,可以扩大股东的范围,分散持股,防止囤积股票或被少数人操纵,有利于提高公司的社会性和知名度,为以后筹集更多的资金打下基础。也可增加股票的适销性和流通性。公开发行可以采用股份公司自己直接发售的方法,也可以支付一定的发行费用通过金融中介机构代理。

不公开发行又叫私募,是指发行者只对特定的发行对象推销股票的方式。通常在两种情况下采用:

一是股东配股,又称股东分摊,即股份公司按股票面值向原有股东分配该公司的新股认购权,动员股东认购。这种新股发行价格往往低于市场价格,事实上成为对股东的一种优待,一般股东都乐于认购。如果股东不愿认购,可以自动放弃新股认购权,也可以把这种认购权转让他人,从而形成了认购权的交易。

二是私人配股,又称第三者分摊,即股份公司将新股票分售给股东以外的本公司职工、往来客户等与公司有特殊关系的第三者。采用这种方式往往出于两种考虑:一是为了按优惠价格将新股分摊给特定者,以示照顾;二是当新股票发行遇到困难时,向第三者分摊以求支持，无论是股东还是私人配售，由于发行对象是既定的，就不必通过公募方式，这不仅可以节省委托中介机构的手续费，降低发行成本，还可以调动股东和内部的积极性，巩固和发展公司的公共关系。但缺点是这种不公开发行的股票流动性差，不能公开在市场上转让出售，而且也会降低股份公司的社会性和知名度，还存在折价过多和被控股的危险。

根据发行者推销出售股票的方式不同划分，分为直接发行与间接发行。直接发行又叫直接招股。是指股份公司自己承担股票发行的一切事务和发行风险，直接向认购者推销出售股票的方式。采用直接发行方式时，要求发行者熟悉招股手续，精通招股技术并具备一定的条件。如果当认购额达不到计划招股额时，新建股份公司的发起人或现有股份公司的董事会必须自己来认购出售的股票。因此，只适用于有既定发行对象或发行风险少、手续简单的股票。在一般情况下，不公开发行的股票或因公开发行有困难（如信誉低所致的市场竞争力差、承担不了大额的发行费用等）的股票；或是实力雄厚，有把握实现巨额私募以节省发行费用的大股份公司股票，才采用直接发行的方式。

间接发行又称间接招股，是指发行者委托证券发行中介机构出售股票的方式。这些中介机构作为股票的推销者，办理一切发行事务，承担一定的发行风险并从中提取相应的收益。股票的间接发行有三种方法：

一是代销，又称为代理招股，推销者只负责按照发行者的条件推销股票，代理招股业务，而不承担任何发行风险，在约定期限内能销多少算多少，期满仍销不出去的股票退还给发行者。由于全部发行风险和责任都由发行者承担，证券发行中介机构只是受委托代为推销，因此，代销手续费较低。

二是承销，又称余股承购或余额包销，股票发行者与证券发行中介机构签订推销合同明确规定，在约定期限内，如果中介机构实际推销的结果未能达到合同规定的发行数额，其差额部分由中介机构自己承购下来。这种发行方法的特点是能够保证完成股票发行额度，一般较受发行者的欢迎，但因中介机构需承担一定的发行风险，故承销费高于代销的手续费。

三是包销，又称包买招股，当发行新股票时，证券发行中介机构先用自己的资金一次性地把将要公开发行的股票全部买下，然后再根据市场行情逐渐卖出，中介机构从中赚取买卖差价。若有滞销股票，中介机构减价出售或自己持有，由于发行者可以快速获得全部所筹资金，而推销者则要全部承担发行风险，因此，包销费更高于代销费和承销费。

股票间接发行时究竟采用哪一种方法，发行者和推销者考虑的角度是不同的，需要双方协商确定。一般说来，发行者主要考虑自己在市场上的信誉、用款时间、发行成本和对推销者的信任程度；推销者则主要考虑所承担的风险和所能获得的收益。

(2)股票流通市场

股票流通市场是已经发行的股票按市场行情进行转让、买卖和流通的市场。由于股票流通市场是建立在发行市场基础上的，因此又被称作二级市场。目前，股票的流通市场可分为有组织的证券交易所和场外市场，以及新兴的第三市场和第四市场。

①证券交易所，是由证券管理部门批准的、为证券的集中交易提供固定场所和有关设施、并制定各项规则以形成公正合理的价格和规范秩序的正式组织。证券交易所作为进行证券交易的场所，本身并不持有证券，也不进行证券的买卖，主要作用是为交易双方

成交创造或提供条件，并对双方的交易行为进行监督。

②场外市场是相对于证券交易所而言的。广义而言，凡是在证券交易所以外进行的证券交易都可称为场外交易。由于这种交易最早是在各证券商的柜台上进行的，因此也称柜台交易（OTC，Over The Counter）。与证券交易所交易相比，场外市场没有固定的交易场所，其交易是由自营商来组织。其价格是通过买卖双方协议达成的。一般是由证券自营商挂出各种证券的买入和卖出价，卖者和买者以此价与自营商进行交易。

场外交易市场不像证券交易所有较高的上市条件，而且管制少，灵活方便，因而成为中小企业和具有发展潜质的公司证券流通的主要场所。

③第三市场，是指原来在证券交易所上市的证券在场外交易所形成的市场。第三市场最早出现在20世纪60年代的美国，在美国，长期以来，证券交易所都实行固定佣金制，而且对于大宗交易也没有折扣佣金，导致买卖大宗上市证券的机构投资者和个人投资者通过场外市场交易上市证券以降低其交易费用。但在1975年，美国的证券交易委员会宣布取消固定佣金制，由交易所会员自行决定佣金。从而使第三市场的吸引力降低了。

④第四市场，是指的大机构投资者不经过经纪人或自营商，彼此之间利用电脑网络直接进行的大宗证券交易所形成的市场。这种交易方式最大限度地降低了交易费用，它的存在和发展一方面对证券交易所和场外市场产生了巨大的竞争压力，另一方面也给证券市场的监督带来了更大的难度。

股票流通市场具有重要的作用。一方面，股票流通市场的存在为股票发行者创造了有利的筹资环境，股票流通市场能够鼓励投资者放心参与股票发行市场，为股票的发行起到积极的推动作用，有利于公司筹措长期资金。股票流通性的增强可以解除投资者的后顾之忧，同时投资者可以通过股票流通市场的活动使长期投资短期化，根据自己的投资计划和市场变动情况随时买卖股票，在股票和现金之间随时转换，增强了股票的流动性和安全性。

另一方面，股票流通市场上的价格是反映经济动向的晴雨表，它能灵敏地反映出资金供求状况、市场供求，行业前景和政治形势的变化，是进行经济预测和分析的重要指标。对于企业来说，股权的转移和股票行市的涨落是其经营状况的指示器，还能为企业及时提供大量信息，有助于它们的经营决策和改善经营管理。

2.长期债券市场

(1)长期债券市场的品种结构

①长期政府债券。是中央政府和地方政府发行的长期债券的总称。政府债券具有安全性高、流动性强和税收优惠等优点，被社会各阶层广泛持有。

长期政府债券根据发行主体的不同，分为长期中央政府债券和长期地方政府债券。长期中央政府债券的发行主体是中央政府，也称为国债。长期地方政府债券是地方政府根据本地区经济发展和资金需要状况发行的债券，也称为地方债券。地方政府债券按用途通常分为一般债券和专项债券。前者是指地方政府为缓解资金紧张或解决临时资金不足而发行的债券，后者是指为筹集资金建设某项具体工程而发行的长期债券。一般债券的偿还，地方政府通常以本地区的财政收入作担保，而对于专项债券，地方政府往往以项目建成后取得的收入作保证。

②长期公司债券，是公司对外债务融资而发行的期限在一年以上的债务凭证。发行债券的公司对债券持有人作出承诺，在一定时间按票面载明的本金、利息予以偿还。公司债券具有较高的收益性，风险程度适中，是各类金融机构的重要投资对象。

③长期金融债券，是金融机构为筹集期限在一年以上的资金而向社会发行的一种债务凭证。金融债券的资信度高于普通公司债券，具有较高的安全性和流动性，因而是个人和机构投资的重要投资品种。我国目前的长期金融债券主要包括政策性金融债券和金融次级债券，并主要通过全国银行间债券市场发行。

(2)长期债券的发行

①长期债券的发行方式。长期债券可以采取集团认购、私募发行、招标发行和非招标发行四种方式。

集团认购是指由若干家银行、证券公司或养老保险基金等组成承销团，包销全部长期债券。德国和日本很长时间以来一直采取集团认购的方式发行长期国债。

私募是指债券发行人向特定的少数投资者发行债券。

招标发行是指发行者通过招标的方式来决定长期债券的投资者和债券的发行条件。美国和大多数欧洲国家发行长期债券基本上都是采取招标的方式。目前各国采取的招标方式主要有三种做法：一是以价格竞争的常规招标方式，发行人预定息票利率，投标人提出买价投标，按投标人所报买价自高至低的顺序中标，直至满足预定发行额为止。二是以收益率竞争的荷兰投标式，发行人事先不通告票面利率，由投标人以收益率投标，按照投标人所报的收益率从低至高顺序中标，直至满足预定发行额为止。三是定率公募方式，根据已确定的票面利率及发行价格，投标人以希望认购额投标，再按比例将债券的预定发行额分摊给各投标人。

非招标发行是指债券发行人与债券承销商或投资银行直接协商发行条件，以最适合地满足发行人的需要和市场状况。

②长期债券发行价格的影响因素。影响长期债券发行价格，也就是长期债券的发行利率的主要因素包括：

第一，市场利率。长期债券的发行价格与市场利率呈同方向变动，市场利率上升，长期债券发行人必须相应提高发行利率，才能如期完成债券发行计划；反之，市场利率下降，长期债券发行人可以相应降低发行利率。

第二，市场供求关系。当长期债券市场供过于求时，债券发行价格下降；反之，债券发行价格上涨。

第三，社会经济发展状况。经济高涨时期，债券发行人对资金的渴求增加，必然导致债券发行价格上升；反之，债券发行人对资金的渴求减少，导致长期债券发行价格下降。

第四，财政收支状况。财政资金紧张，政府会通过发行政府债券弥补财政赤字，这样会带动社会资金紧张，促使长期债券发行价格上升；反之，财政资金宽松，会推动长期债券发行价格下降。

第五，货币政策。如果中央银行实施紧缩的货币政策，会导致资金偏紧、债券发行价格上升；反之，中央银行实行宽松的货币政策，会导致长期债券发行价格下降。

第六，国际间利差和汇率的影响。当本国货币升值时，国外资金会流入本国市场，会增加对本币债券的需求；当本国货币贬值时，国内资金又会转移至国外而减少对本币债券的投资。同样,投资者也对本国市场利率与外国市场利率加以比较,资金会流向利率高的国家或地区,导致国内债券市场供求关系的变化。

(3)长期债券的交易

①长期债券的交易方式。长期债券既可以在证券交易所内交易,也可以在场外市场交易。如果在证券交易所交易,可采用现货交易、期货交易、期权交易、回购交易和信用交易五种方式。如果在场外交易,除可采用前述的现货交易、回购交易等方式以外,还可采用远期交易方式。

②长期债券转让价格的确定。长期债券的转让价格是长期债券未来收益的现值,受持有期、计息方式、信用等级等因素的影响。一般情况下,长期债券的面值、票面利率和期限都是发行时确定的,长期债券的未来收益是一个确定的量。长期债券的价格就是将到期时的本息之和按一定条件折算成转让时刻的现值。因此,长期债券的理论价格主要由三个变量决定:一是根据票面金额、票面利率和期限计算出的长期债券的到期价值。二是债券的待偿期限,即从债券转让日至债券到期日的剩余期限。三是市场收益率或市场利率。根据现值理论,我们可以得出长期债券不同计息方式的交易价格计算公式:

第一,一次性还本付息长期债券的交易价格:

$$P=\frac{F\times(1+r\times n)}{(1+i)^n}$$

第二,按年分次付息长期债券的交易价格:

$$P=\sum_{t=1}^{n}\frac{F\times r}{(1+i)^t}+\frac{F}{(1+i)^n}$$

式中:P 为债券的现值,即交易价格;F 为债券的面值;n 为债券从债券转让的交易日至到期日的剩余年数;r 为债券的票面利率;i 为市场利率。

(4)长期债券的偿还

①定期偿还,即债券发行一段时间后,每过半年或一年偿还一定金额的本金,到期时还清余额。这种偿还方式一般适用于发行数量巨大、偿还期限长的债券。其具体方法有两种:一是以抽签方式确定并按票面价格偿还;另一种是从二级市场上以市场价格购回债券。

②任意偿还,即债券发行一段时间后,发行人可以任意偿还债券的一部分或全部。其具体操作可以根据早赎条款或以旧偿新条款,也可在二级市场上购回注销。

(5)长期债券的评级

长期债券评级的目的是将债券发行者的信誉和清偿能力用简单易懂的符号表达出来,公布给投资者,以便于投资者作出投资选择,降低投资者的信息搜寻成本和投资风险。同时,债券评级也有助于减少信誉度较高的公司的融资成本。按照国际惯例,债券信用等级的设置一般是两大类、三等九级。两大类是指投资类和投机类,投资类包括一等的 Aaa、Aa、A 级和二等的 Baa 级,投机类包括二等的 Ba、B 级和三等的 Caa、Ca、C 级。

3. 中长期借贷市场

中长期借贷市场是指一年以上的间接融资市场,是资本市场的重要组成。贷款人既包括资金雄厚的大银行,也包括中小银行及其他能从事贷款业务的非银行金融机构;借款人有金融机构、公司企业、政府机构和国际机构等。目前世界上最常见的银行中长期贷款形式主要是项目贷款和银团贷款。

项目贷款也叫项目融资或大型工程项目贷款，它始于20世纪30年代的美国，此后在各国发展迅速。在这种筹资形式下，工程项目的主办人一般都专门为项目的筹资设立一家公司，贷款人直接把资金贷给项目公司，由项目公司承担偿还贷款的责任。项目贷款以项目公司的资产状况及项目完工所创作的收益作为偿还贷款的保证，这与以往的贷款由主办单位负责偿还的做法有显著的区别。大多数的项目都是作为一种国际性的中长期贷款形式，广泛应用于资源开发、基础设施建设和成套设备引进、制造等大型项目的资金筹措。

银团贷款产生于20世纪60年代。由于国际贸易的飞速发展，大型跨国公司对资金规模和数量的要求，一般的商业银行受到自身资金规模的限制很难能够给予满足，另外很多国家政府对本国商业银行对外国企业贷款的种种限制，加之国际金融市场汇率、利率风险的回避和分散化，由多家银行组成的银团贷款便应运而生。银团贷款的出现，不仅有效地帮助各大商业银行分散了风险，不断开拓业务范围，争取更多的客户，而且还使小银行有机会参与。如今，银团贷款已经成为一种主要的中长期信贷方式。

9.2.3 黄金市场

黄金作为财富的象征和国际间的最后支付手段，执行世界货币的职能，目前仍是各国中央银行干预外汇市场的重要手段和国际储备的重要组成部分。黄金市场是集中进行黄金买卖和金币兑换的市场。国际黄金市场根据不同的标准可以划分为不同的类型。例如，按对整个世界黄金交易的影响程度，可分为主导性市场和区域性市场，前者包括伦敦、纽约、苏黎世、芝加哥、香港等金融中心，后者包括巴黎、法兰克福、布鲁塞尔、卢森堡、新加坡、东京等重要城市。

1.黄金市场的交易主体

黄金市场的参与者可分为金商、银行、对冲基金等金融机构、法人机构、私人投资者以及在黄金期货交易中起重要作用的经纪公司。

(1)金商：专门经营黄金买卖的黄金交易商，他们与世界上各大金矿和许多金商有广泛的联系，而且下属的各个公司又与许多商店和黄金顾客联系紧密。因此，金商能够根据自身掌握的情况不断报出黄金的买价和卖价，赚取利润。

(2)银行：有些银行仅为客户代行买卖和结算，充当黄金生产者和投资者之间的经纪人，本身不参加黄金买卖，在市场上起到中介作用。也有一些商业银行兼做自营业务。

(3)对冲基金：近年来，国际对冲基金活跃在国际金融市场的各个角落。一些规模庞大的对冲基金利用与各国政治、工商界和金融界千丝万缕的联系，往往较先捕捉到经济基本面的变化，通过动用管理的庞大资金进行买空和卖空操作、放大黄金市场价格的变化而从中牟取暴利。

(4)各种法人机构和私人投资者既包括专门出售黄金的公司，如大金矿、黄金生产商、黄金制品商、首饰行以及私人购金收藏者等，也包括专门从事黄金买卖业务的投资公司、个人投资者等。

(5)经纪公司是专门从事代理非交易所会员进行黄金交易并收取佣金的经纪组织，亦称为经纪行(Commission House)。经纪公司本身并不拥有黄金，只是派场内代表在交易厅里为客户代理黄金买卖，收取客户的佣金。

(6)交易所:黄金交易一般都有一个固定的交易场所,目前世界上共有五大黄金交易所,分别是英国伦敦黄金交易所、瑞士苏黎世黄金交易所、新加坡黄金交易所、香港黄金交易所和东京黄金交易所。我国上海黄金交易所于2002年底成立,位于上海外滩。

2.黄金市场的交易方式

黄金市场的交易方式主要有现货交易和期货交易两种方式。

(1)黄金现货交易:国际黄金市场上黄金现货交易的价格较为特殊。在伦敦国际黄金市场上的黄金现货交易价格,分为定价交易和报价交易两种。定价交易的特点是提供客户单一交易价,既无买卖差价,按所提供的单一价格,客户均可自由买卖,金商只收取少量的佣金。定价交易只在规定的时间里有效,具体时间视供求情况而定。报价交易的特点就是有买、卖价之分,交易由买卖双方自行达成。报价交易一般是在定价交易以外的时间进行报价交易,且价格水平在很大程度上受定价交易的影响。

(2)黄金期货交易:在国际黄金市场上进行的期货交易,又分保值交易和投机交易两种。保值交易,是指人们为了避免金价变动、通货膨胀或政治动乱而遭受损失,出于寻求资产价值保值的意图而购买黄金的活动。一般地说,期货套期交易是保值的理想办法。投机交易,是投机者利用市场金价波动,通过预测金价在未来时期的涨跌趋势,买空或卖空,从中牟取投机利润。

3.黄金价格的影响因素

(1)供求数量的变化:如果供应量有限、需求量较大而出现供不应求的情况,国际黄金市场上的金价就会上涨;反之,金价就会下跌。

(2)经济因素的影响:一般来说,在经济危机或发生经济衰退的时期,人们出于对经济前景缺乏信心,转而纷纷抛售纸币去抢购黄金,以求保值。此时,黄金需求就会增加,从而刺激黄金价格上涨。反之,在经济复苏时期,利润率增高,人们愿意抛出黄金,换成纸币进行投资,以获得更多的利润。此外,通货膨胀率和利率对比关系的变化也影响黄金价格。通货膨胀会使人们手中持有的货币无形地贬值。当利息收入不足以抵消通货膨胀所带来的损失时,人们对黄金的需求就会增加,金价就会上升。

(3)政治局势与突发性重大事件:黄金是一种非常敏感的投机商品,任何政治、经济的大动荡,都会在国际黄金市场的金价上反映出来。政治事件增加了人们的忧虑,为避免政治局势的恶化使自己的美元财产遭到损失,便大量抢购黄金,从而使金价急剧地大幅度地上涨。

全球主要的国际黄金市场

1.伦敦黄金市场

伦敦黄金市场历史悠久,也是世界主要现货市场,由5家大黄金交易公司组成。二次世界大战前,伦敦是世界上最大的黄金市场,黄金交易的数量巨大,约占全世界经营量的80%,多采用批发交易,是世界上唯一可以成吨买黄金的市场。该市场现货交易由美元计价,期货交易为英镑计价。

2.苏黎世黄金市场

苏黎世黄金市场是二次世界大战后发展起来的世界性黄金自由市场。它以瑞士三大银行为中心,联合经营黄金。与伦敦金商不同的是,他们不但充当经纪人,还掌握大量黄金储备进行黄金交易。瑞士是著名的西方各国的资金庇护所,每逢国际政治局势发生动荡或货币金融市场发生波动时,各地大量游资纷纷涌向瑞士，购金保值或从事投机活动。苏黎世已成为世界最大的黄金现货交易中心。

3.纽约黄金市场

纽约黄金市场是目前世界上最大的黄金期货市场。每年有2/3的黄金期货契约在纽约成交，但交易水分很大，投机活动充斥整个市场。纽约黄金市场1974年成立，发展历史很短，但发展速度相当快。纽约黄金市场的建立和发展，使得世界黄金市场的格局发生了重大变化：一方面促进了纽约黄金市场的发展；另一方面，纽约黄金期货市场巨大的交易量，使伦敦黄金市场的每日定价制的权威受到影响，有时还不如纽约黄金市场的定价更具适合性。

4.香港黄金市场

香港黄金市场已有70多年的历史。从20世纪60年代开始，香港黄金市场已发展成世界主要的黄金交易中心。由于香港时间凌晨2时30分至3时这段时间正值世界其他黄金市场休市之际，欲继续进行黄金买卖交易者，就必须到香港黄金市场，加之香港黄金市场无外汇管制等客观有利条件，使香港黄金市场迅速发展，现已成为世界四大黄金市场之一。

9.2.4 外汇市场

外汇市场是金融市场的重要组成部分。通过外汇市场，外汇资金在国际间自由调拨划转，国际间的债权债务才得以清偿。外汇主要包括以外币表示的银行汇票、支票、银行存款等。

1.外汇市场的结构

外汇市场，是由各国中央银行、外汇银行、外汇经纪人和客户组成的买卖外汇的交易系统。外汇市场不像商品市场和其他的金融市场那样，一定要有具体的交易场所，而主要是外汇供求双方通过现代化的电讯设备和计算机网络系统进行外汇买卖的交易活动。按照不同的标准，外汇市场有不同的分类。

(1)批发市场与零售市场：外汇批发市场，特指银行同业之间的外汇交易市场，包括外汇银行之间、外汇银行与中央银行之间以及各国中央银行之间的外汇交易。零售市场则由银行与一般客户之间的外汇交易构成。

(2)柜台市场与交易所市场：柜台市场是指没有固定的外汇交易场所，也没有固定的开、收盘时间，而是一个由电话、电报、电传和计算机终端等现代化通讯网络所形成的抽象的市场。交易所市场，是指从事交易的当事人在固定的交易场所和规定的营业时间里进行外汇买卖，交易方式和交易目的都很有限，主要用于调整即期的外汇头寸，决定对顾客交易的公定汇率等。交易所市场主要存在于欧洲大陆的法国巴黎、德国的法兰克福、比利时的布鲁塞尔等地。

2.外汇市场的参与者

外汇市场的参与者，主要包括外汇银行、顾客、中央银行、外汇交易商及外汇经纪商。

(1)外汇银行

外汇银行又叫外汇指定银行，是指经过本国中央银行批准，可以经营外汇业务的商业银行或其他金融机构。外汇银行可分为三种类型：专营或兼营外汇业务的本国商业银行；在本国的外国商业银行分行及本国与外国的合资银行；其他经营外汇买卖业务的本国金融机构，如信托投资公司、财务公司等。

(2)外汇经纪人

外汇经纪人是指介于外汇银行之间、外汇银行和其他外汇市场参加者之间，为买卖双方接洽外汇交易而赚取佣金的中间商。如同外汇银行一样，外汇经纪商也必须经过所在国中央银行的核准方可参与市场。外汇经纪人在外汇市场上的作用主要在于提高外汇交易的效率。这主要体现在成交的速度与价格上。由于外汇经纪人本身集中体现了外汇市场上外汇买卖双方的信息，所以，经纪人在接受客户的委托后，一般总能在较短的时间内替委托人找到相应的交易对象，而且能在多家交易对象的报价中找到最好的成交价格，从而提高外汇交易的效率。

(3)社会公众

在外汇市场中，凡是与外汇银行有外汇交易关系的公司或个人，都是外汇银行的客户，他们是外汇市场上的主要供求者，其在外汇市场上的作用和地位，仅次于外汇银行。这类市场的参与者有的为实施某项经济交易而买卖外汇，如经营进出口业务的国际贸易商，到外国去投资的跨国公司，发行国际债券或筹借外币贷款的国内企业等；有的为调整资产结构或利用国际金融市场的不均衡状况而进行外汇交易，如买卖外国证券的投资者，在不同国家货币市场上赚取利差、汇差收益的套利者和套期保值者，对市场汇率进行打赌以赚取风险利润的外汇投机者等。除此之外，还有其他零星的外汇供求者，如国际旅游者、出国留学生、汇出或收入侨汇者、提供或接受外币捐赠的机构和个人等。在上述各种外汇供求者中，最重要的是跨国公司，因为跨国公司的全球经营战略涉及到许多种货币的收入和支出，所以它进入外汇市场非常频繁。

(4)中央银行及其他官方机构

外汇市场上另一个重要的参与者是各国的中央银行。这是因为各国的中央银行都持有相当数量的外汇余额作为国际储备的重要构成部分，并承担着维持本国货币金融稳定的职责，所以中央银行经常通过购入或抛出某种国际性货币的方式来对外汇市场进行干预，以便能把本国货币的汇率稳定在一个所希望的水平上或幅度内，从而实现本国货币金融政策的意图。

3. 外汇市场的交易方式

(1)即期外汇交易(Spot Exchange Transaction)，又称现汇买卖，是交易双方以当时外汇市场的价格成交，并在成交后的两个营业日内办理有关货币收付交割的外汇交易。即期外汇交易是外汇市场上最常见、最普遍的买卖形式。即期外汇交易可分为电汇、信汇和票汇三种方式。随着电子计算机的广泛应用和国际通讯的电脑化，邮期也就大为缩短，几种汇款方式之间的差别正在逐渐消除。目前，电汇汇率已成为外汇市场的基本汇率，其他汇率都以电汇汇率作为计算标准。

(2)远期外汇交易(Forward Transaction)，又称期汇交易，是指买卖外汇双方先签订合同，规定买卖外汇的数量、汇率和未来交割外汇的时间，到了规定的交割日期买卖双方再按合同规定办理货币收付的外汇交易。远期交易的期限有 1 个月、3 个月、6 个月和 1 年等几种，其中 3 个月最为普遍。远期交易很少超过 1 年，因为期限越长，交易的不确定性越大。

(3)掉期交易(Swap)，又称时间套汇(Time Arbitrage)，是指同时买进和卖出相同金额的某种外汇但买与卖的交割期限不同的一种外汇交易，进行掉期交易的目的也在于避免汇率变动的风险。

(4)套汇交易，是指套汇者利用不同地点、不同货币在汇率上的差异进行贱买贵卖，从中套取差价利润的一种外汇交易。由于空间的分割，不同的外汇市场对影响汇率诸因素的反应速度和反应程度不完全一样，因而在不同的外汇市场上，同种货币的汇率有时可能出现较大差异，这就为异地套汇提供了条件。

间接套汇

间接套汇又称三点套汇、三角套汇，是指套汇者利用三个不同外汇市场上三种不同货币之间交叉汇率的差异，同时在这三个外汇市场上贱买贵卖，从中赚取差额的一种套汇交易。

例如：

在纽约市场上　USD1＝FRF7.0800/7.0815

在巴黎市场上　GBP1＝FRF9.6530/9.6540

在伦敦市场上　GBP1＝USD1.4325/1.4335

假设不考虑套汇费用，套汇者根据这三个外汇市场的外汇行市，首先在纽约市场上以1美元7.080 0法郎的行市卖出10万美元，买进708 000法郎；同时又在巴黎市场上以1英镑9.654 0法郎的行市卖出708 000法郎，买进72 302英镑(708 000÷9.654 0)；同时又在伦敦市场上以1英镑1.432 5美元的行市卖出72 302英镑，买进103 572(72 302×1.432 5)。结果，在纽约市场上以10万美元进行套汇，最后收回103 572美元，套汇利润为3 572美元。

9.2.5　金融衍生市场

1. 金融衍生市场概述

衍生工具(Derivative Instruments)，又称衍生证券、衍生产品，是指其价值依赖于基础标的资产价格的金融产品。金融衍生工具是从西方国家的商品远期、商品期货为代表的衍生工具自然演进而来的.

20世纪70年代，随着二战后建立的“布雷顿森林体系”的彻底瓦解，西方国家货币纷纷实行浮动汇率制，使本国货币汇率与美元脱钩。同时，金融自由化和全球化浪潮使不少国家逐步放弃了对利率的管制，实行利率自由化。汇率和利率的双重波动，使得基础金融工具的价值变得很不稳定。

为了降低基础工具的风险，真正现代意义上的衍生金融工具应运而生。1972年5月16日，美国芝加哥商品交易所(CME)货币市场分部在国际外汇市场动荡不定的情况下，率先创办了国际货币市场(IMM)，推出了英镑、加元、西德马克、日元、瑞士法郎、墨西哥比索等6种主要外币的期货合约，标志着金融衍生产品的诞生。1973年4月，芝加哥期权交易所(CBOE)正式推出股票期权。1975年芝加哥期货交易所(CBOT)问世推出利率期货。1982年2月24日，美国堪萨斯市推出了第一份股票指数期货合约。1982年10月1日，芝加哥交易所推出第一份利率选择权合约。1992年，第一笔利率互换在美国完成。随后，期货互换、期权互换等基于衍生产品的复杂衍生产品也陆续出现。

2. 金融衍生市场分类

(1)金融远期市场：远期合约(Forward Contracts)是指双方约定在未来的某一确定时间，按确定的价格买卖一定数量的某种金融资产的合约。金融远期合约主要有远期利率协议、远期外汇合约和远期股票合约等。金融远期合约是非标准化合约,它不在交易所交易,而是在金融机构之间或金融机构与客户之间通过谈判后签署。

(2)金融期货市场:期货合约(Futures Contracts)是指协议双方同意在约定的将来某个日期按约定的条件(包括价格、交割地点、交割方式)买入或卖出一定标准数量的某种金融工具的标准化协议。金融期货交易在高度组织化的有严格规则的金融期货交易所进行,期货合约月份、交易时间、交割的日期、方式和地点等基本要素都是由交易所确定,唯有协定价格是通过期货交易所竞价得到。按标的物不同,金融期货可分为利率期货、外汇期货和股价指数期货。

股价指数期货

股价指数期货合约的标的物是股票价格指数,股价指数代表了整个股票市场的走向,因此,股票价格指数期货本身代表了股票投资组合,购买了股票价格指数期货相当于投资于一批股票组合,这样就可以防范个别股票价格波动的非系统性风险。

股票指数是一种极特殊的商品,没有具体的实物形式,因此双方在交易时用交易单位乘以股价指数来计算股指期货合约价值,然后采用现金交割。这是股价指数期货与其他期货的最大区别。

例如,中国金融期货交易所(China Financial Futures Exchange)的沪深300指数的交易单位是300元,当沪深300指数的价格为500点时,合约的价值就是300×500=150 000元。

(3)金融期权市场:期权(Financial Option)是一种未来的选择权,赋予期权的持有者在规定期限内按双方约定的价格(协议价格 Striking Price,或执行价格 Exercise Price)购买或出售一定数量某种金融资产的权利的合约。期权的买方为获取期权合约所赋予的权利而必须支付给卖方一笔期权费或期权价格。期权合约既有标准化的,也有非标准化的。标准化的期权合约,除了期权价格是公开竞价形成的,其他条款都由交易所事先规定。

(4)金融互换市场:互换(Financial Swaps)是两个或两个以上的参与者利用各自的比较优势,直接或通过中介机构签订协议,互相或交叉支付一系列本金或利息的交易行为。互换的种类主要有利率互换(Interest Rate Swaps)、货币互换(Currency Swaps)两种。互换是非标准化合约,互换交易是表外业务。因此,利用金融互换既可以管理资产负债组合中的利率风险和汇率风险,又可以逃避外汇管制、利率管制及税收限制。

互换和掉期在英文中都叫 Swap,但两者有很大区别。掉期没有实质的合约,也不是一种衍生工具,它只是外汇市场上的一种交易手法,是指对不同期限、金额相等的同种外汇作两笔反方向的交易。而互换是实质的合约,是一种重要的衍生工具。

中国银行间首次 Shibor 标准利率互换

2007年1月22日,花旗银行在上海宣布与兴业银行完成一笔基于上海银行间同业拆放利率(SHIBOR)的标准利率互换。这是自1月4日 SHIBOR 亮相以来,中国国内银行间首次进行基于 SHIBOR 的利率互换。作为中国货币市场首个真正意义上的基准利率,SHIBOR 以位于上海的全国银行间同业拆借中心为技术平台计算、发布并命名。

据花旗有关负责人介绍,与现在国内市场上流行的基于七天回购定盘利率的利率互换不同,此笔利率互换按照国际通行模式,在每三个月利息期开始之前按照最新3个月 SHIBOR 确定当期的浮动利率，期末双方交换利息净额，避免了每7天确定一次利率并且计算复利带来的繁琐。花旗有关负责人表示，此种类型的交易未来有望成为市场主要的利率互换交易品种之一。

上海金融报 2007年1月23日

3.金融衍生市场的功能

(1)规避风险:现货市场的价格波动给生产者和投资者带来了价格波动的风险，而金融衍生工具的运用可以为生产者和投资者规避风险提供一个较为理想的方式。这是金融衍生品市场赖以存在和发展的基础，防范风险的主要手段是套期保值。

(2)价格发现:金融衍生品市场集中了各方面的参加者。带来了成千上万种关于衍生品基础资产的供求信息和市场预期，通过交易所类似拍卖方式的公开竞价，形成了市场均衡价格。金融衍生品的价格形成有利于提高信息的透明度.金融衍生品市场与基础市场的高度相关性，提高了整个市场的效率。

(3)套利:金融衍生品市场存在大量具有内在联系的金融产品，在通常情况下，一种产品总可以通过其他产品分解组合得到，相关产品的价格存在一定的数量关系。如果某种产品的价格偏离这种数量关系时，就可以低价买进某种产品、高价卖出相关产品，从而获取利润。

(4)投机:市场上总存在一些人希望利用对特定走势的预期来对未来的变化进行赌博，构造出一个原先并不存在的风险，通过承担风险获取利润。

(5)资产组合:金融机构利用金融衍生品可以对一项特定的交易或风险暴露的特性进行重新构造，实现客户所预期的结果。

4.金融衍生工具的特征

(1)合约性:金融衍生工具是一种契约，属于“零和博弈”。因此，衍生证券的交易实际上是进行风险的再分配，它不会创造财富，这是衍生证券不同于股票等基础证券的特点之一。

(2)高杠杆性:金融衍生交易一般只需少量的资金，就可以进行几十倍的金融衍生品交易。然而，如果投机者过度投机的话，市场风险可能使投机者一夜之间倾家荡产。1995年，具有233年历史的英国巴林银行，因其年仅28岁的交易员尼克里森在股票指数期货投机中失败而宣布倒闭。

5.中国金融衍生品的实践

从国际经验来看，衍生金融产品交易的发展都是以一个健全的基础金融工具市场(如货币、股票、债券市场等)为依托，因而在时间顺序上，衍生金融工具的产生远远落后于传统的基础金融工具。中国衍生金融工具的产生和发展遵循同样的规律。20世纪90年代初，随着股票市场、债券市场和商品期货市场的出现和发展，中国衍生金融工具交易产生需要的环境和条件逐步成熟。1992年6月，上海外汇调剂中心创办了上海外汇期货市场，开始筹划人民币汇率期货交易。同年12月，上海证券交易所推出第一张国债期货合约。随后，1993年3月，海南出现非正式的股票指数期货交易；1994年11月，深圳证券交易所认股权证交易掀起热潮。此后，越来越多的衍生金融工具被推出，开始冲击成长中的中国金融市场。

中国的利率互换市场

2006年2月9日，中国人民银行发布《中国人民银行关于开展人民币利率互换交易试点有关事宜的通知》，这标志着我国利率互换市场的正式形成。同日，国家开发银行和中国光大银行按照2005年10月10日达成的协议，在中国人民银行宣布已开展人民币利率互换试点后，完成了首笔名义本金为50亿元人民币、期限为10年、光大银行支付固定利率、国家开发银行支付浮动利率的人民币利率互换交易，标志人民币利率衍生工具在中国金融市场正式登场。自此，我国利率互换市场在交易量、交易品种、参与机构以及市场流动性等方面得到了稳步发展。

9.3 金融市场商品价格

9.3.1 货币资金的价格——利率

凯恩斯说："把经济体中任何一个因素单独提出来，都和利率有一定关系。"现代经济中的利率如同经济肌体的一根敏感的神经，联系着众多的经济要素，利率稍有变化就产生广泛的影响。

1. 利率的本质

利率又称利息率，是一定时期内利息量与本金的比率。利率是经济学中一个重要的金融变量，几乎所有的金融现象、金融资产均与利率有着或多或少的联系。

以亚当·斯密为代表的古典学派认为，利率是资本的价格，资本的供给和需求决定利率的变化。凯恩斯认为利率是"某段时间放弃流动性而得到的回报"。马克思认为，利率是剩余价值的一部分，是借贷资本家参与剩余价值分配的一种表现形式。莫顿从现代金融学的角度总结认为，"利率是承诺的收益率"。我国经济学家和金融学家黄达认为，"利率是指借贷期内所形成利息额与所贷资金额的比率"。

《新帕尔格雷夫经济学大辞典》的定义是："单位时间内付出的利息数量作为资金金额的一个分数就叫做利率。"

2. 利率的分类

(1)单利、复利和连续复利

单利计息和复利计息是利息计算中最为常见的两种方法。单利法计息时不论借贷年限的长短，均按初始本金计息，对已取得的利息不作为本金的增量再次计息。复利法是以原始本金与累积利息之和作为下一期计算利息的本金数，即我们常说的"利滚利"。普通复利一般是一年或者半年作为一个复利周期，连续复利是复利周期趋于无穷小时的计息方式。

如果以现值 P、终值 P_T、计息期数 T 和年利率 r 来表示，单利计算的终值为 $P_T=P\times(1+T\times r)$，复利计息的终值为：$P_T=P\times(1+r)^T$，以连续复利率 r_e 计息的终值为 $P_T=P\times e^{r\times T_e}$。

复利频率与终值

假设本金为100元,年利率为10%,期限为1年,则:

复利频率	年末终值
每一年(m=1)	110.00
每半年(m=2)	110.25
每季度(m=4)	110.38
每月(m=12)	110.47
每周(m=52)	110.51
每天(m=365)	110.52
连续复利	110.52

容易看出,当不断提高计复利的频率时,每天计复利与连续复利得到的效果基本一致。

(2)名义利率与实际利率

名义利率是指借贷契约和有价证券上载明的利率,如银行公布的存贷款利率都是名义利率。相对名义利率而言,实际利率更被人们所看重。实际利率通常有两层含义:根据物价水平的实际变化进行调整的利率称为事后实际利率;而根据物价水平的预期变化进行调整的利率称为事前实际利率。经济学家使用的实际利率概念通常是指事前实际利率,事前实际利率对经济决策更为重要。

如果r代表名义利率,r'代表实际利率,π^e代表预期通货膨胀率,那么实际利率、名义利率与预期通货膨胀率之间的关系可以表示为:

$$r=r'+\pi^e \quad \Leftrightarrow \quad r'=r-\pi^e$$

(3)固定利率和浮动利率

根据在借贷期间内是否调整,利率可分为固定利率和浮动利率。固定利率是指在整个借贷期间内,利率不随资金市场供求状况变动而变动的利率。浮动利率是指在借贷期间内随市场利率的变化而调整的利率。实践中,固定利率多用于短期借贷行为,而浮动利率一般适宜借贷期限较长、市场利率多变的借贷关系。

(4)市场利率、官定利率与公定利率

按照是否由市场规律自由变动,利率可划分为市场利率、官定利率(法定利率)与公定利率。市场利率是指由资金借贷市场的供求关系决定且能够随之自由变化的利率。由政府金融管理机构,如中央银行确定的利率通常称之为官定利率。而由非政府部门的民间行业组织,如银行业同业公会确定的零利率则是公定利率。

(5)即期利率与远期利率

从借贷期间的初始时刻是否为未来时点来划分,利率可分为即期利率与远期利率。即期利率是指从当前即刻起至未来某时刻止的利率,远期利率是指未来两个时点间的利率水平,即将来某个时点以后一定期限内的利率。

(6)基准利率与普通利率

基准利率是金融市场上具有普遍参照作用的利率,其他利率水平或金融资产价格均可根据这一基准利率水平来确定。世界上最著名的基准利率有伦敦同业拆放利率(LIBOR)和美国联邦基准利率。普通利率是指商业银行等金融机构在经营存贷款业务过程中，对一般客户所采用的利率，利率水平的高低由决定利率水平的一般因素决定。

3.利率水平的影响因素

在现代经济中，利率作为资金的价格，受到经济社会中许多因素的制约，主要的影响因素包括以下几方面：

(1)平均利润率，是决定利率水平的基础性因素。利息是利润的一部分，利率的高低首先由利润率高低决定，并且是一国一定时期内的平均利润率。这是因为，当利率高于平均利润率时，资金借贷者将无利可图；当利率低于或等于零时，资金贷出者将无利可图。

(2)供求关系，是决定市场利率水平的直接因素。在某一具体时期的具体市场中，利息率是由借贷资本市场上借贷资本的供求状况决定的。当借贷资本供大于求时，利率下降；供小于求时，利率上升。

(3)货币政策。利率作为国家调控经济目标的杠杆，国家会根据经济发展状况制定相应的经济政策，比如，通过放大信贷量，实现宽松的货币政策，使得货币供给增多，从而利率水平下降；如实行紧缩的货币政策，则使得货币供给减少，利率水平上升。

(4)预期的通货膨胀率。通货膨胀总是有存在的可能，它会引起货币的贬值，从而给借贷本金带来损失，同时也会给利息带来损失。因此，为了保证损失尽可能小，必须要充分考虑预期通货膨胀率，提高借贷资金的利率。

(5)国际利率水平。国际利率水平及其变动趋势对本国利率水平具有很强的“示范效应”。一是其他国家的利率水平对国内利率的影响；二是国际金融市场上的利率对国内利率的影响。一般来说，国际金融市场上利率的下降会降低国内利率水平或抑制国内利率上升的程度。

(6)历史利率水平。利率具有较强的历史继承性，在调整利率时，历史利率水平是一个重要的参考依据。

4.利率杠杆的功能

(1)从宏观角度看，利率杠杆作用的功能主要体现在：

①积累资金的功能。通过利率可以吸引社会闲散资金来投入生产，满足经济的发展。

②调整信用规模的功能。中央银行可以通过贷款利率、再贴现利率来影响商业银行和其他金融机构的信用规模，当中央银行提高贷款利率、扩大再贴现利率时，有利于缩小信用规模，相反的操作则有利于扩大信用规模。

③调节国民经济结构的功能。利率调节国民经济主要是通过采取差别利率和优惠利率来实现资源的倾斜配置，调整国家的产业结构来实现的。

④抑制通货膨胀的功能。利率可以通过提高贷款利率来降低货币需求、缩小信用规模来抑制通货膨胀的发生。

⑤平衡国际收支的功能。当国际收支严重逆差时，可将本国利率调到高于其他国家的程度，一方面阻止本国资金流向国外，另一方面吸引国外短期资金流入国内从而缩小国际收支逆差。当国内经济衰退与国际收支逆差并存时，可以一方面降低长期利率，鼓励投资，刺激经济增长；另一方面提高短期利率，阻止国内资金外流并吸引国外短期资金流入，达到内外平衡。

(2)从微观角度看，利率杠杆作用的功能主要体现在：①鼓励企业提高资金使用效率。②影响家庭和个人的金融资产投入。在安全性和流动性一定的情况下，通过调整利率，就可以引导人们选择不同的金融资产。③作为租金计算基础的功能。租金的度量受多种因素影响，但通常是参照利率来确定。

5. 利率决定理论

(1)早期的货币利率理论

最早的货币利率理论代表人物是17世纪的威廉·配第和约翰·洛克。威廉·配第认为，在不考虑安全问题的情况下，利率水平的高低取决于利息的"自然标准"，即用借到的货币所能买到的土地产生的地租；当考虑安全问题时，利率应等于利息的"自然标准"加上"保险费"。货币数量影响土地价格，从而影响既定货币量所购买土地的面积，也就影响货币所能购买的土地产生的地租。根据配第的观点，利息的"自然标准"决定于货币的数量，利率水平的高低由货币的供求关系所决定。

约翰·洛克继承了威廉·配第的货币利率理论，认为货币的供求关系决定了利率水平，利率提高的主要甚至唯一原因就是货币太少，即货币的供给不能满足货币的需求。若使利率不变或下降，只有增加货币供给，当时流行的通过法律限制利率的方式是徒劳的。

早期的货币利率理论一经提出，就遭到一大批经济学者的批评，并迅速被早期的实物利率理论所替代。因此，早期的货币利率理论在利率理论的演变史中并没有多少位置，直到凯恩斯的流动性偏好理论的出现，货币利率理论才真正受到重视。

(2)早期的实物利率理论

17世纪末，巴本(N. Barbon)、诺思(D. North)、马西(J. Massie)等经济学家在批评威廉·配第和约翰·洛克的货币利率理论的基础上，提出了实物资本的供求决定利率的基本理论。他们认为，人们借贷货币只是一种现象，这一现象背后掩盖的本质是借贷实物资本，人们借贷货币的目的是用来购买所需要的实物资本。因此，利率并不取决于货币的供求关系，而决定于实物资本的供求关系。

18世纪中期，大卫·休谟对实物资本决定论进行了进一步的发挥和充实，将利息高低归于借贷资本的供给与需求而不是货币数量的多少。休谟首先引述历史事实证明利息率并不取决于贵金属(当时的货币形态)数量之多寡，然后明确指出"高利息有三个方面原因：一是借贷需求大；二是满足这种需求的财富少；三是经商的利润高。这三个方面正是商业和工业不够发达，而不是缺乏金银的充分证明"。

此后，长达200年的时间内，实物资本的利率决定论都在经济学界占统治地位。包括亚当·斯密、大卫·李嘉图和约翰·穆勒等在内的当时的主流经济学家都接受了实物资本论并融合到他们的货币学说中去。由于当时的实物资本论只指出了实物资本的供求决定利率，却没有进一步说明实物资本本身的供求决定因素，学术界认为它是一种不完善的早期实物利率理论。

(3)马克思的利率决定论

马克思的利率决定论是以剩余价值在不同资本家之间的分割作为起点的。马克思认为，货币的资本本性是利息产生的直接原因，资本所有权与使用权的分离是利息产生的经济基础，因而利息是贷出资本的资本家从借入资本的资本家那里分割来的一部分剩余价值。剩余价值表现为利润,因此,利息量的多少取决于利润总额,利息率取决于平均利润率。"因为利息只是利润的一部分……所以,利润本身就称为利息的最高界限,达到这个最高界限,归执行职能的资本家的部分就会为零。"利息不可以为零,否则借贷资本家就不会把资本贷出。因此,利息率的变化范围是在"零"与平均利润率之间,利息率的高低取决于两类资本家对利润分割的结果。马克思还认为,利率与普通商品的市场价格一样,是由供求关系决定的。

(4)古典学派的储蓄投资理论

古典学派的代表人物有亚当·斯密、庞巴维克、马歇尔和费雪等经济学家,古典学派的利率决定理论是一种实物利率理论。古典学派认为,利率就是资本的使用价格,资本的供求决定了均衡利率;储蓄代表资本的供给,储蓄由"时间偏好"等因素决定;投资代表资本的需求,投资由资本边际生产率等决定。因此,利率就是由储蓄和投资等实物因素决定。

古典学派分析认为,贷放的资金来源于储蓄,储蓄意味着人们要推迟现在的消费。由于"人性不耐"等原因,人们更注意现在的消费,为此必须要给这种"等待"或"延迟消费"的行为给予一定的补偿。这种补偿就是"利息"。一般来说,补偿越大,意味着利率越高,人们越愿意储蓄,因此储蓄是利率的增函数。贷款的需求主要来自于投资,投资量的大小取决于投资预期回报率和利率的关系。当利率降低时,预期回报率大于利率的可能性增大,投资需求也会增大,因此投资是利率的减函数。最后,当投资等于储蓄、货币供求均衡时,利率水平被决定。

古典学派的利率决定理论可以用图 9-1 表示,$S(r)$表示储蓄函数曲线;$I(r)$表示投资函数曲线;r_e 表示均衡利率,I_e,S_e 分别表示均衡时的投资量和储蓄量。

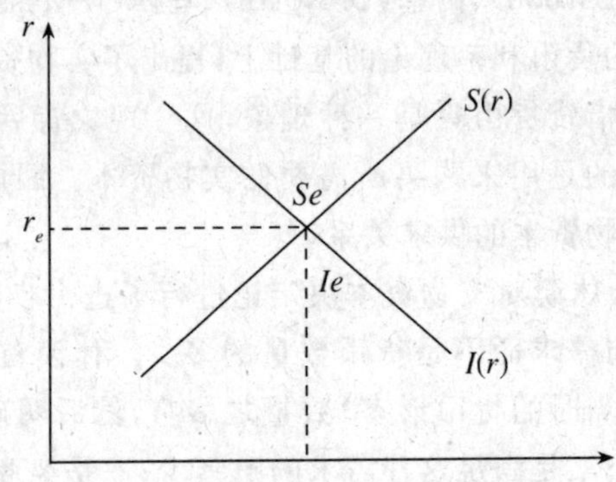

图 9-1 **古典学派的利率决定模型**

(5)凯恩斯学派的流动性偏好理论

凯恩斯学派认为,利率并非决定于储蓄和投资的相互作用,而是决定于货币量的供求关系,即均衡的利率水平是由货币管理当局的货币供给和社会公众的流动性偏好(即货币需求)相互作用决定的。显然,凯恩斯学派的利率理论是一种货币理论。

流动性偏好理论首先假定大多数公众持有财富的方式有两种:货币和债券,并且货币的收益率为 0,债券是货币唯一的替代资产。流动性偏好理论认为,利率决定于货币数量和公众的流动性偏好两个因素。利息是人们在一定时期内放弃货币、牺牲流动性所得的报酬,利率就是人们对流动性偏好,是使公众愿意以货币的形式持有的财富量(即货币需求)恰好等于现有货币存量(即货币供给)的价格。当公众的流动性偏好强,愿意持有货币的数量大于货币的供给量时，利率就上升；反之，公众的流动性偏好较弱，愿意持有的货币量小于货币供给量时，利率就下降。

根据凯恩斯的分析，公众出于交易动机、预防动机和投机动机而持有货币。其中，交易动机和预防动机的货币需求是收入的增函数，记为 $M_1=L_1(y)$，投机动机的货币需求是利率的减函数，记为 $M_2=L_2(r)$。则货币总需求 $M_d=L_1(y)+L_2(r)$。货币的供应量完全由中央银行直接控制，不受收益率变动的影响，因此货币供给曲线是一条垂直于横轴的直线，货币总供给为 $M_s=\frac{M}{P}$，其中 M 为名义货币供应量，P 为价格指数。货币市场在货币需求曲线和货币供给曲线的交点处实现均衡。如图 9-2 所示，当 $M_d=M_s$ 时，均衡点 E 的利率水平 r_e 即为均衡利率。

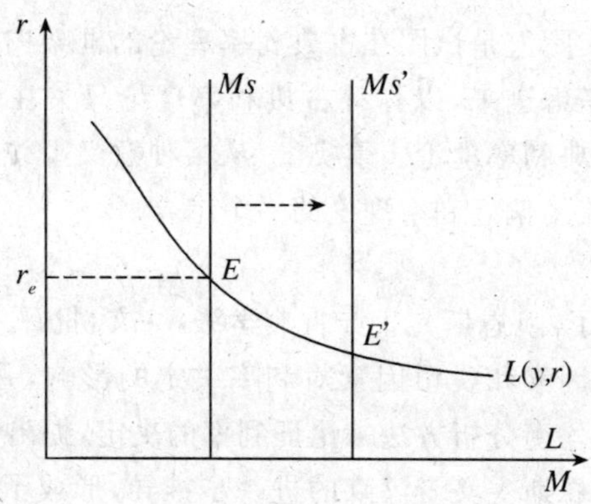

图 9-2　凯恩斯的利率确定

流动性偏好理论是一种货币市场均衡理论，认为利率是一种纯粹的货币现象。因此，凯恩斯学派的利率理论纠正了古典学派忽视货币因素的偏颇，但同时也走向了另一个极端，完全不考虑储蓄、投资等实质因素。

(6)新古典学派的可贷资金理论

20 世纪 30 年代罗伯森和俄林等人创立的新古典学派提出了可贷资金理论。可贷资金理论认为，储蓄投资理论完全忽视货币因素是不妥的，凯恩斯完全否认非货币因素也是不对的，应同时考虑货币和非货币因素。该理论认为市场利率是由可贷资金的供求关系决定的。

可贷资金的需求包括两个部分：一是投资需求；二是货币窖藏需求。其中，投资部分为利率的递减函数，并构成可贷资金需求的主体；窖藏部分会牺牲利息收入，也是利率的递减函数。以 M^d 表示可贷资金的需求，则：

$$M^d=I(i)+H(i)$$

可贷资金的供给由储蓄 $S(i)$、反窖藏 $Dh(i)$（也就是人们将上一期窖藏的货币用于贷款或购买债券）和中央银行增发的货币以及商业银行所创造的信用形成的货币供应增量 $M(i)$ 三部分组成，且都为利率的增函数。以 M^s 来表示可贷资金的供给，即：

$$M^s=S(i)+Dh(i)+M(i)$$

可贷资金利率理论认为，利率取决于可贷资金的供给和需求的均衡点，当两者达到均衡时，则有 $M^d=M^s$，如图 9-3 所示：

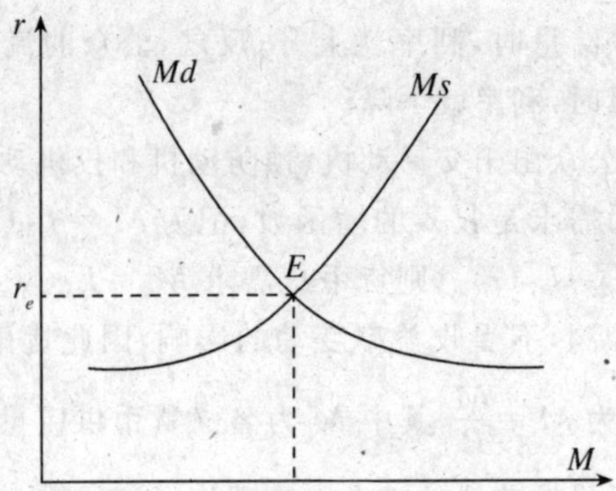

图 9-3 可贷资金理论的利率确定

可贷资金利率理论实际上是试图在古典利率理论的框架内，将货币供求的变动额等货币因素对利率的影响考虑进来，以弥补古典利率理论只关注储蓄、投资等实物因素的不足，所以它被称为新古典利率理论。事实上，从某种意义上说，可贷资金利率理论可以说是对古典利率理论和流动偏好利率理论的一个综合。

(7)IS－LM 模型

1937 年希克斯发表了《凯恩斯先生与古典学派》一文，批评了凯恩斯利率理论与古典利率，综合地研究了实物因素和货币因素对利率决定的影响，并把收入作为与利率相关的变量加以考虑，以一般均衡分析方法来论证利率的决定，提出了 IS－LL 曲线模型。该模型后经 1949 年美国凯恩斯主义者汉森的进一步推导，形成了 IS－LM 模型。IS－LM 模型的核心内容是认为利率受制于投资函数、储蓄函数、流动性偏好函数（即货币需求函数）和货币供给函数四个因素，同时利率与收入之间存在着相互决定的关系。只有在储蓄与投资、货币需求与供给同时相等，即商品市场和货币市场同时达到均衡的条件下，收入和利率同时被决定时，才能得到完整的利率决定理论。

从商品市场的投资 $I(r)$ 函数和储蓄 $S(Y)$ 函数可以推导出 IS 曲线，IS 曲线代表商品市场；从货币市场的货币需求函数 $L(r,Y)$ 和货币供给 M 得到 LM 曲线，LM 曲线代表货币市场的均衡。将 IS 和 LM 两条曲线共置于 (Y,r) 平面，当两曲线相交时，商品市场和货币市场同时达到均衡，整个经济处于一般均衡状态，均衡点 E 处的 (Y_e,r_e) 决定了均衡利率 r_e 和均衡收入 Y_e，如图 9-4 所示。

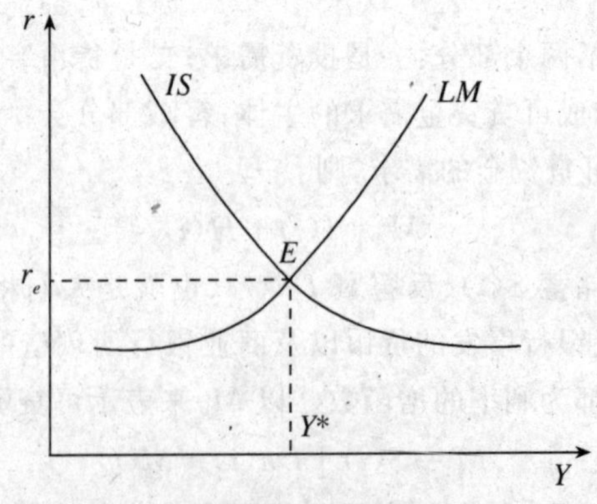

图 9-4 IS－LM 模型的利率确定

IS－LM 模型是一般均衡分析，既克服了古典学派利率理论只考虑商品市场均衡的缺陷，又克服了凯恩斯学派利率理论只考虑货币市场均衡的缺陷，同时还克服了新古典学派利率理论在兼顾商品市场和货币市场时忽视两个市场各自均衡的缺陷，因而该模型被认为是解释名义利率决定过程的最成功的理论。

9.3.2 债券价格的形成机制

1. 债券的基本概念

债券是债权人向债务人提供资金的债权债务合同，该合同载明债务人承诺在指定日期按照约定利率并在到期日偿还本金的事项，主要包括名称、期限、面值与利息、价格、求偿等级（Seniority）、限制性条款、选择权（如赎回与转换条款）等。债券到期必须偿还，但不同债券的偿还期限相差很大，短的几个月，长的达几十年，当然也有无到期日的永久债券。

债券的种类繁多，按发行主体不同可分为政府债券、公司债券和金融债券三大类。按利息支付方式，可分为附息债券和贴现债券。附息债券的利息定期以剪息票的方式支付，即每年确定时间（一次或数次）凭债券上的息票支付利息。贴现债券不支付年利息，利息收入是以折价的形式一次付给购买者。

2. 债券发行价格的确定

债券发行价格是在债券发行市场确定的，即是在发行单位初次出售新债券的市场确定发行价格。债券的发行价格未必与债券的票面金额相等。债权发行人根据债券本身的市场销售能力和投资者的偏好程度，将以高于或低于债券票面金额的价格发行债券。按其价格与票面金额的大小关系，债券的发行价格大致分为：

①平价发行，指债券的发行价格和票面额相等，因而发行收入的数额和将来还本数额也相等。前提是债券发行利率和市场利率相同，这在西方国家比较少见。

②溢价发行，指债券的发行价格高于票面额，以后偿还本金时仍按票面额偿还。只有在债券票面利率高于市场利率的条件下才能采用这种方式发行。

③折价发行，指债券发行价格低于债券票面额，而偿还时却要按票面额偿还本金。折价发行是因为规定的票面利率低于市场利率。

债券发行价格的高低，主要取决于下列几个主要因素：债券票面金额（P_A）、票面利率（c）、市场利率（r）和债券期限（T）。以付息债券为例，付息债券的发行价格（P_0）计算公式为：

$$P_0=\sum_{i=1}^{T}\frac{c\times P_A}{(1+r)^i}+\frac{P_A}{(1+r)^T}$$

例：面值为1 000元，票面利率为8%的10年期债券，一年付息一次。若发行时市场收益率也是8%时，股票的发行价格为：

$$P_0=\sum_{i=1}^{T}\frac{c\times P_A}{(1+r)^i}+\frac{P_A}{(1+r)^T}=\sum_{i=1}^{10}\frac{8\%\times 1\ 000}{(1+8\%)^i}+\frac{1\ 000}{(1+8\%)^{10}}=1\ 000(\text{元})$$

则债券属于平价发行债券。

若市场收益率是6%时，股票的发行价格为：

$$P_0=\sum_{i=1}^{T}\frac{c\times P_A}{(1+r)^i}+\frac{P_A}{(1+r)^T}=\sum_{i=1}^{10}\frac{8\%\times 1\ 000}{(1+6\%)^i}+\frac{1\ 000}{(1+6\%)^{10}}=1\ 147.21(\text{元})$$

则债券属于溢价发行债券。

若市场收益率是10%时，股票的发行价格为：

$$P_0=\sum_{i=1}^{T}\frac{c\times P_A}{(1+r)^i}+\frac{P_A}{(1+r)^T}=\sum_{i=1}^{10}\frac{8\%\times 1\ 000}{(1+10\%)^i}+\frac{1\ 000}{(1+10\%)^{10}}=879.07(\text{元})$$

则债券属于折价发行债券。

对于贴现债券，$c=0$。因此，贴现债券的定价公式就是：

$$P_0=\frac{P_A}{(1+r)^T}$$

对于没有到期日的特殊的定息债券，发行价格的计算公式如下：

$$P_0=\frac{c\times P_A}{(1+r)}+\frac{c\times P_A}{(1+r)^2}+\cdots+\frac{c\times P_A}{(1+r)^N}+\cdots=\lim_{N\to\infty}\sum_{i=1}^{N}\frac{c\times P_A}{(1+r)^i}=\frac{c\times P_A}{r}$$

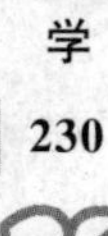

3.债券交易价格的确定

债券交易价格，或称债券行市或行情，是指债券发行以后在流通市场上买卖、转让的价格。从理论上来讲，债券的交易价格主要取决于债券的内在价值，即债券所能带来的一切货币收入的现值。然而，债券的交易价格还要受交易成本、供求水平、资金状况等一系列因素的影响。根据债券是附息债券或贴现债券，交易价格的计算公式有所不同。

(1)附息债券交易价格的计算公式：

$$P=\sum_{i=1}^{M\times N}\frac{P_A\times c/M}{(1+r/M)^i}+\frac{P_A}{(1+r/M)^{M\times N}}$$

上式中，M代表一年付息次数；N代表转让时到期日的剩余年限；P代表转让价格；P_A代表债券票面价格；r代表转让时市场收益率；c代表债券票面利率。

例如：某债券票面面值为1 000元，票面利率为6%，债券每隔半年支付一次利息，债券到期日剩余年限为5年，目前市场收益率为8%，该债券的转让价格为：

$$P=\sum_{i=1}^{M\times N}\frac{P_A\times c/M}{(1+r/M)^i}+\frac{P_A}{(1+r/M)^{M\times N}}=\sum_{i=1}^{2\times 5}\frac{1\ 000\times 6\%/2}{(1+8\%/2)^i}+\frac{1\ 000}{(1+8\%/2)^{2\times 5}}=918.93(\text{元})$$

(2)贴现债券交易价格的计算公式：

$$P=\frac{P_A}{(1+r)^N}$$

(3)统一公债交易价格的计算公式：

$$P=P_0=\frac{P_A\times c}{r}$$

4.债券价格与市场利率的关系

依据债券发行价格和交易价格的定价公式可知，债券价格与市场利率成反比关系，市场利率越高，债券价格越低，反之则越高。而且，利率对长、短债券价格的影响程度不同，利率变化一定的情况下，长期债券价格的变化大于短期债券价格的变化。

9.3.3 股票价格的运行机制

1.股票价格含义及类型

股票是股份有限公司在筹集资本时向出资人发行的股份凭证。股票代表着股东对股份公司的所有权。每个股东所拥有的公司所有权份额的大小，取决于其持有的股票数量占总股本的比例。

股票可以按照不同的标准进行不同的分类。按照股东权利分类，股票可分为普通股、优先股。普通股是随着企业利润变动而变动的一种股份，是股份公司资本构成中最普通、最基本的股份，是股份企业资金的基础部分。普通股的基本特点是投资收益(股息、红利)是根据股票发行公司的经营业绩来确定。普通股盈利和剩余财产的分配顺序列在债权人和优先股股东之后。

国外的普通股有时也划分为不同等级，如 A 级和 B 级。A 级普通股是对公众发行的，可参与利润分红，但没有投票权或只有部分投票权；B 级普通股是有公司创办人持有的，具有完全投票权。中国股票有 A、B 股之分与国外不同。我国的 A 股是仅限于中国内地居民以人民币买卖，B 股最初只限于外国投资者以外币买卖，目前境内外投资者都可以用外币买卖。除了买卖所用币种以及流动性存在差异外，A、B 股股东的其他权益是相同的，但两者存在较大的价差。

优先股(preferred stock)是指享有优先获得固定股息并且在普通股之前收取股息的股票，并且当公司破产进行财产结算时，优先股股东对公司剩余财产有先于普通股股东的要求权。但优先股一般不参加公司的红利分配，持股人亦无表决权，不能借助表决权参加公司经营管理。因此，优先股与普通股相比较，虽然收益和决策参与权有限，但风险较小。

2. 股票价格指数及运用

股票价格指数是运用统计学中的指数方法编制而成的，反映股市总体价格或某类股价变动和走势的指标，通常简称为“股价指数”或“股指”。根据股价指数反映的价格走势所涵盖的范围，可以将股价指数划分为反映整个市场走势的综合性指数和反映某一个行业或某一类股票指数走势的分类指数。

股价指数的编制步骤是：首先，根据上市公司的行业分布、经济实力、资信等级等因素，选择适当数量的有代表性的股票，作为编制指数的样本股票。其次，确定基期(即以某个特定的年份或具体日期为基期)，并计算基期的平均股价(基期的股价水平为 100)。然后，确定取样周期。目前股价的编制周期缩短到“时”、“分”，以体现股价的实时涨落变化。最后，计算报告期的平均股价，并与基期的股价平均数进行相比，计算出来的比率用百分数或百分点表示。

计算股价平均数的方法有两种，一种是计算简单算术股价平均数，公式为：

$$I=\frac{1}{n}\sum P_i$$

另一种是计算加权股价平均数，即以报告期或基期的成交股数(总股数)为权重计算，公式为：

$$I=\frac{1}{n}\sum P_iQ_i$$

股票价格指数最多的应用就是作为标的资产构建股票指数期货和股票指数期权等金融衍生产品。因为股票指数能代表整个市场股票价格变动的趋势和幅度，所以股票价格指数期货和股票指数期权既可以规避非系统性风险，又可以转移系统性风险。

香港恒生指数

恒生指数是香港恒生银行自1969年11月14日起编制并公布的一种股价指数，它较全面地反映香港地区股票市场的行情，是目前香港最具代表性和影响的股价指数。恒生指数以1964年7月31日为基期日，基期定为100。恒生指数从上市公司中选出33个具有代表性的股票，作为计算对象。恒指33种股票中金融业公司占9种，其他工商业包括航空、酒店占14种。

恒生指数的计算方法是：以计算日33家股票的收盘价分别乘以其股数，得出各股份的资本现值，求和后得到33家股份公司基期日的资本总市值。然后，以同样的方法得出计算日的资本总市值，再除以基期日的资本总市值再乘以100，即得出计算日当天的恒生指数。简单的计算公式为：

恒生指数＝计算日资本总市值÷基期日资本总市值×100

恒生指数每天公布3次，即上午11时，中午12时半和下午收盘时。

9.4 经典的金融市场理论

9.4.1 资本资产定价模型

1959年马科维茨出版了《资本组合选择》一书，标志着现代资产组合理论的诞生。马科维茨的资产组合理论重点是均值一方差分析方法，分析个人或企业在不确定性的条件下如何支配金融资产，使财富得到最适当的投资。威廉·夏普（William F. Sharpe）于1964年发表了《资本资产价格：风险条件下的市场均衡理论》一文，这篇文章与林特纳（John Lintner）和莫森（Jan Mossin）分别发表于1965年、1966年的文章共同建立了资本资产定价模型（CAPM，Capital Asset Pricing Model），对投资理论的发展起到了巨大的推动作用。

CAPM模型是阐述风险资产的均衡市场价格如何决定的理论，它使证券理论由以往的定性分析向定量分析，从规范经济学向实证经济学，并对证券投资的实际操作产生了巨大的影响。CAPM模型的具体形式是反映单个证券的风险与收益的关系的证券市场线（SML，Security Market Line），SML的函数形式为：

$$\bar{R}_i = r_f + \left(\frac{r_M - r_f}{\sigma_M^2}\right)\sigma_{iM}$$

证券市场线反映了单个证券与市场组合的协方差和预期收益率之间的均衡关系。如果使用图形表示，证券市场线就是一条截距为 r_f、斜率为 $\frac{r_M - r_f}{\sigma_M^2}$ 的直线，如图9-5所示：

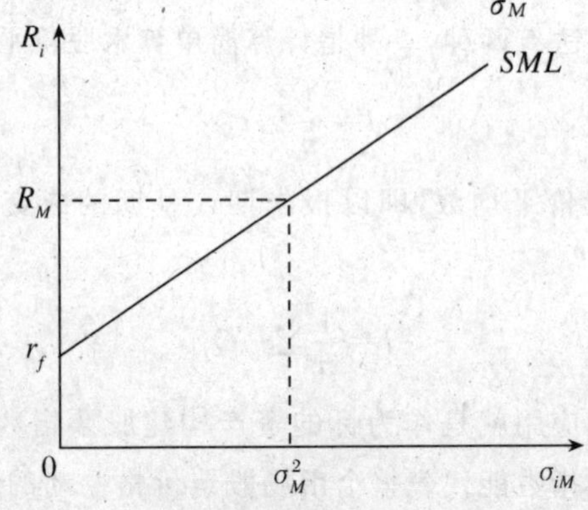

图9-5 证券市场线 SML

若令 $\beta_i=\frac{\sigma_{iM}}{\sigma_M^2}$，则证券市场线 SML 又可以表示为：

$$\bar{R}_i=r_f+(r_M-r_f)\times\beta_i$$

其中，β_i 称为证券 i 的 β 系数，是表示证券 i 与市场组合协方差的另一种方式。β_i 越高，证券的系统风险越大，资产要求的风险报酬也就越高。β 系数具有线性可加性。若一个投资组合中各项资产的比重为 x_i，则组合的 β 系数为：

$$\beta_p=\sum_{i=1}^{n}x_i\beta_i$$

9.4.2 资本市场有效性假说

1965 年芝加哥大学教授法玛(Fama)提出了著名的有效市场理论，即有效市场假说(Efficient Market Hypothesis，EMH)：如果在一个证券市场中，证券价格完全反映了所有可能获得或利用的信息，每一种证券的价格始终等于其投资价值，那么就称这样的市场是有效的。有效市场理论是现代证券市场理论体系的支柱之一，也是现代金融经济学的理论基石之一。许多现代金融投资理论，如资本资产定价模型(CAPM)、套利定价模型(APT)等都是建立在 EMH 的基础之上的。有效市场假说的提出基于三条基本假设：

(1)投资者理性假设。投资者都是追求个人效用最大化的理性经济人，具有同样的智力水平和同样的分析能力，对信息的解释也是相同的。

(2)随机产生信息。信息的产生是随机的，它们在发表时间上不存在前后相关性。

(3)无交易成本，即不存在税收和佣金，所有可利用的信息也都可以无成本、迅速地到达投资者。

1967 年，Roberts 根据股票价格对相关信息反映的范围不同，将市场效率分为三类：弱有效率市场、次强有效率市场和强有效率市场。后来，Fama 又对三种效率市场做了阐述。

(1)弱式效率市场假说。指当前证券价格已经充分反映了全部能从市场交易数据中获得的信息，这些信息包括过去的价格、成交量、未平仓合约等。因为当前市场价格已经反映了过去的交易信息，所以弱式效率市场意味着根据历史交易资料进行交易是无法获取经济利润的。这实际上等同宣判技术分析无法击败市场。

(2)半强式效率市场假说。指所有的公开信息都已经反映在证券价格中。这些公开信息包括证券价格、成交量、会计资料、竞争公司的经营情况、整个国民经济资料以及与公司价值有关的所有公开信息等。半强式效率市场意味着根据所有公开信息进行的分析，包括技术分析和基础分析都无法击败市场，即取得经济利润。因为每天都有成千上万的证券分析师在根据公开信息进行分析，发现价值被低估和高估的证券，他们一旦发现机会，就会立即进行买卖，从而使证券价格迅速回到合理水平。

(3)强式效率市场假说。指所有的信息都反映在股票价格中。这些信息不仅包括公开信息，还包括各种私人信息，即内幕消息。强式效率市场意味着所有的分析都无法击败市场。一旦有人获得了内幕消息，他就会立即行动，从而让证券价格迅速达到该内幕消息所反映的合理水平。

目前大量实证研究表明，西方发达国家成熟的证券市场基本上已经达到了弱有效率市场的标准。

评论：有效市场假说

我们在超市里排队付款的地方，或者是火车站排队买票的窗口，往往是排着好几条长龙，一般来说，你不必费心去猜测哪支长龙稍快一些、以便节省你的排队时间，因为实际上它们都是差不多的。在你前面的所有的人，都已经做出了他们的最佳选择，你只要随便排在哪一个队列的尾巴上就行了。

而当你到股票市场上去买股票的时候，眼见得上千只股票，红绿翻滚不定，跌宕起伏无常，让你不知所措。但是，按照同样的逻辑，一般来说，你也不必费心去琢磨到底该买哪只股票，好让自己买得物有所值，实际上它们的价值都是相似的。著名的美国经济学家萨缪尔森就教我们这样投资："你可以向《华尔街日报》的股票栏扔飞镖，将此作为选择股票的一种方法。"拿一支飞镖任意掷，投中哪只股票就买哪只股票。

随机选择股票，"这看起来有点发疯，"另一位著名的美国经济学家曼昆说，"但有理由相信，这不会使你误入歧途。"

这个理由就是经济学中所谓的"有效市场假说"。

摘自 2006 年 5 月 27 日经济参考报

[重要概念]

金融市场　直接金融　间接金融　一级市场　二级市场　货币市场　资本市场　同业拆借　回购协议　注册制　核准制　远期　期货　期权　互换　掉期　股票价格指数　资本资产定价理论　有效市场假说

[复习与思考]

1. 金融市场的内涵？试述金融市场的外延和分类。
2. 与普通商品市场相比，金融市场具有什么特性？
3. 一般意义上，金融市场具有哪些功能？
4. 什么是二级市场？其意义是什么？
5. 股票和债券的发行价格分别受到哪些因素的影响？
6. 结合中国实际，试述金融市场的国际发展趋势有哪些？
7. 比较利率决定理论，并结合中国实际分析我国利率的决定因素。

第10章　国际金融运作机理

内容提要　随着国际商品、劳务贸易的发展和国际间的货币流动,不同国家之间的经济联系变得比以往任何时候都更加紧密,世界一体化的进程在不断加快。同时世界经济也比以往几十年更加的不稳定,经济危机时有爆发,国际贸易摩擦频繁发生。如何加快世界经济一体化,促进世界经快速发展已成为众多国家关注的领域,而解决这些国际问题要有一个的合理和健全的国际金融体系。随着一体化进程的深入,各国间经济关系日益密切,国际间贸易往来、债务清算、资本转移和文化交往都涉及到各国货币的兑换、国际收支和国际储备的管理等,国际金融学是研究国际间货币关系和金融活动的新兴学科,是研究国际经济问题的关键所在。为此,本章通过分析国际金融体系及构成、汇率决定与形成机制和国际收支与资本流动,从而对国际金融乃至整个国际经济问题有一个全面的认识。

10.1　国际金融体系及构成

国际金融体系是支配各国金融关系的规则,其内容包括汇率制度、国际收支、国际储备和国际金融事务,国际金融体系的发展经历了国际金本位制、布雷顿森林体系、牙买加体系三个时期。国际金融组织包括国际货币基金组织、世界银行集团、国际清算银行、欧洲中央银行和亚洲开发银行等。

10.1.1　国际金融体系的含义

国际金融体系是支配各国金融关系的规则,是当今世界经济和金融往来中一个非常重要和复杂的制度安排,有广义和狭义之分。广义的国际金融体系囊括整个国际金融领域,指国际金融构成的全要素,包括国际金融机构、国际金融市场、国际间的货币安排等;狭义的国际金融体系是指国际间的货币安排,常定义为调节各国货币在国际支付、结算、汇兑与转移等方面所确定的规则、惯例、政策、机制和组织机构安排的总称。国际金融体系是国际货币关系的集中反映,有效且稳定的国际金融体系是国际经济往来中的关键环节。国际金融体系的是经济发展的产物,准确地说,是经济一体化的产物。随着一体化进程的深入,各国间经济关系日益密切,国际间贸易往来、债务清算、资本转移和文化交往都涉及到各国货币的兑换、国际收支和国际储备的管理等,这就需要一种金融体系来协调各个经济体的活动,于是产生了一套各国共同携手的具有国际性约束力的规则体系,即国际金融体系。与国内金融体系相比,国际金融体系具有其独特性。其一是形成不同,国内金融体系是由政府通过法令强制制定并执行的,而国际金融体系则是在国际经济和金融的长期实践中逐步形成的，前者属于强制性制度变迁，后者则为诱致性制度变迁；其二是货币本位确定不同，国内本位货币确定具有绝对垄断地位，而国际货币本位则具有一定的松散性和灵活性；其三约束力不同，国内金融体系的规则和政策必须无条件充分执行，而国际规则和措施对各国通常只具有一定的约束力而不具备强制性。

10.1.2 国际金融体系的内容

1. 汇率制度

国际交往需要的是国际商品流通的手段，即需要在国际范围内确定发挥世界货币职能的媒介，各国政府需要按照通行的国际金融体系惯例，确立本国货币与国际本位货币的汇率，需要确定本国货币与外国货币间汇率的制定依据、波动幅度、调整及维护稳定的措施等。由于汇率变动可直接地影响到各国之间经济利益的再分配，故形成较为稳定的、为各国共同遵守的国际间汇率安排，成为国际金融体系所要解决的核心问题。一国货币与其他货币之间的汇率如何决定与维持，一国货币能否成为自由兑换货币，是采取固定汇率制度，还是浮动汇率制度，成为国际金融体系的主要内容。

2. 国际收支及调节

国际收支(Balance of Payments)是指一国(或地区)的居民在一定时期内(一年、一季度、一月)与非居民之间的经济交易的系统记录。国际收支是一国对外经济交往的集中体现，包括经济交易和非经济交流所引起的货币收付及以货币表示的财产转移。一个经济体往往由于种种原因导致国际收支出现临时性或者结构性不平衡，需要一套健全的调节机制调整不平衡，达到在合理和有效的范围内矫直的效果，使其在国际范围内能公平地承担国际收支调节的责任和义务。

3. 国际储备

国际储备关注的是采用什么货币作为国际间支付货币的问题，适当的储备水平是调节国际收支和维持汇率稳定的必要条件。具体言之，国际储备包括在一个特定的时期内，以哪种货币作为中心储备货币，以维护整个储备体系的运行；世界各国的储备资产如何选择，以满足各种经济交易的要求；储备货币应维持什么样的规模等。储备规模的确定一直以来都是国际储备的一个难点，规模过大，会加剧世界通货膨胀，过少又会出现无法保证清偿能力和出现通货紧缩。

4. 国际金融事务

今天的经济是开放的经济，是一体化的经济，各个国家和经济体实行的金融政策都将对相互交往的其他国家乃至整个世界产生影响，故协调各国与国际金融活动的金融货币政策，制定若干为各成员国所认同与遵守的规则、惯例和制度，同样构成了国际金融体系的重要内容。

10.1.3 国际金融体系的发展历程

1. 国际金本位制(1880 年～1914 年)

国际金本位制的建立可追溯至 1816 年，在此之前，英国实行金银复本位制，后来由于白银开采技术日益成熟，白银产量大增，使得银价暴跌，在格雷欣法则的作用下，银币大量充斥市场，货币制度陷入混乱。英国政府于1816年实行金本位制，规定1盎司黄金为3镑17先令10.85便士，银币成为辅币。但在当时还没有真正意义的国际金本位，在英国的示范效应下，主要资本主义国家在1880年都实行了金本位，各国间形成了一个统一松散的国际金融制度，国际金本位制开始了。该种国际金融制度持续了30余年，随着第一次世界大战的爆发宣告解体。国际金本位的特点可以概括为三个方面：一是黄金充当国际货币。黄金是本位货币，充当最后价值标准，但在黄金充当国际货币本位时期，国际收支中的90%是使用英镑而非黄金完成的，原因在于英镑持有人可以随时向英格兰银行兑换黄金，故国际金本位制实际上是以英镑为中心的国际金融制度。二是汇率由含金量决定。在国际金本位制下，各国货币均有其法定含金量，各国货币汇率由其含金量比率确定。三是自动调节能力。在国际金本位制下，一国发生对外收支逆差时，黄金流出，国内货币供应则减少，物价和成本降低，必然出现出口扩大，进口减少，收支出现平衡，反之，则相反。国际金本位制在发展过程中，出现过金币本位制、金块本位制和金汇兑本位制，其中金币本位制是典型金本位制，常称为金铸币本位制，金块本位又称生金本位，金汇兑本位又称虚金本位。国际金本位制度能够维持汇率稳定，可自动调节国际收支，有利于各国经济政策的协调，但也具有受到黄金数量限制和影响一国货币流通量（逆差和顺差时黄金的流入和流出）的缺陷，导致最后因参战国黄金禁运和货币停止兑换黄金而崩溃的命运。

2. 布雷顿森林体系（1945年～1973年）

二战结束前，国际货币体系一片混乱，英美两国从各自利益出发，分别提出“凯恩斯方案”和“怀特计划”，最终由于美国掌握世界黄金储备的三分之一而胜出，于1944年7月在美国新布罕什尔州的布雷顿森林召开了联合国货币金融会议，即通过了以“怀特计划”为基础的《国际货币基金协定》，迫使44个与会国接受了以美元为中心、黄金为后盾的世界货币体系，即布雷顿森林体系。布雷顿森林体系的核心内容是“两个挂钩”，即美元与黄金挂钩，其他货币与美元挂钩。美国对各国的政府或中央银行负有随时以35美元折合1盎司的官价兑换黄金的义务，各国也有协同美国维护市场黄金官价的责任。同时规定各国货币必须与美元保持固定比价，即实行以美元为中心的“固定汇率”制。根据《国际货币基金协定》，1945年成立国际货币基金组织，旨在促进国际间的货币合作、便利国际贸易、稳定汇率、调整成员国国际收支失衡等。根据《国际复兴开发银行协定》，建立世界银行，目的在于通过提供长期贷款和投资，解决成员国战后恢复和发展经济所需的长期建设资金，现在其业务重点转向发展中国家。然而，20世纪50、60年代美国先后在朝鲜和越南引发两次战争，特别是在1961年～1975年的越南战争发生的同时，美国国内又发生两次经济危机，使得美国的国际收支发生逆差，黄金储备下降，造成在伦敦黄金市场上抛售美元、抢购黄金的风潮，金价急剧上涨，美国无力再维持35美元1盎司的黄金官价。1971年8月15日，美国尼克松政府宣布实行所谓的“新经济政策”，停止外国中央银行用美元兑换黄金，布雷顿森林体系彻底瓦解。布雷顿森林体系崩溃的原因，可以归纳为三个方面：其一，“特里芬难题”：在布雷顿森林体系中，美国具有双重责任，一是保证美元按官价兑换黄金，以维持各国对美元的信心；二是向成员国提供足够的美元储备，以维持成员国的清偿力。随着世界经济增长、国际贸易增加，各国对国际储备的数量不断上升，这需要美国国际收支的常态为逆差，但国际收支逆差又使美元的信誉受到威胁，且各国持有的美元数量越多,美国黄金储备与美元的比例越低,各国对美元缺乏信心,要求将美元兑换成黄金。其二,汇率体系僵化。在布雷顿森林体系下,各国货币与美元保持固定的兑换比率,意味着所有货币间汇率是固定不变的,但各国的经济发展水平和增长速度间存在明显差异,固定汇率无法反映客观经济事实,严重影响各国经济政策的独立实施。其三,国际货币基金组织调控有限。日益严重的国际收支失衡问题远远超过国际货币基金组织支持的限度,同时由于发展中国家为弥补国际收支差额所需贷款数量与基金组织能够提供的资金量也相去甚远,这使得在此框架下的国际货币基金组织调控十分有限。但需要注意的是,布雷顿森林体系的正面作用还是值得肯定的,有利于促进战后国际贸易迅速发展、缓解国际收支困难和稳定金融动荡局面。

3. 牙买加货币体系(1976 年至今)

布雷顿森林体系崩溃后,国际金融关系处于混乱动荡之中,全球性国际收支失衡现象日益严重。1976 年 1 月 8 日,国际货币基金组织临时委员会在牙买加首都金斯敦会议上达成了关于国际货币制度改革的协议,同年 4 月,通过《国际货币基金协定第二次修正案》,形成新的国际货币制度。其内容有:第一,浮动汇率制度。国际货币基金组织承认固定汇率和浮动汇率并存,成员国可自行确定本国的汇率制度,但其汇率政策必须受到基金组织的监督。第二,黄金非货币化。废除基金组织的黄金条款,废除黄金官价,取消成员国之间、成员国与基金组织之间用黄金清偿债权债务的义务,并逐步处理基金组织持有的黄金。第三,变动储备资产。提高特别提款权的地位,使特别提款权逐步代替美元作为各国的主要储备资产,增加成员国的基金份额,增强基金组织的清偿能力。第四,扩大对发展中国家的融资。用出售黄金设立信托基金,扩大对发展中国家的融资,特别是以优惠条件向最贫困的发展中国家提供贷款,扩大基金组织信贷部分的贷款额度,放宽基金组织的出口波动补偿贷款额度。2008 年以来发生的国际金融危机又一次暴露了国际金融体系的问题,包括汇率波动频繁、国际储备多元化和国际收支失衡,未来国际金融体系的重构将是一个非常值得关注的问题。

新兴市场国家要求建立公正的世界经济金融体系

全球金融危机暴露出西方主导的国际金融体系存在严重缺陷,欧美长期把持主要国际金融机构控制权,对发展中国家动辄说三道四,而对发达国家却严重缺乏监管。随着金融危机愈演愈烈,受到严重冲击的新兴市场强烈要求建立更为公正合理的世界经济金融体系。俄罗斯总统梅德韦杰夫认为,当前金融危机证明一个经济体和一种货币占优势的时代已"一去不复返",没有国家能成为世界金融体系的"超级控制者";应在多极化、法制化和考虑各方利益等原则基础上,共同建立公正的世界经济金融新体系;在世界金融中心和国际储备货币多元化的基础上,巩固世界金融体系稳定性。"金砖四国"(中国、巴西、俄罗斯、印度)于 2009 年 3 月 14 日在 G20 财长和央行行长会议期间发表公报,要求改革 IMF 和世界银行等国际金融机构以充分反映全球经济变化,并保证新兴和发展中国家拥有更大发言权;要求金融稳定论坛扩容以吸纳更多成员;要求主要储备货币发行国加快建设信息共享和政策协调机制步伐,确保宏观经济政策更为平衡、积极和协调;强调减少金融市场全球性和金融监管国家性之间的差距,在监管原则上获得更大一致性,为加强各国监管机构之间的合作;所有金融活动以及评级机构均须得到充分监管。

资料来源:http://www.chinareviewnews.com

10.1.4 国际金融组织

1. 国际货币基金组织

国际货币基金组织成立于1945年12月27日，截至2007年1月，共有成员国185个。其宗旨包括：通过常设机构来促进国际货币合作，为国际货币问题的磋商和协作提供方法；促进国际贸易的扩大和平衡发展，保持成员国的就业、生产资源的发展和实际收入的高水平；稳定国际汇率，在成员国之间保持有秩序的汇价安排，避免竞争性的汇价贬值；协助成员国改善国际收支状况，避免采取危害本国或国际繁荣的措施；按照以上目的，缩短成员国国际收支不平衡的时间，减轻不平衡的程度等。国际货币基金组织的资金来源于各成员国的认缴份额。成员享有提款权，即按所缴份额的一定比例借用外汇。1969年又创设"特别提款权"的货币单位，作为国际流通手段的一个补充，以缓解某些成员的国际收支逆差。成员有义务提供经济资料，并在外汇政策和管理方面接受该组织的监督。中国是国际货币基金组织创始国之一，1980年4月17日，正式恢复代表权。中国的份额为33.852亿特别提款权，占总份额的2.34%。共拥有34 102张选票，占总投票权的2.28%。

美国在IMF的"一票否决权"

IMF的决策程序实行的是份额制度，而不是一国一票制，这是大国政治、尤其是美国霸权在这一关键性国际经济组织中最重要的体现。成员国份额的大小，与成员国的利益紧密联系在一起，是基金组织和成员国关系中最基本的因素：(1)它决定会员国在基金组织中发言权的大小及投票权的多少；(2)它决定会员国从基金组织可获得贷款的最高限额；(3)它决定一国可获得的特别提款权分配的多少。根据《国际货币基金协定》第3条第1款的规定，对每一会员国将分配以特别提款权(SDRS)表示的份额。凡出席联合国货币和金融会议，在1945年12月31日前加入基金的会员国，其缴纳基金份额列于附录A。其他会员国的份额，由基金理事会决定。根据IMF的官方网页资料，截至2005年6月9日，主要份额持有国的分配比例如下：

IMF基金份额主要持有国

国别	实际份额	占总份额比重(%)	国别	实际份额	占总份额比重(%)
日本	13 312.8	6.26	美国	37 149.3	17.46
法国	10 738.5	5.05	德国	1 300.2	6.11
意大利	7 055.5	3.32	英国	10 738.5	5.05
中国	6 369.2	2.99	沙特	6 985.5	3.28
俄罗斯	5 945.4	2.79	加拿大	6 369.2	2.99

从表中我们可以看出，美国在份额分配中所占的比重是17.46%，是居第二、第三位的日本和德国的近3倍。按照基金组织的规定，每个成员国有250张基本票，此外，各成员国份额每十万特别提款权可以增加一票。相应地，美国拥有371 743票，在理事会中的投票权为17.14%，所任命的执行董事在执行董事会中的投票权为17.08%。这一比例最主要的意义在于，它使美国拥有了对IMF重大决策的单边否决权。IMF章程中规定，某些重大决定(例如份额调整和特别提款权分配)需要理事会85%的特殊多数赞同，还有一些重要决定(如使用资金费用的决定)需要70%。实际上，遇到有争议的问题时，甚至包括一些最基本的关于贷款的决定，通常都要尊重美国的意见。

资料来源：2006年第3期《国际论坛》

2. 世界银行集团

世界银行集团由国际复兴开发银行(简称为世界银行)、国际开发协会、国际金融公司、多边投资担保机构和国际投资争端解决中心五部分共同组成。世界银行成立于1945年12月27日,1946年6月开始营业。世界银行的宗旨为担保或供给会员国长期贷款,以促进会员国资源的开发和国民经济的发展,促进国际贸易长期均衡的增长及国际收支平衡的维持。世界银行的重要事项都需会员国投票决定,投票权的大小与会员国认购的股本成正比,每一会员国拥有250票基本投票权,每认购10万美元的股本即增加一票。美国认购的股份最多,有投票权226 178票,占总投票数的17.37%,对世界银行事务与重要贷款项目的决定起着重要作用。世界银行贷款期限较长,一般为15~20年,最长可达30年,宽限期为5年,利率为6.3%左右。国际开发协会成立于1960年,宗旨为帮助世界上欠发达地区的协会会员国促进经济发展,提高生产力,从而提高生活水平,特别是以比通常贷款更为灵活、在国际收支方面负担较轻的条件提供资金,以解决发展需要,从而进一步发展世界银行的开发目标并补充其活动。国际金融公司成立于1956年7月24日,其宗旨是促进发展中国家可持续的私营部门投资,帮助减少贫困和改善人民生活。国际金融公司的贷款期限一般为7~15年,利率通常为6%~7%,最高可达10%,对未提用部分需收取年利1%的承诺费。国际金融公司贷款项目对象总资产额一般要求不低于2 500万美元,且提供贷款不超过项目投资的25%。多边投资担保机构成立于1988年4月12日,是世界银行集团最新的成员。其宗旨在于减少非商业投资障碍,鼓励对发展中成员国进行股本投资和其他直接投资。其业务主要是为外国投资者担保由于非商业风险所造成的损失,为发展中成员国建立和改善投资环境提供咨询服务,以鼓励和引导外资流入。国际投资争端解决中心成立于1965年3月18日,其宗旨为制定调解或仲裁投资争端规则,受理调解或仲裁投资纠纷的请求,处理投资争端等问题,为解决会员国和外国投资者之间争端提供便利,促进投资者与东道国之间的互相信任,从而鼓励国际私人资本向发展中国家流动。

3. 国际清算银行

1930年1月20日,由美国的摩根保证信托公司、纽约花旗银行和芝加哥花旗银行组成的美国银团与英、法、德、意、比、日六国中央银行及瑞士联邦政府,在荷兰海牙会议上决定共同出资组建"国际清算银行",2月27日正式签署"海牙国际协定",5月17日,正式成立,是世界上最悠久的国际金融机构。国际清算银行以各国中央银行和国际组织为服务对象,不办理私人业务,同时,国际清算银行也与国际货币基金组织有着密切的联系,常联手解决国际金融领域的棘手问题,也是各国中央银行理想的合作场所。

4. 欧洲中央银行

欧洲中央银行是根据1992年《马斯特里赫特条约》的规定于1998年7月1日正式成立的,其前身是设在法兰克福的欧洲货币局。欧洲央行的职能是"维护货币的稳定",管理主导利率、货币的储备和发行以及制定欧洲货币政策;其职责和结构以德国联邦银行为模式,独立于欧盟机构和各国政府之外。欧洲中央银行是世界上第一个管理超国家货币的中央银行。独立性是其显著特点,欧洲央行不接受欧盟领导机构的指令,不受各国政府的监督,是唯一有资格允许在欧盟内部发行欧元的机构。1999年1月1日欧元正式启动后,欧元国政府失去制定货币政策的权力,而必须实行欧洲中央银行制定的货币政策,但是具体执行仍由各欧元国央行负责。各欧元国央行仍保留自己的外汇储备。欧洲央行只拥有500亿欧元的储备金,由各成员国央行根据本国在欧元区内的人口比例和国内生产总值的比例来提供。

5.亚洲开发银行

亚洲开发银行是亚洲和太平洋地区的区域性金融机构,由联合国亚洲及太平洋经济社会委员会赞助建立的机构,同联合国及其区域和专门机构保持密切联系,1966年11月在东京正式成立,同年12月19日正式营业,总部设在菲律宾首都马尼拉。建立亚行的宗旨是通过援助亚太地区发展中国家消除贫困,促进亚太地区的经济和社会发展。亚行对发展中成员的援助主要采取四种形式:贷款、股本投资、技术援助、联合融资相担保。1986年2月17日,亚行理事会通过决议,接纳中国为亚行成员国。现有成员67个,其中48个来自亚太地区,其余来自其他地区,包括美国和西班牙。

10.2 汇率决定与运行

两个国家之间的汇率是这些国家的居民进行贸易的物价,汇率在国际资本市场和国际交往中具有重要作用,是开放经济运行中居于核心地位的变量,其变动对其他经济变量产生重要影响。在这一节我们首先确定汇率的基本内涵,然后我们讨论汇率是如何决定的

10.2.1 汇率决定

1.汇率的基本内涵

①汇率的含义。汇率是不同货币之间兑换的比率或比价,是一种货币用另一种货币表示的价格。可分为名义汇率和实际汇率:名义汇率是两个国家产品的相对物价;实际汇率是两国产品的相对物价。

②汇率的标价方法。国际上通行的汇率标价方法主要包括:直接标价法和间接标价法。直接标价法又称价格标价法、应付标价法,是指以一定单位的外国货币为标准计算折合多少单位的本国货币。在直接标价法下,外国货币为标准货币,数额不变,本国货币为标价货币,随外国货币或本国货币币值的变化而变动。汇率升高,表明需要更多的本币兑换外币,本币贬值,外币升值。反之,则相反。间接标价法又称数量标价法、应收报价法,是以一定单位的本国货币为标准计算折合多少单位的外国货币。在间接标价法下,本国货币为标准货币,数额不变,外国货币为标价货币,数额随本国货币或外国货币币值的变动而变动。汇率升高,意味着单位本币能够兑换更多的外币,本币升值,外币贬值。反之,则相反。

③汇率种类。按照不同分类标准,汇率可分为不同的种类。依据汇率制定的不同,将其分为:基本汇率和套算汇率。基本汇率是一国货币与关键货币的汇率。基本汇率制定的核心是关键货币的选择,一般地,关键货币需要具备三个基本条件:一是该货币的母国与本国的国际收支活动关系最为密切;二是该货币在本国的国际储备中占有主要地位;三是该货币具有充分的可兑换性和普遍接受性。套算汇率是在基本汇率的基础上套

算出本币与非关键货币之间的汇率。依据外汇买卖的不同，汇率分为买入汇率和卖出汇率。买入汇率是银行买入外汇时使用的汇率，买入汇率多用于出口商与银行间的外汇交易，常被称为出口汇率。卖出汇率是银行卖出外汇时使用的汇率，常称为进口汇率。依据汇率买卖交割期限的不同，汇率可分为即期汇率和远期汇率。即期汇率又称线汇汇率，使买卖上方成交后在两个营业日内办理外汇交割时所采用的汇率。远期汇率又称期汇汇率，是买卖双方事先签订合约，约定在未来某一日期按照协议交割所使用的汇率。除了以上常见分类外，汇率还可分为电汇汇率、信汇汇率和票汇汇率；银行间汇率和商业汇率；官方汇率和市场汇率；固定汇率和浮动汇率；名义汇率、实际汇率和有效汇率；开盘汇率和收盘汇率。

2.汇率的决定理论

(1)国际借贷学说。该学说认为汇率是外汇市场上的供求关系共同作用的产物，是供求的平衡点。外汇供求来源于国际借贷，故汇率决定于国际借贷。该学说又把国际借贷分为固定借贷和流动借贷，前者指借贷关系已形成，但未进入实际支付阶段的借贷；后者指已进入支付阶段的借贷，只有流动借贷的变化才会影响外汇的供求。

(2)购买力平价学说。该学说认为，两种货币间的汇率决定于两国货币各自所具有的购买力之比，汇率的变动也取决于两国购买力的变动。购买力平价在具体计算时又分为绝对值和相对值。假定A国的物价水平为P_A，B国的物价水平为P_B，e为A国货币的汇率，则依绝对购买力平价学说有：

$$e=P_A/P_B \tag{10.1}$$

假定t_0时期A国的物价水平为P_{A0}，B国的物价水平为P_{B0}，A国货币的汇率为e_0，；t_1时期A国的物价水平为P_{A1}，B国的物价水平为P_{B1}，A国货币的汇率为e_1。P_A为A国在$t1$时期以$t0$时期为基期的物价指数，P_B为B国在$t1$时期以$t0$为基期的物价指数，则依相对购买力平价学说有：

$$e_1=\frac{P_{A1}}{P_{B1}}=\frac{P_{A0}}{P_{B0}}\frac{P_A}{P_B}=\frac{P_A}{P_B}e_0 \qquad \frac{e_1}{e_0}=\frac{P_A}{P_B} \tag{10.2}$$

相对购买力平价意味着汇率升降是由两国的通胀率所决定的。购买力平价学说没有考虑不可贸易商品，忽视贸易成本和壁垒，未涉及资本流动对汇率产生的冲击，同时由于过分强调物价对汇率的作用，使得需要利用物价指数作为计算汇率的指标，而现实中物价指数的选择和计算本身就有难度，这使得该学说存在技术性问题。

(3)利率平价学说。1923年，凯恩斯系统地阐述利率平价学说，他认为两国之间的汇率关系与两国的利率有密切联系。投资者投资于国内所得到的短期利率收益应该与按即期汇率折成外汇在国外投资并按远期汇率买回本国货币所得到的短期投资收益相等。一旦出现由于两国利率之差引起的投资收益差异，投资者就会进行套利活动，其结果是使远期汇率固定在某一特定的均衡水平。同即期汇率相比，低利率货币的远期汇率会下跌，而高利率货币的远期汇率会上升。远期汇率同即期汇率的差价约等于两国间的利率差。利率平价学说可分为套补利率平价和非套补利率平价。套补的利率平价：假定i_A是A国货币的利率，i_B是B国货币的利率，p是即期远期汇率的升跌水平(直接标价法)。假定投资者采取持有远期合约的套补方式交易，市场最终会使利率与汇率间形成下列关系：

$$p = i_A - i_B \tag{10.3}$$

即汇率的远期升贴水平等于两国货币利率之差。在套补利率平价成立时,如果 A 国利率高于 B 国利率,则 A 国远期汇率必上升,A 国货币在远期市场上将贬值,反之,相反。非套补的利率平价:假定投资者根据未来汇率变动的预期计算收益,在承担一定的汇率风险条件下进行投资,若 E_p 表示预期的汇率远期变动率,则:

$$E_p = i_A - i_B \tag{10.4}$$

即远期的汇率预期变动率等于两国货币利率之差,如果 A 国利率高于 B 国利率,则表示市场预期 A 国货币在远期将贬值。利率平价学说从资金流动的角度指出了汇率与利率之间的密切关系,有助于正确认识汇率的形成机制,但其假定前提明显偏离于实际情况。如假定不存在资本流动障碍、假定投资者追求异国间短期投资收益相等和假定套利资本规模无限等。

套利与不套利的比较

假设日本市场年利率为 3%,美国市场年利率为 6%,美元/日元的即期汇率为 130。为了谋取利差,一日本投资者欲将 1.3 亿日元转到美国市场投资 1 年。如果 1 年后美元/日元的市场汇率不变,仍为 130。试比较该投资者套利与不套利的区别。

解:设套利:则 1.3 亿日元折美元为 13 000 万÷130=100 万美元,1 年后投资美元收本利息折日元为:100 万×(1+6%)×130=13 780 万(日元)

设不套利:1 年在日本的投资本利和为:13 000 万×(1+3%)=13 390 万(日元)

由此可见,套利要比不套利多收入:13 780-13 390=390 万日元,存在套利行为。在一个完善的市场上这样的套利行为是不存在的,远期汇率将会发生变化。

---

(4)国际收支学说。国际收支学说的早期形式是国际借贷学说,随着时间的推移,越来越多的学者从国际收支角度分析汇率,形成了国际收支学说的现代形式,该学说通过分析影响国际收支的因素论证汇率的生成。假定 Y、Y' 为本国及外国国民收入,P、P' 为两国一般物价水平,i、i' 为两国利率,e 是本国的汇率,Ee_f 是预期汇率。假定国际收支仅包括经常账户 CA 和资本与金融账户 K,则有:

$$BP = CA + K = 0 \tag{10.5}$$

CA 决定于本国进出口,主要由 Y、Y'、P、P'、e 决定。故:

$$CA = f_1(Y, Y', P, P', e) \tag{10.6}$$

K 决定于 i、i'、e、Ee_f,故:

$$K = f_2(i, i', e, Ee_f) \tag{10.7}$$

由公式 10.5、10.6 和 10.7 可得:

$$BP = f_1(Y, Y, P, P', e) + f_2(i, i', e, Ee_f) = f(Y, Y', P, P', i, i', e, Ee_f) = 0 \tag{10.8}$$

如果将除汇率以外的其他变量均视为外生变量,则汇率将在这些因素的共同作用中平衡国际收支,即:

$$e = g(Y, Y', P, P', e, e', Ee_f) \tag{10.9}$$

国际收支学说指出了汇率与国际收支之间存在的密切关系,有利于全面分析短期内汇率的变动和决定。国际收支说并没有对影响国际收支的众多变量之间的关系进行深入分析,尚未得出具有明确因果关系的结论。

(5)资产市场说。资产市场说在 20 世纪 70 年代中后期布雷顿森林体系解体后成为了汇率理论的主流。与传统的理论相比，汇率的资产市场说更强调了资本流动在汇率决定理论的作用，汇率被看作资产的价格，由资产的供求决定。依据对本币资产与外币资产可替代性的不同假定，资产市场说分为货币分析法与资产组合分析法，货币分析法假定本币资产与外币资产两者可完全替代，而资产组合分析法假定两者不可完全替代。在货币分析法内部，依价格弹性的假定不同，又可分为弹性价格货币分析法与粘性价格货币分析法。弹性价格货币分析法假定所有商品的价格具有完全弹性，只需考虑货币市场的供需均衡，其基本模型为：

$$\ln e=(\ln Ms-\ln Ms')+a(\ln y'-\ln y)+b(\ln i'-\ln i) \qquad a、b>0 \qquad (10.10)$$

其中 e 为汇率，Ms、Y、i 分别为本国货币供应、国民收入和利率，Ms'、y'、i' 分别为外国货币供应、国民收入和利率，该模型由 *Cagan* 的货币需求函数及货币市场均衡条件 $MD/P=L(y,i)=ky^{a}i^{b}$，$MD=MS$ 及购买力平价理论三者推导出。它表明，本国与外国之间国民收入水平、利率水平及货币供给水平通过对各自物价水平的影响而决定了汇率水平。粘性价格货币分析法认为商品市场与资本市场的调整速度不同，商品市场上的价格水平具有粘性特点，这使得购买力平价在短期内不能成立，经济存在着由短期平衡向长期平衡的过渡过程。当货币供给一次性增加以后，本币的瞬时贬值程度大于其长期贬值程度，称其为汇率的超调。1977 年，布朗森提出汇率资产组合分析方法，该理论的特点是假定本币资产与外币资产是不完全替代的，风险因素使非套补的利率平价不成立，从而需要独立考察本币资产与外汇资产。该理论认为本国资产总量直接制约各种资产的持有量，经常账户的变动会对资产总量产生影响。假定本国居民持有三种资产，本国货币 M，本国债券 B，外国债券 F，则一国资产总量为：

$$W=M+B+e'F \qquad (10.11)$$

从公式 10.11 可以看出，不同资产供求的不平衡会带来相应变量的调整。只有当货币市场、国内债券市场和国外债券市场均处于平衡状态时，资产市场整体上才处于平衡状态。在短期内，由于各种资产的供给量是既定的，资产市场的平衡会确定本国的利率与汇率水平。在长期内，对于既定的货币供给与本国债券供给，经常账户的失衡会带来本国持有的外国债券总量变动，这一变动又会引起资产市场的调整。因此，在长期内，本国资产市场的平衡还要求经常账户处于平衡状态。

10.2.2 汇率运行

1. 汇率制度

汇率制度又称汇率安排，是指各国或国际社会对于确定、维持、调整与管理汇率的原则、方法、方式和机构等的系统规定。按照汇率变动幅度的大小，汇率制度可分为固定汇率制度和浮动汇率制度。

(1)固定汇率制度。固定汇率制度是两种货币比价基本固定，波动控制在一定范围内的汇率安排。人类前后经历了两种形式的固定汇率制度，分别是金本位下的固定汇率制度和布雷顿森林体系下的固定汇率制度。金本位固定汇率制度中，黄金是两国汇率决定的实在的物质基础，汇率仅在铸币平价上下各 6‰左右波动，幅度很小，汇率的稳定是自动而非依赖人为的措施来维持。布雷顿森林体系固定汇率制度中，汇率实行“双挂钩”，波幅小，汇率不具备自动稳定机制，汇率的波动与波幅需要人为的政策来维持。固定汇率制度能够为国际贸易提供较为稳定的环境，减少汇率风险，便于进出口核算，对于资本输出和经济扩张有一定促进作用。但固定汇率制度有其明显的弊端，主要有货币政策难奏效、无法真正实现经济目标和使国内经济暴露于国际经济动荡之中。如政府采用紧缩性货币政策，提高利率，却会吸引外资流入，无法达到收缩投资的目的，货币政策失效，经济目标无法实现。目前来看，主要发达国家均已纷纷抛弃固定汇率制度，转而采用浮动汇率制度，但发展中国家由于经济发展相对滞后、脆弱，尚采用形式不同的固定汇率制度，如平行钉住、爬行钉住和可调整钉住等。

(2)浮动汇率制度。浮动汇率制度是对本国货币与外国货币的比价不加以固定，不设置浮动范围，而由外汇市场供求状况变化自发决定本币对外币的汇率。浮动汇率制度依据不同的分类标准可分为不同类型，如清洁浮动与肮脏浮动、联合浮动与单独浮动等。清洁浮动也叫自由浮动，是政府完全不干涉外汇市场的汇率制度，这也只是理论上的界定，实际中没有哪个国家的浮动汇率制度称得上是清洁浮动。肮脏浮动也叫管理浮动，是政府不时地干涉外汇市场，使本币汇率升降有利于本国，当前实行浮动汇率的国家都属于此种类型。联合浮动是指某些国家组成集团来实行联动，当集团内部某成员国的货币受到冲击后，其他国家将采取一致行动，干预市场，稳定汇率。单独浮动是更严格意义的浮动，指没有构成集团的一国货币对其他所有货币单独浮动，如美国、加拿大、瑞士、日本等国均属单独浮动。浮动汇率制度是对固定汇率制度的扬弃，是针对固定汇率制度的弊端生成的，是更为先进的汇率制度。浮动汇率制度可防止国际游资对某一种货币的冲击，防止外汇储备大量流失，使得货币公开贬值与升值的危机得以避免。浮动汇率制度下一国政府没有维持货币固定比价的义务，可以相对自主地采取经济政策，受国际经济动荡的影响相对较小。

人民币汇率制度的演变

人民币汇率经历了由官定汇率到市场决定，由固定汇率到有管理的浮动汇率制的演变。主要经历三个阶段。

1. 计划经济时期

在我国国民经济的恢复时期(1949年～1952年底)，人民币汇率的制定，基本上与物价挂钩。进入社会主义建设时期至1967年底，我国的汇率制度的显著特点，是汇价与计划固定价格和计划价格管理体制的要求相一致，人民币汇率与物价逐渐脱钩。1968年～1978年期间，为了避免汇率风险，人民币实行对外计价结算，根据这一时期我国对外贸易中经常使用的若干货币在国际市场上的升降幅度，加权计算出人民币汇率。因此，也有这样的说法，1973年之前，人民币实行钉住英镑的固定汇率制度，1973年之后，实行钉住一揽子货币的固定汇率。

2. 经济转轨时期

改革开放以来，我国汇率制度的改革不断推进。1979年8月，国务院决定改革现行的人民币汇率体制，除了继续保留对外公布的牌价适用于非贸易结算外，还决定制定适用于外贸的内部结算价。1980年开始，各地企业多余的外汇可到官办的外汇调剂市场交易，在官方汇率之外，又产生了调剂汇率，形成了官方汇率与外汇调剂市场汇率并存的双轨格局。1985年，取消内部结算价，两种汇率并轨，重新实行单一汇率，统一实行1美元兑2.8元人民币的官方汇率。之后几年，人民币汇率逐步下调，到1993年底，人民币官方汇率下调至1美元兑5.8元人民币。

3. 社会主义市场经济时期

1994年,人民币汇率制度的改革迈出一大步。同年1月,我国政府宣布:执行以市场供求为基础的、单一的、有管理的浮动汇率制度,人民币最终将走向完全可兑换。人民币官方汇率与外汇调剂市场汇率并轨,实行银行结售汇,建立了全国统一的银行间外汇市场。

汇率并轨之初,1美元兑8.7元人民币,此后缓慢升值。到1997年末,因需应对亚洲金融风暴冲击,我国收窄了汇率浮动区间。到2001年中,人民币与美元的比值为1美元兑8.28元人民币。国内外专家将这一汇率制度称为:事实上的钉住美元制度。

2005年7月21日央行发布公告完善人民币汇率形成机制改革。经国务院批准,自2005年7月21日起,我国开始实行以市场供求为基础、参考一篮子货币进行调节、有管理的浮动汇率制度。人民币汇率不再盯住单一美元,形成更富弹性的人民币汇率机制。至此人民币汇率进入稳中有升的态势,并且2007年人民币汇率更是节节攀升,屡创新高,至2007年9月13日已达到1美元折合7.516元人民币。

2. 汇率报表

汇率报表是反映汇率变动的载体,是外汇投资者和管理者关注的主要报告。一般而言,汇率变动包括升值和贬值,通常的升值与贬值是外汇市场上供求关系变化的结果,但也可能是政府行为,此时的升值和贬值则被称为法定升值和法定贬值,如战后德国马克和瑞士法郎的法定升值以及美元20世纪70年代的法定贬值。

表10-1 各种货币对美元折算率表——2009年第6期

货币名称		货币单位	对美元折算率	货币名称		货币单位	对美元折算率
ASF	记账瑞士法郎	1记账瑞士法郎	0.722 03	KWD	科威特第纳尔	1第纳尔	3.466 08
AUD	澳大利亚元	1元	0.778 30	MOP	澳门元	1元	0.125 27
BRL	巴西雷亚尔	1雷亚尔	0.492 13	MXN	墨西哥比索	1比索	0.076 47
CAD	加拿大元	1元	0.881 52	MYR	马来西亚林吉特	1林吉特	0.285 96
CHF	瑞士法郎	1法郎	0.916 25	NOK	挪威克朗	1克朗	0.157 73
CNY	人民币元	1元	0.146 51	NPR	尼泊尔卢比	1卢比	0.013 24
DKK	丹麦克朗	1克朗	0.187 02	NZD	新西兰元	1元	0.614 10
EUR	欧元	1欧元	1.392 20	PHP	菲律宾比索	1比索	0.021 26
GBP	英镑	1镑	1.586 20	PKR	巴基斯坦卢比	1卢比	0.012 42
HKD	港元	1元	0.129 02	RUB	俄罗斯卢布	1卢布	0.032 07
IDR	印度尼西亚卢比	1卢比	0.000 097 3	SDR	特别提款权	1特别提款权	1.532 20
INR	印度卢比	1卢比	0.021 18	SEK	瑞典克朗	1克朗	0.133 62
IRR	伊朗里亚尔	1里亚尔	0.000 102 3	SGD	新加坡元	1元	0.691 09
JOD	约旦第纳尔	1第纳尔	1.414 83	THB	泰国铢	1铢	0.029 14
JPY	日本元	1元	0.010 610	TWD	台湾元	1元	0.030 61
KRW	韩元	1元	0.000 801 4	TZS	坦桑尼亚先令	1先令	0.000 756

资料来源:国家外汇管理局

3. 汇率预测

国际金融市场中,汇率时刻发生着变化,对于处于经营中的企业和金融机构为了规避汇率风险、加强外币流动资金管理和进行长期投融资决策,非常需要预测汇率变动的幅度,这使得汇率预测成为汇率运行的重要组成部分。汇率预测严格地讲包括固定汇率制下汇率预测和浮动汇率制下汇率预测，由于固定汇率制度下汇率预测相对简单，本书仅讨论浮动汇率制度下的汇率预测方法。

(1)基本预测法。基本预测法通过利用经济变量与汇率间关系预测汇率，常用的基本预测法又可分为购买力平价法、多元回归法、敏感性分析法。

购买力平价法是利用物价与汇率的关系预测汇率，计算公式如下：

$$e_t = e_0 \times \frac{(1+i_d)^t}{(1+i_f)^t} \tag{10.12}$$

其中，e_t：预期汇率；e_0：即期汇率；i_d：本国通货膨胀率预测值；i_f：外币母国通货膨胀率预测值。

多元回归法是通过构造一系列宏观经济变量与汇率间关系模型，获得汇率变动的百分比。用$\%ER$代表汇率变动百分比，i代表两国通货膨胀率之差，M代表两国货币供应量增长率之差，N代表两国国民收入增长率之差，可建立以下汇率变动预测模型：

$$\%ER = \beta_0 + \beta_1 i + \beta_2 M + \beta_3 N + \mu \tag{10.13}$$

敏感性分析方法是找出影响汇率当期变动的重要变量，通过对该变量的预测实现对汇率变动的预测。如美国某公司开发了一个预测墨西哥比索汇率变动百分比的回归模型，该模型认为只有美国和墨西哥两国间的利率之差(用INT_t)和通货膨胀率之差影响汇率，并认为通货膨胀变量对汇率的影响具有滞后效应，使用$t-1$期的通货膨胀率代替t期通货膨胀率，设立模型如下：

$$\%ER = \beta_0 + \beta_1 INT_t + \beta_2 i_{t-1} + \mu_t \tag{10.14}$$

假设利用时间序列数据获得$\beta_0 = 0.001$，$\beta_1 = -0.7$，$\beta_2 = 0.6$，为了预测下一时期墨西哥比索汇率的变动，需要对INT_t和i_{t-1}进行估计。假设i_{t-1}为1%，期限开始时INT_t未知，故需要先对该指标进行预测，假设美国公司分析INT_t的概率分布如表10-2所示，则针对INT_t每一个可能出现的概率值，可预测出汇率变动的幅度如表10-3所示。

表10-2 预测表

概率	INT_t可能结果
20%	−3%
50%	−4%
30%	−5%
100%	

表10-3 汇率预测表

INT_t预测值	%ER	概率
−3%	0.1%+(−0.7)×(−3%)+0.6×1%=2.8%	20%
−4%	0.1%+(−0.7)×(−4%)+0.6×1%=3.5%	50%
−5%	0.1%+(−0.7)×(−5%)+0.6×1%=4.2%	30%

(2)技术预测法。技术预测法通过分析汇率的历史变动情况和交易量，预测汇率的未

来。图标法和机械规则法是技术预测法的两种常用方法。图表法是利用图表判断汇率变动趋势，判断汇率波动的阻力价位和支撑价位，如图 10-1 所示。由于图表法带有一定的主观性，人们常使用机械规则法对其修正。机械规则法认为，短期移动平均线从下方向上与长期移动平均线交叉时，汇率上升相对较快，可以买入；反之，则相反，如图 10-2 所示。

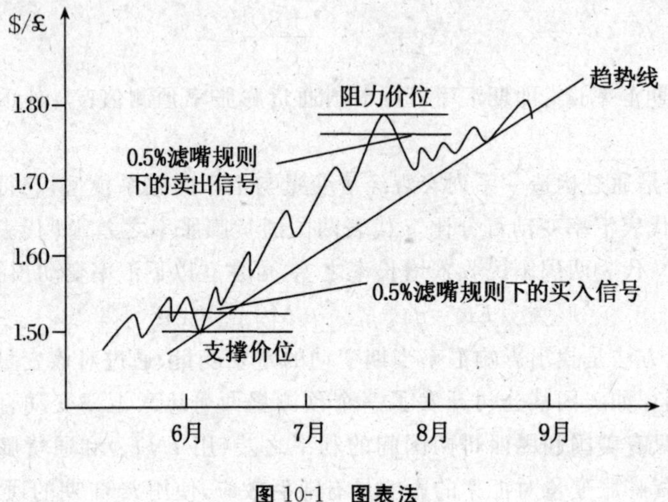

图 10-1 图表法

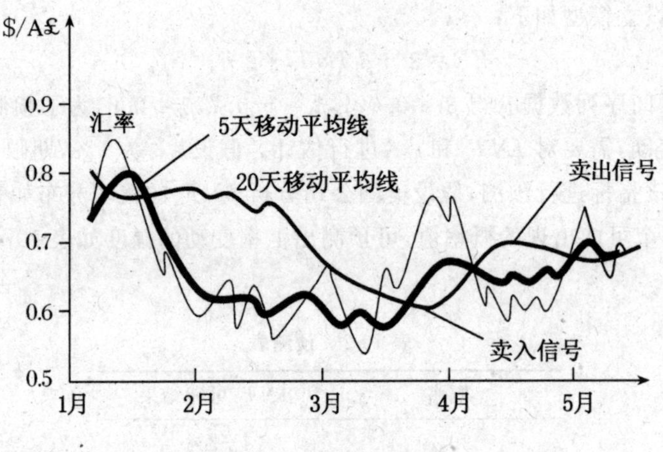

图 10-2 机械规则法

(3)市场预测法。市场预测法主要以市场指标为基础，对汇率进行预测。在相对完善的金融市场中，对汇率的预测通常包含在即期汇率、远期汇率和利率水平中，即通过对即期汇率、远期汇率和利率的分析获得汇率预测值。就即期汇率而言，如果人们预测某货币相对于另一货币在不久的将来要下跌，则会促使投资者卖出该种货币，出售本身使得即期汇率立即下跌，显然，即期汇率已经反映出了市场对该货币汇率的预期。远期汇率已经包含了人们对未来汇率的预期，故可以直接使用之作为汇率预测的依据，如假定加拿大元的即期汇率为＄0.800 0/Can＄，加拿大元 90 天的远期贴水为 5%，则 90 天后加拿大元的汇率预测值应为多少？

这需要计算升水，升水公式如下：

$$\text{升水(贴水)}=\frac{n\text{天远期汇率}-\text{即期汇率}}{\text{即期汇率}}\times\frac{360}{n} \tag{10.15}$$

代入数据并移项得 90 天远期利率为 ＄0.7900/Can＄。通常情况下，可以获得的远期利率为 1 年期以内的，如果预测时间更长则需要借助利率差价，使用公式如下：

$$e_t = e_0 \times \frac{(1+r_d)^t}{(1+r_f)^t} \tag{10.16}$$

其中，CD：预期汇率；E：即期汇率；r_d：本国利率；r_f：外国利率。

(4)混合预测法。汇率预测的实际操作中，由于各预测方法各有其优缺点，常常采用多方法预测，而后对各方法预测值设定相应的权重，采用加权平均计算总和预测值，常把这种技术上的操作称为混合预测法。

人民币升值博弈回顾

第一波：2003 年 2 月，西方七国集团财政部长会议上，日本财务大臣盐川正十郎提案，要求效仿 1985 年《广场协议》，让人民币升值。一场有关人民币汇率的博弈从那时起一直延续到今天。

第二波：2003 年 9 月，美国财长斯诺来华访问。要求中国政府放宽人民币的波动范围，他认为，最佳的汇率政策是让货币自由浮动，让市场自行制定汇率，政府应该尽量减少干预。掀开向人民币施压的新一轮。

第三波：始于 2004 年 10 月，周小川首次受邀参加 G7 会议。这被一些人士看成了一次鸿门宴。同时站出来的还有国际货币基金组织(IMF)。国外政界、机构再次表示，中国应放弃住美元的汇率安排。这一轮的汇率博弈，弥漫着更浓烈的火药味。

第四波：2005 年 4 月 23 日，博鳌亚洲论坛的部长级对话会上，央行行长周小川在回答记者提问时说："正加快准备人民币汇率机制的改革步伐，确立了汇率改革的步骤。"有敏感的市场人士认为周的表态是对今年人民币升值的暗示。

10.3 国际收支与国际储备

国际收支与国际储备具有相互影响的关系，因此一国必须持有一定量的国际储备。然而，一国的国际储备量有一个适度规模问题，国际储备过多或过少都不利于经济发展。下面从多个层面分析国际收支和国际储备问题。

10.3.1 国际收支基本构成

1.国际收支的概念

国际收支是一国对外交往关系的集中体现，一般被定义为一个国家或地区与其他国家或地区间由于各种经济交易和交往所引起的货币收付或以货币表示的财产转移。对国际收支的理解需要注意以下几点：一是国际收支是流量概念，是一定时期内的交易总计。二是国际收支是以货币记录的交易，不能够以货币记录的交易不能记入国际收支。三是国际收支记录的是一国居民[①]与非居民的交易。

---

① 居民是指一个国家的经济领土内具有一定经济利益中心的经济单位。一国经济领土包括地理领土和飞地，一定经济利益中心指在一年以上(含一年)的时间中已经大规模地从事经济活动或交易，或计划如此行事。一般地，一国居民包括家庭和组成家庭的个人，法定的实体和社会团体。

2. 国际收支平衡表

国际收支平衡表是指依据一定的编制原则和格式编制的全面反映一国国际收支状况的统计报表，是对一个时期内国际收支行为的统计记录，集中反映国际收支的具体构成和全部内容。为了便于国际间的比较研究，国际货币基金组织编制《国际收支手册》，对编制国际收支平衡表的具体技术问题作了原则的规定和说明。国际收支平衡表是按照复式簿记原理编制，借方记录资产增加和负债减少，贷方记录资产减少和负债增加。国际收支平衡表涵盖了反映居民与非居民间的商品、服务、收益及无偿转移等交易记录，反映本国居民的国外净资产变化及国际储蓄和账务清算的额度，其内容包括经常项目、资本和金融项目、储备资产及净误差与遗漏 4 个部分。经常项目反映国际收支中经常发生的交易情况，包括货物、服务、收益及经常性转移。其中，货物以海关进出口统计资料为基础，按离岸价格计算；服务包括运输、旅游、通信、建筑、保险、国际金融服务、计算机和信息服务、专有权利使用费和特许费、各种商品服务、个人文化娱乐服务以及政府服务；收益包括职工报酬和投资收益；经常转移包括所有非资本转移的单方面转让，如个人汇款、无偿捐赠和赔偿等。资本和金融项目反映资本账户和金融账户的变动情况，资本账户包括移民转移、债务减免等资本性转移；金融账户包括直接投资、证券投资和其他投资。储备资产项目反映黄金、外汇、在国际货币基金组织的储备头寸、特别提款权和使用基金信贷等方面在本期与上期间的变动。如果用 CA 代表经常项目、F 代表资本和金融项目、ΔR 代表储备资产，则依据借贷相等的原则有 $CA+F-\Delta R=0$，但由于统计资料来源不同、记录交易时间和交易计价方法的差异，借贷总额存在差额，需要一个平衡项目——净误差与遗漏轧平账项。我国的国际收支平衡表如表 10-4 所示。

表 10-4　中国国际收支平衡表——2008 年　　单位：千美元

项　目	行次	差　额	贷　方	借　方
一、经常项目	1	426 107 395	1 725 893 261	1 299 785 866
A. 货物和服务	2	348 870 456	1 581 713 188	1 232 842 732
a. 货物	3	360 682 094	1 434 601 241	1 073 919 146
b. 服务	4	−11 811 638	147 111 948	158 923 586
1. 运输	5	−11 911 179	38 417 556	50 328 735
2. 旅游	6	4 686 000	40 843 000	36 157 000
3. 通讯服务	7	59 585	1 569 663	1 510 079
4. 建筑服务	8	5 965 493	10 328 506	4 363 013
5. 保险服务	9	−11 360 128	1 382 716	12 742 844
6. 金融服务	10	−250 884	314 731	565 615
7. 计算机和信息服务	11	3 086 931	6 252 062	3 165 131
8. 专有权利使用费和特许费	12	−9 748 930	570 536	10 319 466
9. 咨询	13	4 605 315	18 140 866	13 535 551

项 目	行次	差 额	贷 方	借 方
10.广告、宣传	14	261 668	2 202 324	1 940 656
11.电影、音像	15	163 322	417 943	254 622
12.其他商业服务	16	2 885 059	26 005 857	23 120 798
13.别处未提及的政府服务	17	−253 890	666 187	920 076
B.收益	18	31 437 960	91 614 872	60 176 912
1.职工报酬	19	6 400 156	9 136 547	2 736 391
2.投资收益	20	25 037 804	82 478 325	57 440 521
C.经常转移	21	45 798 979	52 565 201	6 766 222
1.各级政府	22	−181 611	49 205	230 816
2.其他部门	23	45 980 590	52 515 996	6 535 406
二、资本和金融项目	24	18 964 877	769 876 094	750 911 218
A.资本项目	25	3 051 448	3 319 886	268 439
B.金融项目	26	15 913 429	766 556 208	750 642 779
1.直接投资	27	94 320 092	163 053 964	68 733 872
1.1我国在外直接投资	28	−53 470 972	2 175 785	55 646 757
1.2外国在华直接投资	29	147 791 064	160 878 179	13 087 115
2.证券投资	30	42 660 063	67 708 045	25 047 982
2.1资产	31	32 749 936	57 672 404	24 922 468
2.1.1股本证券	32	−1 117 368	3 844 800	4 962 168
2.1.2债务证券	33	33 867 304	53 827 604	19 960 300
2.1.2.1(中)长期债券	34	37 563 103	53 827 604	16 264 501
2.1.2.2货币市场工具	35	−3 695 799	0	3 695 799
2.2负债	36	9 910 127	10 035 641	125 514
2.2.1股本证券	37	8 721 011	8 721 011	0
2.2.2债务证券	38	1 189 116	1 314 630	125 514
2.2.2.1(中)长期债券	39	1 189 116	1 314 630	125 514
2.2.2.2货币市场工具	40	0	0	0
3.其他投资	41	−121 066 726	535 794 199	656 860 925
3.1资产	42	−106 074 263	32 563 248	138 637 510
3.1.1贸易信贷	43	5 866 953	5 866 953	0
长期	44	410 687	410 687	0
短期	45	5 456 266	5 456 266	0
3.1.2贷款	46	−18 501 123	478 305	18 979 428
长期	47	−6 569 000	0	6 569 000

项　目	行次	差　额	贷　方	借　方
短期	48	−11 932 123	478 305	12 410 428
3.1.3 货币和存款	49	−33 528 165	17 715 954	51 244 120
3.1.4 其他资产	50	−59 911 928	8 502 035	68 413 963
长期	51	0	0	0
短期	52	−59 911 928	8 502 035	68 413 963
3.2 负债	53	−14 992 463	503 230 952	518 223 415
3.2.1 贸易信贷	54	−19 049 071	0	19 049 071
长期	55	−1 333 435	0	1 333 435
短期	56	−17 715 636	0	17 715 636
3.2.2 贷款	57	3 620 979	442 835 925	439 214 946
长期	58	6 724 078	20 129 387	13 405 309
短期	59	−3 103 099	422 706 538	425 809 637
3.2.3 货币和存款	60	2 702 297	59 226 206	56 523 909
3.2.4 其他负债	61	−2 266 668	1 168 821	3 435 489
长期	62	−2 236 180	34 976	2 271 156
短期	63	−30 488	1 133 845	1 164 333
三、储备资产	64	−418 978 429	0	418 978 429
3.1 货币黄金	65	0	0	0
3.2 特别提款权	66	−7 114	0	7 114
3.3 在基金组织的储备头寸	67	−1 190 315	0	1 190 315
3.4 外汇	68	−417 781 000	0	417 781 000
3.5 其他债权	69	0	0	0
四、净误差与遗漏	70	−26 093 843	0	26 093 843

资料来源：中国国家外汇管理局网站

10.3.2　国际收支分析方法

1. 静态分析法

静态分析是指对某国在某一时期国际收支进行账面上的分析。静态分析需要计算和分析平衡表中的各个项目及其差额；分析各个项目差额形成的原因及其对国际收支总差额的影响，找出国际收支总差额形成的原因。静态分析法可以从贸易账户差额、经常账户差额、资本与金融账户差额和总差额进行计算分析。贸易账户差额是货物和服务的进出口差额，差额为正即顺差，差额为负即逆差。经常账户差额是包括货物、服务、收入和经常转移在内的所有经常项目内各子项目加总的差额，反映一国国外净财富的变化，经常账户差额在国际收支中占有重要地位，常被看成整个国际收支的代表。资本与金融账户差额是该项目下资本项目、直接投资、证券投资、其他投资和储备资产的差额，记录一国对他国的资本和金融要素流动的净额。资本、金融账户与经常账户有着密切的联系，理论上当一国的国际收支平衡时，资本、金融账户与经常账户的差额应当为零。利用金融资产的净流入可以为经常项目的赤字融资，但国外资本，特别是短期资本的流入具有不稳定性，可能危及金融安全。总差额是经常项目、资本和金融项目及净误差与遗漏之和，是使用广泛的指标，它是国际收支最后的缺口，该缺口要通过储备资产的增减来进行弥补，在没有特别指明的情况下，国际收支的顺差或逆差指的就是总差额。

2.动态分析法

动态分析法是指对一国若干连续时期的国际收支进行分析的方法。一国某一时期的国际收支与前期发展密切相关，仅就一个短期分析国际收支显然是不够的。动态分析追求的是动态平衡，是在较长计划时期内，实现期末国际收支的大体平衡。动态分析方法不以年度时间为限，以实现中期计划的经济目标为主，确定和实现国际收支平衡。

3.比较分析法

比较分析法是对不同国家相同时期的国际收支进行的对比分析，在国际经济一体化的当今世界，对主要的经济大国的国际收支分析显得很重要。通过了解各国在世界经济中的地位，正确认识国际金融格局，对于调节本国的国际收支意义重大。

10.3.3 国际收支失衡调节

1.国际收支平衡与失衡

国际收支平衡表是按照会计学复式簿记原理编制。如何判断国际收支是否真正平衡呢？现实中主要采用的标准是看自主性交易是否平衡，如果自主性交易平衡，则国际收支平衡，自主性交易失衡，则国际收支失衡。自主性交易又称事前交易，是经济实体或个人出自某种经济动机和目的，独立进行的交易，如追求利润、较少风险、资产保值、逃避税金等等。自主性交易具有自发性和分散型，代表主体的真实意图，自主性交易平衡是市场平衡，是真正的国际收支平衡。但实际上，自主性交易很难平衡，出现外汇市场供求不匹配和汇率的波动，货币当局为了平衡外汇市场，采用弥补性手段人为做平国际收支，即为国际收支中的调节性交易。因此，只有当自主性交易项目中借贷双方金额相等，国际收支才达到平衡，而经政府调节的平衡则不是真正意义的平衡，或者说是国际收支的失衡。从理论上说，一国国际收支的自主性交易所产生的借方金额和贷方金额相等或基本相等，就表明该国的国际收支平衡或基本平衡；如果自主性交易所产生的借方金额与贷方金额不相等，就表明该国的国际收支不平衡或失衡。国际收支失衡依据其形成原因不同可分为周期性不平衡、收入性不平衡、结构性不平衡、货币性不平衡和偶发性不平衡。

1.国际收支调节理论

(1)弹性分析论。弹性分析论认为在假设前提[①]得到满足的条件下，汇率变动会影响国内外商品之间相对价格，如果进出口商品的供给弹性无穷大，只要进口和出口商品的需求弹性的绝对值之和大于1，即满足马歇尔—勒纳条件，则本国货币贬值就会改善国际收支状况。然而，由于各种时滞的存在，货币贬值的效果需要相当一段时间才能起作用，

① 汇率是影响进出口的唯一因素；商品贸易供给完全有弹性；充分就业和收入不变；不考虑国际资本流动；贸易初期平衡。

即出现J曲线效应。图10-3中的横轴表示时间 t，纵轴表示经常项目差额 ΔTB，假定在时点 t_0 实行贬值，但是贬值引起的价格变化并不能立即反映在贸易合同上。由于进口以外币结算，进口数量未能减少，用本币表示的进口额反而增加；同理出口在本币贬值后反而减少，贸易差额恶化，这个过程一直持续到某个时期 t_1。从 t_1 开始，贸易额相对贬值引起的价格变化和调整才开始有所反映，到 t_2 点，贸易差额开始由逆差转变为顺差，贸易差额的变动经历了先恶化后改善的过程。

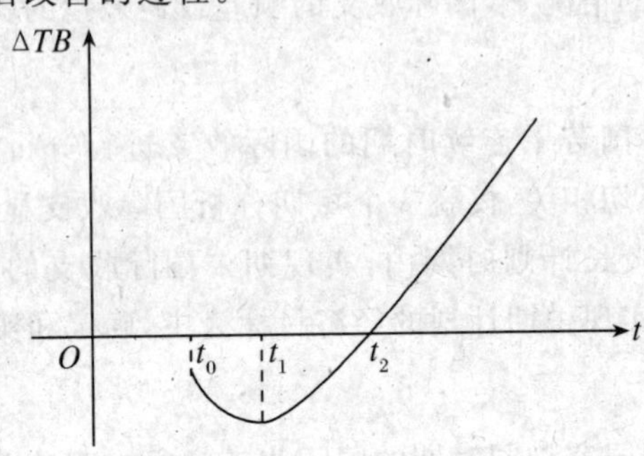

图10-3　J曲线效应

(2)吸收分析论。吸收分析论也称为支出分析论，认为弹性分析过分注重贬值的相对价格效应而忽视收入效应，是不符合实际经济运行的，主张运用凯恩斯宏观经济理论，从收支两方面分析货币价格变化对国际收支的影响。依据凯恩斯的国民收入等于国民支出的关系，分别用 Y、C、I、G、X、M、A、B 代表国民收入、消费、投资、政府支出、出口、进口、国内总支出(此处称为吸收)和国际收支差额，则有以下推导过程：

$$Y=C+I+G+X-M \tag{10.17}$$

移项得：

$$X-M=Y-(C+I+G) \tag{10.18}$$

由于：

$$A=C+I+G \tag{10.19}$$

$$B=X-M \tag{10.20}$$

有：

$$B=Y-A \tag{10.21}$$

公式10.21表明，国际收支差额是国民收入与吸收的差额，当国民收入大于总吸收时，国际收支为顺差；当国民收入小于总吸收时，国际收支为逆差；当国民收入等于总吸收时，国际收支平衡。

(3)货币分析论。货币分析理论认为国际收支从长期来看是一种货币现象，货币供应量和货币政策变动是造成国际收支失衡的根本原因。货币理论的三个前提假设为：经济处于充分就业状态，货币需求是收入、价格和利率的稳定函数；贸易商品价格是外生变量；货币供应不影响实际产量。在此假设条件下，有：

$$Md=f(Y,r) \tag{10.22}$$

$$Ms=D+R \tag{10.23}$$

其中，Md 为货币需求，Ms 为货币供给，Y 为国民收入，r 为利率，D 为国内银行体系创造货币供给量，R 为国际收支顺差创造货币量，就一个长期而言，货币需求等于货币供给，则有：

$$R=Md-D \tag{10.24}$$

货币理论认为货币市场的任何失衡最终都会反映在国际收支上，同时，该理论认为当国内出现货币供求失衡后，可以通过从国外吸收资金或是资金外流等方式进行调节。

(4)均衡分析论。均衡分析理论通过建立 $IS-LM-BP$ 模型来对国际收支的各种理论问题作全面的阐释,认为国际收支与其他宏观经济变量密切相关,相互依存。在图10-4中,横轴表示实际收入,纵轴表示实际利率。IS 曲线代表商品市场均衡点的轨迹,LM 曲线代表货币市场均衡点的轨迹,BP 曲线代表外汇市场均衡点的轨迹。则内部平衡由位于 Y_{FE} 曲线上的 E 点来表示,外部均衡由位于 BP 曲线上的 E 点来表示。要使 E 点同时落在这两条曲线上,必须至少能移动 BP 曲线、IS 曲线和 LM 曲线中的任一条。移动 BP 曲线需要支出转换即增加收入政策,而移动 IS 曲线或 LM 曲线则需要吸收政策。只要 BP 曲线、IS 曲线和 LM 曲线能在 E 点相交,那么就可同时实现内部均衡和外部均衡。而保证三条曲线相交于 E 点,就必须将转换政策和吸收政策配合使用,即需要扩张性财政政策推动 IS 曲线向上直到它通过 T 点,同时还要配合紧缩性货币政策推动 LM 曲线向上直到它也通过 T 点,财政政策和货币政策的特定配合,能够保证实现内部均衡和外部均衡这两个目标。

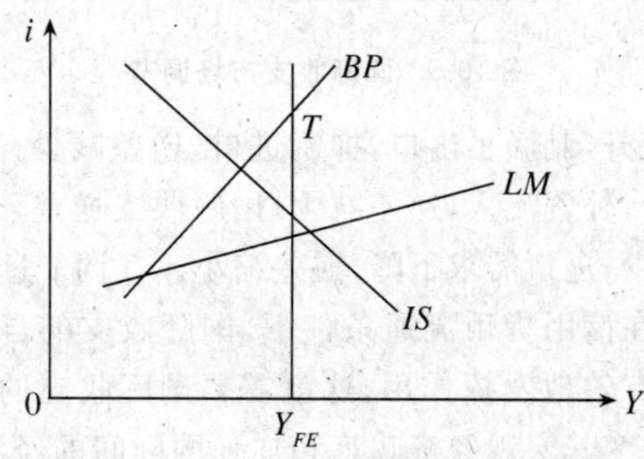

图 10-4 均衡的 IS－LM－BP 模型

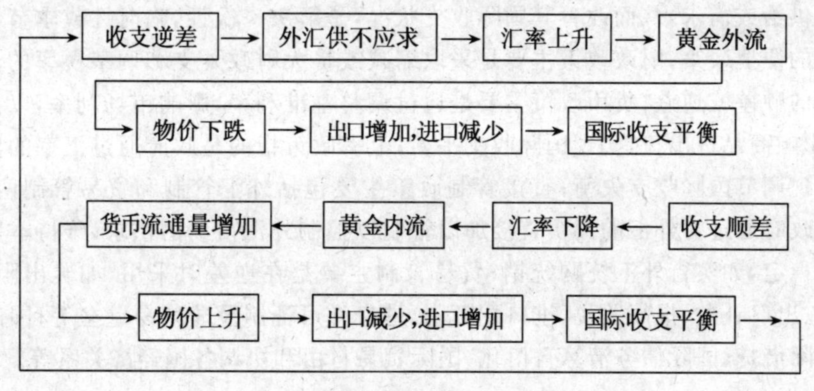

图 10-5 国际收支黄金调节机制

2. 国际收支调节机制

(1)自动调节机制。国际收支失衡,相关经济变量会出现相应变动,使国际收支自动地得到一定程度的矫正,乃至恢复均衡。在不同的货币制度下,自动调节机制有所差异。在国际间普遍实行金本位制的条件下,国际收支可通过物价的涨落和黄金输送自动恢复平衡,其调节过程如图 10-5 所示。在不兑现纸币流通条件下,国际收支仍然可通过价格、汇率、利率、国民收入经济变量等实现自动恢复平衡。以国际收支逆差为例,说明各变量的调控:国际收支逆差,外汇需求增大,汇率下跌,以外币标价的出口商品价格下跌,以本

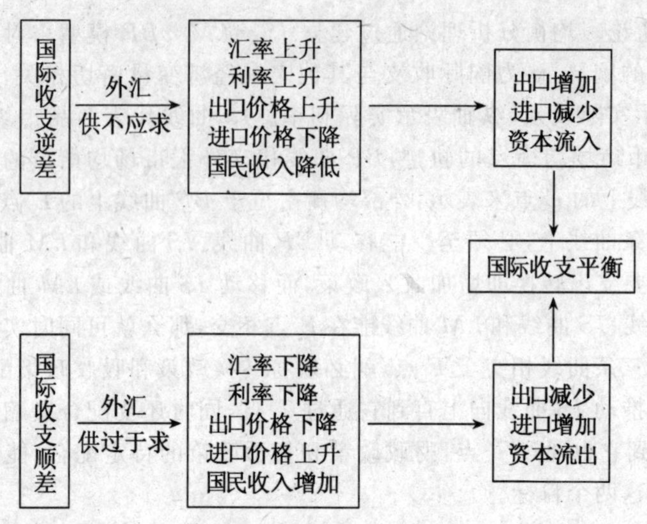

图 10-6　国际收支市场调节

币标价的进口商品价格上升，刺激了出口，抑制进口，逆差减少；国际收支逆差，国内信用紧缩，银根趋紧，利率上升，外资流入，逆差减少；国际收支逆差，外汇支出增加，国内总需求下降，国民收入随之减少，进口需求下降，逆差缩小。其调节过程如图 10-6 所示。

(2)政策调节机制。在信用货币流通条件下，国际收支的自动调节的正常运行具有很大的局限性，往往难以有效地发挥作用，这就需要国际收支的政策调节。国际收支的政策调节是指国家通过改变其宏观经济政策和加强国际间的经济合作，主动地对本国的国际收支进行调节，以使其恢复平衡，主要手段包括外汇缓冲政策、财政政策、货币政策、汇率政策、管制政策和国际合作等。外汇缓冲政策指的是政府运用国际储备，抵消市场超额外汇供给或需求，从而改善其国际收支状况，是解决一次性、临时性或季节性国际收支不平衡的便捷政策；财政政策主要是采取缩减或扩大财政开支和调整税率的方式调节国际收支的顺差或逆差；货币政策主要是通过调整基准利率，影响市场利率，以抑制或刺激需求，影响商品进出口，实现国际收支平衡；汇率政策指的是政府通过汇率的法定升值和贬值实现调节国际收支失衡；直接管制政策主要包括外汇管制和贸易管制两方面，外汇管制是政府通过对外汇的买卖直接加以管制以控制外汇市场的供求，维持本国货币对外汇率的稳定，如实行外汇统购统销；贸易管制主要是在逆差时采用，如奖出限入，实行出口信贷、出口补贴、提高关税、进口配额制、进口许可证制及非贸易壁垒等；国际合作主要包括国际借贷、国际债务清算自由化、国际贸易自由和协调各国经济关系等。

10.3.4　国际储备

1. 国际储备构成与作用

(1)国际储备构成。各国政府为了弥补国际收支赤字，保持汇率稳定，以及应付其他紧急支付的需要而持有的国际间普遍接受的所有流动资产的总称。国际储备必须同时具有三个条件：无条件获得性、高度流动性和普遍接受性。国际储备有广义和狭义之分，狭义的国际储备指自有储备，主要由四种形式的资产构成：其一，黄金储备：一国货币当局持有的货币性黄金。2008 年 12 月份，全世界拥有黄金储备 29 697.1 吨，约合 9.5 亿盎司，其中美国 8 133.5 吨，储备量排名第一，占美国外汇储备的 76.5%；中国 600 吨，排名第九，占我国外汇储备的0.9%。其二，外汇储备：货币当局能够控制的国外可兑换货币存款或其他短期金融资产。2008年12月，中国外汇储备19 460.30亿元，居世界首位。其三，国际货币基金组织的储备头寸：国际货币基金组织成员国普通账户中可自由提取和使用的资产，也叫普通提款权。储备头寸具体包括成员国认缴基金组织份额中25%的黄金和可兑换货币部分以及成员国对基金组织的债权。其四，特别提款权：国际货币基金按一定比例分配给会员国，用于会员国政府之间的国际结算，并允许会员国换取可兑换货币进行国际支付。特别提款权是记账单位，不能直接用于国际交往的支付和结算，不能兑换黄金，只能在成员国货币当局、基金组织和国际清算银行等指定官方机构间使用。广义的国际储备包括自有储备和借入储备，借入储备又包括备用信贷、互惠信贷协议和本国商业银行的对外短期可兑换货币资产，通常所说的国际储备指的是自有储备。

(2)国际储备作用。一般地，国际储备被赋予5个方面的功能与作用：第一，缓冲工具。国际储备能够保证一国国际收支发生困难时保持必要的国际支付能力，并且将国际收支调节对国内经济造成的影响控制在能够承受的范围内。当一个国家在国际交易中出现逆差或临时性逆差，而这部分逆差又无法依靠外债来平衡时，政府首要的选择就是动用国际储备来弥补。这样，既维护本国信誉，又可避免采取诸如限制进口等强力措施。第二，调节汇率。外汇储备调节汇率主要通过外汇平准基金实现，外汇平准基金一般由外汇、黄金和本国货币等构成。当外汇汇率持续上升，在外汇市场上卖出外汇平准基金，买进本币；反之，则相反。第三，提高本币地位。一般地，一国国际储备充足，表明该国弥补收支逆差、维持汇率稳定的能力强，国际社会对其货币购买力充满信心，故外汇市场上该国货币需要增加，货币坚挺。第四，增强国际清偿力。国际储备数量是国际清偿力强弱的一个重要体现，国际储备多，借债能力加强，国际清偿力高。第五，赢得国际竞争优势。持有较充分的国际储备意味着政府有能力使其货币高估或低估，由此获取国际竞争优势。

2.国际储备供求分析

(1)国际储备的供给。国际储备供给量决定于国际储备4个构成部分的增减，其中，储备头寸和特别提款权不能随时变动，构成国际储备供给的稳定来源，可以调节的主要是黄金储备和外汇储备。黄金储备供给通过国内收购和国际购买实现，外汇储备供给则相对复杂，分述如下。外汇储备供给影响因素有两类，其一是决定或影响一国出口创汇和换汇能力及对外投资收益的因素；其二是决定和影响一国获得国际信贷的能力。外汇储备供给途径具体包括国际收支顺差、国际信贷和干预外汇市场所获外汇几个部分。

(2)国际储备需求。国际储备需求在于弥补国际收支逆差、干预外汇市场、应付突发事件和为国际信贷提供保证等多个方面，国际储备需求受到多方因素的制约。主要因素有：一是国际收支差额。国际收支差额每一时期指标不同，有时为顺差，有时为逆差，有时差额大，有时差额小，显然波动幅度越大，需要国际储备越多。二是汇率制度。储备需求与汇率制度关系密切，选择固定汇率制，且政府非经常性地改变汇率水平，需要国际储备的数量较大，以应付国际收支可能出现的突发性巨额逆差或者大规模投机。而实行浮动汇率制度的国家，持有储备保有量可以相对较低。第三，金融市场发育程度。金融市场能够为政府提供诱导性储备，发达的金融市场对汇率、利率的调节政策反应灵敏，政府保有的国际储备可相应较少，金融市场发育滞后，政府需要借助更多的自有储备完成国际收支调节。第四，持有国际储备的机会成本。国际储备代表对外国资源的购买力，持有国际储备就意味着放弃对外国资源的使用。一国政府持有的外汇储备通常以存款的形式存放外国银行，因而会产生一定的利息收益，故国际储备的机会成本等于投资收益和利息收益的差额，差额越大，表明成本越高。

3.国际储备的管理机制

(1)国际储备规模管理。国际储备适度规模管理是国际储备管理的首要选择，理论上，持有储备的边际成本等于边际收益的国际储备量为最优规模水平，然而实际操作中准确测度量化指标存在诸多难题，可用的主要方法有进口比率分析法、成本收益分析法、回归分析法和区间分析法。进口比率分析法是由美国耶鲁大学教授罗伯特·特里芬1947年提出的，认为一国储备额应当与当年进口额保持一定比例区间关系——20%～50%。20%为最低限，50%为最高限，30%～40%为适度区间。成本收益分析法是从国际储备机会成本与收益对比研究适度规模的方法，在图10-7中，TC 表示总成本，Q_0 表示边际收益等于边际成本的最优储备量，Qc 表示储备需求的最高限。海勒利用边际进口倾向的倒数与储备耗用概率的乘积表示国际储备的边际收益，利用资本的社会收益率与储备收益率之差表示国际储备的边际成本，导出最优储备模型：

$$R=H\lg(rm)/\lg 0.5 \quad (10.25)$$

其中，R 为最优国际储备量，H 为一国储备的平均变动额，r 表示边际成本，m 表示边际进口倾向，0.5表示顺差和逆差的概率相等。后来的阿格沃尔又在此模型的基础上，构建了一个主要用于测算发展中国家适度储备规模的模型。回归分析法也称储备需求函数法，利用经济计量模型对影响储备的诸因素进行回归分析以确定储备适度规模的方法。根据选择变量的不同，回归分析法又可分为比率回归、货币需求回归、最大效用回归和多种变量混合回归，其中，以弗兰克尔利用柯布－道格拉斯生产函数所建立的回归模型最具代表性。弗兰克尔认为国际储备需求取决于三个因素：国际收支变动幅度、对外开放程度和国际贸易规模，其函数形式为：

$$\ln Q=\beta_0+\beta_1\ln m+\beta_2\ln\delta+\ln M \quad (10.26)$$

其中，Q 表示储备需要量；m 表示平均进口倾向；δ 表示国际收支变动率；M 表示国际贸易规模。费兰克尔发现发展中国家的储备需求对国际贸易额变动的弹性大于发达国家，而对国际收支变动弹性则小于发达国家。区间分析方法认为适度国际储备量不是一个具体的数值而是一个区间值，区间的上限是一国保险储备量，区间下限是一国经常储备量。

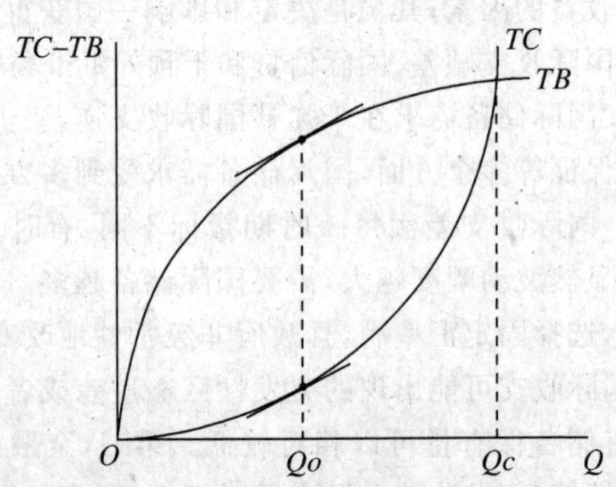

图10-7 国际储备成本收益分析

(2)国际储备结构管理。国际储备结构管理指的是一国政府如何有效分布国际储备资产,使黄金储备、外汇储备、储备头寸和特别提款权间保持适当比例。国际储备结构管理需要遵循安全性、流动性和盈利性的三大基本原则,在此原则的指引下,重点关注黄金和外汇两类可调整对象。黄金储备的结构管理取决于黄金的性质,黄金具有内在价值且其价格具有相对独立性,故具有良好的安全性,但由于需要大量管理费用,且不再作为货币直接使用,故流动性与盈利性均较差。外汇储备结构管理需要关注外汇储备的份额和币种,一般地,外汇储备份额增加,可增加国际储备整体流动性和盈利性,但安全性略有降低。布雷顿森林体系崩溃后,持有由不同货币表示的外汇储备的收益存在较大差异,且收益不确定性增强,故在币种选择中的主要倾向是多币化。

10.4 国际资本流动

国际资本流动指的是资本在不同国家或地区之间作单向、双向或多向移动,即资本在国际间转移。一般来说,私人资本总是流向最具有生产效率的地方,实现资源在广大的范围内的合理配置,但国际资本流动也会对相关国家产生负面影响,特别是短期投机资本更被视为引发金融危机的原因之一。是要效率还是要稳定,是广大发展中国家面临的选择难题。

10.4.1 国际资本流动形式

国际资本流动的载体包括商品、技术和金融产品,表现为商业资本、产业资本和金融资本等不同形式,具体包括:贷款、援助、输出、输入、投资、债务增加、债权取得、利息收支、买方信贷、卖方信贷、外汇买卖、证券发行与流动等。国际资本流动按照不同的标准可划分为不同形式:按资本流动的期限长短可分为长期资本流动和短期资本流动;按资本流动的方式分为生产资本流动和信贷资本流动;按资本流动形态可分为商品资本流动、货币资本流动和产业资本流动;按资本主体分为官方资本流动和私人资本流动。国际资本流动形式划分通常指的是第一种,按期限划分的长期资本流动和短期资本流动。长期资本流动是指使用期限在一年以上或未规定使用期限的资本流动,包括国际直接投资、国际证券投资和国际贷款三种方式,引起长期资本流动的根本原因是世界生产力的发展与国际分工的不断深化。短期资本流动是指期限为一年或一年以内的资本流动,需要借助于包括短期政府债券、商业票据、银行承兑汇票、银行活期存款凭单、大额可转让定期存单等有关信用工具,并通过电话、电报、传真等通信方式实现。

10.4.2 国际资本流动原因

国际资本流动的根本原因在于国际资本供求关系,先期实现产业升级的发达国家积累了大量的过剩资本需要寻找新的利润增长点而成为国际资本的供方,后发的发展中国家需要从外部获得大量的资金、技术而成为国际资本的需方,双方构成了国际资本流动的框架。除了基本供求关系外,资本对利润的追逐和对风险的规避以及其他政治、经济和社会因素均构成国际资本流动的原因。

1. 利用外资策略

世界范围内的各个国家,包括发达国家和发展中国家,均不同程度地通过不同的政策和方式来吸引外资，以达到特定经济目的。大部分发展中国家，迫切需要资金来加速本国经济的发展，往往通过开放市场、提供优惠税收、改善投资软硬环境等措施吸引外资的进入，引起或加剧了国际资本流动。

2. 追求更高回报

资本运动的内在动力在于增值，利润驱动是各种资本输出的共有动机。当投资者预期到一国资本收益率高于他国，资本就会流入此国；反之，则流出。当投资者在一国所获得的实际利润高于他国时，该投资者就会增加投资，以获取国际超额利润或国际垄断利润。在利润机制的驱动下，资本从收益低的国家或地区流往收益高的国家或地区。

3. 汇率变动

20 世纪 70 年代以来，随着浮动汇率制度的普遍建立，主要国家货币汇率波动成为常态。如果一个国家货币汇率持续上升，产生兑换需求，国际资本流入，相反则流出。一般地，利率与汇率呈正相关关系：利率提高，汇率上浮；利率降低，汇率下浮。

4. 通货膨胀

如果一国出现财政发行，通货膨胀压力上升，为减少损失，投资者会把国内资产转换成外国债权。如果一国财政赤字通过出售债券或向外借款弥补，也将出现国际资本流动。

5. 恶性投机

恶性投机是投机者基于对市场走势判断的逐利行为和基于某种政治理念或社会偏见而刻意打压某种货币并抢购另一种货币的行为。此种行为导致有关国家货币汇率大起大落，国际资本流动加剧。

10.4.3 国际资本流动经济效应

1. 长期国际资本流动的影响

(1)对世界经济的一般影响。长期资本流动加速生产国际化、市场国际化和资本国际化，增加世界经济总产值，并实现总利润最大化。二战后，资本流动国际化已形成趋势，20 世纪 80 年代以来更有增无减。尤其是科技发明、国际金融市场构建的推动下，资本流动规模逐年上升、流动速度逐年增快。国际资本流动加深金融国际化，银行网络遍布全球，建立跨国银行与国际金融中心，货币信用国际化。国际资本流动使得国际资本大为发展，渗入到世界经济的各个角落，国际支付手段日益丰富，如美国、英国等几个长期资本比较充裕的国家，其货币均较坚挺。

(2)对资本输出国的影响。长期资本流动对资本输出国的影响有积极与消极两个方面。其积极影响主要表现为：提高资本边际效益、带动商品出口、扩大海外市场、平滑消费水平和提高国际地位。长期资本输出国资本较充裕，总投资额增多，边际效益递减，如将资本转投入到资本较少的国家，便可提高资本使用的边际效益。同时，长期资本输出对商品出口起推动作用，扩大海外市场，增加出口贸易的利润收入，刺激国内经济增长。资本输出意味着一国物质基础雄厚，有利于提高国际声誉和地位。资本输出平滑消费的典型案例是 OPEC，OPEC 在 20 世纪 70 年代完成财富积累，将部分收入投放国际金融市场，抑制当时消费，而通过获取投资收益逐步消费，防止因未来收入降低而出现消费水平的下滑(如图 10-8 所示)。其消极影响主要为对输出国经济发展造成压力，使其可能承受一定的经济和政治风险。在资本总额一定的条件下，资本输出，本国投资下降，国内就业机会减少，财政收入降低，影响国内经济发展和政治稳定。资本走出国门，若投向失误，将蒙受经济损失，若资本输入国发生政变，则有无法收回的可能。

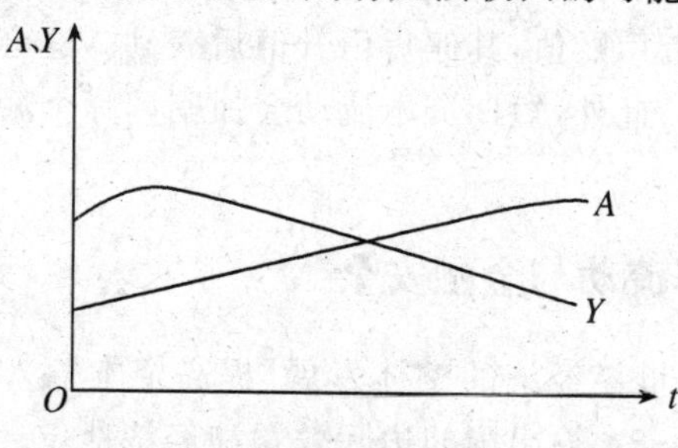

图 10-8　资本流出的平滑消费效应

(3)对资本输入国的影响。长期资本流动对资本输入国的影响同样表现为积极与消极两个方面。积极影响主要为：弥补资本不足、引进先进技术与设备、增加就业机会和改进国际收支。一国从外部获得投资，及时调节各部分资金余缺，并可在一定程度上解决国内产业空心化问题，下面以生产性贷款为例说明。如图 10-9，当一国尚未采用对外借款引入外资时，国内收入与吸收均以慢速增长，而在借入资金后，国民收入增长速度明显增快，经过一段时期后，债务偿付的资金外流将逐步抵消资金流入的量，直至出现净资金外流后的国内吸收低于国民收入。但即便如此，从图 10-9 中，也能够看出国内吸收水平仍然高于没有资本输入时的状况。其消极影响主要为：引发债务危机、经济陷于被动和加剧国内市场竞争。输入国若输入资本过多，超过本国承受能力，则可能会出现无法偿还债务，导致债务危机的爆发。输入资本过多且管理不善，本国经济无法获得长期发展，输入国就会对外产生强烈依赖，一旦外资抽走，经济陷入被动，甚至危及主权。外资企业就地销售产品必然使国内市场竞争加剧，国内企业发展受到影响。但一般而言，只要进行科学规划和管理，资本输入是利大于弊的，有利于提高劳动生产率，增加经济效益，加速经济发展进程。

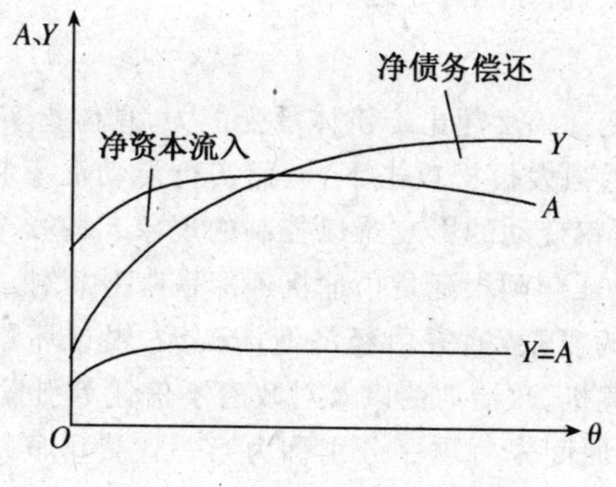

图 10-9　资本输入的经济影响

2. 短期国际资本流动的影响

短期资本流动中的贸易性和金融性流动比较稳定，其影响相对有利，而投机性流动由于规模巨大，方向变化频繁，其影响深刻而复杂。国际贸易中买卖双方提供的预付货款、延期付款及票据贴现等短期资金融通，有利于国际贸易双方获得资金便利，顺利进行国际贸易。当一国出现暂时性国际收支逆差时，汇率下跌，如果投资者认为汇率下跌是暂时的，不久会回升，便会以较低汇率买进该国货币，期待汇率上升后卖出，于是就形成了该国短期资本流入，这显然有利于调节国际收支逆差。但当一国出现持续性逆差时，情况则有所不同。由于汇率持续下跌，投资者预期汇率会进一步下跌，则卖出该国货币，买进其他货币，以期该国货币贬值，其他货币升值后获利。这会导致该国资本流出，扩大逆差，加剧国际收支失衡。此外，短期资本流动会加剧国际金融市场动荡，表现为汇率大起大落，投机更加盛行。

10.4.4 国际资本流动与金融安全

国际资本流动有利于世界经济的整体发展，提高资本输入国的资金总量，实现产业升级，同时，也有利于提高资本输出国的边际效益和经济地位。然而，国际资本流动的负面影响不容忽视，随着国际资本流动规模的日益增大，不规范的操作和非正当管理使得国际资本流动对国际金融安全的威胁与日俱增，严重时甚至引发金融危机。

1.债务危机

20 世纪 70 年代，为了发展国内经济，发展中国家，主要是拉美国家和部分非洲国家，利用国际金融市场大量举债，最终酿成 20 世纪 80 年代初的债务危机。20 世纪 70 年代初，发展中国家外债总额为 600 亿美元，到 1981 年外债总额积累达 5 550 亿美元。1982 年 8 月 20 日，墨西哥政府宣布无力偿还其到期的外债本息，要求推迟 90 天，由此引发债务危机。到 1986 年底，发展中国家债务总额上升至 10 350 亿美元，其中拉丁美洲地区约为全部债务的 1/3，其次为非洲撒哈拉以南地区，受债务困扰严重的国家有巴西、墨西哥、阿根廷、委内瑞拉、智利和印度等国，1985 年这些国家的负债率高达 223%。这场债务危机的主要特点为：私人贷款增长高于政府和金融机构；短期贷款增加高于中长期；贷款利率浮动多于固定。严重的债务危机对于债务国和债权国均形成了巨大的压力。包括国际货币基金组织在内的有关各方为解决债务危机提出了许多方案和建议，包括债务重新安排、债务资本化及证券化等。尽管众多措施对缓解债务危机产生了一定的效果，但国际债务形势仍然十分严重，债务危机还远没有结束。

2.货币危机

货币危机泛指汇率变动幅度超出经济体承受能力，具体指实行固定汇率制的国家在经济基本面恶化或者遭遇强大投机攻击下，转而实行浮动汇率制度，而市场汇率水平远远高于官方汇率，出现汇率变动的影响难以控制的现象。1992 年的欧洲 9 月危机，1997 年的东南亚金融危机，2001 年阿根廷货币危机等都是典型案例。研究表明货币危机的形成原因较之债务危机更为复杂，通常由经济泡沫破灭、银行坏账累积、国际收支严重失衡、举借债务过多、财政危机、政治动荡以及对政府不信任等引发。对货币危机的研究开始于 20 世纪 70 年代，按时间先后顺序分别称为第一代货币危机理论、第二代货币危机理论和第三代货币危机理论。第一代货币危机理论认为政府为解决赤字问题会无限制地发行纸币，央行为维持固定汇率则无限制抛出外汇直至消耗殆尽。该理论的基础在于经济的内部均衡与外部均衡发生冲突时，政府为维持内部均衡而采取的特定政策必然会导致外部失衡，投机者在脆弱的临界点冲击该国货币将导致危机发生。第二代货币危机理论认为政府是主动行为主体，汇率制度的放弃是央行权衡利弊的选择，不一定是储备耗尽的结果，同时引入动态博弈，发现危机具有自我实现性。该理论认为一国经济基本面可能比较好，但由于个别经济变量偏离正常值，使得公众发生观点、理念偏差，进而信心不足，在羊群效应的影响下全面扩散，导致市场共振，危机自动实现。第三代货币危机理论提出金融过度的概念，认为当金融机构可以自由进出国际金融市场时，金融中介机构的道德风险将转化成为证券金融资产和房地产的过度积累，即金融过度出现。金融过度加剧金融体系的脆弱性，导致泡沫破裂，发生危机。第三代货币危机理论还认为亲缘政治、实业疲软是造成金融过度的主要原因，如东南亚国家对与政府和政客有裙带关系的银行、企业提供隐性担保，增加金融中介机构和企业的道德风险，且实业经营不畅，企业财务困难导致投资乏力，最终酿成危机。

3. 国际资本流动危害金融安全的传导机制

国际资本流动危害金融安全传递途径并非贸易，而是在与贸易联系紧密的金融市场，金融危机常以跨国投资为载体，以银行体系及债务体系为媒介实施感染与扩散。一是跨国投资传导机制。投资者为了规避和减少风险，倾向于以证券组合方式实现分散投资，从而获得稳定收益。发展中国家新兴市场金融资产均属于风险、收益相近资产，当一个国家的有价证券价格发生变化，跨国机构投资者就会对其证券组合中的其他发展中国家，或者贸易关联国家的资产进行处置。故当一国市场发生变故，出现危机迹象，投资者就会抛售风险相似的跨国投资资产，从而导致危机从一国传染到另一国。二是银行体系的传导机制。在全球金融一体化背景下，银行间相互持有对方存款，当一些银行经营出现问题而面临流动性风险，需要通过银行间同业拆借市场调配头寸，如果整个市场的超额流动性供给小于超额流动性需求，“外溢效应”显现，有发生危机的可能。三是债务体系的传导机制。当债务国发生危机后，债权国受到债务危机的冲击，调整金融政策和贷款政策，通常的做法为从与债务国经济发展相似的其他国家抽逃资金、规避风险。债权国金融机构的撤资和削减贷款的行为，将引发新一轮的金融危机，把更多的国家牵连进来，风险进一步扩散。

4. 金融安全的维护策略

一是预防策略。理论上，对于金融体系不完善的国家来说，国际融资存在明显的外部不经济，放大实际汇率变动的负面冲击影响，导致经济衰退，故最好的维护安全策略为完全规避，即尽可能不采用外部融资。但现实的经济运行也表明对于后发国家利用外资又是必需的，这就要求在外资引入的同时，做到适时调整汇率、留存适度储备、健全金融体制、谨慎开放市场、有效控制外资、限制外债规模、稳健财政框架、保持区域金融稳定、建立风险转移制度和夯实国内经济政治基础。二是应对策略。在金融危机发生以后，第三代货币理论代表人物克鲁格曼认为需要两个举措：一是紧急贷款条款，紧急贷款的额度必须要足够大以加强投资者的信心；另一种是实施紧急资本管制，最大限度地避免资本外逃。从已发生金融危机的国家治理经验来看，除了以上两点外，还应做到：实行本币管制及一步到位的币值调整、加大金融监管力度、防止商业银行连锁倒闭、采取稳健财政政策及必要的行政管制、争取民众的理解与支持、快速启动区域合作机制等。三是恢复策略。危机后恢复的关键在于恢复实业，即恢复企业和企业家的投资能力。政府可以在私人部门实施一定的计划，以帮助国内企业家恢复元气或者培养新的企业家。

国际金融体系是支配各国金融关系的规则，有广义、狭义之分；国际金融体系的内容包括汇率制度、国际收支、国际储备和国际金融事务；国际金融体系的发展经历了国际金本位制、布雷顿森林体系、牙买加体系三个时期；国际金融组织包括国际货币基金组织、世界银行集团、国际清算银行、欧洲中央银行和亚洲开发银行等。

汇率是不同货币间兑换的比率，其表达分为直接标价法和间接标价法，汇率依据不同分类标准分为不同的类别；汇率决定理论包括国际借贷学说、购买力平价学说、利率平价学说、国际收支学说和资产市场学说等；汇率运行由汇率制度、汇率报表和汇率预测三部分构成。

国际收支是一个国家或地区与其他国家或地区间的货币收付及以货币表示的财产转移，由国际收支平衡表反映；国际收支分析方法分为静态分析法、动态分析法和比较分析法；国际收支失衡调节理论包括弹性分析论、吸收分析论、货币分析论和均衡分析论，调节机制分为自动调节机制和政策调节机制；国际储备是各国政府为弥补收支赤字，保持汇率稳定而持有的国际间普遍接受的所有流动资产总称，主要包括黄金储备、外汇储备、国际货币基金组织的储备头寸和特别提款权，国际储备具有缓冲工具、调节汇率、提高本币地位、增强国际清偿力和赢得国际竞争优势的作用；国际储备供需受控于国际经济往来支付量，需要进行规模管理和结构管理。

国际资本流动分为长期资本流动和短期资本流动，流动的原因在于国际资本供求关系，具体包括利用外资、追求高额回报、汇率变动、通货膨胀和恶性投机等；国际资本流动对经济的影响体现在对世界经济的整体影响、对资本输出国的影响和对资本输入国的影响，国际资本流动引发金融安全隐患，导致债务危机和货币危机，通过跨国投资、银行体系、债务体系在国际范围内传导；金融安全的维护策略包括预防策略、应对策略和恢复策略。

[重要概念]

国际金融体系　国际金本位制　布雷顿森林体系　牙买加货币体系　汇率　汇率制度　固定汇率制度　浮动汇率制度　汇率报表　国际收支　国际收支平衡表　国际收支平衡　国际储备　黄金储备　外汇储备　储备头寸　特别提款权　国际资本流动　债务危机　货币危机

[复习与思考]

1. 简述国际金融体系的含义及其内容、发展历程。
2. 国际金融组织主要包括哪些？
3. 简述汇率的含义和主要类别。
4. 如何理解不同汇率制度下的汇率决定？
5. 主要的汇率预测方法有哪些？
6. 什么是国际收支平衡表？其构成部分如何？
7. 简述国际收支失衡调节理论的内容。
8. 简述国际储备的含义、构成及作用。
9. 国际储备供求的决定因素和管理机制主要体现在哪些方面？
10. 简述国际资本流动的含义、形式及其原因。
11. 结合实际，分析国际资本流动与国际金融安全的关系。

第 11 章　金融风险理论及其应用

内容提要　金融是现代经济的核心，金融业不仅仅影响到一个国家的经济发展，更为重要的是，它将涉及到社会生活的方方面面，进而影响国计民生、政局稳定和国家安全。金融业的健康发展能够促进经济稳定发展、社会安定以及人民安居乐业；而一旦金融形势恶化导致金融危机、经济崩溃、社会动荡不安，将进而影响到整个国家安全。1929 年的世界金融危机、1994 年墨西哥金融危机、1997 年亚洲金融风暴、2000 年拉美金融危机以及 2008 年的全球金融危机都为我们提供了雄辩的事实佐证。因而，金融体系的健全性及金融运行的有效性就显得至关重要。但是金融所特有的货币信用经济属性，决定着其中的不确定性与投机因素比例比其他任何一种资源配置机制都大，即金融风险是伴随金融制度建立与发展过程的客观问题，能否正确认识并予以有效地防范与化解，是确保金融安全的关键，同时也关系到金融制度及金融市场的效率。实际上，由于金融几乎是贯穿于整个社会经济生活的所有方面，所以，以风险控制为基调的金融安全，已成为当今一国经济安全与国家安全的重要标志。本章将从多个层面分析金融风险的生成原理、金融风险的监测预警和金融系统风险的监管。

11.1　金融风险生成机制

金融风险是每个投资者和消费者所面临的重大决策问题，也是各经济实体（尤其是金融机构）生存和发展的关键问题，它直接影响着经济生活中的各个方面，也影响着一个国家的宏观决策和经济发展。因此，如何减少和回避金融风险已成为现代金融界的首要话题。基于此，为了更好地、有针对性地防范金融风险，加强金融风险管理，我们有必要首先对金融风险的生成机制有一个清楚的认识。本节首先扼要地对金融风险的内涵与分类进行疏理和阐述，然后为学生正确认识和理解金融风险生成原理与传递扩散效应奠定基础。

11.1.1　金融风险的涵义

在任何学科领域中，困扰人们最深的往往是一些最基本的概念和定义，这在经济学上表现得尤其突出。亚洲金融危机的爆发，使得国际国内经济学界对金融风险的认识进一步加深。但是由于分析问题的侧面和角度不同，对金融风险内涵的认识存在着较为明显的区别，尚未形成一个普遍接受的统一的观点或结论。而金融风险作为风险的范畴之一，准确把握其内涵必须首先了解风险的概念，才能在此基础上精确地定义好金融风险的涵义。

1. 风险的涵义

风险,汉语辞典的解释为“危险;遭受损失、伤害、不利或毁灭的可能性。”而在英文中风险一词用“risk”来表示,其解释则为“含有某种机会、冒险、损失或面临危险的可能性”。从两种文化对同一概念所做的解释可以看出,汉语中的风险更强调的是导致某种不利局面(危险)的可能性,而英语中除强调引致负面的可能性外,还蕴含着某种达到成功的机会。而在经济学界,早在1901年,美国学者A. H. 威雷特就将风险定义为“关于不愿发生的事件发生的不确定性之客观体现”。其后美国经济学家、芝加哥学派创始人奈特(Knight,1921)其经典名著《风险、不确定性和利润》中给出一个经典性定义:风险是一种可测度的不确定性,可通过概率计算获得其大小。奈特进而认为,只有不确定性才能给企业家带来利润;经概率计算得出大小的风险已完全转化为确定性因素,被纳入经济主体的成本——收益规划中,并且如其他确定性因素一样为交易各方所共同认定,所以,风险是从事后角度来看的由于不确定性因素而造成的损失[①]。诺贝尔经济学奖得主莫顿(Robert. C. Merton)和博迪(ZviBodie)则认为风险即不确定性,但是不确定性是风险的必要条件而非充分条件;任何一种存在风险的情况都是不确定的,但在没有风险的情况下也存在不确定性[②]。

在最近几十年中,理论界关于风险的认识逐步深化,对于风险的理解也体现出更多的层次性,归纳起来主要表现在以下几个方面:

(1)从收益的角度去定义风险。这种观点认为风险虽然会导致某种不确定性的损失,但它也会带来不确定性的收益,损失的概率越大,获取更高收益的机会就越大。换言之,风险恰恰是获取某种收益的必要条件。关键要看对风险的把握和化解程度,把握得好了,获取收益的概率就会大一些,否则就有可能导致损失。

(2)从机会成本的角度对风险进行分析。这种观点认为风险决策必须考虑机会成本。人们往往认为获取收益就是成功,就避免了损失,就保证了资源的有效利用。其实这种认识是不全面的,至少它忽视了机会成本的存在。机会成本是人们可以预见和认知的将要被放弃或已经放弃的最佳机会和最高收益。真正的收益不仅仅指某种选择获取的收益减掉会计意义上的成本,还须减掉机会成本。在资源有限的情况下,若选择一种手段来获取收益,就必须放弃用其他手段来实现收益。选择正确,效率很高,则收益就有可能会实现,反之,就会有所损失,这时候风险分析是必须考虑的因素。

(3)从预期的角度剖析风险的内涵。这种观点认为风险概念与预期是密不可分的,预期是各种主体对与当前行为决策相关不确定变量所作的主观预测,来指导作出的相应行为决策。在经济环境中的不确定性只是构成了风险的可能性,而行为主体所作的主观预期在有限信息和有限理性的约束下,在不确定中选择错误的方向和不当措施,才使风险从可能成为现实。

(4)从风险与危险的关系给出风险的概念。这种观点认为风险是一种不确定性,是为获取某种收益而不得不承担遭受某种损失的可能性,它有可能会向坏的方向发展(丧失机会),也有可能会向好的方向发展(把握机会),因而损失有可能发生,也有可能不会

① The New Palgrave Dictionary of Money and Finance(Ⅲ),Edited by Peter Newman, Murry Milgate and John Eatwell, Published by the Macmillan Press Limited,1992.

② 兹维·博迪,罗伯特·莫顿:《金融学》,中国人民大学出版社,2000。

发生;即使损失发生了,其影响可能大些(有的会导致危险),也可能很小(化解和削弱)。而危险则不一样,它是一种有可能失败、灭亡或遭受损害的境况,它的发生只会产生不利结果,如果不加以解决,会直接导致毁灭。可以说,风险可能会导致危险,但不等同于危险,关键看风险发生的概率和破坏程度。从这一角度来看,那么金融风险与金融危机并不是等同的概念。

(5)从不同决策者对待风险的不同态度展开对风险的研究。这种观点用效用这一指标来量化决策者对待风险的态度,可以给每个决策者测定他对待风险的态度的效用曲线(函数),这就能得到不同形状的效用曲线,并表示了不同决策者对待风险的不同态度,将决策者分为:保守型、中间型、冒险型三种。

综合以上各种风险定义的合理因素,我们可以得出在现代经济领域的风险定义如下:所谓风险,系指由于不确定性而引发的出现损失(或获利)的可能性;这一可能性的分布状况显示风险的程度;风险的实现或发生依赖于经济主体对风险的预期与态度。对于经济个体而言,风险因其偏好的不同而表现为或正(对风险偏好者)或负(风险厌恶者)的效用;对于经济整体而言,风险过大会导致市场稳定预期难于形成,交易后果难于预测,风险厌恶者退出交易,交易规模下降,从而使市场先是动荡,进而萎缩,经济发展停滞,甚或倒退,因此主要表现为负面因素;但从另一方面看,风险又有促进分工、推动制度变迁,进而促进经济发展和社会进步的作用。

2.金融风险的涵义

在了解了什么是风险以后,再来回答什么是金融风险就容易了许多。国内外关于金融风险的解释比较多,比较典型的包括:

(1)克罗凯特(A. Crodkett,1997)认为,“金融风险是金融资产价格的不正常活动,或大量的经济和金融机构背负巨额债务及其资产负债结构恶化使得它们在经济冲击下极为脆弱并可能严重地影响宏观经济的正常运行”。

(2)英国金融学家格利茨(L. Galitz,1998)认为,“金融风险是对暴露于风险中的任何金融实体在财务经营方面所造成的冲击”①。

(3)史密斯(Smith. C. W,1995)认为,金融风险是指在经济活动中,由资金筹措和运用所产生的风险,即由不确定性引起的在资金筹措和运用中形成损失的可能性。

(4)刘力(1997)认为金融风险,在中文中通常有三种解释。第一种解释是指由于企业负债经营导致其权益投资者在企业经营状况和经营风险不变的情况下,其收益风险的增加。第二种理解是指投资者投资于金融资产而面临的投资风险,如投资者投资于银行存款、股票、债券、期货及各种其他衍生金融工具而面临的投资风险。对金融风险的第三种理解是指金融机构运行过程中存在的风险,如银行、证券公司、信托投资公司等在投资和资产运用中存在的风险。

(5)金融风险是资产的所有者或投资者,在投资和融资过程中,因偶发性或不确定性因素所引起的收入的不确定性和资产损失的可能性。(陈立新,1997)

(6)金融风险是指金融机构在经营过程中,由于决策失误,经营管理不善,违规扩张,

① 格利茨对金融风险所下的定义在西方有一定的代表性。但是,20世纪90年代以来许多国家和地区接连发生的金融危机表明,在当代金融领域里不仅存在微观金融活动的风险,而且存在着宏观金融活动的风险。

债务人违约以及其他一些原因，使其资金、资产和信誉遭受损失的可能性。（李宝庆，1997）

(7)金融风险应当是指经济主体在从事资金融通过程中遭受资产或收入损失的可能性。（魏加宁，1998）

(8)金融风险是由于金融市场因素发生变化而对企业的现金流产生负面影响，导致企业的金融资产或收益发生损失并最终引起企业价值下降的可能性。（王春峰，2001）

除此之外，还有人认为，金融风险就是发生在金融领域的风险；也有人认为，金融风险是一种经济损失的不确定性等。

从金融风险的定义我们可以发现，尽管对金融风险有多种解释，但这些解释主要都是从两个方面来阐明金融风险的：

其一是金融风险的结果。由于风险就是由于各种不确定因素的出现变化，影响了经济活动的方式和方向，从而给经济主体带来的一种损失或获利的可能性，金融风险的结果是金融资产损失的可能性这一点，大家的认识较为一致。当然也包括获利的可能性，由于目前更多的关注其危害，往往简化为损失的可能性。

其二是对引起金融风险的原因的探讨。这是目前分歧较大的地方。尽管从事经济活动的主体（包括居民、企业、政府）都参与资金筹措和运用，但是由于经济金融化，金融机构在国民经济中的心脏地位，不同的经济主体参与经济活动的风险都表现和转嫁为金融风险，使金融机构成为金融风险的集散地，因而金融风险也主要表现在金融机构遭受损失的可能性上。由于金融风险的产生不仅受到金融机构自身经营状况的影响，还受到其他主体的影响，这种影响甚至是决定性的。比如，政府制定的金融制度的不合理性所带来的不确定性往往是金融风险产生的非常重要的原因。所以，将金融风险仅仅定义为金融机构或金融领域的风险并不准确。因此，在风险的范畴基础上，结合金融活动本身的特殊性给出金融风险的定义，才能更靠近金融风险的本质。

基于此，我们认为“金融风险”(Financial Risk)，是指包括金融机构在内的各种经济主体在金融活动或经营活动中，因经济原因或金融制度、金融运行与金融管理等各种因素的不确定变动使经济主体的实际收益与预期收益目标发生偏差，从而导致其在经济活动中遭受损失（或获利）的可能性。准确把握这一定义，必须明确：

(1)金融风险不等于经济损失，它有两种可能，既有蒙受经济损失的可能，又有获得超额收益的可能，其直接表现为货币资本的损失或收益。我们不仅要注意它的消极方面，更要注意它的积极因素和积极作用。例如，东南亚金融危机在使东南亚各国经济遭受破坏，产生巨大的损失的同时，也使东南亚各国政府更加重视对金融体系建设的完善和对宏观经济、经济结构的调整，使各国的经济发展更加稳定，有助于东南亚各国经济向高层次转变。

(2)金融风险仅指存在和发生于资金的借贷和经营过程中的风险，只要一进入这个领域，也就是说只要一进行资金的借贷和经营活动，金融风险就随之形成并可能产生实际的损失。

(3)不确定的经济活动是产生金融风险的必要条件，预期行为目标的偏离是金融风险产生的充分条件。

(4)金融风险中包括金融机构在内的各个经济主体，主要指从事资金筹集和经营活动的经济实体，它包括居民个人、企业、事业单位、银行、非银行金融机构，甚至政府等。

从金融风险的定义中，我们可以明确金融风险是以金融活动或货币信用混乱为特征的风险，它不同于普通意义上的风险，具有自己的特征。具体说主要有以下特征：

(1)金融风险的客观性。只要有金融活动存在，金融风险就必然存在，无风险的金融活动在现实中是不存在的。说金融风险具有客观性的原因主要有以下两个原因：一是市场经济主体的有限性。由于市场信息的非对称性和主体对客观认识的有限性，市场经济主体所做出的决策往往是不及时、不完善和不可靠的，有时甚至是错误的，从而在客观上有可能导致金融运行中风险的发生。二是市场经济主体的机会主义倾向。人类的天性有一种道德上的冒险精神和趋利避害动机，因而可能采取不正当的手段，诸如说谎、欺骗、违背承诺以及尽可能钻制度、政策的空子以谋取私利。投机、冒险和各种钻营的客观存在导致金融风险不可避免。

(2)金融风险的隐蔽性。金融风险往往并非在金融危机爆发时才存在，金融活动本身的不确定性有可能一直为其本身的表面现象所掩盖。

(3)金融风险的扩散性。金融风险不同于其他风险的一个显著特征是金融机构的风险损失或失败不仅仅影响自身的生存和发展，还会导致更多的储蓄者和投资者的损失或失败，从而引起社会的动荡。通过上述分析可以看出，金融风险是一个比较宽泛的概念，它既包括可以计量的风险，也包括不能计量的风险，只要一进行货币、资金的借贷与经营活动，金融风险就随之形成并有可能成为实际损失。

11.1.2 金融风险的类型

金融体系庞大而复杂，金融风险具体的存在形式也是多种多样的，这是金融客观性的一种外在表现。关于金融风险的分类，由于研究者所站的角度不同，存在着多种分类方式。根据不同的标准，可以将金融风险划分为不同类型。不同类型的金融风险，其构成要素、形成机理、发展趋势和后果也各不相同。因此，从不同的角度对金融风险进行分类，并掌握其构成要素有助于全面、深刻地认识各类金融风险，有针对性地采取防范、化解措施。

1. 按金融风险的性质划分

按金融风险的性质划分主要将金融风险分为两大类：系统性金融风险和非系统性金融风险。这也是最为常见的一种分类方式。

(1)系统性金融风险。所谓系统性金融风险是指由金融活动主体本身不可控制的因素所引起的，是金融市场所有参与者共同面临的风险。这里的不可控制的因素包括政治、经济及社会心理等因素，其后果往往是在整个金融体系中，引发“多米诺骨牌”式爆发的金融风险。系统性金融风险又有周期性金融风险和结构性金融风险之分。周期性金融风险是由经济周期引起的，周期性经济危机往往形成周期性金融危机。结构性金融风险也可以说是特殊性金融风险，通常是由经济、政治或军事事件、自然灾害等特殊原因引起的。系统性金融风险不能通过资产多样化来分散和回避，因此又称为不可分散风险。

(2)非系统性金融风险。非系统性金融风险是指由于内部和外部的一些因素的影响，使个别经济主体(或金融机构)遭受损失甚至倒闭的可能性。非系统性金融风险往往是由于金融活动主体由于经营不善从而造成损失的情形，是除了系统风险以外的其他风险。非系统性金融风险属于个别经济主体的单个事件,对其他经济主体没有产生影响或者影响不大,没有引起连锁反应。非系统性金融风险可以通过分散化投资策略来规避,因此又称为可分散风险。这样的划分也不是绝对的。由于金融风险具有传染性,非系统性金融风险一旦发生,可能向整个经济金融领域扩散,从而转化为系统性金融风险,或者非系统性金融风险积累到一定程度,也有可能转化为系统性金融风险。

2.按金融风险的层次划分

长期以来,金融风险在国外被许多人看作是一种微观金融活动的风险。但是,20世纪90年代以来许多国家和地区接连发生的金融危机表明,在当代金融领域里不仅存在微观金融活动的风险,而且存在着宏观金融活动的风险。按金融风险的层次划分,金融风险可分为微观金融风险和宏观金融风险。

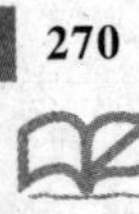

(1)微观金融风险。微观金融风险是指微观金融活动主体在其金融活动和管理过程中发生的资产损失或收益损失的可能性。从微观层面看,金融企业经营不善,经营风险控制不力,如汇率波动造成巨额损失、资产质量低下,银行信用等级不断下降,导致存款人挤兑、亏损破产等;金融企业大肆进行金融投机,发生巨额亏损,导致破产倒闭;从事洗钱等非法活动被揭露查处造成停业倒闭等都是这一类金融风险的典型表现。微观金融风险的构成要素包括:

①信用风险(Credit Risk)。又称违约风险,指债务人不能或不愿履行债务而给债权人造成损失的可能性,或是交易一方不履行义务而给交易对方带来损失的可能性。信用风险存在于一切信用活动中,也存在于一切交易活动中。由于信用业务是银行的传统业务,也是主要业务,而银行是社会的信用中心,也是信用风险的集中地,因此,信用风险是银行面临的传统风险,银行面临的信用风险是比较突出的,信用风险给银行带来的损失往往是巨大的。

②市场风险(Market Risk)。这是一种由于市场价格变化(利率、汇率变化)引起金融机构持有资产价格变动或银行及其他金融机构协定利率跟不上市场利率变化而带来的风险。尤其是金融衍生产品交易风险,即金融机构从事期货、期权等金融衍生工具交易时对市场行情错误预计而发生损失的风险,这种风险如果不能很好地控制,对于金融机构而言往往是致命的风险。

③流动性风险(Liquidity Risk)。是指存款人按照正当理由要求提款时银行或其他金融机构不能支付的风险,一是现金支付能力不足,不能保证存款者提现需求,二是银行不能满足企业、单位等存款者转账支付需求。严重的流动性风险会触发银行信用风险,即存款者挤提存款而银行无法支付的风险。挤兑会造成银行破产,甚至于发生连锁反应,危及整个银行体系的安全。

④操作风险(Operation Risk)。指由于企业或金融机构内部控制不健全或失效、操作失误等原因导致的风险。操作风险的主要表现有:一是政策执行不当,这往往是由于有关信息没有及时传达给操作人员,或在信息传递过程中出现偏差,或者是操作人员没有正确领悟到上司的意图等原因造成损失;二是操作不当甚至违规操作,操作人员业务技能不高或偶然失误可能造成损失;三是交易系统或清算系统发生故障。操作风险造成的后果也可能是非常严重的,甚至是致命的。

⑤管理风险(Management Risk)。指金融机构管理层在管理程序、管理机制或管理环节中出现纰漏对金融机构带来的风险,如内部稽核监管制度力度不到位,保安措施不

力或疏于执行以及银行经营管理人员风险意识淡薄、不遵循谨慎经营原则造成的风险损失。

⑥法律风险(Legal Risk)。指金融机构或其他经济主体在金融活动中因法律方面的问题而引致的风险。法律风险的表现形式有:金融合约不能受到法律应予的保护而无法履行或金融合约条款不周密;法律法规跟不上金融创新的步伐,使创新金融交易的合法性难以保证,交易一方或双方可能因找不到相应的法律保护而遭受损失;形形色色的各种犯罪及不道德行为会给金融资产安全构成极大的威胁;经济主体在金融活动中如果违反法律法规,将会受到法律的制裁,这也是法律风险的一种表现。

巴林银行倒闭

1995年2月,拥有233年历史的金融帝国——巴林(Barings PLC),因为交易员里森的不当操作,而宣告破产倒闭。他预期日本经济即将复苏,于是买入日经225股价指数期货,并卖出债券期货。不料日本经济因关西地震,股价持续走低,里森为了补交保证金卖出上跨式期权(top straddle option)合约,终至亏损愈大而无法收拾。当1995年2月27日,里森以公司的名义在新加坡国际金融交易所所订立的期货合约之名义本金达270亿美元,同时,里森也出售日经期权之买权和卖权共70 892个合约,名义本金约达66.8亿美元。相较于巴林银行6.15亿美元的资本,该名义资本之总额可谓极为庞大。截止1995年2月底里森所建立的头寸资料如下表所示。

里森1995年2月底建立的头寸

合约名称	报告头寸		报告头寸		实际合约占相关合约比例
	合约数	金额	合约数	金额	
期货					
日经225	30 112	2 809	(长)61 039	7 000	占3月份合约之49%
					占6月份合约之24%
日本公债	15 940	8 980	(短)28 034	19 650	占3月份合约之85%
					占6月份合约之88%
欧洲日元	601	26.5	(长)6 845	350	占3月份合约之5%
					占6月份合约之1%
					占12月份合约之1%
期权					
日经225	无		37 925 买权	3 580	
			32 967 卖权	3 100	

资料来源:Stoll,1995,Lost Behaving:A Talein Three Parts Concluding with a lesson,The journal of Dariatives,Vol.3,NO.1,Fall,pp.109~115.

(2)宏观金融风险。在现代金融制度下,居民、企业、银行、政府各主体之间,特别是企业与企业、银行与银行之间,存在着纵横交错的债权债务链条,这些债务链条从另外一个角度看,就是传递或扩散金融风险的通道,往往一个债务人支付危机在特定情况下诱发连锁反应。因此,微观层面的个别和局部的金融风险控制不力,波及范围迅速扩张,则可能演进成为宏观层面金融风险。

宏观金融风险是从整个国家或全球角度所言的金融风险。宏观层面的金融风险可以分为调控偏差型和制度缺陷型两类。调控偏差型金融风险是由于宏观调控部门，尤其是金融调控当局在进行经济、金融调控运作过程中，因调控目标、调控时机、调控力度以及调控手段等选择偏差造成的金融风险。如墨西哥金融危机就是因在不适宜的时机(政局动荡，外国投资者信心减弱，经济严重依赖进口，贸易连年逆差，外资流入，中短期投机性资金比重过高等情况下)宣布比索贬值引发的。泰国金融危机也属此类型。制度缺陷型金融风险则是由于宏观调控部门，特别是金融调控当局对经济、金融制度建设、安排的缺陷导致的金融风险。如日本金融危机的产生，一是政府任由股票、房地产等资产价格飞涨，没有安排相应的约束制度，以至于经济泡沫不断膨胀；二是金融监管当局对金融机构大量资金进入房地产领域对泡沫经济推波助澜，没有建立有效监管和控制制度。又如，韩国发生的金融危机，也主要是因为制度上的缺陷，使得银企之间的不良信用膨胀，企业规模盲目扩大。在出现大批企业破产的情况下，产生连锁反应，酿成空前的“信用恐慌”，再加上长期以来的金钱与权力的勾结与交换，政府控制不力，从而引发了本次严惩的金融危机。

3.按金融风险产生的根源划分

按金融风险产生的根源划分可以将其划分为自然风险、社会风险、经济风险、政治风险、技术风险五种类型。

(1)自然风险，是指由于自然力的不规则变化，引起的种种物理和化学的实质性的危险因素，造成的物质财产损毁和人员伤亡所引起的风险。如水灾、火灾、风灾、雷电、地震等自然灾害，都可能使银行蒙受经济损失。

(2)社会风险，是指由于反常的个人行为或不可预料的团体行为所导致的风险。如抢劫、盗窃、诈骗、冒领、罢工、故意破坏等事故，都可能给金融机构经济上造成灾害性损失。

(3)经济风险，是指金融机构在货币经营和信用活动中由于主观努力的程度和客观条件的变化而引起的风险。如经营管理不善、资金需求变化、利率与汇率变动、通货膨胀等，都可能使金融机构遭受意外的经济损失。

(4)政治风险，是指由于政局的变化、政权更替、战争、种族冲突、恐怖活动等，给整个金融业造成的风险。如 2001 年美国遭受的“9·11”恐怖袭击事件，使美国的金融业遭受了相当沉重的打击，甚至波及到全球金融市场。

(5)技术风险，是指由于科学技术发展所带来的某些不利因素而导致的金融风险，类似于前面微观金融风险中的系统风险。例如计算机系统出现故障和运行差错，各种银行经营器具的故障，都可能给金融业带来不同程度的经济损失。

4.按金融风险涉及的范围划分

按金融风险涉及的范围可以将金融风险划分为单项业务风险、个别金融机构风险、区域性风险和国家风险 4 种类型。

(1)单项业务风险，是指金融机构在办理某项具体业务时，由于各种因素的影响，使实际收益低于预期收益或资产流失，而使金融机构蒙受损失的风险。如某笔贷款因借款人意外事故而不能收回贷款本息造成的风险。

(2)个别金融机构风险，是指个别金融机构在筹措资金经营资产、开展业务、进行经营管理的过程中，由于主客观各种复杂因素的影响，使其整体上出现支付困难，甚至破产的风险。

(3)区域性风险，是指某一地区由于许多复杂因素的组合和偶然事件的引发，使整个地区的绝大多数金融机构均出现支付困难，社会金融监控体系处于失控、失效状态的风险。

(4)国家风险，是指由于复杂、深刻的社会经济矛盾的作用，由偶然事件触发而引起巨大的金融风险，迅速波及到整个国家范围，需要政府以国家代表的身份来承担和化解的金融风险。

11.1.3 金融风险的生成机制

在明确了什么是金融风险以及金融风险的种类之后，我们有必要了解金融风险是怎样产生的。从现实的经济生活来看，金融风险的产生与许多因素有关，金融风险的形成原因很复杂，金融风险的生成机制在不同国家、不同时期、不同领域可能有所不同。金融风险有时可能只与一两个因素相关，有时可能是许多因素的综合反映。本节我们将重点了解一下国内外关于金融风险生成机理的一些主要学说。

1.金融体系内在脆弱性假说

这一学说最早由美国著名经济学家凡勃伦(T. Veblan)提出，其代表是海曼·明斯基(Hyman P. Minsky)提出的"金融不稳定假说(Financial Instability Hypothesis)"。凡勃伦在其《商业周期理论》(Theory of Business Enterprise)和《所有者缺位》(Absence Ownership)中提出金融体系内在不稳定性的假设命题。凡勃伦指出：证券交易的周期性崩溃在于市场对企业的估价依赖降低并逐渐脱离于企业的盈利能力；资本主义经济的发展最终导致社会资本所有者的缺位，结果其本身内在地存在着周期性动荡力量，这些力量主要地集中在金融体系中。金融内在不稳定性研究在早期仍然只是从属于社会信用制度、经济周期和危机研究的一部分而未独立。

明斯基1919年9月23日出生于芝加哥。"金融不稳定假说"是明斯基在20世纪60年代提出的，明斯基认为，一个金融体系自然由稳健的结构向易变的结构转变，或从一个与稳定一致的结构向易于不稳定的结构变化。他强调系统在不断地向易变性变化，"稳定"的状态实际上是短暂的，"稳定是非稳定化"。在长期繁荣时期，经济从有利于稳定系统的金融关系向有利于不稳定系统的金融关系转化。"金融不稳定假说"的另一特性是侧重制度因素。在长期金融缺乏的情况下，明斯基的向易变性的转换不会发生(但不意味着一个较简单的资本主义不会经历非稳定性)。他认为，金融形势从"平衡交易"转为"投机"最后到"庞兹理财(Ponzi Finance)"[①]，是由于起先关于将来报酬预期的逐渐乐观，而后来这些预期变得失望或金融安排被破坏的缘故。在任何情形下，"金融不稳定假说"

---

① 庞兹理财(Ponzi Finance)，得名于20世纪20年代发生在纽约的一桩著名金融诈骗案，一名叫查尔斯·庞兹(Charles Ponzi)的法裔美国人策划了一个用后加入者的入伙费充作投资收益付给先来者的连锁性计划(称"庞兹计划")，成为一时暴富，后被拆穿。顾名思义，处于庞兹理财状态的行为主体由一、二种方式取得的正常现金流入尚不足支付日常性现金支付及债务利息。如不欲变卖资产，维持现有经济规模，则不仅要靠滚动负债偿付到期债务的本金，还要不断地累积新债务。长期亏损性企业常常处于此种状态，而具有高赤字的政府部门无疑是最大的庞兹理财者。不过，只要外界相信该行为主体之资本尚足以抵债，而且亏空是暂时性的，将来会向良性发展，则该行为主体仍可正常运作，不至于立即爆发债务危机。

关键取决于现代资本主义经济的制度安排以及在这些安排下易于产生的行为的进展。在明斯基看来,"一个资本主义的或一个市场的经济是一个金融的体系"。新古典的方法仅仅停留在将金融系统从所谓的真实经济中分离开来,而不能清楚的解释金融系统对经济的职能的影响。明斯基的分析通过从金融系统以及分析从"平衡交易"到"投机"的转化开始,从而与真实的资本主义经济联系在一起,缺乏制度的分析是不能清楚地解释真实世界的经济的。他认为私人信用创造机构特别是商业银行和其他相当的贷款人的内在特性使他们经历周期性危机和破产浪潮。金融中介的困境被传遍到经济的各个组成部分,从而产生宏观经济的动荡和严重风险。明斯基表示,资本主义的繁荣时期埋下了金融动荡的种子,在这个时期,许多企业是投机性的,它们根据预测未来资金短缺程度和时间来确定借款;从事高风险的企业也增多,它们将借款用于投资回收期很长的项目,在较长时期内它们都无法用投资的收益还本付息,而需要滚动融资用于支付本息。当经济增长滞缓或其他打断信贷、资金流入企业的事件发生时,就将引起违约和破产的浪潮,而这又反馈到金融体系,使金融体系的资产遭受损失。明斯基进一步提出代际遗忘解释和竞争压力解释,即今天的贷款忘记了过去的痛苦经历,利好事件促进了金融业的繁荣,贪欲战胜了恐惧,价格上涨推动更多的购买,以及贷款人由于竞争的压力,为不失去顾客和市场而作出许多不审慎的贷款决策,这就使金融风险不断积累最终导致金融危机。

金德尔伯格(C. Kindleberger,1985)同样也从周期性角度来解释金融体系脆弱性的孕育和发展。他认为,经济的扩张会产生疯狂性投机,即疯狂地把货币换成真实资产和金融资产,形成过度交易,这容易导致恐慌和崩溃。一旦出现恐慌,个人就会尽力把对厂商的债权转换为货币和现金,因而引起利率上升、投资削减、利润率下降,使厂商资产价值总量降低,其净值因而减少。可见,在长波周期中,金融体系具有来源于借贷双方行为特性的内在不稳定性。他和明斯基被认为是对金融体系风险的"周期性"解释一派。另一派解释是以弗里德曼为代表的"货币主义解释"。弗里德曼和斯瓦兹认为如果没有货币过度供给的参与,金融体系的动荡不太可能发生或至少不会太严重,金融动荡的基础在于货币政策,正是货币政策的失误引发了金融风险的产生和积累,结果使得小小的金融困难演变为剧烈的体系灾难,斯瓦兹甚至将没有伴随货币数量显著下降的金融扰动定义为"伪金融危机"。周期性解释把金融体系风险的产生和积累视为非理性或非均衡行为的结果,但它无法说明为什么经济行为人要按照那种破坏自身利益的非理性方式来行事;货币主义解释则太片面,它事先排除了非货币性因素产生的金融动荡的可能性。由于金融体系存在内在脆弱性的主张缺乏微观基础,在很大程度上不得不依赖准心理学的判断来解释金融主体的非理性行为,这种理论也就只能被称为假说。但是,近年来出于博弈论和信息经济学等微观经济学的新进展,经济学家们重新对金融市场的微观行为基础有了深刻理解,金融理论获得了重大进展,这种新进展集中在两个方面:"为什么金融中介机构具有内在的脆弱性?为什么金融资产的价格总是容易出现过度的波动?"

2. *金融机构的内在脆弱性学说*

阿克洛夫(Akerlof)、斯蒂格利茨(Stigliz)和魏斯(Weiss)等西方经济学家在博弈论和信息经济学基础上提出的包括"道德风险(Moral Hazard)"和"逆向选择(Adverse Selection)"在内的"金融机构的内在脆弱性"是解释金融风险生成机制的重要理论。他们认为不少金融危机的爆发都是起因于某些金融机构的倒闭,而金融机构在金融动荡下的脆弱性又往往使得局部的金融市场扰动演变为全面的金融危机。因此,金融风险的主要来源在于金融机构的内在脆弱性及其积累。

1961年,斯蒂格利茨发表了《信息经济学》一文,打破了一直统治着经济学理论界的基础假设——完全信息假设,强调信息的不完全性,并首次将信息问题引入经济学领域。信息经济学中最核心的问题是信息不对称,以及信息不对称对个人选择和制度安排的影响。信息经济学认为,现实世界中信息是不完全的,或者是不对称的,即当事人一方比另一方掌握的信息多。当参与人之间存在信息不对称时,任何一种有效的制度安排都必须满足"激励相容"(Incentive Compatible)或"自我选择"(Self-selective)条件。信息的不完全使得市场价格机制不再是使市场均衡的最有效的制度安排。信息经济学建立了委托——代理模型来分析当事人行为,进而对经济现象作出解释。该模型认为,契约达成后,当事人双方掌握的信息是不对称的,掌握信息多的一方为代理人(Agent),另一方为委托人(Principal)。委托人欲使代理人按自己的利益行动,但委托人无法直接观测到代理人的行为选择,只能观测到一些变量,因而具有代理人行为的不完全信息。信息不对称造成代理人的机会主义行为。机会主义行为包括事前行为和事后行为,事前机会主义行为称为"逆向选择"①,即在达成协议前,代理人利用信息优势使委托人签订不利的契约。事后的机会主义行为称为"道德风险",即在达成契约后,代理人利用信息优势不履约或"偷懒"。机会主义行为提高了交易活动中的信息成本,委托人于是有必要采取一定措施(如建立长久的契约关系等)寻找最优契约安排,减少信息成本。信息经济学研究的正是在这种不对称信息情况下的最优契约安排,所以又称为"契约理论"。

斯蒂格利茨和魏斯通过研究证明不对称信息产生逆向选择困境也存在于信贷市场。他们认为,商业银行从历史中得出结论,如果困难重重,政府就会救援,并由于委托——代理制度的存在,使银行资产趋于恶化,这是因为经营者的决策一旦成功,个人将会得到奖励,机构将得到较高回报(包括市场占有率等);而失败时,个人最多只是暂时失去工作。相关的不当激励在信贷膨胀时期,将会导致从众行为。投资项目在经济形势繁荣时期收益丰厚,形势逆转则出现严重困难,给相关金融机构带来损失。当市场信心崩溃时,就会发生囚徒困境和挤兑行为。根据斯蒂格利茨和魏斯的观点,随着对任何一类借款人所收取的实际利率的提高,借款人违约的可能性相应增加。这是因为随着实际利率的提高,必然出现两种结果:一是风险偏好型的借款人将接受贷款人的出价,而风险回避型的借款人将退出申请人的队伍,这就是所谓的"逆向选择"。二是因为银行不可能全面地对借款人的行为进行监控,任何借款人都倾向于改变借款的用途,投入到高风险高收益的项目,这就是"激励效应"。而道德风险是发生在交易之后的信息不对称问题。借贷市场

① 阿克洛夫1970年提出的旧车市场模型开创了逆向选择理论的先河。斯蒂格利茨和魏斯将这一模型引入金融市场。在金融市场中,投资者无法确定筹资者的风险高低,只能按反映平均风险程度的价格购买证券,这一价格会低于高质量公司证券的公正市场价格而高于低质量公司证券的公正市场价格,因此,高质量公司便不会在市场上发行证券,而低质量公司则会乐此不疲。由于信息不对称,投资者不能确定公司质量,高质量公司发行证券少,因而市场上流通的大多数是低质量证券。借贷市场上也有同样问题,借款人比贷款人更了解一笔借款的投资方向、投资回报率及可能出现的风险等,银行成为信息劣势一方,难以准确评估借款人的风险状况。如果银行按照以往借款人的平均风险水平确定贷款利率的话,那些风险较大的客户更愿意接受银行的贷款条件,而那些风险较小的客户将退出借贷市场,从而导致借款人的平均风险水平上升。如果银行据此提高贷款利率,势必导致次优的借款人退出市场,银行贷款质量将进一步下降,致使银行贷款进一步缩减。

的道德风险有三种具体表现形式:一是改变资金用途。一旦贷款发放出去,贷款人就很难对借款人进行监督,如果借款人有不偿还贷款的动机,借款人就可能去从事贷款人所不希望看到的高风险投资或投机活动,使贷款人受到道德风险的伤害。道德风险的发生正是因为借款人有从事高风险活动的动机,一旦成功,借款人享受好处,而失败则由贷款人承担大部分损失。借款人还可能将借款用于其他方面,以改善自己的福利。二是一些有还款能力的借款人可能隐瞒自己的收入,有还款能力但却不归还银行贷款,特别是在缺乏对违约的相应制裁的情况下更是如此。三是借款人取得资金后,对于借入资金的使用效益漠不关心,不负责任,不努力工作,致使借入资金发生损失。借贷双方的利益冲突(委托——代理问题)使许多贷款人决定不再放款,这样整个社会的贷款与投资便会处于非最优状态。总而言之,信息不对称通过逆向选择和道德风险影响金融机构,形成金融机构内在的不稳定性,也种下了金融风险的"种子"。

3.信用脆弱性理论

马克思对信用脆弱性做出过深刻描述。马克思认为,金融体系得以生存和运行的前提是:信用仅仅是对商品内在精神的货币价值的信仰,决不能脱离实物经济,但金融资本家的趋利性,虚拟资本运动的相对独立性却为信用崩溃提供了条件。信用在经济运行中具有周期性特点,随着经济运行的周期呈现出膨胀和紧缩的交替。在经济波动剧烈的情况下,信用的猛烈扩张和收缩常常造成信用的严重扭曲。马克思尖锐地指出,信用在过度投机中发挥了杠杆作用。信用不仅加剧了部门之间、企业之间的不平衡性,造成对商品的虚假需求,信用还刺激了金融投机,推动了虚拟资本的过度膨胀,并为信用崩溃和金融风险的爆发创造了条件。

而现代信用理论认为,信用的脆弱性是现代金融风险生成的重要根源,这可以从信用运行特征来解释:(1)信用是联系国民经济运行的网络,这个网络使国民经济各个部门环节相互依存、共同发展,但这个网络的任何一个环节即便是偶然的破坏都势必会引起连锁反应,信用良好的金融机构或企业也会因此受到牵连而陷入信用混乱之中,因此,信用的广泛连锁性和依存性是信用脆弱、产生金融风险的一个重要原因。(2)金融过程的时空分离是导致信用关系脆弱性的决定性因素。金融的基本表现形式是金融中介或经纪机构通过信用关系将资金提供者和资金需求者联结在一起。金融机构的介入以及信用的作用,使金融过程在时间上和空间上出现了分离。由于时间和空间的分离,资金提供者难以获得资金需求者的完全、确定的信息;由于环境的不确定性,可能导致资金需求者的情况不断发生变化;由于相关法律监管不严或道德约束不力,资金需求者可能提供虚假信息,或干脆不履行归还资金的义务;资金提供者对于相关信息真伪的辨别能力以及信息加工处理能力有限等这些都有可能使资金提供者提供的资金不能获利,甚至部分或全部不能收回。因而,金融过程的这种分离使信用关系变得脆弱。金融过程在时间上的分离,使交易者之间充斥着时间上的变数。经济金融活动的阶段性和周期性都与时间有关。商品交易市场上存在买与卖的分离;信贷市场上存在存款与取款、贷款与收回以及借款与偿还等环节在时间上的分离;股票市场上存在筹资与项目投资和买股与卖股的时间分离。时间因素对衍生金融市场的影响更是具有决定性的意义。金融经济活动各环节在时间上的分离是形成不确定性的基础。金融过程在空间上的分离,同样增加了交易的不确定性。金融活动在地理空间上的不断扩展使金融过程的空间分离更为明显。

通信技术的发展为这种分离提供了便利。空间分离不等于空间的隔绝，而是金融过程不同环节在中间上的分布和紧密的联系。一旦这种联系变动或中断，就可能严重影响各地的金融过程，同时这种影响还能相互传递和扩散。因此，信用关系在空间上的广泛联结和日益延伸，也在不断地增加其自身的脆弱性。(3)金融业的过度竞争以及信用监管制度的不完善是信用脆弱性的又一表现。为了争夺存款客户，金融机构通常提高存款利率；为了吸引贷款客户，增加市场信用份额，金融机构通常的做法是降低贷款利率。存贷款利差的减小，在其他条件即定时，使金融机构盈利水平下降，经营风险增加。在这种情况下，许多金融机构不得不越来越重视发展高风险业务，以图取得较高收益。"趋利性"促使金融机构放弃稳健经营原则；加之金融市场的证券化和脱媒趋势，使许多信誉较高的大公司转向金融市场直接融资，金融机构被迫转向信誉较低、风险较大的中小企业，从而使其资产质量下降，经营风险加大。为了绕过信用监管，金融机构不断地进行金融创新，大力发展表外业务，如担保、承兑、贷款出售、代理等，从而使传统的货币概念和测量口径逐渐趋于失效，使金融监管难度加大，削弱了金融当局的监控能力。

美国次级债风波

美国次级债风波就是典型的信用风险事件。应该说美国次级抵押贷款的出发点是好的，在最初10年里也取得了显著的效果，1994～2006年，美国的房屋拥有率从64%上升到69%，超过900万的家庭拥有了自己的房屋。在利用次级房贷获得房屋的人群里，大部分是低收入者，这些人由于信用记录较差或付不起首付而无法取得普通抵押贷款，次级抵押贷款为低收入者提供了选择权，但次级抵押贷款的高风险性也随之而来，次级房贷的利率有可能高达10%～12%，而且大部分次级抵押贷款采取可调整利率(ARM)的形式，随着美联储多次上调利率，次级房贷的还款利率越来越高，最终导致拖欠债务比率和丧失抵押品赎回率的上升，形成次贷危机。

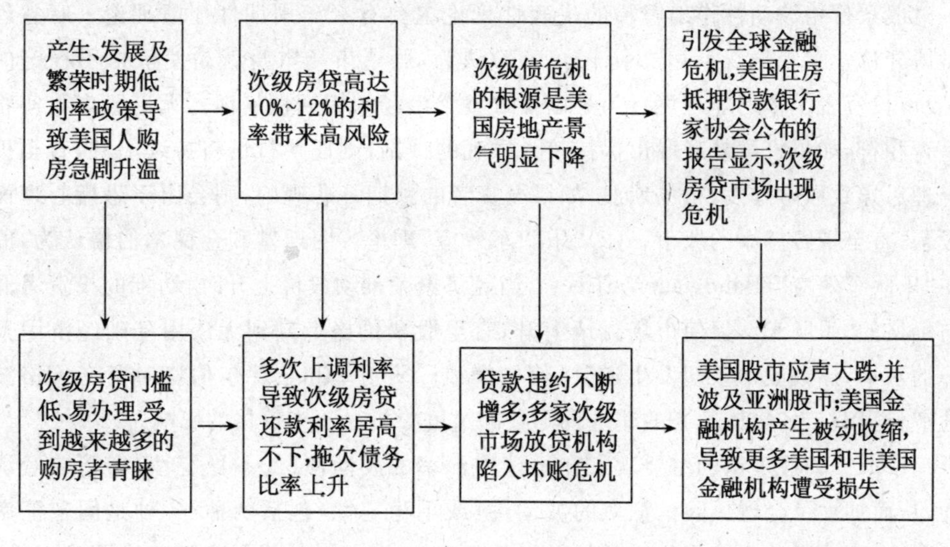

次级债危机形成示意图

4. 金融资产价格波动性理论

金融资产价格波动性理论主要包括：经济泡沫理论、股价波动性理论和汇率波动性理论。它们认为许多金融风险都与金融资产价格的过度波动相关，金融资产价格的过度波动是金融风险产生的一个重要来源，金融资产价格的急剧下跌是金融危机的一个重要标志。金融资产价格总是处在不断的波动之中的，金融资产价格波动性较强与信息不完全有关。信息的不完全决定了经济主体的有限预期，即经济主体不可能完全了解决定金融资产未来收入流量变化的各种因素，从而使金融市场的有效性和完善性大大降低，加剧了金融市场的失衡状态，造成了金融资产价格的不稳定性。而且，不同金融资产价格之间呈现出一定的互动性，通货膨胀率、利率、汇率和股价之间存在联动效应，彼此相互影响。

经济泡沫理论[①]认为经济泡沫是金融风险产生的根源。斯蒂格利茨(Stigliz)、哈恩(F. H. Hah)和萨缪尔森(Paul A. Sammlson)都对这一理论进行过详细研究。经济泡沫是指在一个连续过程中，一种或一系列资产价格的突然上升，随着最初的价格上升产生对远期价格继续上升的预期，从而吸引新的买者。投机者感兴趣的是买卖资产获得的收益，而不是资产本身的用途及其盈利能力。资产价格上升通常伴随着预期的反向变化并带来价格的迅速下降，从而使得金融风险逐步积累并最终导致金融危机。斯蒂格利茨在《关于泡沫的讨论》一文中认为，如果投资者的预期按照这样一种方式变化，即他们相信未来某种资产能以高于他们期望的价格出售时，这种资产的现实价格就将上升。因此，尽管对于泡沫有各种不同的看法，但最直接与基本的解释则是，如果价格上升的原因仅仅是因为投资者相信明天的售出价格会更高，而基础经济因素却似乎不对价格变动产生影响，那么泡沫就存在了[②]。哈恩和萨缪尔森证明了在缺乏完整和系列的期货市场——能够扩展到无限的将来——的条件下，没有任何一种市场力量能够保证经济泡沫不会破裂，因此金融风险是不可避免的。

对股票价格波动性作出解释的代表性理论主要有：(1)周期性崩溃理论。麻省理工大学博弈论学者克瑞普斯(L. Kreps, 1987)认为，股票市场本身就是使价格不稳定的投机，股市投资者个体的非理性行为足以导致整个市场的周期性崩溃。无论股市与实物经济是否相符，如果投资者对股市保持较为乐观的预期，则股票行情将持续上升，直至极度不合理后导致风险爆发、市场崩溃；如果投资者的预期是悲观的，则会由于恐慌心理而抛售股票，直至摧毁健康的股市。(2)"乐队车效应"理论。明斯基和金德尔伯格认为，股市存在"乐队车效应"(Bandwagen Effect)，当经济繁荣推动股价上升时，幼稚的投资者开始拥向价格的"乐队车"，促使市场行情上升，直至股票价格上升到无法用基础经济因素来解释的水平，导致股市预期发生逆转，价格崩溃。明斯基和金德尔伯格对资产价格波动性的解释强调市场集体行为的非理性导致的过度投机对资产价格的影响。

汇率的波动性理论的主要观点在于认为汇率的波动性(或不稳定性)会造成经济的波动，从而加大了金融风险。汇率的波动性(或不稳定性)包括两种：一种是固定汇率的波动性(或不稳定性)，即指货币对外价值发生意外的变化，使得固定汇率水平难以维系；

---

① 这部分内容参考了刘立峰：《宏观金融风险——理论·历史与现实》，35～38页，北京，中国发展出版社，2000。

② Joseph E. Stiglitz, Symposium of Bubbles, Journal of Economic Perspectives, Volume 4, Number 2, Spring 1990, pp. 13～18.

另一种是浮动汇率的波动性(或不稳定性),即指市场汇率的波动幅度超过了能够用真实经济因素来解释的范围。如果一国实行的固定汇率制度,货币当局应将本国货币的汇率维持在可持续水平上,否则当市场成员对该货币当前汇率能否维持下去失去了信心时,他们都将抛售该货币,导致固定汇率水平难以维持,这样金融风险便产生了。造成金融市场信心丧失的原因通常是当局把本国货币汇率定在了同其宏观经济政策不相符合的水平上,虽然政府通过动用储备对汇市进行干预或采用其他手段能够使得汇率在一定时期内稳定,但当不持续汇率引起的一些不利后果(例如贸易收支发生巨额赤字)出现后,市场预期就会转向,引起汇率崩溃。如果一国实行的是浮动汇率制度,汇率水平也可能过度波动,布雷安(D. Brilllian)指出金融衍生工具的出现及其迅速增长可能造成“汇率错乱”(Exchange rate misalignment),从而对真实经济产生一系列的不利影响。布雷安认为从某种程度上说,金融衍生物是不存在的东西,仅仅是个赌注,全球100万亿金融衍生品交易中仅有不足2%与实物经济相关,这是汇率从根本上脱离实际经济运行无序浮动的基础,结果汇率波动几乎不可避免,货币危机或经济泡沫在当前国际金融体系下也相应地无法消除。

11.1.4 金融风险的传递扩散

由于金融机构之间存在密切而复杂的债权债务联系,因此金融风险具有很强的传染性(Financial Risk Contagiosity)。金融风险可以由一个经济主体传递给别的经济主体,可以由一家金融机构传递给别的金融机构,可以由一个国家传递扩散给别的国家,结果可能导致系统性金融风险甚至世界性金融危机。一旦某个金融机构的金融资产价格发生贬损以至于不能保证正常的流动性头寸,则单个或局部的金融困难很快便演变成了全局性的金融动荡。金融风险的传导过程就是金融风险由小到大、由此及彼、由单个金融机构到整个金融体系、由一个国家到另一个国家发展的过程,是金融风险的范围和强度不断放大的过程。

1. 金融风险传递扩散的乘数效应具有递增性

金融机构破产的影响和扩散与普通企业是不同的,金融机构破产倒闭的影响和扩散的乘数效应具有递增性。普通企业的破产也会通过乘数效应而扩散,但每一轮的次级效应都是递减的。而金融体系内的各个金融机构之间是以信用链互相依存的,如果一家金融机构发生困难或破产,就会影响到它的存款人完成各自商业义务的能力,影响到同破产机构有业务联系的其他金融机构,还会影响到它的借款人(使借款人不得不提前偿还贷款或者得不到本来预料中的追加贷款)。其负面影响会随着每一轮而增强,少数金融体系的风险就变得越来越大,金融危机便会爆发。

2. 银行间支付清算网络的“多米诺骨牌效应”

银行同业支付清算系统把所有的银行联系在一起,从而造成了相互交织的债权债务网络,这既不允许金融机构出现流动性不足,也不允许其在汇市或股市的资产贬损,因为基于营业日结束时的多边差额支付清算系统使得任何微小的支付困难都可能酿成全面的流动性危机。曾有过模拟试验来测算其中一家参与者无力支付对其他机构产生的连锁反应，结果表明一家参与行暂时丧失支付能力时将引起“多米诺骨牌效应”，最终导致其他近一半参与者无力支付的结果；同时信息的不对称使债权人不能像对其他产业那样根据公开信息来判断某个金融机构的清偿能力，因此债权人便会将某一个金融机构的困难视为其他所有者表面相似业务的机构发生困难的信号，从而引发对其他金融机构的挤兑行为。

1997 年亚洲金融危机

1997 年 6 月，一场金融危机在亚洲爆发，这场危机的发展过程十分复杂。到 1998 年年底，大体上可以分为三个阶段：1997 年 6 月至 1997 年 12 月；1998 年 1 月至 1998 年 7 月；1998 年 7 月到 1998 年年底。

第一阶段：1997 年 7 月 2 日，泰国宣布放弃固定汇率制，实行浮动汇率制，引发了一场遍及东南亚的金融风暴。当天，泰铢兑换美元的汇率下降了 17%，外汇及其他金融市场一片混乱。在泰铢波动的影响下，菲律宾比索、印度尼西亚盾、马来西亚林吉特相继成为国际炒家的攻击对象。8 月，马来西亚放弃保卫林吉特的努力。一向坚挺的新加坡元也受到冲击。印尼虽是受“传染”最晚的国家，但受到的冲击最为严重。10 月下旬，国际炒家移师国际金融中心香港，矛头直指香港联系汇率制。台湾当局突然弃守新台币汇率，一天贬值 3.46%，加大了对港币和香港股市的压力。10 月 23 日，香港恒生指数大跌 1 211.47 点；28 日，下跌 1 621.80 点，跌破 9 000 点大关。面对国际金融炒家的猛烈进攻，香港特区政府重申不会改变现行汇率制度，恒生指数上扬，再上万点大关。接着，11 月中旬，东亚的韩国也爆发金融风暴，17 日，韩元对美元的汇率跌至创纪录的 1 008∶1。21 日，韩国政府不得不向国际货币基金组织求援，暂时控制了危机。但到了 12 月 13 日，韩元对美元的汇率又降至 1 737.60∶1。韩元危机也冲击了在韩国有大量投资的日本金融业。1997 年下半年日本的一系列银行和证券公司相继破产。于是，东南亚金融风暴演变为亚洲金融危机。

第二阶段：1998 年初，印尼金融风暴再起，面对有史以来最严重的经济衰退，国际货币基金组织为印尼开出的药方未能取得预期效果。2 月 11 日，印尼政府宣布将实行印尼盾与美元保持固定汇率的联系汇率制，以稳定印尼盾。此举遭到国际货币基金组织及美国、西欧的一致反对。国际货币基金组织扬言将撤回对印尼的援助。印尼陷入政治经济大危机。2 月 16 日，印尼盾同美元比价跌破 10 000∶1。受其影响，东南亚汇市再起波澜，新元、马币、泰铢、菲律宾比索等纷纷下跌。直到 4 月 8 日印尼同国际货币基金组织就一份新的经济改革方案达成协议，东南亚汇市才暂告平静。1997 年爆发的东南亚金融危机使得与之关系密切的日本经济陷入困境。日元汇率从 1997 年 6 月底的 115 日元兑 1 美元跌至 1998 年 4 月初的 133 日元兑 1 美元；5、6 月间，日元汇率一路下跌，一度接近 150 日元兑 1 美元的关口。随着日元的大幅贬值，国际金融形势更加不明朗，亚洲金融危机继续深化。

第三阶段：1998 年 8 月初，乘美国股市动荡、日元汇率持续下跌之际，国际炒家对香港发动新一轮进攻。恒生指数一度跌至 6 600 多点。香港特区政府予以回击，金融管理局动用外汇基金进入股市和期货市场，吸纳国际炒家抛售的港币，将汇市稳定在 7.75 港元兑换 1 美元的水平上。经过近一个月的苦斗，使国际炒家损失惨重，无法再次实现把香港作为“超级提款机”的企图。国际炒家在香港失利的同时，在俄罗斯更遭惨败。俄罗斯中央银行 8 月 17 日宣布年内将卢布兑换美元汇率的浮动幅度扩大到 6.0∶1～9.5∶1，并推迟偿还外债及暂停国债券交易。9 月 2 日，卢布贬值 70%。这都使俄罗斯股市、汇市急剧下跌，引发金融危机乃至经济、政治危机。俄罗斯政策的突变，使得在俄罗斯股市投下巨额资金的国际炒家大伤元气，并带动了美欧国家股市和汇市的全面剧烈波动。如果说在此之前亚洲金融危机还是区域性的，那么，俄罗斯金融危机的爆发，则说明亚洲金融危机已经超出了区域性范围，具有了全球性的意义。到 1998 年底，俄罗斯经济仍没有摆脱困境。1999 年，金融危机结束。

11.2 金融风险监测预警

自人类经济社会出现存贷款等金融活动以来，金融风险和风险管理也就成为经济和金融体系必然的组成部分，然而，全面系统的现代金融风险管理却是最近二三十年才得以迅速发展的。伴随着上世纪七、八十年代以来出现的金融自由化、全球化和金融创新的发展，金融机构所面临的风险环境也日益复杂化，尤其是20世纪90年代一系列风险事件的发生，极大地促进了现代金融风险管理的发展。无论是在风险管理的手段、内容还是机制和组织形式上，风险管理都发生了很大的变化。现代风险管理的系统性、科学性和复杂性已远非二三十年前可比。通过前面的学习，我们知道金融风险是不可避免的，如果不采取有效的措施进行监控，而任其不断积累，将给经济、金融的发展带来巨大的危害。因此，建立和完善金融风险的预警系统，充分发挥其预警功能，对于防范和控制金融风险，提高金融监管的效率具有十分重要的意义。目前，金融风险预警系统的构建也已成为我国金融监管体系建设的一项重要内容。本节将在国内外金融风险监测预警研究概况的基础上，重点介绍金融风险监测预警的原理、方法和实施。

11.2.1 金融风险监测预警的概况

20世纪90年代以来，对货币、银行和金融市场的研究，已经成为整个经济学科中最令人兴奋的领域之一。金融市场变化迅速，金融工具日新月异，世界经济、金融一体化的趋势日渐加强，对全球经济的发展起到了极大的促进作用。与此同时，金融运行过程中的风险也不断加大，金融危机频繁爆发。如今，为了有效地防范和化解金融风险，遏制金融危机的发生，世界各国比以往任何时候都更关注金融领域的安全问题。对于金融风险的预警和管理，美国花旗集团前董事长沃尔特·瑞斯敦(Walter Wriston)就说过："生活的全部内容是风险管理，而不是消除风险"。因此公司和金融机构最基本的任务之一就是如何预警和管理风险，并在其中寻求成功的途径。在国际上对传统投资一直是有详尽的研究并建立了一整套的评估决策与项目管理的模式。随着资本市场的发展，国际上对效率投资和金融投资领域的结构与实施以及对金融风险展开预警等方面，也有一定的研究和论述。目前在国际上，有不少金融风险预警和管理机制、系统、模拟模型可以借鉴，也形成不同目标和功效的金融风险预警体系。

1. 金融风险监测预警的必要性

从1992年欧洲货币危机，1994年墨西哥金融危机，到1997年由泰国引发的东南亚金融危机，再到2008年由次债危机而引发的全球金融危机，其程度之深，蔓延之广，远远超出了人们的预料。可以说，20世纪90年代是金融经济大发展时期，也是金融危机大爆发的时代。近年来，国际国内一批金融法规的制订和实施、金融监管体制和机构的调整以及先进的监管手段的开发，都表明金融监管取得了一定的进步。但是，从金融监管的效果看，仍不尽人意。为了防范和控制金融风险，促进金融业的健康发展，各国都在致力于提升金融监管的水平和效率。而金融风险预警系统的建立，正是实现此目标的先决条件，其作用和重要性体现在以下几个方面。

(1)有助于从事后的化解风险，转向事前的预防风险。通过建立和健全金融风险预警系统，充分发挥其预警功能，有助于使金融监管体系从事后的发现和化解风险，尽快转向事前预警和预防风险，同时减少相应的损失。金融监管当局的首要任务，不是处理危机，而是通过及时采取必要的防范和控制措施，尽可能避免或减少正常的金融机构转化为有问题的机构；对有问题的机构及时采取必要的应对措施，以防止和控制有问题机构转化为危机机构。早期预警风险机制应处于金融风险防范的首位，它是金融机构安全有效运行的重要保证。但目前在许多发展中国家的实际监管过程中，由于没有有效的金融风险预警系统来发挥早期预警和监管导向功能，其金融监管机构往往成为"消防队"，大量的监管工作都属于事后检查，往往要等问题暴露之后才去处理，从而只能起到出现、纠正问题及控制风险的作用，难以起到事先预防风险的作用。建立和完善金融风险预警系统，将有助于确立超前性的监管体制，树立以预防为主的监管思想，增强监管部门识别潜在风险的预见性，增强防范措施制定的科学有效性，使监管当局在监管过程中充当"保健医生"角色，提高监管工作效率，保证监管工作质量。

(2)有利于有效分配金融监管资源，实行差别监管。金融监管是要以有限的监管资源（人力、物力及时间）实施有效的监管，防止因个别金融机构破产倒闭而引发整个金融体系的混乱。在金融监管资源有限的约束条件下，发达国家的金融监管当局往往实行以问题金融机构管理为导向的监管方式。这种方式的特点在于通过某种科学的方式，将金融机构区分为正常机构及可能发生问题机构，而后对问题机构实行专门特别监管，即增加检查频率并适当限制其业务经营等。而对于正常机构，则实行一般性监管。这样就可实现使有限的金融监管资源得到最佳配置。我国目前对金融机构的检查往往采取的是不论金融机构的实际经营状况如何，对各家金融机构实施同样的例行检查。此种方式是与过去比较简单的金融业务结构相适应的，已经不能适应今天多样化、复杂化的金融业。若仍采取以往的检查方式和频率，势必影响检查的深度及广度。通过金融机构营运状况预警系统的运作，用以识别、发现那些高风险的金融机构和高风险的业务领域，比较科学地区分金融机构中存在问题的轻重程度，尽早发出预警信号，及时采取防范和控制措施，最大限度地减轻监管负担，实现对金融机构进行分类管理。这样，才能有效分配监管资源，避免浪费监管资源于正常机构之上，重点强化对高风险机构的监管，最终达到防微杜渐的效果。

(3)能够强化现场金融检查的计划性和协调性。目前许多国家（包括中国）对金融机构的非现场监测与现场检查相互分离、各自为战，没有形成一个相互协调的有机整体和连续过程。非现场监测不能为现场检查提供风险信号和范围指导，现场检查不能为非现场监测提供印证和反馈，从而使整体监管过程缺乏明确的目标和重心。通过金融机构营运状况预警系统所提供的有关信息，如个别金融机构各类预警指标前后期的变化，不同机构各类预警指标的比较等，可提供检查人员作为规划现场检查计划及检查重点的参考，从而为现场检查提供风险信息和目标导向，增加监管部门现场检查工作的主动性，并通过现场检查为预警系统提供实际证据和信息反馈，最后形成明确科学的监管结论，采取富有针对性的监管行动。这样，就可以使非现场监测和现场检查成为有机的整体，避免一些不必要的常规检查，扭转现行现场检查往往只能起到非现场检查所起的作用的局面，以利金融监管部门监管职能的有效发挥。

(4)可促进金融机构加强自律管理。通过金融机构风险预警系统，可以及时地监测金融机构业务过程的状态及风险运行状况，及时科学地发现监管对象可能出现的风险，通知风险金融机构本身和其上级部门，并在分析原因后提供须采取的切合实际的对策措施，供其改善经营状况参考，使其引起足够的重视。这必定会有助于强化金融机构的风险防范意识，促使其自律，从而大大地改善监管的效率和效果，显著提高金融监管的有效性，充分发挥其预防、控制和化解风险的功能。可以说，金融机构风险预警系统是一项十分有效和必不可少的金融监管工具。

2. 国际金融风险监测预警的概况

20 世纪 80 年代以后，全球资本市场发展迅速、经济出现了一体化的潮流，国际金融市场呈现出一种快速膨胀的趋势，西方的金融行业发生了一些实质性的变化。随着资本手段提高和金融自由化的深入，世界发达国家的投资机构迅速延伸投资功能和扩大市场领域，在投资与资本业内形成了万马奔腾的竞争局面。但是金融产品的市场价格、利率、汇率的波动日益加剧，资本运行在不确定因素下对增长和利润不断放大，使得金融机构不得不面对越来越大的风险，因而对金融机构的风险管理提出了许多新的需求。进入 20 世纪 90 年代，随着环境各方面对金融机构的影响加大，随着金融机构在把握信贷、投资过程方面的难度提高，随着追求效益最大化所不得不承受的风险的增大，造成金融机构身上所承担的风险破坏可能性也就越来越大。但是无论是采用什么样的金融风险预警模式，由于资本集团对利润盲目追求使得这些金融机构或投资集团无法从根本上杜绝金融风险的发生。就是世界上最有名的金融投资家巴菲特和战略金融家索罗斯，也曾经在投资决策与管理上出现过致命失误的地方，造成惨重的损失。而作为世界上最有名的金融机构，如美国的美林证券、信托银行，英国的巴林银行、国民西敏斯特银行，日本的大和银行、住友银行，也都出现过令人震惊的问题。而在香港和东南亚最显赫和最富有的投资银行百富勤公司，就是在获得近 20 年高速发展之后，却因为 90 年代后期在印尼的一次投资失误，造成数亿元的损失，使这家公司遭遇灭顶之灾。

正是因为金融市场竞争的加剧，推动了金融创新和投资产品的快速发展，也造成金融机构所涉及的领域越来越宽；也正是越来越激烈的竞争造成了潜在风险急剧加大，国际上的金融机构在具备完善信贷、投资环境与中介服务的体系上也逐步建立起相应的金融风险预警机制，同时在金融机构或要求接受金融机构提供资金的目标企业建立相应的组织结构，来实施金融风险预警和管理。同时国际金融与投资学者也对金融风险预警模式、风险测评依据、风险度量公式、风险管理工具、评估决策体系等建立起一整套应用理论，从定量数学方面将金融风险和风险变量的走向作出明确描述。国际金融机构在进行决策时，可以通过金融风险预警机制考虑不同地区、不同行业、不同信贷或投资目标群的风险集中度，考虑分散化投资带来的风险降低，考虑不同质量投资对资产组合的风险贡献度，考虑未来投资退出价值与承担风险的定量比较，来对投资未来作出较为准确的判断，同时还可以制定包含金融风险管理的实施规划，将风险对金融机构所造成的损失降低到最小。正是完整的金融风险预警理论支持金融风险预警机制运行，从而保证国际上的金融与投资机构获得相对成功的发展。

由不同风险因素引起的银行业危机与金融危机促进了国际上金融风险管理方法与风险定量模型的发展。20 世纪 80 年代，美国储蓄和贷款结构主要因信用风险而大量倒闭，使得信用风险管理方法成了国际上关注的焦点，从而产生了 1988 年《巴塞尔协议》对资本充足性管理的理论与实践。20世纪90年代中叶,巴林银行、大和银行等震惊世界的银行与金融机构危机案,引起了人们对市场风险的关注,从而产生了市场风险测量的新方法——VAR(Value at Risk),主要代表是JP摩根银行的"风险矩阵系统(Risk Metric)"和信孚银行的银行业业绩衡量与资本配置方法"经风险调整的资本收益率(RAROC)系统"。随着经济日益全球化、新兴市场的出现,信用风险更加复杂化,这使得信用风险的测定成了关键,在这一领域有着突出贡献的要属JP摩根银行的"信用矩阵系统(Risk Metrics)",它可以说是第一个评估信用风险的内部模型,可以测定整个银行信用风险,并提供信用风险的VAR报告。1997年的亚洲金融风暴,特别是1998年10月美国发生的长期资本管理公司(LTCM)事件,使得以前的风险评估模型受到严重的挑战。因为这些损失不是由信用风险或市场风险中单个风险引起,而是由信用风险、市场风险和其他风险的合力造成的信贷损失,这就迫切需要一种新的模型,它是集处理信用风险、市场风险和其他风险于一身的一体化模型。最近国际上金融风险管理出现的一种新趋势——全面风险管理(TRM)方法即是对一体化模型的探索。所谓全面风险管理(Total Risk Management)是指对整个机构内的各个层次的业务单位、各个种类的风险的通盘管理,它要求风险管理系统不仅仅要处理市场风险或信用风险;还要求处理其他各种风险,并要求包含这些风险所涉及的各种金融资产与资产组合,如利率、汇率、股票、商品等,以及承担这些风险的各个业务单位,从业务员到机构整体,从总公司到各分公司,从本国到国外。TRM体系要有能力在一致的基础上加总这些风险,考虑全部的相关性,而不是分离地,用不同方法去处理不同的风险。目前,国际上许多大银行和风险管理咨询、软件公司已开始尝试建立新一代的风险测量模型——一体化的风险测量模型,概括起来主要有:AXIOM软件公司建立的"风险监测(Risk Monitor)"模型、Algorithmics公司的"风险观察(Risk watch)"模型、Askari公司的"风险账本(Risk Book)"模型、金融工程公司(Financial Engineering Associates, Inc.)在风险矩阵的基础上改进的VAR技术、智商金融体系公司(IQ Financial Systems)的"风险智商(Risk IQ)系统"、国际测验公司(Measurisk.com)的"网络模型",以上风险评估模型的推出,为全面风险管理奠定了技术基础,也为金融风险预警提供了基础。

3. 中国金融风险监测预警的概况

由于长期受计划经济体制的束缚,中国金融风险监测预警和管理无论是在理论上,还是在模型、工具、系统和实践等方面都非常落后。20世纪90年代以前,国内的各种金融、投资、产业机构对前面介绍的国际上流行的金融风险预警和管理技术、组织结构和模型工具没有任何的尝试。也就是在近几年,在多次金融风险爆发对金融市场产生许多方面的负面影响之后,才开始意识到建立风险预警机制是一件非常重要的事情。当然,国内也有一些相关资料从不同侧面介绍在中国进行的金融风险监测预警研究,在中国金融机构中也有不少人已经把风险预警和控制列为重要工作内容,但这些工作都局限于内部管理和结构设计上,没有对金融风险的实质和形成机制进行深入研究。

在我国经济领域内,对金融风险具备较完整认识和采取预警方式,同时真正在建立风险预警机制方面作出尝试的,是金融领域内的商业银行。20世纪90年代,国内一些以商业银行为代表的金融机构,已经开始在尝试建立符合我国国情和自身现状的风险预警和管理机制,也提出一些风险预警的应用思路和管理结构。自2000年开始,我国的商业银行以落实巴塞尔银行监管委员会提出的《有效银行监管核心原则》为目标，展开风险预警和管理建设。如中信实业银行就花重金聘请麦肯锡公司为其设计和制定贷款风险机制；中国建设银行、中国银行等则是投巨资开始研究信贷风险预警管理体系等。目前，通过建立有效的金融风险预警机制来达到吸收和控制风险、提高自身生存成长和经营竞争能力的目的，也已经被越来越多的金融机构所了解。证券公司也初步开始借鉴"风险测量(VAR)模型"来建立风险预警体系，同时针对众多的证券营业部门和其他业务部门建立完整的风险管理体系。但是，总体来说，国内对金融风险监测预警的研究，仅仅停留在表层，并没有涉及金融风险监测预警的本质与核心环节，没有对金融风险监测预警体系和结构本身进行研究，无法提升到为我国金融风险控制提供系统的理论服务。同时，国内在研究部门或大学中也有专家在进行如何采用合理的数学模型来描述金融风险研究，但由于与国内金融机构沟通不好和对我国体制环境涉及不足，也无法形成完整的理论体系，而且这些研究对定量计算提出合理修正参数仍仅仅在很小范围内，还不能对金融机构的风险预警运行模式起到重要参考作用。所有以往的研究很少涉及到在我国社会环境条件所造成金融风险结构上的特殊性，也未能在我国金融风险理论支持下，根据不同金融风险类型和风险进程给出实用风险预警手段，因此这些金融风险预警理论和研究很难满足我国金融发展实际需要。

我国加入 WTO 之后金融服务业的开放必将使金融业与国际接轨，因此，在金融业的风险评估、预警和监控方面，必须与世界同发展，才能使我国在金融服务业开放之后的竞争中立于不败之地。虽然对于金融风险管理和金融风险控制的理论，在国际上也有比较完整和系统的研究，但还不能完全"引进"来满足国内金融机构对风险吸收与转化的实际需要。要在中国社会与制度条件下保障金融的健康发展和完善，就必须为金融机构和管理部门提供完整和系统的风险理论，就要很好解决对我国特色的金融风险体系、结构、生成、演化和机理研究，很好解决对风险类型、作用、发展和过程分析，以协助各金融机构和管理部门建立完整的风险预警机制。

11.2.2 金融风险监测预警的原理

金融风险的监测预警是一个完整的系统工程，是在金融机构及其管理部门所涉及各个环境和行为进程中设立的各种采集、测评、调节和控制的综合体；同时这个综合体也要对金融机构的各种行为提供完善和全面的决策依据，为未来风险控制和失误改正提供工作的准则，也为各种监控提供手段和工具。一个理想的金融风险预警机制，是一个高效的风险决策和完善的风险定位系统，会在金融活动所面临的各种现实的或潜在的风险尚未形成或刚刚开始显露有效威胁的情况下，排斥和防范金融风险的侵入、迅速确定风险来源定位、判断和细分风险的构成、采用风险防范措施化解风险、将金融风险的危险系数降低到最小，从而实现金融活动的收益最大化，这也是金融风险监测预警的一般作用机理。

如果对金融风险有明确的认识和把握，在针对自身实际选定风险预警机制的有机构成后，金融机构及其管理部门是可以根据自身所处环境和现实要求，构建一个完整和有效的风险监测与预警机制，来保证资本运行安全。因此，金融风险监测预警的基本流程应当包含以下五个部分：首先，设立金融机构或金融监管部门，确定金融风险监测的目标;其次,根据金融运行的动态过程采集金融风险信息;第三,进行金融风险的识别,即根据金融风险的测评和状态来感知风险境况;第四,对金融风险现状和未来可能作出确定评价和分析;最后,作出对金融风险的判断(对金融风险度量后的数值确定其是否在承受额度范围内),并提出风险管理决策。其具体内容可见图 11-1。

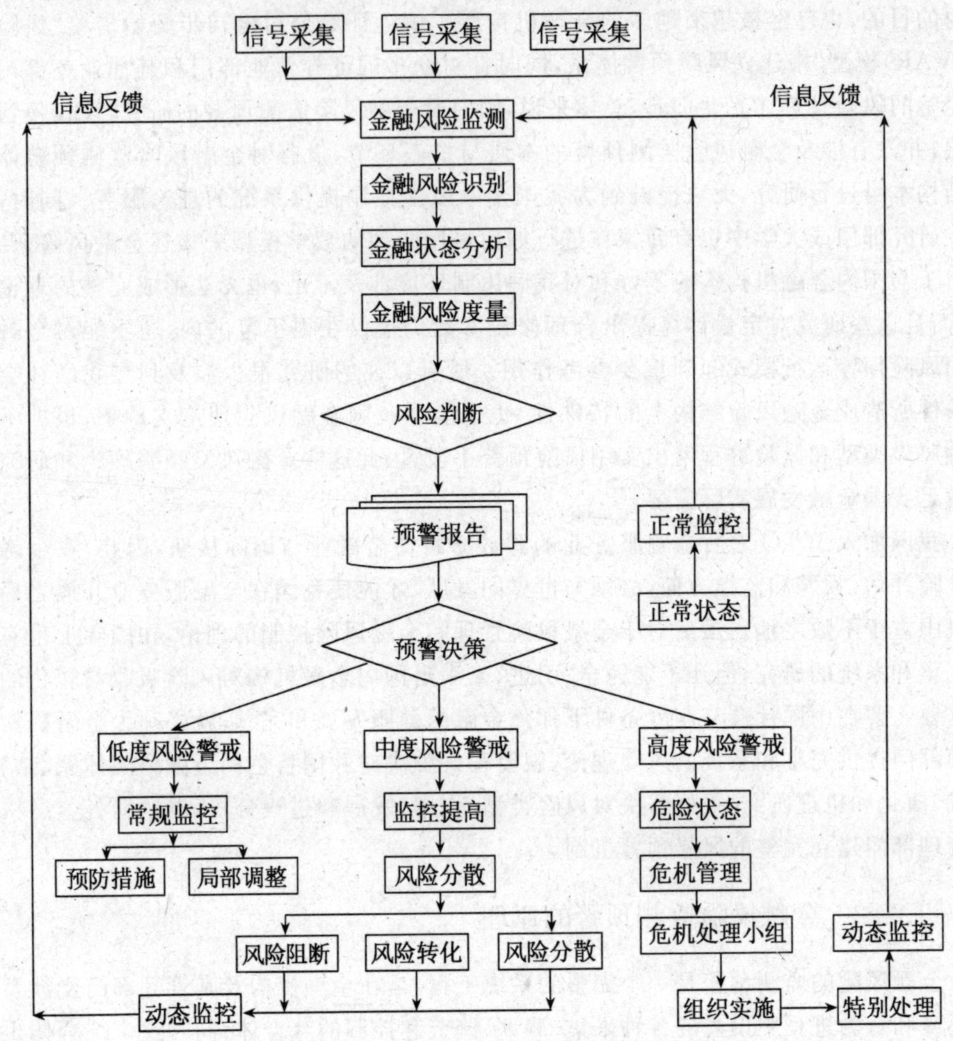

图 11-1　金融风险监测预警内容结构

1. 金融风险监测的目标

金融风险的监测预警包括微观和宏观两个方面,无论是微观还是宏观金融风险预警机制的建立,都必须要明确风险预警的最终目标。金融风险的微观预警机制目标同金融机构经营管理的目标是一致的,即如何保证金融机构获取利润最大化目标,保障资金盈利性、流动性、安全性这"三性"的统一。在金融机构运行过程中,尽管存在极大的不确定性,但是同样也存在着极大的机遇,因此风险与机会是共生的,而风险与收益之间也存在着对称的关系。对金融机构运营风险的实时和准确感知与判断,是保证金融机构利润最大化在一定约束条件下实现的关键环节。金融风险微观预警目标的实现,将通过完整的风险预警机制对包括机构组织、行为效率、投资决策、资产管理、财务过程、目标成长、资本流动、机构法律等在内的不同方面，建立有效风险防范与机遇发现的相互调整来完成。金融风险的宏观预警机制目标则从属于整个金融风险控制的目标——适应性、安全性和赢利性。金融风险的宏观预警要能够发现经济、金融发展的非适应性和不协调性问题，保障金融体系的健全性及运行的有效性，并维护整个金融产业的经济效益。

2. 金融风险的信号采集

金融风险监测预警首先必须确定风险预警指标。预警离不开指标，建立金融预警系统，指标体系的研究和设置是最关键的部分，也是难点，它决定预警的质量和功效。恰当地选择指标并编制指标体系不仅能正确评价当前金融运行的状态，而且还能准确预测未来的发展趋势并及时反映金融调控效果。在确定相应的监测指标体系以后，就可以展开金融风险信息采集工作了。信息搜集与整理来源于金融监测的过程，通过金融监测活动搜集金融未来运行态势预测信息和分析评价的反馈信息，对所搜集的信息进行加工整理，即计算各指标变动率或增率、编制增率时间序列、剔除季节变动要素和不规则变动要素，得到调整后的时序资料，作为预警的依据。在金融机构建立风险预警机制中，各种采集到或处理后的信息传递同样是非常重要的事情，其传递流程包括两个有机部分：一是原始资料的传递和处理。在金融风险预警处理部门接收到一些原始资料后，需要一定的形式将监测结果输出或显示。通常采用的方法是报表形式输出结果，包括定期报表和不定期报表。二是警情预报的传递。在金融预警机制运行中必须保持顺畅的交流渠道，否则金融发展形势瞬息万变，即使警情已经发觉，如预报或预报传递不及时也可能酿成危机。由于现代化电子技术应用广泛，因此在金融领域可以应用电子技术来为风险信号采集和传送服务，在风险动态监测、资料记录、数据处理、警情预报上，计算机网络技术将会起到越来越大的作用。

3. 金融风险的识别

金融风险的识别是金融风险监控的基础工作，是金融风险监测预警流程的第二阶段。风险识别的正确与否对金融风险预警与控制成败关系极大。所谓风险识别是金融风险控制部门对金融运行过程中预期风险和事实风险的类型及其根源作出判断。就金融风险识别的基本要求而言，是要正确判断金融风险的类型，并准确寻找某种金融风险的根源。金融风险的类型较多，在现实经济生活中，各种类型总是交织在一起（金融内部运营的各种风险问题与金融外部环境的各种风险问题往往是相互作用的），生成金融风险的机理及原因错综复杂，因此，风险识别正确与否，对于金融风险管理和控制的有效性意义重大。金融风险识别的基本要求主要有两个方面：一是正确判断某种金融风险类型；二是准确寻找某种金融风险根源。这两者相互制约、相互联系，不能孤立地去分析和评价，因为不同的风险根源影响和制约着不同的风险类型，而不同的风险类型又是对不同的风险根源的“反射”。为此，金融风险预警机制必须对金融风险建立有效的感知能力，以对各种潜在风险演化状态作出判断，同时对风险的临近和显现作出警戒，一旦发现异常就及时根据风险信号的采集来判断其处在什么样的状态，对风险作出预判，并保证根据风险控制标准与转化方向发出必要的指令，对金融风险的状况及其变化做到“心中有数”，以便风险管理部门可以根据不同风险和控制目标来实施有效风险管理，达到吸纳和转化风险的目的。

4. 金融风险的评估与分析

在金融预警体系中，必须要确定一个与预警指标体系相适应的合理测度，作为经济、金融运行正常的衡量标准，并以此来判别实际运行中是否出现警情及其严重程度。这种合理测度在金融预警中称为"临界值"，即反映经济运行中将发生的警情严重程度的等级界限。"临界值"是划分有警或无警的界限值。其中无警的警限称为安全警线，预警区间的上下限称为预警线。"临界值"的设定是金融风险预警系统有效性的重要环节。当其中一项以上的指标偏离其正常水平并超过某一"临界值"时，我们就把它当作是金融危机将在某一特定期间内发生的预警信号。设定的临界值偏离正常值太大，会使预警系统在许多危机来临之前未发出预警信号；而临界值偏离正常值太小则又会使预警系统发出太多的错误信号。为此，我们根据各种指标的具体情况，选择能使该指标错误信号与正确信号比率最小的临界值。与自然现象的定等分级不同，复杂的社会经济现象不可能直接借助于仪器、仪表等硬件手段对其运行中将出现的警情的严重程度进行测定，并定等分级。也就是说，确定预警的临界值要比对自然现象的定等分级困难，这种困难主要表现为确定警限的警度，即作为经济运行正常衡量标准的合理程度难以具体化和明确化。因为经济运行"正常"或"不正常"本身就是一个非常模糊的概念，确定"正常"或"不正常"及其程度要涉及到许多复杂因素，不仅要考虑到经济本身的运行，而且要涉及到各主体的反应及人的主观评价。因此，需要依据国际公认、历史经验、专家意见，并结合具体国情和经济运行的实际情况综合考虑确定。在明确了各类警区的临界值基础上，便可观察警情指标的实际值及其变动所在的区间，监测其警情和警度的发展，按照既定程序对警情资料进行处理，得到结果后与事先设置的预警临界值进行比较，然后发出相应等级的警情预报。

5. 金融风险的判断与管理决策

在对金融风险信息采集、处理、识别和评价后，负责日常风险预警和管理的部门就应当对本阶段内的风险状态，作出一份金融风险预警报告，提出对金融风险的应对意见，报具体决策部门，并由决策部门最终制定风险控制决策。对于整个金融系统而言，为了保证对金融风险实施预警和管理的实效，要在建立风险预警机制的同时健全金融机构的决策体系，而且这个决策体系是分层次的，每个层次完成不同的决策目标和任务，并在金融运行过程中对自己的责任起到监督和指令执行工作。金融风险预警和管理决策的第一层次是由金融风险监管部门和行业自律组织组成，主要是负责金融的整体调控、决策导向、监督控制，检查相关管理部门在实施风险预警和执行风险管理时是否及时、准确、有效和完善，检讨金融风险宏观预警机制是否存在缺陷和不足，督促管理部门和研究部门对其做出修正与调整。金融风险预警和管理决策的第二层次是由金融机构风险控制委员会和机构董事会组成，主要是负责各自金融机构预警实施、环境判断、投资决策、管理过程，接受风险信号采集结果和各种测评数据，对金融机构可能面临的风险种类、状态、作用和演化作出评价，根据市场与资本要求对风险处理和控制作出相应实施指令，负责完成对风险吸收、转化、控制的全部管理过程。金融风险预警和管理决策的第三层次是由金融机构内风险管理部门和研究机构组成，是金融机构风险预警机制具体执行人，主要是负责预警机制中的各个操作环节，如为已确定可能发生的风险建立预防和控制手段；向金融机构各部门提交风险预警分析报告；建立风险预警管理结构和人员配置；在风险进程预测指导下对风险提出管理建议和控制目标；完成风险预警和控制行为的效果评估、辅助控制方案实施；对风险预警和风险管理提出调整意见等。

11.3 金融系统风险监管

由于金融业在国民经济中的特殊重要地位以及金融风险的巨大危害性，加强对金融业的监管，一直受到各国政府的高度重视。有效的金融监管是稳定金融体系的保障，金融监管制度也成为现代金融制度的一个重要组成部分。所谓金融监管是金融监督(Supervision)和管理(Regulation)的复合词，它的含义有狭义与广义之分。狭义的金融监管，是指金融监管当局为保障金融机构的稳健经营和金融市场的健康发展，保护公众利益并促进社会经济发展，对金融机构及其业务活动实施的外部监督和管理。广义的金融监管，可以指金融监管当局对金融业的监督和管理，还可以指金融机构的自我监督管理和内部控制，以及金融机构同业自律与社会监督的全方位的综合监管体系。本节将在金融监管理论介绍的基础上，重点介绍金融监管的目标、原则、内容、体系和国际合作等内容。

11.3.1 金融监管的理论

金融监管的基本原理一直是各经济学流派争论的话题，概括起来，主要有两部分，一部分是金融体系内在风险性理论，另一部分是社会管制理论，这些理论从不同的角度论证了金融监管的必要性。本部分将对这些理论进行详细分析与评述。

1.金融监管的基础理论

目前，一般都把用来解释社会管制的三种理论运用在金融监管中。一是社会利益论。该理论认为监管通常发生在市场失灵的领域，目的是为了保护公众的利益。二是捕获论或追逐论，该理论认为监管当局往往被监管者所利用，监管提高的是被监管者产业的利益，而不是社会福利。三是经济监管论，该理论是到目前为止较为确切的一种理论，它提出了可检验的假设和一系列合乎逻辑的推理。这三种理论基本上将金融监管看作是一国政府对市场失灵的反应，在金融领域由于存在外部效应、公共产品和不完全竞争，无法保证资源的配置达到最优，概括为以下四点：

(1)金融体系的负外部效应尤为严重。外部效应是指一些产品的生产与消费会给不直接参与这种活动的企业或个人带来有害或有益的影响。其中有益的影响即为正外部效应，否则就是负外部效应。金融机构的破产与倒闭及其连锁性反应将通过货币信用紧缩破坏经济增长的基础，则是金融体系的负外部效应。

首先，金融机构的高杠杆率决定了当其发生倒闭时金融机构所遭受的损失要远远小于广大客户，故其负的外部效应要大得多。

其次，金融领域出现的问题具有“传染性”的特点，其负外部效应有可能会自我放大。典型的例子是一家银行的挤兑引发整个银行业的危机。

第三，金融领域的负外部效应的自我放大发展到极端，有可能导致系统崩溃，进而可能使宏观经济的稳定性也遭到破坏。此外，即使没有发生上述传染性行为的蔓延，也有可能发生系统危机，这最有可能发生在清算体系或机制之中。

按照福利经济学的观点，外部效应可以通过征收“庇古税”来进行补偿，但是金融活动巨大的杠杆效应——个别金融机构的利益与整个社会的利益之间的严重不对称性使这种办法变得毫无效力可言。另外，科斯定理从交易成本的角度说明，外部效应不可能通过市场的自由机制得以消除。因此需要一种市场以外的力量介入来限制金融体系的负外部效应。

(2)稳定、有效而公平的金融体系是一种公共产品。公共产品是指其消费既不具有排他性又不具有竞争性的物品。由于金融体系带来的利益为社会公众共同享受，无法排除某一部分人享受此利益，而且增加一个人享用这种利益也并不影响生产成本。因此，金融体系对整个社会经济具有明显的公共产品特性。作为公共产品会面临一个“免费搭车”的问题，人们虽有内在动力消费这一物品，却得不到有效的激励为这一公共产品的提供做出贡献，从而导致这一公共产品的提供不足。因此，政府应通过外部监管来保持金融体系的健康稳定。

(3)信息不完备或信息不对称。在古典经济学和新古典经济学中，理想的市场机制是处于信息充分且对称的状态下，因此将不确定性排除在理论视野之外。而事实上，任何市场体系都不能满足上述假设条件，尤其是金融市场体系，信息不完备与不对称现象更为突出，导致即使主观上愿意稳健经营的金融机构也有可能随时因信息问题而陷入困境。然而，搜集和处理信息的高昂成本又使金融机构往往难以承受，因此，政府及金融监管当局就有责任采取必要的措施减少金融体系中的信息不完备和信息不对称。

(4)金融市场是不完全竞争的市场。不完全竞争主要有两种情形，一是垄断行为，包括自然垄断和人为垄断；二是竞争中存在不正当的或欺骗的行为。首先，金融业务存在规模经济，规模越大，成本越低，报酬越高。这意味着它具有一定的自然垄断倾向。典型的例子是清算中介，如果所有交易可通过一家清算机构处理，则会极大地便利交易的进行。此外，银行的规模越大、分支机构分布越广，就越有可能为客户提供安全和便捷的服务，因而就能吸引更多的客户。而一旦一家金融机构占据了相当的市场份额，其他类似的金融机构的进入障碍就会加大，竞争就会减少，因而就有可能形成收取垄断价格的市场势力。其次，金融领域还可能发生不正当竞争，如银行业和证券业的从业者利用所掌握的有关企业和证券市场的内部信息谋一己私利；又如银行对特别的客户发放不正常的“关系贷款”；再如金融机构为争夺储户而不计成本地提供过分的优惠条件或者做虚假的广告宣传等都属于恶性竞争，会破坏正常的市场秩序。因此，必须通过实施监管以纠正市场缺陷，避免市场失灵。

2.金融监管理论的历史演进

政府干预还是自由放任问题历来是各派经济学家争论的焦点，尽管金融监管本身并不等同于政府干预，但是金融监管理论却受着政府干预理论的强力支持，因而也随着争论双方的此消彼长而发生变化。

(1)20 世纪 30 年代以前，金融监管理论的自然发展阶段。20 世纪 30 年代以前自由市场经济盛行，因而有关金融监管理论主要集中在实施货币管理和防止银行挤兑的政策层面，而对于金融机构经营行为的规定、监管和干预很少涉及，金融监管没有什么固定制度可以遵循。在 17 世纪荷兰“郁金香泡沫”事件、英国“南海泡沫”事件和 18 世纪初法国“密西西比泡沫”事件等几场金融风波的推动下，1720 年 6 月英国颁布旨在防止过度证券投机的《泡沫法》,标志着世界金融史上政府实施金融监管的正式开始,它的许多重要原则一直持续影响到今天,但它并非是完全现代意义上的金融监管。

真正意义上的金融监管,是与中央银行制度的产生和发展直接相联系的,19世纪末20世纪初中央银行制度的普遍确立是现代金融监管的起点,有关的金融监管理论也从此发端。中央银行制度最初建立的目的在于统一管理发行货币,而不是监管整个金融体系,更不涉及金融机构的微观行为。

亚当·斯密提出的"真实票据"理论认为,只要银行主要投资于体现实际生产的短期商业票据,就不会引发通货膨胀或紧缩,而且银行经营也将是安全稳定的,"看不见的手"仍然能发挥作用,银行之间的自由竞争仍然是可行的而且是必要的。

对此,亨利·桑顿在1797~1825年的"金块论战"中指出,真实票据的不断贴现过程,将会导致信用链条的延长和信用规模的成倍扩张,因而其并不能保证银行有足够的流动性来避免遭到挤兑以及引发通货膨胀或紧缩,以该原则发行银行券存在着发行过度的危险,应集中监管。

1825~1865年支持"真实票据"理论的银行学派和支持桑顿理论的通货学派围绕"真实票据"理论进行了争论。银行学派认为,竞争性银行业的正常运转完全可以控制住流通中的货币量,只要存在纸币兑换金银的压力,纸币发行就不可能持续超出业务的需要量。通货学派则认为,除非纸币的发行被严格管理,使纸币数量的变化同发行机构所持的黄金数量的变化相一致,否则纸币必将发行不足或者发行过量,纸币的可兑换性将难以得到保障。这场争论的最后,通货学派取得了胜利,统一货币发行的中央银行纷纷建立,并在19世纪逐渐普遍化。

在古典和新古典经济学里,货币是"中性的",对经济没有实质性的影响,因此中央银行所进行的统一货币发行,并不是进行政府干预。统一货币发行之后,货币信用的不稳定问题仍然没有消失,许多金融机构常常由于不谨慎的信用扩张而引发金融体系连锁反应式波动。因此,为防止信用危机导致的银行倒闭、从而给金融业乃至整个经济活动带来的剧烈影响,中央银行逐渐开始对金融机构提供必要的资金和信用支持从而担当起最后贷款人的角色,对金融机构的客户承担信用"保险"的责任,这样,中央银行就从以统一货币发行和提供弹性货币供给为特征的货币管理职能,又逐渐衍生出最后贷款人的职能,承担稳定金融和经济体系的责任。"最后贷款人"制度为中央银行自然演变为更加广泛的金融活动的监管者奠定了基础。因为中央银行的最后贷款可以成为迫使金融机构遵从其指示的一个重要砝码,由此,中央银行就有可能而且也有必要进一步对金融机构的经营行为进行检查。但这种检查主要是基于贷款协议的安排,类似于商业银行对借贷企业所进行的财务及信用检查,而不是行政上或法律上的行为。所以,真正意义上的金融监管是20世纪30年代大危机后,美国通过立法赋予了中央银行和后来设立的证券监管机构以真正的监管职能开始的。

总而言之,20世纪30年代以前的金融监管理论主要集中在实施货币管理和防止银行挤提政策层面,对于金融机构经营行为的规则、监管和干预都很少论及。这种状况与当时自由市场经济正处于鼎盛时期有关。然而,20世纪30年代的大危机最终扭转了金融监管理论关注的方向和重点。

(2)20世纪30年代~70年代,严格监管、安全优先。真正现代意义上的金融监管是在20世纪30年代大危机后，大危机最终扭转了金融监管理论关注的方向和重点。大危机中大批金融机构的倒闭，表明金融市场具有很强的不完全性，“看不见的手”无所不能的作用只是理想上的。在金融市场上，由于市场信息的不完全和金融体系自身的特点，使得市场的运作可能出现失灵。立足于市场不完全、主张国家干预政策的凯恩斯主义取得了经济学的主流地位，成为当时金融监管理论快速发展的经济学理论背景。由于大危机的影响，本时期产生的金融监管理论的主要内容和出发点是维护金融体系安全，主张政府的宏观政策干预，弥补市场缺陷，强化金融监管。这段时期的金融监管理论研究认为，自由的银行制度和全能的金融机构具有较强的脆弱性和不稳定性，因而银行过度参与投资银行业务，并最终引发连锁倒闭是经济危机的导火索。

这一时期金融监管理论主要是顺应了凯恩斯主义经济学对“看不见的手”的自动调节机制的怀疑，为20世纪30年代开始的严格而广泛的政府金融监管提供了有力的注解，并成为第二次世界大战后西方主要发达国家对金融领域进一步加强管制的主要论据。在凯恩斯主义宏观经济理论的影响下，传统上中央银行的货币管理职能也转化为制定和执行货币政策并服务于宏观经济政策目标，金融监管更加倾向于政府的直接管制，并放弃自由银行制度，从法律法规和监管重点上，对金融机构的具体经营范围和方式进行规范和干预逐渐成为这一时期金融监管的主要内容。

(3)20世纪70年代～80年代末：金融自由化，效率优先。严厉的金融监管付出了金融体系效率损失的沉重代价，20世纪70年代困扰西方国家十年之久的“滞胀”宣告了凯恩斯主义宏观经济政策的破产，以新古典宏观经济学和货币主义、供给学派为代表的自由主义理论和思想开始复兴。在金融监管理论方面，金融自由化理论也随之逐渐发展起来，其影响也在学术界和实际金融部门不断扩大。

金融自由化理论主要从两个方面对20世纪30年代以后的金融监管理论提出了挑战。一方面，金融自由化理论认为政府实施的严格、广泛的金融监管使金融机构和金融体系的效率低下，压制了金融的发展，从而最终导致了金融监管的效果和促进经济发展的目标不一致；另一方面，金融监管作为一种政府行为，其实际效果也受到政府在解决金融领域市场不完全问题上的能力限制，市场机制中存在的信息不完备和不对称现象，在政府金融监管过程中同样会遇到，而且可能更加严重，即政府也会失灵。因此，金融自由化理论以“金融压制”和“金融深化”理论为代表，主张放松对金融机构过度严格的管制，特别是利率管制、经营范围限制、经营地域限制，以恢复金融业的竞争，提高金融业的活力和效率。

20世纪30年代以前的自由金融体系，基本不受管制，导致了其在20世纪30年代的大危机中的崩溃，因而在20世纪30年代到70年代，金融体系的安全成为优先考虑的目标，然而随着金融监管，特别是直接的价格管制和对经营行为的行政管制的日益广泛和深入，使得金融机构自主经营和自我发展的步伐受到严重束缚，特别是在存款保险制度已充分发挥其稳定作用、银行挤兑现象已经大为减少的情况下，金融机构效率、效益的重要性逐渐显现出来，并超越了安全性目标的重要性。所以，金融自由化理论也不是全面否认和摒弃金融监管，而是要求政府金融监管做出适合于效率要求的必要调整。

(4)20世纪90年代至今：安全与效率并重的金融监管理论。20世纪80年代后半期至90年代初，金融自由化达到了高潮，全球化、开放式的统一金融市场雏形形成。但随着20世纪90年代初开始的系列区域性金融危机的相继爆发，迫使人们又重新开始关注金融体系的安全性及其系统性风险，金融危机的传染与反传染一度成为金融监管理论的研究重点。在1997年亚洲金融危机之前，面对世界各国金融开放的热潮，一批有识之士，如斯蒂格利茨和青木昌彦就提出了金融约束论，该理论是金融监管理论进一步发展的标志。对于金融危机爆发的原因，在理论界研究甚多，一般倾向于认为，金融自由化和金融管制的放松并不是最主要的原因，事实证明，很多高度开放的经济体，同时拥有较高的金融自由度和市场稳定性，并且为经济发展提供了效率保证。一些专家认为，问题的关键可能在于那些实行金融自由化的国家，其政府管理金融活动的能力，以及经济发展和开放策略的顺序存在差异。

因而，金融监管理论逐步转向如何协调安全稳定与效率。现在的金融监管理论研究重点除了继续以市场的不完全性为出发点对金融监管进行研究之外，也开始越来越注重金融业自身的独特性对金融监管的要求和影响。这些理论的出现和发展，不断推动金融监管理论向着管理金融活动和防范金融体系中的风险、金融危机的传播方向转变。鉴于风险和效益之间存在着替代效应，金融监管理论这种演变的结果，既不同于效率优先的金融自由化理论，也不同于20世纪30到70年代安全稳定优先的金融监管理论，而是二者之前的新的融合与均衡。另外，面对经济一体化、金融全球化的发展，对跨国金融活动的风险防范和跨国协调监管也已成为当前金融监管理论的研究重点，金融监管必须加强国际合作与协调。

11.3.2 金融监管的目标和原则

1.金融监管的目标

金融监管的目标是监管当局采取监管行动的一贯指南和实施有效监管的前提。纵观当今西方国家金融监管的目标，主要在于保障金融机构稳健经营和社会公众利益，促进金融市场的公平竞争与效率。具体以下几个方面：

(1)保持金融体系的稳定、维护正常的金融秩序。一国经济的平稳运行高度依赖于该国金融体系所提供的正常服务。银行业提供的支付结算和资金清算服务保障了经济交易活动的正常进行，使得债权债务能够得到及时清偿；银行经营的货币更因其作为现代银行制度的核心要素，成为各国政府、中央银行监管和货币政策的主要标的物，因而银行业历来是受严格监管的行业。证券业为企业直接融资提供极其重要的途径，同时也为社会公众提供更多的投资选择机会。保险业不仅对各种灾害损失和风险提供赔偿，并且作为社会保障体系的重要组成部分为社会公众提供人寿和养老保险服务。由此看来，如果金融体系运行出现问题，会对整个国民经济和社会公众利益造成损害或者“接触性传染”进而产生灾难性的影响。因而，保持金融稳定和安全有序地运行就成为金融监管的一个主要目标。

(2)保护存款人、投资者和消费者的利益。金融业在社会经济生活中涉及面很广，保护存款人利益就是保障广大储户存入金融机构的资金安全。存款人由于在同金融机构的交易活动中处于信息劣势，难以了解金融机构的业务经营情况和财务状况，其自身利益往往得不到保护，因此许多国家实施金融监管的基本动因就是要保护存款人利益。近些年来，各国银行法还将这种保护银行债权人利益的监管目标，扩展到保证和维护借贷双方的正当权益，保护金融投资者和消费者利益。体现在要求债权人向债务人提供公开、公平的信贷条件，确保所有客户都享受公平合理的信息条件和待遇，以便消费者在各个贷款提供者之间做出理性的分析和选择，并进而促使金融机构的安全与效率性经营。

(3)促进金融市场的竞争和高效运行。良好金融市场的一个特征是以具有竞争力的价格提供优质的金融产品和服务。因此，金融监管的目标之一就是创造出一种提高效率并鼓励竞争的管理结构，促使金融服务适度化，在市场经济中更好地运作。效率可以被定义为以一定量的资源投入获得最大的产出，适度竞争是高效率的手段，而过度竞争则增加金融市场的风险。要实现高效率、富有竞争性的金融管理体制的监管目标，必须做到银行准入和适度规模经济的控制，保持公平竞争的环境。金融监管应该具有良好的适应能力，适时地以新的监管方式、更适宜的制度与规则替代旧的管理方式，促成金融机构能够尽快地适应经济环境的变化和技术进步；同时，不过度限制金融机构的活力或以监管政策代替其经营决策，允许和鼓励正常合理的金融创新，提高金融市场的效率。按照市场有效竞争的法则，监管不是保证所有银行不倒闭。否则会使经营不善的银行在竞争中得到过度保护，客户也不得不接受质次价高的服务，这是对金融业竞争和效率的损害。

2.金融监管的原则

1997 年 9 月，巴塞尔委员会公布了《有效银行监管的核心原则》，这些原则涉及到监管体系的各个方面，渗透到监管工作的各个环节，贯穿于监管行为的整个过程。因此，各国基本上都将其作为金融监管的指导原则。

(1)监管主体的独立性原则。这一原则要求金融监管机构有明确的责任和目标，享有操作上的自主权和充分的资源。同时，为了监管的有效性，还应提供一些条件，如稳健而连续的宏观经济政策、完善的金融部门公共设施、有效的市场约束机制、高效率解决金融问题的程序和提供适当的系统性保护机制等。

(2)依法监管原则。依法监管是各国都严格执行的原则。这一原则包括两个方面：一是金融监管部门严格依法监管，保持监管的严肃性、权威性、一贯性和强制性；二是金融机构必须依法接受金融监管部门的监管，不能有任何特殊和例外。要做到这一点，金融监管法规的完善是前提条件。

(3)内控与外控相结合原则。由于各国金融监管模式、具体的监管风格的不同，其监管工作中内控和外控侧重点也有所差异。有的以外控即外部强制性监督管理为主，如美国和日本等国的情况；有的则以内控即在诱导劝说基础上的内部自我约束和自我管理为主，如英国及其他一些西欧国家。外部控制主要是指市场准入、日常监管等。内部控制主要是组织机构健全、会计准则严格规范以及业务操作上的“双人原则”。事实上，要保证金融监管的有效性，需要内控和外控的结合。因为外控无论多么缜密严格，如果监管对象不配合、不合作，设法逃避应付，那么外控监管的效果就会大打折扣；而如果过于寄希望在金融机构的内控上，那么一些不负责任的冒险经营者及无力进行有效内控者，就很容易出问题。所以，客观上，金融监管中必须是内控与外控相结合。

(4)稳健运行与风险预防原则。金融监管要以保证金融部门的稳健运行为原则，为此，监管活动中的组织体系、工作程序、技术手段、指标体系设计和控制能力等都要从保证金融体系的稳健出发。当出现异常情况时，如有金融机构无力继续经营时，监管机构要参与促成其被接管或合并，如果这些办法都行不通以致不得不关闭时，那么，监管机构也要有足够的能力保证在关闭这家金融机构后不影响整个金融体系的稳定。

(5)母国和东道国共同监管原则。这是金融全球化形势下的必然要求。一些金融机构实行跨国经营，对其监管必须由母国和东道国共同努力。母国和东道国之间可以达成相关的双边协议，做到信息共享、监管行为协调，共同对跨国金融实行有效的监管。

新巴塞尔协议的概述

新协议将对国际银行监管和许多银行的经营方式产生极为重要的影响。首先要指出，以三大要素(资本充足率、监管部门监督检查和市场纪律)为主要特点的新协议代表了资本监管的发展趋势和方向。实践证明，单靠资本充足率无法保证单个银行乃至整个银行体系的稳定性。自从1988年资本协议问世以来，一些国家的监管部门就已在不同程度上，同时使用这三项手段强化资本监管，以实现银行稳健经营的目标。然而，将三大要素有机结合在一起，并以监管规定的形式固定下来，要求监管部门认真实施，这无疑是对成功监管经验的肯定，也是资本监管领域的一项重大突破。

与1988年资本协议所不同的是，从一开始巴塞尔委员会希望新协议的适用范围不仅局限于十国集团国家，尽管其侧重面仍是国家的“国际活跃银行”(internationally active banks)。巴塞尔委员会提出，新资本协议的各项基本原则普遍适用于全世界的所有银行，并预计非十国集团国家的许多银行都将使用标准法计算最低资本要求。此外，巴塞尔委员会还希望，经过一段时间，全世界所有的大银行都能遵守新协议。客观上看，新协议一旦问世，国际金融市场的参与者很可能会采用新协议来分析各国银行的资本状况，而有关国际组织也会把新协议视为新的银行监管的国际标准，协助巴塞尔委员会在全球范围内推广新协议，并检查其实施情况。因此，发展中国家需要认真研究新协议的影响。

与1988年资本协议相比，新资本协议的内容更广、更复杂。这是因为新协议力求把资本充足率与银行面临的主要风险紧密地结合在一起，力求反映银行风险管理、监管实践的最新变化，并尽量为发展水平不同的银行业和银行监管体系提供多项选择办法。应该说，银行监管制度的复杂程度，完全是由银行体系本身的复杂程度所决定的。十国集团国家的银行将在规定时间内实施新协议。为确保其在国际竞争中的地位，非十国集团国家也会力争在规定时间内全面实施新协议。同发达国家相比，发展中国家的市场发育程度和监管水平存在较大的差距，实施新协议的难度不可低估。在此，还必须提出，就目前的方案来说，新协议首先是十国集团国家之间的协议，还没有充足考虑发展中国家的国情。

新资本协议提出了两种处理信用风险办法：标准法和内部评级法。标准法以1988年资本协议为基础，采用外部评级机构确定风险权重，使用对象是复杂程度不高的银行。采用外部评级机构，应该说比原来以经合组织国家为界限的分类办法更客观、更能反映实际风险水平。但对包括中国在内广大发展中国家来说，在相当大的程度上，使用该法的客观条件并不存在。发展中国家国内的评级公司数量很少，也难以达到国际认可的标准；已获得评级的银行和企业数量有限；评级的成本较高，评出的结果也不一定客观可靠。若硬套标准法的规定，绝大多数企业的评级将低于BBB，风险权重为100%，甚至是150%(BBB以下的企业)。企业不会有参加评级的积极性，因为未评级企业的风险权重也不过是100%。此外，由于风险权重的提高和引入了操作风险的资本要求，采用这种方法自然会普遍提高银行的资本水平。

将内部评级法用于资本监管是新资本协议的核心内容。该方法继承了1996年市场风险补充协议的创新之处，允许使用自己内部的计量数据确定资本要求。内部评级法有两种形式，初级法和高级法。初级法仅要求银行计算出借款人的违约概率，其他风险要素值由监管部门确定。高级法则允许银行使用多项自己计算的风险要素值。为推广使用内部评级法，巴塞尔委员会为采用该法的银行从2004年起安排了3年的过渡期。

11.3.3 金融监管的内容与手段

1. 金融监管的内容

金融监管的内容从不同的角度看有不同的方面。从金融机构工作性质看，金融监管的内容有事务性监管和业务性监管；从监管的目的看，金融监管的内容可分为合规性监管和审慎性监管；从金融业务流程看，金融监管的内容主要有市场准入监管、持续经营监管和市场退出监管。在此，主要从准入、经营和退出三个方面阐述金融监管的内容。

(1)市场准入监管

对金融机构市场准入的控制是金融监管的首要环节，体现为银行等金融机构开业登记、审批的严格审慎控制。市场准入监管的目的是防止不合格的金融机构进入金融市场危害存款人利益和金融体系的健康运转，防患于未然；防止银行集中于少数集团手中而不利于竞争，保持合理金融机构数量，既满足经济发展需要，又避免金融机构数量和网点过多而导致恶性竞争，妨碍金融业和宏观经济的健康均衡发展。各国对金融机构进行市场准入监管，主要集中在最低资本要求、业务范围界定以及负责人的任职资格审批等方面。其中，最低资本额是一项重要指标。

金融监管部门对金融机构市场准入的监管，或者说对申请设立金融机构的审批，一般考虑必要性和可能性两个方面。在设立金融机构必要性方面的主要内容有：①是否适合宏观经济发展的需要。经济发展离不开金融业的支持，但金融业的发展也必须适应宏观经济的需要。金融机构并不是越多越好，金融机构设立过多，除了造成资源浪费外，更严重的是会引起金融机构之间过度的竞争，从而使潜在风险大大增加。因此，新设金融机构必须考虑是否符合宏观经济的需要。②是否符合金融业发展的政策和方向。根据金融部门各类金融机构的发展情况，金融管理当局会出台一些旨在促使金融部门平衡发展的政策。这样，在审批新设金融机构时，应考虑到要符合金融部门发展政策的要求。③是否符合地域分布合理化要求。在新设金融机构方面，应考虑到地域空间布局的合理，这样，既能有效发挥金融机构的作用，又不至于造成过度竞争的不良局面。

在设立金融机构的可能性方面，则主要考虑：①资本金要求。足够数量的资本金是金融机构抵御风险能力的重要标志。除了资本金数量外，资本金必须真实合规、足额到位，并且股东结构合理，不能过分集中。②管理人员要求。由于金融机构业务专业性强、责任心要求高，所以对从业人员的要求也特别高，金融机构负责人、各级管理人员和业务人员都必须符合任职资格。任职资格条件除了职员基本素质外，还必须具备业务知识、法律、法规和政策方面的知识；不仅具有理论知识，还必须具有实践经验。③金融机构的内部组织结构、制度建设和业务发展规划。新设金融机构在这些方面的建设不仅要符合一般工商企业的规范要求，更要符合金融业发展的特殊要求，即稳健运营、风险防范等。④经营场所的要求。具有固定的、一定面积的营业场所，并且具备安全、消防及其他与业务有关的设施。

(2)持续经营监管

对市场准入的监管只是把好了进门这一关，金融机构成立后，对其持续经营过程的监管，才是金融监管的重头戏和主要内容。对金融机构的持续经营监管主要包括以下一些内容。

①资本充足率监管。资本充足率是指银行应该保持一定的资本量，使之既能承受坏账损失的风险，又能通过谨慎经营达到适度的盈利水平。它是评价一家银行对业务风险的承受能力的主要尺度，同时也是金融监管机关进行监管的重要参数指标。《巴塞尔协议》认为，资本包括两个部分：一是核心资本，二是附属资本。核心资本是银行资本中最重要的组成部分，它主要由永久的股东权益、公开储备、少数股东权益构成。资本充足性监管主要就是针对核心资本而设计的。

各国金融监管对资本充足性的监管是通过一定的指标来实现的。这些指标通常分为一般性指标和国际指标。一般性指标是一国金融监管当局自行设计的，它包括：资本与总资产的比率指标、资本与存款负债的比率指标、资本与风险资产的比率指标等。国际标准则是由《巴塞尔协议》所提出的关于资本充足性的统一衡量框架，称为"风险加权制"。它是用银行合格资本与银行资产负债表上的各种项目进行比较，根据规定的资本风险系数进行加权汇总从而计算出来的比率。这种比率被称为资本/加权风险资产比率，它成为央行进行资本充足性监管的重要指标。

②流动性监管。银行资产的流动性对银行整体经营的安全性同样是非常重要的。资产的流动性是指资产可以变现的程度，主要有变现的容易程度及变现的价格。如果一种资产很容易出售以变现，则其流动性高，反之则低。当然，这其中还要考虑出售价格，如果依靠大幅度降价来出售，则视同流动性低。一般来说，短期资产的流动性比长期资产高，流动资产的流动性比固定资产高。

当银行流动性不足时，面对存款人取款需要，银行要么折价出售资产变现，要么无法满足提款需要。这样，在前一种情况下，银行要承受较大的损失，在后一种情况下，则要面临挤提的危险。这对于银行来说都是非常不利的。而从贷款人角度看，如果银行流动性不足，就没有现金可贷，无法满足贷款需要，这无疑会失去收入来源，同样威胁银行的正常运作。

要对银行资产的流动性做出准确的评价是非常困难的事情，要考虑的因素特别多，各种因素的不确定性又非常大。在目前的实际工作中，各国的监管方法有所不同，但基本上都会主要考虑银行的资产负债的期限结构搭配和利率结构搭配这两个方面。

③业务范围监管。在金融机构的业务范围限定方面，各国之间有非常大的差异，这与不同国家不同的经济金融发展水平、不同的金融监管水平以及历史发展习惯有关。德国的商业银行可以经营任何金融业务，被称为是全能银行；而我国实行的是严格的分业经营。在美国，20 世纪 30 年代大危机之后，金融业也实行严格的分业经营，但自 1999 年《金融服务现代化法》颁布后，美国金融混业经营的趋势越来越明显。

在混业经营方面，不同国家的做法也不一样。有的国家不允许银行直接经营非银行业务，但可以通过银行控股公司方式，由附属机构经营非银行业务；有的国家允许银行经营非银行业务，但要控制非银行业务的规模；有的国家允许特别的银行经营非银行业务，但对其进行特别的管理。

从目前金融业务发展趋势看，在金融市场一体化、金融创新层出不穷的情况下，金融业的混业经营已有大势所趋。

④贷款风险控制。获取最大利润是金融机构的经营目标，所以，金融机构总是倾向于向盈利率最高的项目贷款或投资。但是，盈利与风险是成正比的，盈利水平越高，其隐

含的风险也越大。因此，世界各国的金融监管机构都尽可能地限制金融机构的贷款或投资过于集中，一般会对一家银行向单一的贷款者的贷款比例做出限制，比如在全部贷款中，对某一家企业的贷款不能超过一定比例。贷款不能过分集中，要分散风险，这不仅是金融监管部门的要求，也是金融机构本身的经营战略之一。同时，分散风险，不仅在贷款者之间，还要考虑在行业之间、地区之间适当地分散风险。

风险管理和风险监管是一项专业性很强、难度也很大的工作，仅仅对各种风险逐项控制还不够，更重要的是各种风险之间的关系及影响，如表内业务风险与表外业务风险，资产风险与负债风险等。

⑤外汇风险监管。金融机构有本币资产，还有外汇资产，因而也有外汇资产风险监管问题。而且由于以下两个原因，一些国家对金融机构外汇风险的监管特别严格：A、外汇风险的不确定性更大，因为有些影响因素本国根本无法控制，完全受制于外国的情况；B、国际收支均衡对一国经济发展有重大影响，有些国家对此非常重视。如英国、日本等国对外汇风险的监管非常严格，相对而言，美国、法国、加拿大等国比较宽松。

⑥准备金管理。准备金制度的目的之一也是为了保证存款人的存款安全，同时也是为了银行本身的安全。商业银行的资本充足率与准备金制度有密切的关系，因此，对银行资本充足率的监管应考虑到准备金因素。各国的准备金制度也不尽相同，有的国家根据不同类别的金融机构、不同经营规模的金融机构、不同期限的存款，甚至经济发展水平不同的地区，实行不同的准备金率。

(3)市场退出监管

由于金融业的重要性和相互之间影响的敏感性，金融机构的市场退出与其市场准入一样重要，也不得擅自退出。因为金融机构的退出会影响到整个金融体系的稳定和存款人的正当权益。金融机制市场退出可分为主动退出和被动退出两类：主动退出是因为分立、合并或者出现企业章程所规定的事由而需解散；被动退出则是由法院宣布破产、严重违规、资不抵债等原因，金融机构被依法关闭。

①对金融机构破产倒闭的监管。当金融机构经营管理不善，出现严重亏损，以致资不抵债时，金融监管部门要对其实行关闭处理。为了树立社会公众对金融业的信心，并保证金融机构提供金融服务的连续性，金融机构部门一般对将要关闭的金融机构实施经营管理权的接管，当接管期结束后，能恢复经营的继续营运，否则由法院依法宣告破产，并在金融监管部门的监管下，依法进行清算。

②对金融机构变更、合并的监管。这里包括濒临倒闭、出现企业章程所规定的事由需要解散、因其他原因合并的所有金融机构。为了对社会公众负责，为了维护金融体系的稳定，金融监管部门对上述金融机构的债务偿还和其他相关过程进行监管。

③对违规者终止经营的监管。金融监管部门对于严重违反国家规律、法规、相关政策的金融机构，有权做出停业整顿以致终止经营的决定。对这类金融机构，金融监管部门必须对其资产负债情况、高级管理人员及其他业务事项进行全面的审查，并作出处理。这些处理措施包括：纠正错误，恢复正常营运；注销该机构，并进入破产程序；对金融机构主要负责人按规定进行处罚。

2.金融监管的手段

金融监管的手段可以分为法律手段、经济手段和行政手段。法律手段是金融监管的基本手段,金融监管的依据是国家的法律、法规,金融监管部门依法对金融机构及其经营活动进行监督、稽核和检查,并对违法违规者进行处罚。金融监管部门依法监管,金融机构依法经营并接受监管,这是金融监管的基本点。世界各国普遍遵循这一准则。经济手段是指通过经济利益方面的奖惩来推行监管,这在大多数情况也是依据法律、法规,所以实际上是法律手段的辅助。行政手段则是通过行政命令的方式进行监管,这在某些特殊时期、特定环境下采用,效果比较明显。一些市场机制、法律、法规体系还不健全的发展中国家和体制转轨国家,经常会采用这一手段。但是,市场经济是法制经济,无论监管者还是被监管者,都要依法行事。为了维护金融监管的权威性和公正性,必须依法监管。因此,从发展趋势看,行政性监管手段将逐步取消,最终过渡到完全依据法律、法规来实施金融监管。

在实际操作中,金融稽核是具体的监管手段。金融稽核是金融监管部门根据国家规定的稽核职责,对金融业务进行监督和检查。它要求稽核人员以超然的姿态、公正的立场,运用专门的、科学的方法,对被稽核单位及其业务活动的真实性、合法性、正确性和完整性进行客观地评价,并提出稽核报告。因此,金融稽核是金融宏观监控和督查的重要手段。具体的稽核方式主要有非现场监管、现场检查和外部审计等。

(1)非现场监管

非现场监管,是指监管部门对金融机构报送的数据、报表和有关资料,以及通过其他渠道(如媒体、定期会谈等)取得的信息,进行整理和综合分析,并通过一系列风险监测和评价指标,对金融机构的经营风险作出初步评价和早期预警。这一系列的非现场分析的主要内容有:

①资产质量分析。主要从金融资产的流动性、安全性和盈利性来考察资产质量状况,包括贷款方向、贷款结构、贷款风险程度、贷款的担保情况以及贷款的集中度等。除贷款质量外,通过非现场监管还要分析金融机构资产组合的质量,并对表外资产的质量和发展趋势进行分析,从而对金融机构的整体资产质量作出全面、客观的判断。

②资本充足性分析。主要包括:资本(核心资本和附属资本)构成及总额,风险资产(表内资产和表外资产)构成总额,资产风险加权后的资本充足率水平及发展趋势;核心资本充足率水平及发展趋势;资产增长率与资本增长率的比较及发展趋势。

③流动性分析。主要包括:资产的流动能力;负债的流动能力;资产与负债的期限匹配情况,以及资产与负债不同到期日的缺口情况;现金流入情况的分析;流动性管理合规情况等。

④市场风险的分析。主要包括:利率风险、汇率风险、价格风险等。当前引起广泛关注的是利率风险和汇率风险。

⑤盈利分析。主要分析金融机构的各项收益率、利润的来源及结构等。

非现场监管是金融监管的重要方式和手段,通过非现场监管,能够及时和连续监测金融机构的经营和风险状况;运用非现场分析,有助于明确现场检查的对象和重点,从而有利于合理分配监管力量,提高监管的质量和效率。从金融监管方法的发展趋势看,随着信息技术的发展,非现场监管越来越受到青睐,正逐渐成为金融监管的主要方式。今后,随着金融深化及内外资金机构的增加和会计财务报表真实性、准确性的提高,非现场检查将愈加显示出必要性与重要作用。但偏重于非现场监管并不表示不采取现场监管

方式，现场监管与非现场监管是不能互相替代的，必须相互支持。

(2)现场检查

现场检查是指监管人员直接深入到金融机构进行业务检查和风险判断分析。现场检查是金融监管的重要手段和方式。通过实施现场检查，有助于全面、深入了解金融机构的经营和风险状况；核实和查清非现场监管中发现的总是问题和疑点；有助于对金融机构的风险作出客观、全面的判断和评价。

根据检查的目的、范围和重点，现场检查分为常规全面检查和专项检查。全面现场检查要涵盖被检查单位各项主要业务及风险，以及管理内控的各个领域，要对金融机构的总体经营和风险状况作出判断。专项检查是指对金融机构的一项或几项业务进行的重点检查，具有较强的针对性和目的性。

常规性的现场检查，应主要包括以下内容：资产质量和资产损失准备金充足程度，实际资本充足水平，资产负债结构及流动性状况，收益结构及真实盈利水平，市场风险水平主管理能力，管理与内控完善程度，以及遵守法律、法规情况。

通过现场检查，除要核实非现场监管的一些主要数据和信息，对上述内容或项目进行检查外，还检查非现场监管难以监管和发现的问题，如有关的贷款标准和政策，贷款的基本程序与风险控制，不良贷款的划分标准和确认程度，呆账准备金提取和坏账核销的标准与政策，管理人员的素质与水平，内部报告与信息系统等。

(3)借助中介机构实施审计监督

可借助的社会中介机构，包括外部审计师、外部会计师、律师和外部评级机构等实施审计监督。根据许多国家和地区的通行做法，中介机构协助金融监管当局从事金融监管业务，必须取得金融监管当局的资格认可，其资格标准主要有：

①有相当数量的具有金融业务知识或经验的注册会计师(或审计师、律师、评估师)；

②具有较好的金融审计记录和声誉；

③有良好的职业道德和规范；

④能够与金融监管当局积极配合。

经金融监管当局资格认定，中介机构可协助监管当局承担部分金融监管职责，包括报表审计和现场检查等。监管当局有责任监督中介机构的行为和金融审计(评估)报告的质量，有权根据中介机构的违法违规行为和提供不真实的审计(评估)报告，取消其从事金融机构审计(评估)业务的资格。

中介机构必须按照客观、公正、诚实的原则，认真履行职责。中介机构接受金融机构委托进行审计和评价，向金融机构收取费用，但必须对金融监管当局和社会公众负责，及时、客观地向监管当局报告工作。

金融监管当局可借助中介机构发挥以下作用：审计、核实金融机构的财务会计报表及相关数据；对金融机构实施现场检查；对金融机构进行外部评级；提高金融信息披露的客观性和权威性，强化市场约束。

11.3.4 金融监管体系

金融监管体系是指对金融业进行监管的制度模式及其组织机构之间的关系的总称，它包括监管的模式和组织体系两个基本内容。完善的金融监管体系，是保障金融业持续发展的根本要求。

1. 金融监管体制模式

纵观世界各国金融监管体制的实践，金融监管体制按照发展状况和程度不同大致有以下三种选择模式。

(1)统一监管模式

典型的统一监管模式指对不同的金融行业、金融机构和金融业务均由一个统一的监管机构负责监管，这个监管主体可以是中央银行或其他机构。因此，统一监管模式有时又称为“一元化”监管模式。

统一监管模式的优点是：第一，成本优势。统一监管可以节约技术和人力的投入，更重要的是可以大大降低信息成本，改善信息质量，获得规模效益。第二，改善监管环境。表现在两方面：(1)提供统一的监管制度，避免由于多重监管者的监管水平、强度不同，使被监管者面临不同的监管制度约束。(2)避免被监管者对多重机构重复监管及不一致性无所适从。第三，适应性强。金融业务创新日新月异，统一监管模式可迅速适应新业务，避免监管真空，降低新的系统性风险。同时也可减少多重监管制度对金融创新的阻碍。

统一监管模式的缺点是：缺乏竞争性，易导致官僚主义。因此，就要求监管主体必须建立一个能够使其潜在优势(规模经济等)得以最大化的内部结构，同时要防止潜在的风险。

混业监管的典型——英国

1979年英国国会通过了英国有史以来的第一个银行法。该法规定，所有吸收存款的金融机构(包括国外银行)都要向英格兰银行登记，请示批准。未经批准的机构不得吸收存款。《1987年银行法》规定英格兰银行负责该法实施，英格兰银行内设金融监管委员会，依法履行监管职责；内设金融监管处，具体负责金融监管的执行工作。1997年英国政府为适应金融全球化和欧元诞生的挑战，又一次对金融监管体制进行了改革。将英格兰银行的监管权力剥离出去，把银行监管责任从英格兰银行转移到证券投资委员会，并于1997年10月28日成立了金融监管服务局(Financial Service Authority)。英国金融监管服务局主要负责对银行、住房信贷机构、投资公司、保险公司及金融市场、清算和结算体系的监管。英格兰银行审慎监管银行业的职责被剥离，其任务是执行货币政策，发展和改善金融基础设施。英国财政部则全面负责金融监管组织构架的确定和金融监管的立法。另外，所有的自律组织合并为一个单一机构，所有金融机构的审慎监管由金融服务监管局负责。新成立的金融服务监管局负责所有金融机构和市场的审慎监管和日常监管，英国正式实行全新的混业监管模式，并于2000年通过《金融市场与服务法案》，从法律上确认了这种金融监管体制的改变。

早在20世纪80年代后期，北欧的挪威、丹麦和瑞典已经开始将分散的监管机构合并，成立综合性的金融监管机构，实行统一监管模式。1996年以后，日本和韩国也转向这种模式。截止1999年，真正实行统一监管的有13个国家，包括瑞典、挪威、丹麦、冰岛、日本和韩国等。

(2)分业监管模式

分业监管模式是指在金融业实行分业经营的前提下，根据不同金融业务领域而分别设立对应的监管机构，实行监管专业化。如分别按银行、证券、保险、信托等成立监管主体，并由各监管主体负责各业的监管。因此，分业监管模式又称为“多元化”监管模式。目前分业监管模式较为普遍，实行分业监管较为典型的国家有美国、加拿大、法国等。

分业监管模式的优点是：第一，专业监管机构负责不同的监管领域，具有专业化优势，职责明确，分工细致，有利于达到监管目标，可提高监管效率。第二，具有竞争优势。尽管监管对象不同，但不同机构之间存在竞争压力。

分业监管模式的缺点是：第一，多重监管机构之间难于协调，可能引起"监管套利行为"，即被监管对象有空可钻，逃避监管。若设立多重目标或不透明的目标，容易产生分歧，使被监管对象难于理解和服从。第二，从整体上看，分业监管各个机构庞大，监管成本较高，规模不经济。

典型的分业监管国家

美国对金融机构的监督管理由货币监理署(the Office of the Controller of the Currency，OCC)、联邦储备委员会(Federal Reserve Board，FRB)、联邦存款保险机构(Federal Deposit Insurance Corporation，FDIC)、州政府银行局等多家机构分头负责。美国国内的银行分为联邦银行(或国民银行)和州立银行。联邦银行的设立由货币监理署负责认可，其日常运营则受到联邦储备委员会和联邦存款保险机构监管。州立银行的设立和运营则受到各州政府银行局的监管。为了适应近年来经济、金融环境的变化，美国政府开始改革这种监督体系，依照新的制定的《1999 年金融服务现代化法》，将原来按机构分类分别监管的体制改为按金融服务功能分类分别监管的制度。

在加拿大，加拿大银行、银行总监察局和加拿大存款保险公司共同负责银行业的监管。加拿大银行主要从信用控制的角度进行监管，银行总监察局则主要监管银行经营是否安全稳妥和守法，加拿大存款保险公司主要负责为银行提供资金、管理方面的援助，增强公众信心。

法国银行业的监管机构主要有法兰西银行(Banque De France)、国家信贷委员会和银行委员会(Commision Bancaire)。银行委员会负责银行是否遵守各项银行法律、法规，监控银行财务状况，确保银行稳健经营。法兰西银行负责实施现场检查。国家信贷委员会负责银行的注册登记，审查银行资本额、法律身份等。

(3)不完全统一监管模式

这是在金融业综合经营体制下，对完全统一和完全分业监管的一种改进型模式。这种模式可按监管机构不完全统一和监管目标不完全统一划分。具体形式有牵头监管和"双峰式"监管模式。牵头监管即在多重监管主体之间建立及时磋商和协调机制，特别指定一个牵头监管机构负责不同监管主体之间的协调工作。"双峰式"监管模式，是指根据监管目标设立两类监管机构，一类负责对所有金融机构进行审慎监管，控制金融体系的系统性风险。另一类机构是对不同金融业务经营进行监管。

不完全监管模式的优势是：1. 与统一监管模式相比：一是在一定程度上保持了监管机构之间的竞争与制约作用；二是各监管主体在其监管领域内保持了监管规则的一致性，既可发挥各个机构的优势，还可将多重机构的不利最小化。与完全分业监管模式相比，这种模式降低了多重监管机构之间互相协调的成本和难度。同时，对审慎监管和业务监管分别进行，避免出现监管真空或交叉及重复监管。2. 具有分业监管的优点。其最大优势是通过牵头监管机构的定期磋商协调，相互交换信息和密切配合，降低监管成本，提高监管效率。

巴西和澳大利亚的监管模式

巴西是较典型的牵头监管模式。国家货币委员会是牵头监管者，负责协调中央银行、证券和外汇管理委员会、私营保险监理署和补充养老金秘书局分别对商业银行、证券公司和保险公司进行监管。

澳大利亚是"双峰式"监管模式的典型。澳大利亚历史上由中央银行负责银行业的审慎监管。自1998年开始不完全统一监管模式的改革。新成立的澳大利亚审慎监管局负责所有金融机构的审慎监管，证券投资委员会负责对证券业、银行业和保险业的业务经营监管。

2.金融监管组织体系

由于各国金融深化与发展程度不同，选择的金融监管制度模式也不相同，由此决定了各国的金融监管组织体系也有或多或少的区别。但是总的来看，一个有效的金融监管组织体系中应该由监管当局监管控制系统、金融机构内部控制系统、金融行业自律系统和社会监管防范系统四个层次构成。监管当局监管控制系统、金融机构内部控制系统在金融监管组织体系中起主导作用，金融行业自律系统和社会监督防范系统起重要补充作用，四个系统相互作用、相互协作。

(1)金融监管主体系统

金融监管职能是一种政府行为，金融监管的主体就是各国的监管当局，由它们所构成的监管主体系统是现代金融监管体系的核心。

目前，美国等西方国家和我国中央银行均按经济区划设立央行分支机构，这是淡化地方政府干预、提高金融监管效率以及完善金融监管系统的一项重要举措。以此为契机，逐步形成了中央银行内部调控系统：①总行与分支行之间有明确的监管职权，并坚持分支机构服从总行领导的原则，各分支机构在总行授权下按统一标准行使监管职能；②中央银行金融监管与金融服务实行双轨运行，并在监管职能部门之间逐步形成了定期联系制度和重要事项通报制度，既各司其职，又通力合作；③中央银行实行本外币、内外资、境内境外金融企业、表内表外业务、现场非现场的统一监管，扩大金融监管的覆盖面；④建立起完善的制度体系，这包括日常监管制度、风险预警制度、举报查处制度、资信评级制度、监管责任制度、信息沟通制度、档案管理制度和报告报表制度等。

(2)金融机构内部控制系统

金融机构的内部控制是现代金融监管的基础，也是金融监管的第一道"防火墙"，只有金融机构内部形成良好、严格的内控机制，外部的金融监管才能有效。

在系统化的有效金融监管中，各金融机构既是被监管的对象，也是金融监管的自律主体。防范金融风险的根本还在于金融机构的内部管理部门具有识别、评估、监测和控制自身风险的能力。各国的金融监管经验也表明，金融监管主体的外部监管只是作为金融机构内控不足的补充，控制风险的根本措施还是要靠金融机构的自律。事实上，国际商业信贷银行案、巴林银行的倒闭、日本多起银行案以及其他金融案例中，如果金融机构制定并执行了严格的内部控制制度，危机或许可以化解。对于我国来说同样如此。据有关方面的抽样调查显示，因金融机构内部控制系统不完善造成的不良资产占40%以上，这说明内部控制系统存在的问题是形成不良资产的主要原因。因此，金融机构只有建立严密有效的内部控制制度，以效益性、安全性和流动性为内容，发挥其自我约束、自我监察、防微杜渐的基础性监管作用，增强其自律、自管、自查、自正的自律监管能力，提高其严格遵守法律法规与维护良好金融运行秩序的自觉性，才有利于消除隐患，从根本上防范金融风险。

(3)金融行业自律监管系统

行业自律是指各类金融机构通过行业协会或同业公会等自律性组织进行的自我监督、自我约束和自我保护。从世界各国金融同业自律制度建设的实践看，同业公会或协会是适应金融业行业保护、行业协调与行业监管的需要，自发地形成和发展起来的，它在维护金融秩序方面具有不可替代的优势，是金融监管组织体系的重要补充。在政府监管不到的范围，通过自律的行业规范，从业者自觉的约束，能够触及法律和政府不能达到的死角，因而更为有效。行业自律可以称其为监管当局直接监督的补充与延伸。

(4)社会监管防范系统

金融活动涉及社会经济生活的各个方面，因此，诱发金融风险的因素是多方面的、复杂的。加强金融监管，防范金融风险，没有全社会各个方面的参与是不可能的。以各级地方政府为核心，包括各种职能部门、社会中介机构以及广大社会公众等在内的社会监管防范体系，构成有效金融监管的外部环境。全社会广泛参与的监管防范系统是金融监管体系的环境保障，可以弥补监管的疏漏或因力量不足造成监管不力的缺陷。

11.3.5 金融监管的国际合作

20世纪末，金融全球化成为了“双刃剑”，一方面资本的自由流动促进了经济增长，提高了生活水平；另一方面，金融全球化导致了金融风险一体化。原有的金融监管机制通常是一种只针对一国金融市场的，各自为政的缺乏合作与协调的封闭式的监管机制，然而随着金融业的国际化进程，这种分割的金融监管框架的缺陷日益突出，并构成国际金融业的不稳定因素，增加了潜在的金融风险。金融全球化及伴随而来的方方面面的变革和冲击，打破了金融业原有的传统格局，使传统的金融监管机制失去了存在的基础，金融监管机制的相应变革已是金融业发展的必然选择。

金融国际化要求实现金融监管本身的国际化。因此，新的金融监管机制必须要反映金融监管国际化的要求。所谓金融监管国际化，是指金融监管活动跨出国界，以及据以进行监管的各国立法及惯例趋于一致的过程和状态。实现金融监管的国际化要满足监管标准的统一化、监管内容的趋同化、监管手段的现代化和监管机构的综合化等具体要求。满足所有这些要求的基础和前提就是要建立监管方面的国际合作。通过金融监管的国际合作，打破分割式的金融监管模式，有助于形成统一的金融监管框架，进而满足金融监管国际化的要求，增强抵御金融风险的能力。通过金融监管的国际合作机制建立监管合作组织，有助于促进政府间和民间的监管交流，维护国际金融市场的安全和稳定。金融监管的国际合作机制能克服原有的国际金融监管机制的缺陷，适应金融全球化的需要，因而它的产生顺理成章。

1. 金融监管国际合作的必要性

(1)国际金融业经营风险增大，要求加强对国际金融市场的监管。以扩大资产规模为战略重点的国际银行业为获取较高的资产收益和资产增长速度，压低价格和放宽条件提供贷款，从而使银行资金营运的风险程度加大。20世纪70年代以来，随着“脱媒”现象的出现，国际性商业银行为了巩固和传统客户的关系，不得不压低贷款利率与放宽贷款条件，借以维持或发展银行资产业务。但这种做法实质上使银行贷款的实际收益和质量下降，银行资产经营风险不断上升。在激烈的国际金融竞争中，商业银行为了占领并扩大市场份额，各种金融新产品和新业务在银行资产负债表外迅速滋生。这些表外业务风险的模糊性和特殊性，使得商业银行在不知不觉中承担了各种潜在风险。长期以来，发展中国家债务问题困扰着国际银行业的稳定与发展，债务国违约的潜在风险，实质上也使国际银行经营的潜在风险加大。为了确保金融体系稳定，必须进一步加强银行应付风险的能力。因为，现代金融业的发展，导致全球各国金融机构紧密相关，互为依存，一家或几家国际性商业银行发生问题，将导致整个金融体系周转不灵，乃至诱发局部性或震荡性金融危机。所以，需要各国中央银行加强合作，协调和加强对国际金融业的监管，以减轻国际金融业经营的风险。

(2)各国中央银行政策与态度不一，需要加强对国际金融市场的统一监管。各国中央银行对商业银行监督管理的原则、指标体系和技术口径宽严不一。例如：资本资产比率，各国规定从1%～6%，差别很大；对流动性比率和贷款集中程度限制高度也不统一，从而造成国际银行之间严重的不平等竞争。离岸金融中心的商业银行几乎完全不在中央银行的监管之下。世界上有十来个离岸金融中心，例如卢森堡、开曼群岛、巴拿马群岛和巴哈马群岛离岸金融中心的商业银行，都不在任何一国中央银行的有效监管之下，形成国际银行的特殊掩护地和避风港。发展中国家国际银行业崛起是当代国际银行业的新发展，由于种种原因，发展中国家中央银行的监管体系仍处在形成和有待完善的初级阶段，政策、工具、监管技术手段相对比较有限，就更难有效地监督驾驭国际商业银行了。各国金融风险管理技术与水平程度差异较大。迄今为止，并非一切国家都有正式的或非正式的存款保险制度，对保险对象的确定原则和保护程度也不同。例如对本国在外国的分支机构，有的国家的存款保险制度包括了二者，有的完全排除了二者，有的只包括前者，有的只包括后者。国际银行一旦破产倒闭，赔偿责任的问题就谁也说不清了。综上所述，迄今为止，由于复杂的原因，对国际银行业及金融市场的监管远不是全面的、系统的、统一的和有效的，从而需要加强对国际金融市场的统一监管。

(3)国际金融市场动荡日趋频繁，需要协调、统一与加强对国际金融市场的监管。国际金融市场不受任一国货币当局的约束，是一个相对自由的市场。要使这一市场的参与者都在平等的基础上公平合理竞争，光靠自律是不够的。若国际金融市场不受监管，那么就会有许多问题不能及时暴露出来，从而造成十分严重的后果。特别是随着20世纪70年代固定汇率制的崩溃以及金融自由化和国际化程度的不断提高，金融创新大量涌现，表外业务飞速发展，一方面促进了国际金融市场整体效率的提高，产生了积极的经济效益；另一方面也给国际金融体系的安全稳定带来了一系列的问题，使国际金融市场不稳定性增加，造成国际金融市场动荡加剧。例如整个20世纪80年代，美国共有1 086家商业银行倒闭，是1934年～1980年银行倒闭数的46倍；1991年著名的国际商业信贷银行倒闭一案冲破了人们认为国际金融界的大银行不会倒闭的观念，说明外部监管等约束的重要性。20世纪90年代，特别是1991年以来国际银行危机业已加深，经营环境恶化，利润下降，倒闭者增多，且大银行合并、收购频繁，如英国巴林银行倒闭、法国里昂银行、日本大和银行经营危机等。此外，国际金融市场上的金融丑闻也不断曝光，如1991年6月，日本野村、大和、兴业和山一四大证券公司在证券交易中给客户以"补偿"，引诱客户购买某种股票的丑闻，在华尔街爆发美国所罗兄弟证券公司董事长和总裁因欺诈性国库券交易而辞职的丑闻等。这些都充分说明，加强和协调国际社会对国际金融市场统一监管的必要性和紧迫性。

美国次贷危机演变为全球金融风暴

美国次贷危机自2007年2月次级按揭资产质量问题浮出水面以来，愈演愈烈，从次贷信用危机发展成影响美国投资银行、保险公司及商业银行等主要金融机构的华尔街危机，并向全球金融市场扩散，出现全球流动性危机。雷曼破产导致市场对手方风险(counter-party risk)大幅增加，雷曼以及AIG等机构大规模出售资产及去杠杆化(de-leveraging)对市场估值体系造成巨大冲击，使得银行间融资市场流动性枯竭。同时，在信贷紧缩的背景下，企业融资成本居高不下，房地产价格下跌导致的财富效应的破灭影响消费开支，将对美国及全球实体经济增长带来冲击。流动性泛滥、追求风险收益及金融创新带来的高杠杆率是本次金融危机的根源。次贷问题及所引发的金融危机，直接原因是美国房价下跌引起的次级贷款资产质量下降。美联储在IT泡沫破灭之后长期实行宽松的货币政策，在低利率的环境下，投资者对投资回报的追求带来了对风险的偏好，金融创新(MBS，CDO及CDS等)提供了提高杠杆比率的工具。2004年中开始，美国连续加息17次，2006年起房地产价格止升回落，信贷风险突现，过高的杠杆比率使得金融机构的抗风险能力极为脆弱。在这一过程中，监管机构对投资银行承担的风险以及资本充足率的监管严重缺失。各国政府积极出台应对政策：为缓和次贷危机引发的金融风暴的影响，避免经济陷入衰退，各国央行及政府运用扩张性的货币和财政政策来进行救市及刺激经济增长。2007年9月份以来，美联储连续多次降息，将联邦基金利率由5.25%降至2%；2008年1月，美国公布了耗资约1 680亿美元的退税方案，以促进个人消费和企业投资。在金融市场，针对流动性(Liquidity)枯竭，美联储及各国央行出台一系列政策，包括通过定期拍卖工具(TAF)向存款性金融机构提供贴现融资、推出定期证券借贷工具(Term Securities Lending Facility)及推出一级交易商信贷工具(PDCF)等；针对偿付能力(Solvency)问题，美国政府提出动用7 000亿美元来收购金融机构账面上流动性差、市场认为风险较高的资产，但该方案在9月30日遭到美国众议院否决，新方案于近期推出并重新提交国会批准。随着危机的不断加重，多国央行采取同步减息的措施。同时，各国监管机构还出台了限制卖空的措施，以提振股票市场的信心。

2.金融监管国际合作的发展特点

(1)金融监管国际协调合作的趋势加强

到目前为止，国际社会在金融监管国际协调与合作的两大重点：一是对有关国家货币汇率和汇率制度安排上的干预、监督和协调；二是以国际清算银行和巴塞尔银行监管委员会为中心组织的对国际银行业的一系列协调各国金融监管当局行为的活动。两点监管上协调与合作的脉络十分清晰，重点突出。

在汇率和汇率制度安排方面，自1973年浮动汇率制得到国际社会承认后，国际社会完善、增加了对汇率和相关金融活动的监管方式，相机性等协调方式得到了充分应用。

在对国际银行业的监管方面。国际清算银行和巴塞尔银行监管委员会组织了一系列协调各国金融监管当局的行为的活动。这些协调与合作的活动主体明确，规则详尽，并为各国普遍接受。巴塞尔银行监管委员会通过一系列《巴塞尔协议》和20世纪90年代以来新制定的两项重要原则(即1997年通过的银行业有效监管核心原则和1998年提出的关于“确定贷款价值、计提呆账准备金、加强信用风险信息披露的指导原则”)以及1999年公布的《新的资本充足比率框架》，在交流监管信息、制定银行监管条例及防范银行经营风险等方面，加强与各国监管当局的国际协调与合作。

1997年亚洲金融危机发生之后，金融监管的国际合作问题更引起了国际社会的高度重视，越来越多的国家和国际组织加入了这一跨世纪的合作行动中，同时，监管合作的范围也逐渐从传统的货币汇率和银行业务方面，扩展到包括银行、证券、保险、外汇、金融衍生产品等在内的整个金融活动领域。作为银行业监管者的巴塞尔银行监管委员会和作为国际证券业监管者的国际证券委员会组织,以及与作为国际保险业监管者的国际保险委员会组织之间协调与合作已经越来越频繁和深入。不但国际性的金融组织扩大了监管与合作的范围,各国政府面对金融业混业经营的趋势,也在不断地调整或建立新的监管机构,赋予监管机构新的职能,从而使金融监管的国际协调与合作在不同层面上获得扩大与深化。

(2)金融监管国际协调与合作的机制逐渐健全

金融监管国际协调与合作的机制主要包括:①信息交流。由于金融业的迅速发展,金融业务活动不断扩大与创新、各国的金融监管政策与措施等会不断补充变化,各国间、各国与国际性经济金融组织间的信息交流显得更加迫切与必要。②政策趋同或相互融合。在信息交流的基础上,各国之间可以进一步实行趋同的经济政策与金融监管政策,以避免相互之间产生矛盾和分歧。③行动联合。包括两个方面:一是一般性的联合行动,两国或多国政府之间通过交换信息并同意在金融监管目标上达成一致或基本一致后,便可求现存异实行联合行动;二是紧急联合拯救行动,即针对各国金融运行中出现的突发性事件或某种金融危机,各国与国际性金融组织所进行的共同行动,由此防止各国独善其身的政策或政策实施不当使危机更加严重或蔓延。从信息交换到政策的趋同或相互融合,再到共同的监管行动,机制的层次逐渐提高。

(3)金融监管国际协调与合作的主体不断增加,功能不断完善

从BIS、IMF、GATT、到巴塞尔银行监管委员会,从国际证券委员会组织和国际保险监管者协会,到1995年开始正式运行的WTO金融监管国际协调与合作的主体在不断增加,它们之间的协调与合作也越来越频繁。例如,国际证券委员会组织和巴塞尔银行监管委员会在衍生金融市场监管方面进行了一系列合作,包括提出风险管理的指南和信息披露的调查、联合出版了《衍生产品信息披露报告》、修订了《银行和证券经营机构衍生产品业务监管信息框架》等。国际证券委员会组织还与设在国际清算银行的“支付与结算委员会(CPSS)”进行密切合作,共同发布了《证券结算体系的披露框架》,旨在“协助市场参与者了解证券结算系统的风险”。国际保险监管者协会、国际证券委员会组织与巴塞尔银行监管委员会于1996年共同建立了“金融集团联合论坛”,把金融监管的协调与合作推向新的高度。

3.中国金融监管的国际合作

中国在金融监管的国际合作方面已经取得了一定的成效。我国的金融法律、法规已采用了巴塞尔协议的大多数建议,我国还参与了1997年巴塞尔委员会《银行业有效监管核心原则》的制定和修改工作。此外,1999年3月,中国人民银行积极与国际清算银行联合,在北京举办了金融监管研讨会等。1997年～1998年东南亚金融危机后,中国引以为鉴,完善了国内金融监管制度,并承诺人民币不贬值,在1998年取得了7.8%的经济增长,这些都有利于增强中国的世界经济地位。目前,中国已参加了国际货币基金组织、国际清算银行、亚洲开发银行等多个国际金融组织,逐步加强了与各国金融监管当局的合作与交流,先后与英国、日本、韩国、新加坡、泰国等国建立了正式或非正式的双边磋商和联系制度。但是客观说来,我国在金融监管的国际合作方面还很不完善,亟待改善。面对金融监管的国际合作趋势,为使我国金融业及其监管在激烈的国际竞争中不受歧视和赢得更多的国际比较利益,我国应对金融监管的国际合作做出积极回应。

(1)健全法制,为金融监管的国际合作提供全面的法律依据。近年来,我国金融法律建设的成绩是巨大的,但与参与国际合作的客观要求还有一定差距,主要表现为可操作性不强,配套法律尚不完备。例如,央行监管法、外汇管理法、银行业稽核法、信托法、典当法等,或尚未出台或未提出操作性强的实质性内容。健全金融监管的法律环境既有利于促进我国金融监管工作的法律化进程,又有利于我国金融监管的国际合作。为此,我国必须做好两方面的具体工作:①将金融方面的规章和监管工作中一些成熟且有效的做法尽快法律化。我国金融监管方面的规章体系庞杂且不配套,甚至仍带有传统的行政干预的色彩。通过赋予其系统化、法律化,既可以提高国内监管效果,又可以增强海外金融机构及其监管当局对我国金融业和金融监管的信心,进而促进我国金融监管的国际合作。②超前进行金融立法。金融企业不同于其他企业,金融监管更是有别于对一般企业的监督管理。随着我国加入世贸组织的临近和我国金融市场的快速开放,金融业的行业风险特点决定了我国必须超前进行金融立法,特别是在金融监管方面,决不能"摸看石头过河"。超前立法的具体做法,可以是在充分考虑到我国国情的条件下,移植国外通行的法律规定,首先避免因监管不善而爆发的大的金融风险的可能性,然后再在实践中逐步修改并完善。

(2)提高中国金融监管的国际化程度。首先,应认可现有的金融监管国际合作的国际规则,并积极参与国际规则的制定。承认某一国际公约、协议,不可避免要让渡部分国家主权。但假如不根本上损害中国国家利益,只限于短期利益和长期利益之间的矛盾,在可以承受的短期损失的情况下,还是应以长期利益为取向。同时,国际金融市场就好象是做一场大游戏,那么谁制定游戏的规则,谁就更容易在游戏中获胜。加强国际金融的监管合作,正在和将要制定一系列的国际规则。参与制定规则的国家,就有更多的从未来的国际金融发展中获益的机会。所以,中国应当重视和尽早参与国际金融方面的规则制定工作,以求更有效的保护自己的利益,融入国际金融市场,成为国际金融监管合作的重要一员。

其次,我国应改变单调内向的金融监管策略,采取综合性的国际性的监管策略,监管的政策、手段与全球发展趋势一致。第一,监管政策的取向要从国际业整体来考虑,监管政策的覆盖面应该包括国内金融业、国内金融业的国外分支机构和我国境内的外国金融机构;第二,监管内容要适应金融业跨国经营带来的新问题,出现的新的经营风险特别是国家风险;第三,监管手段应该比照国际标准,与国际接轨。再次,加强国内金融监管立法的国际化程度。入世后,作为成员国,我国既要享受世界贸易组织成员提供的多边、稳定、无条件的最惠国待遇,享受其他国家和地区贸易自由化的成果,又要履行相应义务,包括在制定金融监管法律、法规时要遵守世界贸易组织的规则,将条约一般义务和特别义务(我国在具体承诺中的国际义务)反映在国内立法,并增加金融监管立法的透明度等。

(3)加大与国外监管机构的合作,建立双边及多边信息交换机制。近年来,我国按照《巴塞尔协议》的有关原则,先后与英国、日本、香港等国家或地区的金融监管当局建立了正式或非正式的双边磋商与联系制度。随着区域经济及国际银行业监管的一体化趋势,我国应在多边范围内建立国际金融监管信息储备中心,从而有助于减少对国际银行业务的监管成本。同时还必须与东道国非银行金融机构及境外银行机构在城市监管分支机构加强合作交流,以减少银行监管的灰色区域,实现对银行海外机构的多层次,多方位的有效监管。同时，加强与国际金融监管机构的合作，通过技术援助、定期磋商、互访及共同参与制定国际监管规则等方式，提高我国的金融监管水平，并保持国际金融体系的安全和稳定。

(4)加快实行全球性综合并表监管。并表监管是对国际银行实行有效监管的必要条件。目前，在欧盟成员国与十国集团内已经实现了并表监管。但由于我国目前的会计制度与有关的东道国及国际通行的会计准则不尽相同，故实现并表监管尚存在一定的障碍。为此，就必须按照国际通用的会计准则对现行会计准则做必要修改。对于并表监管内容，针对银行跨国经营的特点，可就资本充足性、贷款集中程度及国家风险优先考虑，而对目前尚不能实现并表的项目，也必须从综合监管的角度出发，对整个银行集团综合评估。

[重要概念]

金融风险　系统性金融风险　非系统性金融风险　微观金融风险　宏观金融风险　信用风险　金融市场风险　流动性风险　金融操作风险　金融管理风险　金融法律风险　全面风险管理　金融风险监测目标　金融风险信号采集　金融风险识别　金融监管　金融监管的一般目标　金融监管体系　统一监管模式　分业监管模式　不完全统一监管模式

[复习与思考]

1. 试述风险定义的层次性与现代发展。
2. 简述金融风险的本质与特征。
3. 试述金融风险的主要分类。
4. 试分析国内外关于金融风险生成机理的一些主要学说。
5. 试分析金融风险传递扩散的效应。
6. 试述金融风险监测预警的必要性。
7. 简述金融风险监测预警的发展概况。
8. 试述金融风险监测预警的基本流程。
9. 试分析金融风险管理决策的层次体系。
10. 迄今为止，金融监管经历了几个发展阶段，各阶段的监管中心是什么？
11. 金融监管的目标是什么？
12. 金融监管的内容有哪些？
13. 国际上主要的金融监管模式有哪几种？这些模式各有什么优缺点？
14. 你是如何认识金融监管国际合作的必要性的？

第12章　金融发展理论

内容提要　金融是现代经济的核心，金融与经济发展密切相关，金融发展理论实际研究的是一切有关金融发展与经济发展关系的理论。本章将在介绍金融抑制论、金融深化论、金融创新理论和金融组织论的基础上，分析我国的金融改革与金融发展。

12.1　金融发展理论

长期以来，西方主流经济发展理论与金融理论基本上是分离的，关于金融对于经济发展重要性的思想最早可以追溯至熊彼特，他在其《经济发展理论》(1912)中强调了金融在经济发展中的重要性。但直到1973年麦金农(Mckinnon,1973)和肖(Shaw,1955)的"金融深化"理论的提出才标志着金融发展理论的正式形成。从20世纪70年代开始，金融发展理论共经过了三个阶段：第一阶段是1973年麦金农在《经济发展中的货币与资本》和肖的著作《经济发展中的金融深化》中认证了金融深化与经济发展的密切关系。他们指出，由于发展中国家存在广泛的"金融抑制"，阻碍了金融发展，从而影响经济增长，因此发展中国家应促进金融自由化，把"金融深化"作为发展政策的核心。第二阶段，1973年至20世纪80年代末。20世纪80年代，继麦金农和肖之后，卡普尔和马西森等人在麦金农和肖的分析框架的基础之上，吸收当代经济学最新的研究成果，建立了宏观经济模型，扩大了金融发展理论模型的分析视野和政策适用范围。第三阶段是20世纪90年代，一些经济学家在吸取20世纪80年代中后期兴起的内生增长经济理论重要成果的基础上，对金融发展理论作了进一步发展。20世纪80年代以罗默和卢卡斯的论文为标志的内生增长理论的兴起为金融发展理论提供了进一步的发展空间。进入20世纪90年代，金融发展理论学家突破了麦金农和肖的框架，把内生增长和内生金融中介(或金融市场)并入金融发展模型之中。这些模型的共同特点是直接对金融中介或金融市场建模，目的在于解释金融中介和金融市场如何内生形成以及金融发展与经济增长之间的关系，并在此基础上提出不同于麦金农和肖的政策建议。

12.1.1　金融发展的概念

1969年，R. 戈德斯密斯(R. W. Goldsmith)较早提出了金融发展的概念，讨论了不同经济发展阶段的金融结构模式，对金融结构和金融发展进行了实证研究，开创了金融发展理论的研究基础。戈德斯密斯在界定金融结构的基础上，对金融发展进行了开创性研究，他认为：金融发展就是金融结构的变化，金融发展研究必须以金融结构在短期或长期内变化的信息为基础，找出金融发展的道路。所谓金融结构，戈德斯密斯认为，一国现存的金融工具与金融机构之和构成该国的金融结构，包括各种现存金融工具与金融结构的相对规模、经营特征、金融中介机构各种分支机构的集中程度等。他依据主要数字指标，高度概括性的将世界各国的金融结构分成三种类型，采用定性和定量分析相结合的研究方法，对不同类型的金融结构进行了纵向和国际横向的比较，得出了各种金融结构类型的不同特征。一般情况下，衡量一国金融发展有存量指标和流量指标，其中最为重要的是金融相关比率(Financial Interrelations Ratio，FIR)，建立一国金融相关比率的重要因素：货币化比率、非金融相关比率、资本形成比率、资本产出比率、外部融资比率、金融发行比率、金融资产价格波动比率和新发行乘数等。

12.1.2 金融深化理论

麦金农通过对哈罗德模型的批评来阐述金融深化理论。众所周知，哈罗德模型中未曾考虑金融因素，其假定储蓄会自动转移到相同收益率的投资中去。麦金龙对金融深化理论进行了经典论述。

若以 Q 代表产出一资本比率(常数)，y 代表实际产出(收入)，K 代表实际资本存量，则简明生产函数为：

$$y=QK \tag{12-1}$$

该模型认为，储蓄(投资)倾向是收入的一个固定比率，用 S 表示，即：

$$I=dK/dt=S\times y \tag{12-2}$$

将上式(12－2)带入式(12－1)，则得到收入增长的增长率 y'，即：

$$y'=\sigma\times s \tag{12-3}$$

即该收入增长率是边际产出一资本比率同边际储蓄倾向的乘积。

麦金农认为储蓄倾向是受其他金融变量如实际利率和收入增长率所决定的变量，即：

$$s=s(y',\rho) \tag{12-4}$$

该式中，$0<s<1$，$ds/dy'>0$，$ds/d\rho>0$，ρ 代表金融体制改革后各金融深化指标，于是有：

$$y'=\sigma_s(y',\rho) \tag{12-5}$$

从(12－5)可以看出，经济增长与金融深化和储蓄倾向存在内在的关系，经济增长受金融深化和储蓄倾向的影响。为了更加清晰地看出变量之间的关系，我们处理成图12-1。纵轴为 σ_s，横轴代表收入增长率 y'，45度线表示 $y'=\sigma_s$ 的均衡经济增长。如果体制尚未变革，即存在金融体制，金融深化有限，$\rho=\rho'$，它表示很低的负数的实际货币收益和很小的货币一收入比，函数 $\sigma_2(y',\rho)$ 可以由 AB 线表示，AB 和45度线的焦点 E 所决定的均衡收入增长为 ee'。若实行了金融改革，金融深化有显著成效后，ρ 由 ρ' 变化为 $\rho*$，储蓄倾向变大，储蓄函数从 AB 提高到 CD，金融改革使储蓄函数上移，斜率加大。储蓄函数的变化使均衡增长率由 E 提高到 F。这可分为两个相关的部分，EG 代表收入尚未增长之前金融改革对储蓄的刺激，而 GM 则代表收入上升到新的均衡水平时对储蓄的进一步推动，也成为“成长红利”。CD 斜率比 AB 更陡，反映了货币改革金融深化后收入对储蓄倾向的影响，即一旦放松金融压制，人们持有货币的意愿会加大。

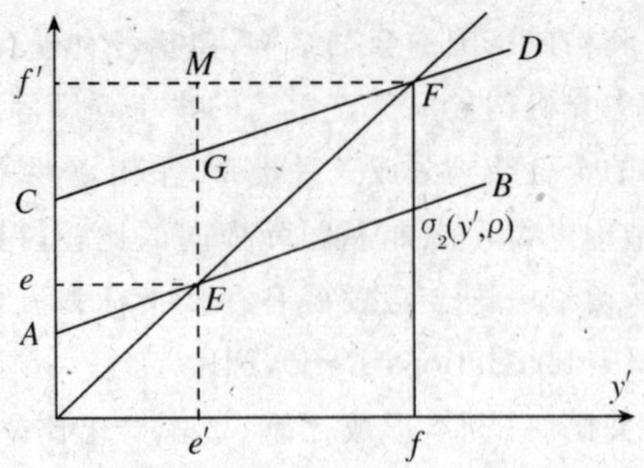

图 12-1　储蓄倾向和收入增长率

与麦金农对金融深化的认识不同，肖认为货币当局采取放松管制等促进金融深化的政策，会产生正效应，包括收入效应、投资效应、就业效应。除了上述正效应之外，金融深化还具有不可避免的负效应：

(1)冲击银行体系的稳定性。以金融自由化为特征的金融深化将银行体系置于广泛的市场风险中：①金融深化的短期金融市场利率和资本市场利率(公司债券与股票市场利率)、国际业务汇率随市场供求而变动的自由利率所替代，提高了金融业务预期收益的不确定性和风险性。②金融深化为企业开辟了更多、更直接的融资渠道，银行间的金融业务竞争加剧，从而使银行利润下降。如果银行储备金中的一部分来自利润，就会减少银行应付呆账、坏账贷款的储备金，削弱银行抵御金融风险的能力。③金融深化往往使实际利率高于市场出清的均衡利率。利率的提高会增加投资风险，由于信息不对称普遍存在，银行往往会把资金借贷给风险比较大的项目，从而加剧金融风险。

(2)债务危机。一般情况下，发展中国家资本均属于较为稀缺的资源，政府往往倾向于使用更多的渠道以得到经济发展所需资金。在未能有效控制财政赤字、实现预算平衡的情况下急于推行金融深化战略，最为直接的就是实际利率水平的提高。实际利率的提高一方面会增加政府融资的成本和负担，另一方面，又会制约微观经济主体投资的积极性，间接削弱经济增长能力。最后，使得政府负债达到一种无法承受的程度，从而引发债务危机。

(3)导致破坏性的资本流动。金融深化使国内存款利率高于世界金融市场的利率水平，二者之间的利差，往往不能通过国内货币的预期贬值而抵消；资本的边际生产力通常较高，国内企业能从国外大量融资；政府为扩张经济而大量吸收外资，因此过早地放松或取消对资本流动的限制。这些都会导致大规模的短期资本流入，破坏银行控制货币流通能力，引发严重的通货膨胀。一旦经济过热得到抑制，资本又会大量外流，导致经济迅速衰退。

12.1.3　金融抑制论

针对发展中国家的二元金融结构、货币化程度低、金融市场落后、金融体制效率低下、政府对金融严格控制的特点，美国经济学家麦金农(R. I. Mckinnon)和爱德华·肖(E. S. Shaw)在前人研究的基础上提出了著名的“金融抑制论”。肖认为，造成发展中国家金融抑制的根本原因在于制度上的缺陷和当局政策上的失误，特别是政府对利率的强制规定，使其低于市场均衡水平，同时又未能有效控制通胀，使实际利率变为负数。从而直接降低资金的使用效率。

肖的金融抑制理论可以通过如下图示说明。图 12-2 中，横轴表示金融资产数量，也可以看作储蓄投资数量，纵轴表示利率水平。曲线 bb' 和 bb'' 分别表示存款的平均利率和边际利率，在该利率水平下，金融机构可以出售自己的间接证券。名义利率从原点 O 起向上标出，实际利率则从 p^* 起向上标出。Op^* 代表预期的通货膨胀率，假定对存款利率规定名义上限 a'，则实际利率为负利率 p^*a'，此时能满足市场出清的贷款利率为 aa'，而落后经济中，对名义贷款利率往往对定上限，假定将名义贷款利率规定为 Op^*，即实际贷款利率为 0。此时，将资金借给金融中介机构所获得的不是报酬，却是负利率惩罚。而借款人却可以按照很低的或者是负的实际利率介入免费的甚至是倒贴利息的资金。贷款利率 Op^* 和存款利率 Oa' 的差 $a'p^*$ 是金融中介机构获得的补偿。在该图中，存款者倒贴的利息就是金融中介机构的收入，而金融中介机构所希望获得的贷款利率和存款利率分别为 Oc'' 和 Oc'，此时，其边际收益等于边际成本。

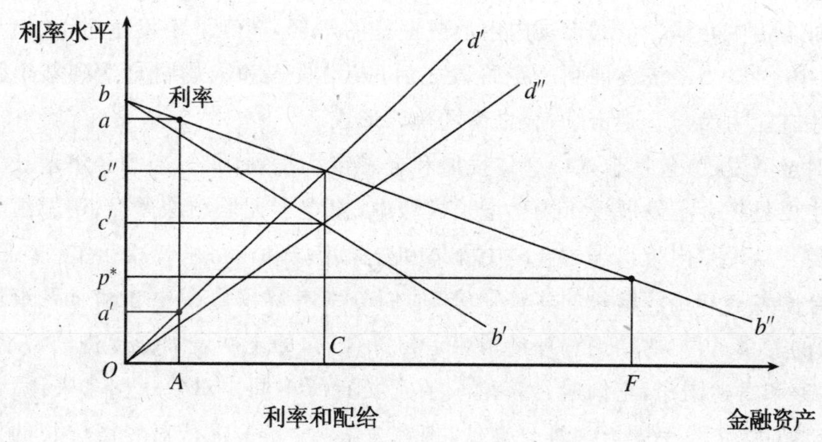

图 12-2　金融抑制模型

造成广大发展中国家金融发展落后的原因是多方面的：一是由于金融机制不健全，金融机构不发达，金融市场落后，而难以有效地配置社会资金等方面的体制原因；二是政府对金融实行过分的干预和管制的错误政策，如人为的压低利率、汇率。由于金融抑制的存在，加剧了发展中国家金融体系发展的不平衡，极大地限制了金融机构的业务活动，约束了金融市场的形成和发展，阻碍社会储蓄向社会投资的有效转化，投资效率低下，最终制约了国民经济的发展，经济发展落后使得金融发展更加落后。要促进经济的发展必须解除金融抑制，促进金融深化发展。

12.1.4　金融发展理论的新进展

麦金农和肖的理论在体系上比较粗糙，很多观点停留在经验水平上，理性分析不够，模型也缺乏动态性。1973 年以后，以 Kapur(1976)和 Mathieson(1980)为代表的一大批麦金农和肖的追随者对麦金农和肖的理论进行了论证和扩展，提出了一些金融抑制模型。麦金农和肖的追随者虽然对麦金农—肖理论进行了论证，刻画了从金融抑制到金融自由化的动态特征，但他们没有突破麦金农—肖的理论框架(谈儒勇，2000)。

金融发展及其与经济增长之间的关系的研究在 20 世纪 80 年代经过短暂的沉寂。这主要归结为两个原因：

第一，20 世纪 80 年代是新古典经济理论居主流地位的时代，但新古典经济理论中没有金融的地位。新古典经济学对金融发展问题的限制主要是 Arrow-Debreu 模型是建立在没有信息成本和交易成本假定基础上的，同时，技术进步是保持经济持续增长的唯一影响因素，这意味着如果要把金融系统纳入新古典增长理论中只有一条途径，就是建立金融发展与技术进步之间的联系。

第二，与 Miller-Modigliani(1961)定理(即 MM 定理)的关于金融结构影响公司价值有关(Fama，1980)。

进入 20 世纪 90 年代以来，一些经济学家(Merton，1995；Levine，1997；Jovanovic 1990；Bencivenga & Smith，1991；Saint-Paul，1992，King & Levine，1993b；Greenwood & Smith，1997 等)在汲取内生增长理论的重要成果的基础上，将内生增长理论和内生金融中介体(或金融市场)并入模型中，模型的复杂程度也随之提高。他们的主要贡献有：

(1)对金融中介体和金融市场内生形成理论的解释，在经济不发达时，人们只有能力组建金融中介体，当经济发展到一定阶段之后，人均收入和人均财富达到某个临界值之后，人们才有能力参与金融市场，金融市场得以形成。

(2)对金融发展(包括金融中介体发展和金融市场发展两部分)和经济增长关系的理论研究，主要是把金融发展置于内生增长模型中，建立了大量结构严谨、逻辑缜密和论证规范的模型，结论是内生出来的金融中介体和金融市场和经济增长相互作用。

(3)金融发展和经济增长的实证研究，他们分别考察了金融中介和金融市场与经济增长之间的关系，得出的结论和理论预测是相符合的，即金融发展能促进经济增长，但在发展中国家和发达国家，它们对经济增长的意义有所不同。对发达国家来说，金融中介和金融市场对经济效率的影响难分高低，但在发展中国家，银行对经济增长的作用比金融市场要大得多。

12.2 金融创新理论

自 20 世纪 70 年代以来，金融领域发生了巨大变化，以金融制度和金融工具为代表的创新活动层出不穷，给世界经济带来了深远的影响。整个金融业发展史就是一部不断创新的历史，金融业的每一次重大发展，都离不开金融创新。信用货币的出现、商业银行的诞生、支票制度的推广等都是历史上最重要的金融创新。

12.2.1 金融创新的内涵

关于金融创新的定义，国内外经济学者给出了很多解释，由于侧重的角度不同，目前没有统一的说法。但这些定义基本上都是从熊彼特(Joseph. A. Schumpeter)的创新定义衍生出来的，本质上并没有太大的差别。熊彼特是西方第一个从理论角度研究创新的经济学家，但他当时研究的对象是整个经济发展中的创新。熊彼特在 1912 年出版的《经济发展理论》一书中对创新下的定义是：创新是指新的生产函数的建立，也就是企业家对生产要素实行新的组合，它包括五种情况：(1)新产品的出现；(2)新技术或新生产方法的采用；(3)新市场的开拓；(4)新原材料供应来源的发现；(5)新企业管理方法或组织形式的推广。

美国著名经济学家M.弗里德曼(Milton Friedman)认为，金融创新实际上是一种国际货币制度的变革，国际货币制度的空前发展使得金融市场上的各种金融创新层出不穷，创造出新的金融工具结构。

在美国《银行词典》中，金融创新被定义为“支付制度促进银行及一般金融机构作为资金供求中介作用的减弱或改变”。

1986年西方10国集团中央银行编写的《近年来国际银行业的创新》的研究报告中指出，从广义角度看，金融创新包括两种情况：一种是金融工具创新，主要指票据发行便利、货币和利率互换、外汇期权和利率期权、远期利率协议；另一种是金融创新的三大趋势，主要指金融领域的证券化趋势、资产表外业务与日俱增的趋势和金融市场越来越全球一体化的趋势。

陈岱孙、厉以宁主编的《国际金融学说史》将金融创新定义为：金融创新就是在金融领域内建立“新的生产函数”，“是各种金融要素的新的结合，是为了追求利润机会而形成的市场改革，泛指金融体系和金融市场上出现的一系列新事物，它包括新的金融工具、新的融资方式、新的金融市场、新的支付清算手段以及新的金融组织形式与管理方法等内容”。

综上所述，金融创新是金融领域内的创新，将金融领域内的各种要素进行重新组合和创造性的变革所创造和引进的新事物，主要包括金融产品、金融市场、金融制度、金融业务、金融机构等。金融创新有广义和狭义之分，广义的金融创新泛指金融工具的广泛运用，也可以是新的金融市场、金融机构或金融业务。

正确理解金融创新的内涵，需要注意以下两点：

(1)金融创新的内容是广义的。从历史发展来看，金融创新表现出多样性，有早期的金融货币、纸币、各种信用形式以及金融管理制度、金融管理机构等，也有汇票、支票、远期利率协议、利率期权等金融工具，也有场内交易、场外交易、柜台交易、网上交易等不同交易方式，更有现在大规模的金融创新。

(2)金融创新的范围是广义的。金融创新不是某个国家的特有现象，而是出现在各个国家内或者全球内。即使发生在某些国家或地区，在全球经济一体化的背景下，金融创新也会以很快的速度迅速向其他国家推广和普及，但这种推广和普及的内容和水平在不同国家或地区会出现一些差异。一般而言，发达国家具备完善的金融服务体系，因此金融创新的频率、内容和水平均要超过发展中国家：发达国家金融创新具有频率高、技术性强、收益性大的特点，相反发展中国家的金融创新就具有创新频率低的特征，他们倾向于规范性、管理性较强的金融制度创新和金融机构创新。

12.2.2 金融创新理论的发展

西方经济学将熊彼特的创新理论引入金融领域，积极探讨金融创新的动因和作用，从而形成了金融创新理论的不同流派，从不同角度解释金融创新的产生。

1. 技术推进金融创新理论

技术推进金融创新理论的代表人物是经济学家韩农(T. H. Hannon)和麦道威(M. Mcdowell)。其理论的基本观点是,新技术革命的出现,特别是电脑、电讯工业的技术和设备成果在金融业的应用,是促成金融创新的主要原因。其理由是,高科技在金融业的广泛应用,出现了金融业务的电子计算机化和通讯设备现代化,为金融创新提供了物质上和技术上的保证。从该理论的研究过程看,韩农和麦道威实证研究对象仅限于自动提款机,而对计算机、电子通讯等其他技术创新研究未能取得充分证据。而且该理论无法解释除技术之外的其他因素促成的金融创新。因此,该种理论对金融创新的研究是局部的、不系统的,因此具有较大的局限性。

12.2.3 货币促成金融创新理论

米尔顿·弗里德曼(Milton Friedman)是“货币促成”理论的代表人物。该理论认为,货币因素的变化促成了金融创新的出现。20 世纪 70 年代通货膨胀和汇率、利率反复无常的波动,是金融创新的重要成因。例如 20 世纪 70 年代出现的可转让支付命令账户(NOW 账户)、浮动利息票据、浮动利息债券、与物价指数挂钩的公债、外汇期货等对通货膨胀率、利率和汇率具有高度敏感性的金融创新工具的产生,就是为了抵御通货膨胀、利率、汇率波动造成的冲击,使投资者获得相对稳定的收益。他认为,国际货币体系的特征及其变动是促成金融创新不断出现并形成放松金融市场管理压力的主要原因。

显而易见,20 世纪 70 年代布雷顿森林体系解体后出现的多种转嫁汇率、利率、通胀风险的创新工具和业务都可以用“货币促成”理论来解释。但它不能解释 20 世纪 70 年代以前规避管制及 20 世纪 80 年代产生信用和股权的金融创新。

12.2.4 财富增长金融创新理论

财富增长金融创新理论的代表人物是格林堡姆(S. I. Greenbum)和海沃德(C. F. Haywood)。该理论认为,经济的高速发展所带来的财富的迅速增长是金融创新的主要原因。财富的增长加大了人们对金融资产和金融交易的需求,促进了金融创新以满足日益增长的金融需求。

格林堡姆和海沃德在研究美国银行业的发展历史时发现,财富的增长是决定对金融资产和金融创新的需求的主要因素。两位经济学家认为,科技的进步引起财富的增加,随着财富的增加,人们要求规避风险的愿望就会增强,从而促进金融业的发展及金融创新的出现。

财富增长理论主要从金融需求角度探讨金融创新的成因,这是片面的。单纯的需求并不一定能推动新金融产品的出现,它还要有金融管制的放松。其次,金融供给也是不可或缺的因素,主动的供给才能使金融创新得以推广和持久。另外,财富的替代效应也会影响金融创新。显然,该理论也是不完善的。

12.2.5 约束诱导金融创新理论

西尔柏(W. L. Silber)是“约束诱导”理论的代表人物。西尔柏主要是从供给角度探索金融创新，他认为金融创新是微观金融组织为了寻求最大的利润，减轻外部对其产生的金融压制而采取的“自卫”行为，金融业回避或摆脱内部和外部的制约是金融创新的根本原因。换言之，金融机构之所以发明种种新的金融工具、交易方式和服务种类、管理方法，是为了摆脱或逃避自身面临的种种内部和外部制约。内部制约指的是金融机构内部传统的增长率、波动资产比率、资本率等管理指标。外部制约指的是金融当局的种种管理与制约和金融市场上的一些制约。当经济形式发生变化，以致内、外制约阻碍了金融机构实现利润最大化的目标时，金融机构就被迫努力探索新的金融工具、服务品种和管理方法来应对内外制约，增强环境适应能力和市场竞争力。

12.2.6 规避性金融创新理论

凯恩(E. J. Kane)是“规避创新”理论的主要代表人物。这一理论是由美国经济学家凯恩于1984年提出来的。所谓“规避”，就是指对各种规章制度的限制性措施实行回避。“规避创新”就是指回避各种金融管制的行为。它意味着当外在市场力量和市场机制与机构内在要求相结合，回避各种金融控制和规章制度时就产生了金融创新行为。凯恩设计了一个制定规章制度的框架，在这个框架中，制订经济规章制度的程序和被管制人规避的过程是相互适用和相互作用的，通过这样一个互动过程，形成了比较成熟的和切实可行的规章制度。对金融的控制和因此产生的规避行为是以辩证形式出现的，从金融机构和政府的决策角度看，是一个自由与管制的博弈。为了获得最大化的利润，金融企业在运行过程中会通过创新来逃避政府的管制，但当金融创新危及金融制度稳定时，政府又会加强管制，这种管制将导致新一轮的创新。因此，金融制度的静态均衡几乎是不存在的，管制和规避引起的创新总是不断交替，形成一个动态的博弈过程。

凯恩的理论比西尔柏的理论涵盖更广泛，更重视外部环境对金融创新的影响，他不仅考虑了市场创新的起因，而且还研究了制度创新过程以及二者的动态过程，把市场创新和制度创新看作是相对独立的经济力量与政治力量不断斗争的过程和结果。但规避理论似乎太绝对和抽象化地把规避和创新逻辑地联系在一起，与现实有一定差距，这主要表现为凯恩内心所设想的制度创新总是向管制型发展，而现实却是制度创新一直向以自由放任为基调的市场创新退让。

12.2.7 交易成本金融创新理论

希克斯(J. R. Hicks)和尼汉斯(J. Niehans)是交易成本金融创新理论的代表人物，他们提出的金融创新理论的基本命题为：“金融创新的支配因素是降低交易成本”。这个命题有两层含义：

(1)降低交易成本是金融创新的首要动机，交易成本的高低决定金融业务和金融工具是否具有实际意义。

(2)金融创新实质上是对科技进步导致交易成本降低的反应。

希克斯把交易成本和货币需求与金融创新联系起来考虑，认为：交易成本是作用于货币需求的一个重要因素，不同的需求产生不同类型金融工具的要求，交易成本高低使经济个体对需求预期发生变化；交易成本降低的发展趋势使货币向更为高级的形式演变和发展，产生新的交换媒介、新的金融工具；不断降低交易成本就会刺激金融创新，改善金融服务。此外,交易成本也是一个非常复杂的概念,一种观点认为交易成本是买卖金融资产的直接费用(其中包括各方面转移资产所有权的成本、经纪人的佣金等)。另一种观点认为交易成本应该考虑以下因素:投资风险、资产的预期净收益、投资者的收入和财产、货币替代品的供给等。

交易成本理论把金融创新的源泉完全归因于金融微观经济结构变化引起的交易成本下降,这具有一定的片面性。因为金融交易成本的下降并非完全由科技进步引起,还有其他诸如竞争、外部经济环境的变化等因素。

12.2.8 制度学派的金融创新理论

以戴维斯(S. Davies)、塞拉(R. sylla)和诺斯(North)等为代表的金融创新理论认为,作为经济制度的一个组成部分,金融创新应该是一种与经济制度互为影响、互为因果关系的制度改革,金融体系的任何因制度改革引发的变动都可以视为金融创新。如政府要求金融稳定和防止收入分配不均等而采取的金融改革,虽然是以建立一些新的规章制度为明显的特征,但它的意义已经不是以往的"金融压制",而带上了"创新"的印记。最明显的例子是,1919 年美国联邦储备体系和 1934 年存款保险金制度的建立,都是作为政府当局为稳定金融体系而采取的有力措施,属于金融管制的一部分,但也可认为是金融创新行为。

因而,制度经济学派的金融创新理论实际上包含两个内涵:(1)政府的管制和干预行为本身就暗含着金融制度领域的创新;(2)在市场活跃、经济相对开放以及管制不严的经济背景下,政府的管制和干预直接或间接地阻碍着金融活动,市场出现各种规避和摆脱管制的金融创新行为,而这些金融创新行为对货币当局实施货币政策构成威胁时,政府必然要采取一系列有针对性的制度创新。

12.2.9 其他学派的金融创新理论

除了上述各种金融创新理论之外,金融创新理论还包括:

(1)格林和海伍德的金融创新理论

格林(B. Green)和海伍德(J. Haywood)认为财富的增长是产生金融创新需求的主要因素。其过程是:科技进步引起财富增加,避免风险的愿望和行为使金融业得以发展,从而使金融资产日益增加。

(2)格利和肖的理论

格利(J. Gurley)和肖(E. Shaw)认为,金融中介是经济增长过程中必不可少的部分,金融创新是企业需求与金融部门提供服务相匹配的结果。肖还认为,当旧的融资技术不适应经济增长的需要时,表现为短期金融资产的实际需求静止不变,因此必须在相对自由的经济环境中,用新的融资技术对长期融资进行革新。也就是说,经济增长本身为长期融资创造了市场机会,金融创新就是对这种机会做出的反应。

聪明反被聪明误——金融创新过度

21 世纪的华尔街是金融创新的舞台,以"次债"为核心的庞大的结构性产品大家族则是本轮金融创新登峰造极之作。一份"信用不及格"的按揭贷款,经"点石成金"变成了五花八门的"贷款抵押债券";贷款抵押债券中卖不掉的"地雷",又经过再次创新摇身一变成了"债务抵押债券";债务抵押债券被再次包装成了债务抵押债券的平方，债务抵押债券的平方之上还能产生债务抵押的3次方……与此同时，从贷款抵押债券到债务抵押债券的N次方，每一个精美绝伦的创新产品之上又进一步创新出以这些产品为参考实体的信用违约掉期，每一种信用违约掉期再经过创新又生成了形形色色的结构性产品X指数大家庭……每一次金融创新的初衷是风险最大化的降低和转移，创新机器每开动一次都标志着人类天才般智慧的又一次刷新。然而，人们对金融创新的疯狂和对创新所带来利润的贪婪，却很快使人忘记了“过犹不及”和“本末倒置”的最简单道理。1.3万亿美元的次贷，通过金融衍生品的助推，很快吹起了一场席卷全球的资产泡沫，其中仅信用违约掉期的市场规模就达到次贷的40倍。就连巴菲特都感叹：“金融衍生产品是大规模的杀伤武器。”

金融创新过度的重要结果之一就是美国的金融结构成为一个倒置的金字塔，不堪重负，它的底层是工商企业贷款、放贷、消费贷款、教育贷款等，上层则以此为基础构造出的金融衍生产品大厦。1.3万亿美元的次贷，总共不到20万亿美元的美国金融机构实物类贷款，支撑着超过400万亿美元的衍生金融产品的庞然大物。无论有多少个天才雷曼在其中添砖加瓦，无论有多少个美国国际集团在其中遮荫挡雨，无论美联储和世界各国央行多少万亿美元的砸资在其中力挽狂澜，这个看似“天衣无缝”般金融创新的链条，其底端不过是一群没有收入、没有工作、没有信用的“贷款族”。现在这个底层垮掉了，上面的庞然大物和制造这些庞然大物的高速运转的机器，注定轰然倒下。

12.3 金融组织理论

金融组织理论是围绕金融机构的经营管理、发展模式以及组织构建而逐步形成的理论体系。与体系比较成熟、严密的货币信用理论、货币供求理论、利率理论等相比，国内外学者对金融组织理论的研究还不够系统，正处于发展之中。从历史考察，西方学者对金融组织理论的研究可以分为两大类：一是将金融组织视为一个整体，从总体上对金融组织的发展模式及其作用进行分析；二是将金融组织视为微观经济运行中的一种企业，并采用一般企业分析时使用的微观分析工具加以研究。本节将在这一分类的基础上展开对金融组织理论的系统阐述与研究。

12.3.1 宏观金融组织理论

金融组织理论的宏观分析研究领域，具有代表性的理论包括美国经济学家休·T.帕特里克(Hugh. T. Patrick，1966)提出的“供给引导型”(supply-leading)和“需求追随型”(demand-following)两种金融组织发展模式，以及格林伍德和约万诺维克(Greenwood Jeremy and Boyan Jovanvic，1990)、罗丝·莱文(Ross Levine)(1992)以及格林伍德和史密斯(Greenwood and Smith，1997)提出的旨在阐明金融组织和金融市场如何随人均收入水平变化而演进的内生金融发展理论。

帕特里克在1966年1月发表的《欠发达国家的金融发展和经济增长》一文中指出，金融组织的发展模式包括两种，其一是“供给引导”模式，它是指金融组织的发展先于实体经济部门的金融服务需求，对经济增长起着积极的推动作用。在供给引导型的金融发展中，金融部门主动地动员那些滞留在传统部门的资源，转移到能够推动经济增长的现代部门，从而促进金融资源配置效率的提高。因此，“供给引导”模式强调的是金融组织及相关金融服务的供给先于经济主体的需求。其二是“需求追随”模式，它是指金融组织的发展是实体经济部门发展的结果，市场范围的持续扩张和产品的日益多元化，要求更有效地分散风险和更好地控制交易成本，因而，需求追随型的金融发展在经济增长的进程中所起的作用往往是被动的，只是对实体经济部门金融服务需求的被动反映。因此，"需求追随"模式强调的是经济主体的金融服务需求先于金融组织及相关金融服务的供给。同时，帕特里克还指出，在经济的不同发展阶段，金融组织的模式是有所差异的。对发展中国家而言，在经济发展的早期，供给引导型的组织模式属于主导地位，尤其是它为那些更有效的技术创新的投资提供了可能。一旦经济发展进程进入成熟期，需求追随型的金融组织模式就会占据主导地位。发展中国家与发达国家之间的差距越大，发展中国家越有可能急切地人为模仿"供给引导型"的金融组织发展模式，以促进实体经济部门的增长和发展。

格林伍德和约万诺维克(1990)通过引入固定进入费用和固定的交易成本，借以说明金融组织机构和金融市场是如何随着人均财富增加而发展的。罗丝·莱文(1992)以及格林伍德和史密斯(1997)在金融发展模型中进一步指出，这种较高的固定成本导致金融发展与经济增长之间的"门槛效应"(Threshold Effect)，即只有当经济发展到一定阶段之后，金融市场(金融机构)才得以形成，很好地解释了发达国家与发展中国家的金融发展水平的差别。他们认为，在经济发展的早期，人均收入和人均财富很低，人们无力支付固定的进入费或者即使有能力支付也因为交易量太小，交易所负担的单位成本过高而没有动力去利用金融中介和金融市场。由于缺乏对金融服务需求，金融服务的供给无从产生，金融组织机构和金融市场也就没有存在的基础。当经济发展到一定阶段后，一部分先富起来的人由于其收入和财富达到临界值，他们就有激励支付固定的进入费用去利用金融中介机构和金融市场。这样，各种类型的金融组织得以建立起来。同时，他们还指出金融体系在经济发展的不同发展阶段与发展水平上的作用是不同的。在经济发展初期，人均收入和人均财富较低，人们只有能力构建金融中介机构来降低信息和交易成本，对其他金融组织、金融服务与金融工具的需求较少。只有经济发展和人均财富达到一定程度之后，人们才有能力和动力去积极参与金融市场的活动。

宏观金融组织理论从整个经济发展层面提出的金融组织适应性与引导性发展的观点。但宏观金融组织理论也并非是完美无缺的。帕特里克的理论没有考虑金融组织发展与经济增长之间的相互促进作用，在经济发展的同一时期，金融与经济增长都有可能是交织在一起，相互推动向前发展或者相互抑制阻碍对方发展；供给引导型的金融发展模式可以加速经济增长，但需求追随型的金融组织模式也不只是消极地适应实体经济部门对金融的需求，相反，实体经济部门的增长能够促使金融体系自发地向更高层次演进，因为持续的经济发展使得人们有可能建立高成本和日益复杂的金融中介组织。而内生金融发展理论仅仅是从资金盈余者的角度考察投资者对金融组织的影响，并没有从资金短缺者的角度来分析金融组织的发展；即使是从资产盈余部门的角度分析，金融组织的发展也不仅仅与收入水平和财富有关，它往往还与人们对待风险的态度有关。

12.3.2 微观金融组织理论

微观的金融组织理论主要是在金融中介理论的基础上发展起来的，其代表包括杰姆斯·托宾(James Tobin)，乔治·本斯顿(George Bensten)和小柯福德·斯密斯(Clifford

Smith,Jr.)以"规模经济"和"交易成本"分析为主提出的金融中介发展理论,以及在此基础上提出的金融组织形式科学设置理论。

托宾在1963年指出,金融中介组织之所以能够发行间接证券的理由是因为金融中介专门从事资金融通活动,规模巨大,在资金借入与资金借出过程中能够发挥规模经济效应,能够节约交易成本,也就是说当交易规模增大时平摊在每1美元上的成本就降低了;此外托宾还最早强调银行经营管理面临挑战,银行业发展的规模应该依赖于在扣除吸收或持有更多存款所造成的成本基础上发放贷款和投资所获得的回报,而不是有多少储备和放多少贷款。此后,1976年乔治·本斯顿和小柯利福德·斯密斯在发表的论文《金融中介理论中的交易成本》(A Transactions Cost Approach to the Theory of Financial Intermediations)中提出交易成本应成为金融组织理论分析的核心内容。本斯顿和小斯密斯在该文中视金融中介组织为特殊的金融产品制造者,在金融产品制造中与生产其他产品一样需要人力、物力、财力,并较其他企业更加广泛使用提供的证据、信息和监督,同时,由于金融产品代表着债权,在一定条件下可以转化为其持有者的购买力或手中的商品,因此金融产品的制造要具有一定的合规性。因此,他们认为金融产品的制造取决于其未来销售价格能否弥补该产品生产时的直接成本和机会成本。本斯顿和斯密斯还提出,金融企业之所以能够制造有上述特殊要求的金融产品,是因为它有三大优势,其一是专业化生产的规模经济;其二是更容易以低成本获得大量信息;其三是能够减少搜寻信息的成本。交易成本与金融产品种类、消费者偏好之间有一定的内在关系,技术和消费者偏好的变化将使成本发生变化,从而促使金融中介组织调整产品,因此,实现规模经营、降低交易成本将是金融中介组织存在和发展的基础①。

此后的20多年中,在托宾、本斯顿和小斯密斯等的基础上,微观金融组织理论得到了进一步发展。盖尔(D. Gale,1985)、赫尔维格(M. Hellwig,1985)、艾伦(F. Allen,1993)等人的相关研究普遍认为,除了传统因素②外,金融企业组织形式也是影响金融组织规模经济与交易成本的重要变量。从管理理论来说,随着企业规模的扩大,其内部可分离的基本经营单位会越来越多,下属人数亦会相应增加,随之而来的上下级间、平级间的关系复杂程度就会非线性增加,从而使得企业内部的交易成本非线性地增加,同样交易的边际成本也会非线性增长。要克服交易边际成本的急剧增长,企业就必须增加管理层次以降低交易的边际成本。带来管理层次的增多,就会迅速加重层次增加带来的各种弊病——信息遗漏和失真以及计划与控制的复杂化,从而降低管理效率,增加边际成本,就会出现规模不经济。这时,就必须寻求新的管理方式以降低由规模扩大带来的边际交易成本增加,才能继续扩大企业规模经济的边界。这种新的方式就是进一步分工和专业

① 需要指出的是,金融企业由于其经营的是货币资金的特殊形态,一方面,客观上其规模经济的形成几乎不受社会需求的限制(这一点在短缺经济条件下尤其明显),另一方面,由于金融企业的经营、发展建立在信用基础之上,通常只有那些实力雄厚,规模庞大的金融企业才能得到客户的信任、支持,因而金融企业主观上都具有扩大规模的动机。因此,与一般工商企业相比,金融企业规模经济更易形成。

② 曾康霖认为影响金融企业规模经济的传统因素有:一是与社会经济发展水平相适应。一般说来,社会经济发展水平处于低级阶段,金融企业的规模小;相反,规模大。二是与承担风险的能力相适应。金融企业规模过小,承担风险的能力弱;相反,承担风险的能力强。三是与市场的发展状况相适应。金融企业规模过大,容易形成垄断,不利于竞争;相反,金融企业规模适中,避免过度集中,有利于竞争。四是与管理、监控的能力相适应。规模过大,层次多,不利于管理、监控,不利于信息的传递,不利于提高效率;相反,则有利。

化。以银行为例,其具体表现就是上级行对下级行的授权与分权以及职能系统的分化(类似于管理学中的多重部门机构)。这样就简化了金融机构管理者的管理工作,原本相当复杂的管理工作就变成了相对简单的对子公司(职能部门)的监督、考核,同时也避免了管理层次增加所带来的各种弊端。无疑,这种组织形式极大地扩大了金融机构规模经济的边界,为拥有越来越多的分支机构的大型金融机构的存在提供了体制上的依托。因此,企业的组织形式是影响金融业规模经济的决定因素之一,也只有那些能够降低企业内部边际成本的组织结构方式才能扩展企业规模经济的边界,实现规模经济,并降低交易成本(曾康霖,2002)。

12.4 中国金融的改革发展

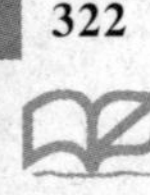

建国后,中国经济长期处于高度集中的计划控制下,金融抑制现象问题突出。1978年以来的经济体制改革和对外开放,大大推进了金融体制改革的进程。

12.4.1 我国金融改革与发展历程

改革开放前,企业发展一直由国家实行计划管理,生产环节上,企业所需要的生产资料均由国家统一调拨,企业产品由国家统一销售,此外,国家还对财务实行统收统支,企业利润和折旧全部上交,固定资产投资、技术改造费用和流动资金费用也均由国家财政拨付,少量资金通过银行贷款。赶超战略调价下扭曲了微观资本配置机制,抑制了金融发展。具体表现为金融结构单一、金融产品稀缺、金融范围狭小、金融服务低下等特点。改革开放以来,中国选取了渐进式改革道路,全方位的经济体制改革逐步展开。伴随着经济体制由计划经济向社会主义市场经济体制转型,实体经济发展迅速,对金融总量和结构提出了更多、更广、更高层次的要求,中国的金融发展与金融改革进入了一个全新的阶段与时期。

1978年,中国开始进行经济体制改革,当时的金融发展状况显然很不适应经济建设的需要,因此,我国金融改革发展的当务之急就是重建金融体系。1978年,中国人民银行脱离财政部,正式成为与财政部平行的国务院直属部委级机构。之后,国家又相继恢复或分设国家专业银行和一批银行金融机构。1983年9月,国务院决定中国人民银行专门行使中央银行职能,同时成立中国工商银行,承担原来由中国人民银行办理的工商信贷和储蓄业务。至此,中央银行和专业银行以及其他金融结构组成的现代金融体系初步形成。作为金融发展的另外一个重要的货币政策,同一时期,我国主要采取了扩张性货币政策,尽管货币供应超前增长,但在保持国民经济快速增长的同时,物价并没有因此而明显上升。货币供给政策效果明显。

从1984年起,中国人民银行开始正式行使中央银行职能,运用信贷计划、利率控制、准备金制度、再贷款制度等货币政策工具,进行金融宏观调控,同时,金融发展与改革同步进行。到20世纪90年代初进行的主要金融改革包括:①继续发展一些金融机构。在全国组建多家全国性和区域性的商业银行,同时发展保险公司、信托投资机构和证券公司。以中国人民银行为中心,国有专业银行为主体、多种金融机构并存的现代化金融体系全面形成。②改革银行信贷资金管理办法。从1985年1月起,在整个银行体系实行

"实存实贷"的信贷资金管理办法，为央行从信贷资金上调控货币创造前提条件。同时开始推行专业化的商业经营模式。③企业流动资金由财政、银行双口供应改为银行系统统一管理，专业银行逐步成为企业资金来源的主要供应者。④开始建立一些金融市场。比如资金拆借市场逐步发展，证券市场、外汇调剂市场等也开始启动。

虽然金融部门在机构组织、市场等方面的建议和发展成效显著，但从总体上看，直到20世纪90年代初期，金融部门在管理体制和运行机制方面仍存在沿用传统计划经济体制的痕迹，如在现金计划、贷款规模控制、利率水平和外汇管制等方面政府参与水平和控制力度等均较高。与其他经济部门相比，金融部门的市场化进程改革严重滞后。1993年开始，我国建立社会主义市场经济体制的改革目标确立后，金融部门的市场化改革全面展开。金融部门的市场化改革也就成为20世纪90年代中国经济体制改革中最引人注目的领域之一。

这一时期金融部门的改革与发展主要表现在：①政策性业务和商业性业务的分离。从1994年起，相继成立国家开发银行、中国进出口银行和中国农业发展银行三家政策性银行，专门承担政策性金融业务，实现政策性业务和商业性业务的分离，同时也为专业银行的商业化经营奠定了基础。1995年7月1日，《商业银行法》正式实施，四大国有银行改组为国有独资商业银行，专业银行的企业化改革也进入实质性阶段。与此同时，《中国人民银行法》、《保险法》、《票据法》、《外汇管理条例》、《贷款通则》等金融大法也相继颁布。②改革信贷资金管理体制。从1994年开始，中国人民银行首先对除国有专业银行以外商业银行贷款实行贷款限额控制下的资产负债比例管理，1998年1月1日起，取消国有商业银行的贷款规模限制，银行体系全面推行资产负债比例管理和风险管理。③金融市场不断完善和发展。全国统一的银行同业拆借市场形成，资本市场规模迅速壮大，市场运行也日益规范和成熟，外汇市场并轨，建立全国统一的外汇交易市场——中国外汇交易中心，并于1996年12月实现人民币经常项目下的可兑换，新外汇体制的框架基本形成。④金融部门的对外开放步伐明显加快。外资机构设立的营业性分支机构不断增加，部分外资银行被允许在上海浦东经营人民币业务。⑤加强金融业的法制化、规范化管理。在推进金融部门市场化改革的同时，政府也增强了对金融业的监管力度，这是这一时期金融改革发展的一个显著特征。在货币政策方面，结合对金融部门的市场化改革，央行改革直接调控方式，运用利率、准备金和公开市场业务等多种货币政策工具，间接调控货币供应量，并开始进行本外币的对冲操作，其中利率政策尤其引人注目，货币政策的灵活性也大大增加。2004年至今，我国商业银行开始实行国家控股的股份制改革。

中国金融改革的进展，在2005年得以进一步推进。中国金融改革与经济体系的不同层面都有十分紧密的联系，因此，金融改革的不断推进，也直接触及到经济领域的一系列体制障碍。从这个意义上说，金融改革的进展已经在很大程度上不再主要取决于金融体系本身，而更多取决于与金融体系紧密联系的经济体系和制度体系。这一点在2005年以来重点推进的资本市场股权分置改革、汇率改革以及汇金公司的定位改革方面表现得十分明显。

12.4.2 我国金融业存在的问题

改革开放以来，我国的金融业取得了长足的发展，人们的金融理念也发生了很大变化，金融总量迅速增加，金融体系逐渐完善，金融工具和金融机构也逐渐多样化，金融创新的能力与水平不断提高，但金融发展过程中仍存在一些需要关注的问题：

第一，金融发展的总体水平偏低。衡量一国金融发展水平常用的指标为金融相关率(FIR)，金融相关率作为衡量金融深化的量化指标被广泛使用在金融发展水平的测量中。金融相关率的水平越高，反映金融深化程度越高。我国广义货币 M_2 占 GDP 比率从1978 年的 32％上升到 2003 年的 179％，高于经济发达国家如美国(59％)、英国(104％)、日本(114％)、德国(70％)，也高于印尼(46％)、韩国(44％)、马来西亚(89％)、菲律宾(50％)、新加坡(89％)、泰国(79％)。这一方面表明我国的金融深化进程进展很快，但从金融业产值占 GDP 的比重、金融从业人员占总就业人数比重、资本市场发达程度来看，我国金融业的总体发展水平较低，如：1991 年我国金融业产值占 GDP 的比重为 5.95％，1997 年上升到 6.20％，1999 年又下降到 4.92％，大大低于发达国家和发展中国家的平均水平。在就业比重中，1980 年的美国、日本、英国、法国分别为 6.02％、3.43％、5.37％、2.95％，1999 年我国仅为 1.56％。从资本市场的发展情况来看，我国 2002 年境内股票市值占 GDP 的比率为 37.4％，流通市值比率为 12.2％，而美、英、法、日四国股票市值占 GDP 的比率平均为 75％。

第二，金融发展的市场化程度不高。金融发展市场化是指金融资源作为现代经济的核心资源，其配置机制和模式主要依靠市场力量进行，其实质应是政府部门的退出与民间部门的进入和成长，变政府配置金融为市场配置金融。一般情况下，衡量一国金融市场化程度依赖于金融市场化指数，包括利率市场化程度、信贷自主权维护程度、机构准入自由程度、商业性金融机构产权多元化程度、业务范围自由度、资本自由流动程度、社会融资市场化程度和金融部门调控间接化程度等。以金融市场化指数衡量下的我国金融发展水平与发达国家之间尚存在较大差距，这主要反映在国有银行的垄断局面、利率管制、行政性资金配置和金融机构非利润化经营的基本结构没有根本性变化。2003 年，国有银行占我国金融机构资产的比重仍高达 58.2％。大多数股份制银行、证券公司、保险公司都直接或间接的属于国有股或国家控股。如果回顾一下我国金融发展的历程，政府主导金融发展的特征也非常明显。由于政府的过度介入，金融资源被直接或间接地异化为“财政资金”，金融企业被异化为“第二财政”，利率的市场化调节作用也受到很大程度上的束缚和限制。

第三，金融发展的质量不高。作为国民经济的“血液”循环和支持系统的金融部门发展的质量直接关系到经济增长的质量与水平，扎实推进质量工程，不断提高金融质量，实现金融外延粗放型金融发展向内涵集约型金融发展转变，为经济增长创造一个优良的金融环境意义重大。自 1978 年以来，我国金融发展的规模和水平均有很大提高，但金融发展质量问题仍比较突出，金融资产质量和经营效益没有随资产规模的扩张出现根本性改善。到 2003 年底，我国银行业的不良资产率在 20％以上，大大超过国际水平。而从财务情况来看也不理想，我国银行业的资产利润率一般很低，基本在 3％以下。如果考虑到证券公司和保险公司的不良资产，我国金融业的资产质量问题是相当堪忧的。另外一个值得关注的问题是，我国金融业的风险正在出现向政府和中央银行转移的趋势，这将严重制约中央银行的调控能力。

第四，金融发展的不平衡性突出。防止区域间、城乡间金融发展差距扩大，实现区域金融、城乡金融与整体金融平衡性发展是我国金融发展的内生性要求。我国金融发展的地区差异要大于经济差距和财政差距,并呈现出以1992年为界先缩小后扩大的趋势。在城乡方面,突出表现在金融机构改革和金融资源严重向城市倾斜,农村地区出现金融服务不足和金融资源短缺。1998年以来由于国有商业银行改革的深入,不少分支机构被撤并,贷款权限上收。由于这些撤并的机构绝大多数是县及县以下机构,因此县域金融和农村金融受到极大的影响。再从资金的分布来看,1978年农户储蓄占全部储蓄的比率为26.5%,到2003年底这个比率降至17.5%,下降了9个百分点,而同期城市占比相应上升。由于金融机构和资金过分向城市集中,致使我国的农村地区资金成本大大高于城市,金融发展不平衡问题突出。

第五,金融发展的安全稳定机制不健全。近些年来,随着金融自由化、金融国际化、金融一体化进程的推进,在金融制度变迁中,世界各国更加注重建立金融稳定协调机制,维护金融秩序。依据系统论的观点,我们可以把金融看作一个大系统,因而作为组织系统的各种金融资源要素组合之间是相互影响、相互作用的,同时金融要素的运行机制还要受到经济、政治和社会系统资源要素的制约。系统论强调,在整体利益大于局部利益之和的前提下,将各种资源要素整合、协调并纳入统一运行体系,将有助于整体利益的实现。为了保障由于金融系统内部因素冲击,如单个金融机构的运作失灵,或者是金融系统外部冲击不会在整个金融系统中造成连锁反应,必须有一个金融安全和稳定机制。目前,我国的金融稳定协调机制还很脆弱,金融监管中严重的道德风险以及金融资产的互动性均构成对金融协调稳定的无形威胁。自1997年以来,我国的金融风险主要是靠人民银行的再贷款来化解;为了稳定汇率,人民银行必须用基础货币收购外汇。当然,建立金融协调稳定机制是一个系统工程,需要央行和金融机构之间协调、各金融机构之间协调。

12.4.3 我国金融发展战略选择

在"十一五"期间,我国面临的重要经济任务之一就是进行结构调整。作为经济结构之一的金融结构,如何通过改革的进一步深入不断促进自身结构的调整,制定科学合理的金融发展战略,积极配合实体经济结构的调整和升级,促进我国经济长期稳定发展,就成为我国经济结构优化升级的重要突破点之一。

第一,必须将金融体制改革放在整个经济体制改革的大背景下进行,即将金融体制改革与经济结构调整相联系,努力建设符合我国具体国情的金融体系。在这一体系中,中小金融机构应该发挥重要作用。

第二,加快国有商业银行的改革步伐,降低国有商业银行不良资产的比例,同时要有效控制银行贷款增幅的下降,使其在调整过程中,不致于对国民经济资金流动造成梗阻。对国有银行实行商业化改革是目前金融体制改革的重中之重。必须强调,"债转股"的作用在于给国有企业剥离政策性负担创造条件,还需要许多有实效的后续工作来引导。只有剥离了政策性负担,国有企业的改革才能成功,"债转股"才不会再度成为又一顿"免费午餐"。

第三,建立合理的金融市场结构,加速货币市场建设,稳步推进资本市场尤其股票市场改革,慎重对待资本市场对外开放问题,健全法规制度,逐步开放,保障资本市场长期稳定发展。

第四，完善金融监管制度和体系，尤其是银行和证券监管。

第五，不断完善融资结构，使直接融资逐步成为主要融资渠道。

第六，在短期内财政通过发行国债参与金融市场的程度不能减弱。这是因为，银行贷款很难大幅增加，而股票市场融资存在许多不稳定的因素，如果企业高资产负债率的情况没有改变，企业债券融资也很难有所发展。因此，发行国债对推动投资起着非常重要的作用，但是我们要警惕由于发行国债所引起的财政负担的加重。

第七，密切注意我国国际收支平衡的状况。预计我国今后五年储备资产的增幅会有所下降。在此前提下，要特别关注资金在国际收支其他项下的流入流出，引进外资要继续保持较高的水平。

第八，加强金融制度创新、金融工具创新、金融技术创新，提高我国金融业的竞争力，迎接外资金融机构的挑战。

中国“十一五”金融改革总体目标

2007 年 4 月 24 日，国家发展和改革委员会规划司公布的一份报告提出了我国“十一五”金融改革的五大总体目标：

1. 健全金融调控机制，提高宏观调控水平，充分发挥金融在宏观调控中的重要作用；

2. 深化金融企业改革，建立资本充足、内控严密、运营安全、服务与效益良好的现代金融企业制度；

3. 加快金融市场的发展，努力提高各类直接融资比重，优化金融结构；

4. 进一步完善金融监管体制，努力提高金融监管水平，建立防范和化解系统性金融风险的长效机制，维护金融稳定和金融安全；

5. 加快支付清算、征信等金融服务体系建设，为金融业发展夯实基础。

报告提出，“十一五”期间金融改革重点包括：加快推进利率市场化改革；形成更富弹性的汇率形成机制；基本完成国有商业银行股份制改造；重构农村金融体系；引导金融业综合经营和金融控股公司的发展；健全金融机构市场退出机制；建立存款保险制度；大力发展债券市场，扩大直接融资；推动资产证券化，鼓励金融创新；构建多层次资本市场体系。

[重要概念]

金融发展　金融抑制　金融深化　金融创新　金融危机

[复习思考题]

1. 什么是金融发展？
2. 金融发展的主要理论有哪些？
3. 简述金融发展与经济发展之间的关系。
4. 简述金融创新与金融风险的关系。
5. 我国金融改革与发展中存在哪些问题？

参考文献

1. 爱德华·肖.《经济发展中的金融深化》.上海:上海三联书店,1988
2. 白钦先,曲昭光.《各国政策性金融机构比较》.中国金融出版社,1993
3. 保罗·萨缪尔森,威廉·诺德豪斯.《经济学》(中文版).北京:华夏出版社,1999
4. 曹龙骐.《金融学》.北京:高等教育出版社,2003
5. 曹龙骐.《货币银行学》.高等教育出版社,2001
6. 陈柳钦.《金融发展理论与我国金融体系改革》.学术交流,2003.4
7. 陈学彬等.《当代金融危机的形成、扩散与防范机制研究》.上海财经大学出版社,2001.10
8. 陈野华.《西方货币金融学说的新发展》.西南财经大学出版社,2001
9. 成思危.《成因与对策:透析中国的通货紧缩》.北京:经济科学出版社,2002
10. 戴国强.《货币银行学》.上海财经大学出版社,2001.12
11. 邓乐平.《中国的货币需求》.中国人民大学出版社,1990
12. 董小君.《金融风险预警机制研究》.经济管理出版社,2004
13. 窦祥胜.《国际金融教程》.北京:经济科学出版社,2007
14. 范从来.《通货紧缩国际传导机制研究》.北京:人民出版社,2003
15. 高松涛.《国际金融体系重构研究》.北京:经济科学出版社,2003.10
16. 何乐年.《货币银行学》.上海:上海财经大学出版社,2001
17. 侯高岚.《国际金融》.北京:清华大学出版社,2005
18. 胡庆康,张卫东.《货币银行学》.上海人民出版社,2003
19. 黄达.《货币银行学》.中国人民大学出版社,1999
20. 黄达.《金融学》.中国人民大学出版社,2003
21. 黄金老.《金融自由化与金融脆弱性》.中国城市出版社,2001
22. 姜波克.《国际金融学》.北京:高等教育出版社,1999
23. 蒋万进,陶晓峰.《中国货币经济理论与实证》.中国金融出版社,1996
24. 蒋先玲.《货币银行学》.对外经济贸易大学出版社,2004
25. 孔祥毅.《金融理论教程》.中国金融出版社,2003
26. 莱德勒.《货币需求:理论、证据和问题》.上海:三联书店上海分店,1989
27. 李成.《货币金融学》.科学出版社,2004
28. 李健.《货币银行学学习手册》.中国计划出版社,1999.3
29. 李敏.《货币银行学》.上海:复旦大学出版社,2004
30. 李扬.《中国金融发展报告2004》.社会科学文献出版社,2004
31. 刘隽亭.《金融学》.北京:首都经济贸易大学出版社,2002.1
32. 刘立平.《现代货币银行学》.中国科学技术大学出版社,2003
33. 柳永明.《通货紧缩理论》.上海:上海财经大学出版社,2002
34. 罗纳德·麦金农.《经济发展中的货币与资本》.上海:上海三联书店,1988
35. 米什金.《货币金融学》(中文版).北京:中国人民大学出版社,1998

36. 倪克湖.《货币供求经济增长通货膨胀——理论与实证》.兰州:兰州大学出版社,1999
37. 钱小安.《通货紧缩论》.北京:商务印书馆,2000
38. 秦艳梅.《货币银行学》.经济科学出版社,2002.8
39. 冉光和.《金融产业可持续发展理论研究》.北京:商务印书馆,2004
40. 史纹青.《中国通货膨胀问题研究》.北京:中国财政经济出版社,1999
41. 谈儒勇.《金融发展理论与中国金融发展》.北京:中国经济出版社,2000.1
42. 汪祖杰.《现代货币金融学》.中国金融出版社,2003
43. 汪祖杰.《当代中国货币理论的历史轨迹》.中国金融出版社,1999.8
44. 王国刚.《金融理论研究》.中国审计出版社,2001.5
45. 王洪波,宋国良.《风险预警机制》.经济管理出版社,2002
46. 王耀媛.《通货膨胀治理的国际比较》.北京:社会科学文献出版社,2000
47. 伍海华.《西方货币金融理论》.中国金融出版社,2002
48. 徐进前.《金融创新》.北京:中国金融出版社,2003.6
49. 许崇正.《货币银行学》.北京:中国经济出版社,2001
50. 易纲,张磊.《国际金融》.上海:上海人民出版社,1999
51. 殷孟波.《货币金融学》.北京:中国金融出版社,2004
52. 于同申,陈享光.《经济学学科货币银行学学习指导》.高等教育出版社,1999.12
53. 于研.《国际金融管理》.上海:上海财经大学出版社,2005
54. 张功平.《合作金融概论》.西南财经大学出版社,2000
55. 张贵乐,于左.《合作金融论》.东北财经大学出版社,2001
56. 张尚学.《货币银行学》.南开大学出版社,2001
57. 郑先炳.《西方货币理论》.西南财经大学出版社,2001
58. 周建松.《现代货币银行学》.浙江大学出版社,2003
59. 周延军.《西方金融理论》.中信出版社,1992
60. 左柏云,李建浔.《货币银行学》.北京:中国金融出版社,2000

图书在版编目(CIP)数据

金融学/温涛,李军主编. —重庆:西南师范大学出版社,2009.9

ISBN 978-7-5621-4718-3

I.金… Ⅱ.温… Ⅲ.金融学 Ⅳ.F830

中国版本图书馆 CIP 数据核字(2009)第 156889 号

金融学

温 涛 李 军 主编

责任编辑:张浩宇

封面设计:CASTALY 尚品视觉 周 娟 钟 琛

出版、发行:西南师范大学出版社

(重庆·北碚 邮编:400715

网址:www.xscbs.com)

印 刷:重庆大学建大印刷厂

开 本:787mm×1092mm 1/16

印 张:21

字 数:550 千字

版 次:2009 年 10 月第 1 版

印 次:2009 年 10 月第 1 次印刷

书 号:ISBN 978-7-5621-4718-3

定 价:39.00 元